Fachwissen für Journalisten

Otfried Jarren
Medien und Journalismus 1

Fachwissen für Journalisten

Herausgegeben von
Stephan Ruß-Mohl · Gerhard Vowe

Die Reihe *Fachwissen für Journalisten* wird herausgegeben von
Stephan Ruß-Mohl und Gerhard Vowe
(Studiengang Journalisten-Weiterbildung an der Freien Universität Berlin).

Redaktion des Bandes „Medien und Journalismus 1": Claudia Bendlin,
Eberhard Halder, Otfried Jarren
Satz und Layout: Azizeh Nami

Fachwissen für Journalisten

Otfried Jarren (Hrsg.)

Medien und Journalismus 1

Eine Einführung

Westdeutscher Verlag

Alle Rechte vorbehalten
© 1994 Westdeutscher Verlag GmbH, Opladen

Der Westdeutsche Verlag ist ein Unternehmen der Verlagsgruppe Bertelsmann International.

 Das Werk einschließlich aller seiner Teile ist urheberrechtlich geschützt. Jede Verwertung außerhalb der engen Grenzen des Urheberrechtsgesetzes ist ohne Zustimmung des Verlags unzulässig und strafbar. Das gilt insbesondere für Vervielfältigungen, Übersetzungen, Mikroverfilmungen und die Einspeicherung und Verarbeitung in elektronischen Systemen.

Umschlaggestaltung: Horst Dieter Bürkle, Darmstadt

Gedruckt auf säurefreiem Papier

ISBN 978-3-531-12580-0   ISBN 978-3-322-93515-1 (eBook)
DOI 10.1007/978-3-322-93515-1

Vorwort

Wenn Journalisten es mit Publizistikwissenschaft und Kommunikationsforschung zu tun bekommen, rümpfen sie noch immer gern die Nase: Praxisfern, unbrauchbar, nicht relevant für die tägliche Redaktionsarbeit sei das, was die Wissenschaft zu bieten habe - so lautet schnell das Verdikt. Und total unverständlich sei der Kauderwelsch der Leute aus dem Elfenbeinturm obendrein...

Den Wirkungen heutiger Kommunikationswissenschaft entziehen können sich Journalisten indes schon längst nicht mehr. Egal, mit wem sie es zu tun haben, ob mit der eigenen Verlagsleitung, mit Politikern und Wahlkampfstrategen, mit Wirtschaftsführern, Marketing-Experten und PR-Abteilungen von Großunternehmen, mit demoskopischen Instituten oder mit Mediaplanern - sie alle nutzen die Erkenntnisse moderner Markt-, Kommunikations- und Journalismusforschung.

Weil Wissen in der Informationsgesellschaft mehr denn je Macht ist, ist die noch immer weitverbreitete *Abwehrhaltung* derjenigen, die die Kommunikationsforschung am unmittelbarsten angeht und betrifft, nicht nur anachronistisch, sondern schlichtweg töricht. Wenn Journalisten nicht selbst das verfügbare Wissen über Medien und damit über die Rahmenbedingungen ihres Berufshandelns halbwegs parat haben, so werden es andere nutzen und gegebenenfalls auch gegen sie auszuspielen wissen.

Der Vermittlung medien- und kommunikationswissenschaftlichen Hintergrundwissens gebührt deshalb im Rahmen einer interdisziplinären Buchreihe „Fachwissen für Journalisten" ein zentraler Rang. Während es inzwischen eine recht breite Palette von Lehrbüchern gibt, die das journalistische „Handwerk" vermitteln, möchte diese Reihe in Erinnerung rufen, daß journalistische Tätigkeit doch in allererster Linie „Kopfwerk" ist.

Auch heute noch haben viele Journalisten nicht studiert. Und selbst die gutausgebildeten haben in der Regel an der Universität nur ein oder zwei Fächer belegt. Im Arbeitsalltag, als Reporter oder Redakteure, müssen sie oftmals mit Situationen zurechtkommen, in denen auch wissenschaftliches Hintergrundwissen aus anderen Bereichen nützlich oder nötig wäre - um die Publika so umfassend, präzise und verständlich wie möglich zu informieren, aber auch, um beim täglichen Sortieren des inflationierten Informationsangebotes nicht irgendwelchen „Experten" auf den Leim zu gehen, die - mit oder ohne Absicht - Desinformation betreiben.

Die Reihe „Fachwissen für Journalisten" will deshalb einen gerafften Überblick über jene Wissenschaftsdisziplinen geben, die erfahrungsgemäß im journalistischen Alltag besonders wichtig sind. Den Bänden „Medienrecht" und „Politik" folgt hiermit eine zweibändige Überblicksdarstellung, die wissenschaftlich in den Bereich Kommunikation und Medien einführt. Geplant sind vorerst weitere Bände zur Geschichts-, Politik-, Rechts- und Wirtschaftswissenschaft.

Der Ehrgeiz der Herausgeber und Autoren kann es nicht sein, einen flächendeckenden Überblick über die Wissensbestände der einzelnen Fächer zu geben - dazu sei auf die herkömmlichen Einführungswerke verwiesen, die es inzwischen für die meisten Wissenschaftsdisziplinen gibt. Stattdessen verfolgt die Reihe drei Hauptziele:

- Sie möchte mit den *Denkweisen* und den wichtigsten Forschungsansätzen der jeweiligen Fächer vertraut machen - was im Fall der Medien- und Kommunikationswissenschaften angesichts der Vielfalt der dort verfolgten Forschungsmethoden und -traditionen sich als besonders schwieriges Unterfangen erwiesen hat.

- Sie möchte aus den unübersichtlich gewordenen Wissensbeständen der einzelnen Disziplinen eine *gezielte Auswahl* treffen und jene Bereiche erschließen, die im journalistischen Alltag besonders relevant sind. Hauptadressaten sind dabei die eher generalistisch orientierten Journalistinnen und Journalisten - z.B. Nachrichtenredakteure oder Lokaljournalisten, die täglich mit wechselnden Themen aus allen möglichen Lebensbereichen umgehen müssen. Aber auch für die hochspezialisierten Kolleginnen und Kollegen lohnt gewiß der Blick über den Tellerrand: Für den Wissenschaftsjournalisten, der seine Aufmerksamkeit auf Entwicklungen in der Gentechnik konzentriert, ist das gelegentliche Auffrischen und Erweitern von Grundkenntnissen über unser Rechtssystem, über Politik, Wirtschaft, Geschichte oder auch über Kommunikation ebenso sinnvoll wie für den Feuilleton-Redakteur, der fast ausschließlich Kino-, Konzert- und Theaterkritiken schreibt. Mehr denn je sollten in einer komplizierter werdenden Gesellschaft Journalisten „Spezialisten für die Herstellung von Zusammenhängen" sein.

Das dafür erforderliche „Minimalwissen" ist zwar sicherlich nicht eingrenzbar. Es läßt sich nicht, wie Medizin oder kräftigende Vitamine, in vorgefertigten und festlegbaren Dosen verabreichen. Andererseits ist solch vernetzendes Denken eben auch ohne Training der Gehirnzellen kaum erreichbar. Insoweit verstehen sich die Bände dieser Reihe durchaus als Aktivierungs- und Kräftigungsmittel für jene Zerebralbereiche, die durch Informations- und Reizüberflutung, durch Streß, redaktionelle Routine und die alltägliche Zerstückelung des Weltgeschehens in Zweispalter und „1.30"- Meldungen, lahmgelegt zu werden drohen.

- Das „Gegengift", der wissenschaftliche und daher manchmal schwerverdauliche „Stoff", soll *verständlich* nahegebracht werden. Außer einer guten Allgemeinbildung werden beim Leser nicht allzu umfassende Vorkenntnisse vorausgesetzt. Nötig sind indes Interesse an der jeweiligen Disziplin sowie die Bereitschaft, sich auf das „Abenteuer Wissenschaft" einzulassen und da und dort auch die grundlegende Fachterminologie zu erlernen. Soll heißen: Gewinn versprechen die Bände dieser Reihe in erster Linie solchen Lesern, die sich die zu einem tieferen Verständnis erforderlichen fachsprachlichen und methodischen Grundlagen wirklich erarbeiten und aneignen möchten.

Nicht zuletzt soll die Reihe ja jene Journalisten, die sich zu einem Weiterbildungsstudium an der Freien Universität Berlin entschlossen haben, mit dem nötigen Fernstudienmaterial versorgen. Dies geschieht in der Hoffnung, daß die sorgfältig konzipierten Arbeitshilfen dazu beitragen, das aufwendige und mit Freizeitverzicht verbundene berufsbegleitende Studium „durchzuhalten" und mit Erfolg abzuschließen.

Berlin, im April 1994　　　　　　　　　　　　　　Stephan Ruß-Mohl/Gerhard Vowe

Inhaltsübersicht der Bände I und II

I. Grundlagenwissen
1. *Günter Bentele/Klaus Beck*
   Information - Kommunikation - Massenkommunikation:
   Grundbegriffe und Modelle der Publizistik- und Kommunikationswissenschaft
2. *Esther-Beate Körber/Rudolf Stöber*
   Geschichte der öffentlichen Kommunikation
3. *Otfried Jarren*
   Medien- und Kommunikationspolitik in Deutschland.
   Eine Einführung anhand ausgewählter Problembereiche
4. *Johannes Ludwig*
   Medienökonomie - Eine Einführung in die ökonomischen Strukturen und Probleme von Medienunternehmen

II. Reflexionswissen
5. *Esther-Beate Körber/Rudolf Stöber*
   Geschichte des journalistischen Berufs
6. *Siegfried Weischenberg*
   Konzepte und Ergebnisse der Kommunikatorforschung
7. *Ulrich Müller-Schöll/Stephan Ruß-Mohl*
   Journalismus und Ethik
8. *Günter Bentele*
   Objektivitätsanspruch und Glaubwürdigkeit
9. *Stephan Ruß-Mohl*
   Symbiose oder Konflikt: Öffentlichkeitsarbeit und Journalismus

III. Planungswissen
10. *Uwe Hasebrink*
    Ergebnisse der Mediennutzungsforschung
11. *Wolfgang Donsbach*
    Ergebnisse der Medienwirkungsforschung
12. *Peter Winterhoff-Spurk*
    Ergebnisse der Kommunikationspsychologie
13. *Stephan Ruß-Mohl*
    Redaktionelles Marketing und Management

IV. Methodenwissen
14. *Charlotta Pawlowsky-Flodell*
    Grundlagen der empirischen Kommunikationsforschung
15. *Peter Schrott/Kirsten Schulz*
    Methoden und Ergebnisse der angewandten empirischen Kommunikationsforschung
16. *Marianne Englert*
    Techniken der Archivierung und Dokumentation

Inhalt Band I

I. Grundlagenwissen

Günter Bentele/Klaus Beck
**Information - Kommunikation - Massenkommunikation:
Grundbegriffe und Modelle der Publizistik- und Kommunikationswissenschaft**
1. Über den Nutzen von Modellen und Fachbegriffen.................................. 16
2. Kommunikationstheoretische Grundbegriffe:
   Information und Kommunikation 18
3. Kommunikationstheoretische Modelle 21
4. Neuere Entwicklungen in der Kommunikationstheorie 26
5. Begriffe und Modelle der Massenkommunikationstheorie 33
6. Modelle, Begriffe, Theorien - Eine Schlußbemerkung 42

Esther-Beate Körber/Rudolf Stöber
Geschichte der öffentlichen Kommunikation
1. Geschichte der öffentlichen Kommunikation -
   Grundtendenzen und Probleme 53
2. Öffentliche Kommunikation als Gewerbe.. 54
3. Die Presse als Medium bürgerlicher Öffentlichkeit:
   Von der Mitte des 18. bis zum Ende des 19. Jahrhunderts........................ 60
4. Öffentliche Kommunikation im bürokratischen Massenstaat 72
5. Individualisierung der Massenkommunikation
   seit der Mitte des 20. Jahrhunderts... 88
6. Entwicklung der Publizistikwissenschaft als akademischer Disziplin............. 95
7. Die Geschichte der öffentlichen Kommunikation: Ergebnisse 97

Otfried Jarren
**Medien- und Kommunikationspolitik in Deutschland.
Eine Einführung anhand ausgewählter Problembereiche**
1. Theoretischer Bezugsrahmen: Politikfeld
   Medien- und Kommunkationspolitik...108
2. Medienpolitik: Ein systematischer Überblick 111
3. Medienpolitik - Analyse anhand ausgewählter Problemfelder 116
4. Zukünftige Medienpolitik: Neue Formen der Politikkoordination?.................133

Johannes Ludwig
**Medienökonomie - Eine Einführung in die ökonomischen Strukturen
und Probleme von Medienunternehmen**
1. Ökonomie der Medien: Wissenschaft oder (nur) „weites Feld"?...................147
2. Untersuchungsfelder, Vorgehensweisen, Blickwinkel.............................148
3. Medienmärkte: Daten zur deutschen Medienlandschaft............................149
4. Besonderheiten der Medienmärkte 160
5. Ökonomie der Tageszeitung...182

II. Reflexionswissen

Esther-Beate Körber/Rudolf Stöber
Geschichte des journalistischen Berufs
1. Vom „Zeitunger" zum Publizisten..214
2. Der „Verlegerpublizist" des 18. und 19. Jahrhunderts.....................216
3. Journalisten und Verleger seit dem Ende des 19. Jahrhunderts........218

Siegfried Weischenberg
Konzepte und Ergebnisse der Kommunikatorforschung
1. Vorbemerkungen...228
2. Journalismus als Thema der Kommunikationswissenschaft..........229
3. Das Berufsfeld aktuelle Medienkommunikation............................233
4. Die Journalistinnen und Journalisten: Merkmale und Einstellungen...237
5. Professionalisierung und Sozialisation..249
6. Die Zukunft des Journalismus...252

Ulrich Müller-Schöll/Stephan Ruß-Mohl
Journalismus und Ethik
1. Einführung..268
2. Ethik als „Steuerungsressource" gesellschaftlicher Entwicklung...270
3. Empirische Untersuchungen zum Berufsethos von Journalisten....275
4. Fallstudien, Lösungsansätze, Entscheidungshilfen........................285

Günter Bentele
Objektivitätsanspruch und Glaubwürdigkeit
1. Journalistische Ethik, Vertrauen und Medienglaubwürdigkeit......296
2. Glaubwürdigkeit und Medien..297
3. Medienglaubwürdigkeit in der Bundesrepublik Deutschland........299
4. Journalistischer Objektivitätsanspruch..303
5. Grundlagen eines kritischen Objektivitätsbegriffs.........................308

Stephan Ruß-Mohl
Symbiose oder Konflikt: Öffentlichkeitsarbeit und Journalismus
1. Einleitung...314
2. PR als Gegenstand systematischer Forschung..............................314
3. Ausnahmezustand: Journalistische Leistungsfähigkeit und
   PR im Krisenfall..321
4. Zusammenfassung und Ausblick..322

Autorenverzeichnis..329

Zu diesem Band

Die Zahl der Einführungen in das Fach der Publizistikwissenschaft, in die Kommunikations- und Medienwissenschaft oder in die Journalistik ist im Vergleich zu anderen sozialwissenschaftlichen Disziplinen - wie beispielsweise der Politikwissenschaft oder der Soziologie - nach wie vor klein. Immerhin sind in den letzten Jahren drei größer angelegte Projekte gestartet worden: Zum einen ist auf die von Wolfgang R. Langenbucher (Wien) begründete Reihe „Studienbücher zur Publizistik- und Kommunikationswissenschaft" hinzuweisen, in der klassische Texte der Publizistikwissenschaft ebenso veröffentlicht werden wie neuere theoretische Ansätze und empirische Befunde. Zum anderen ist auf die zweibändige Einführung in die „Journalistik" von Siegfried Weischenberg (Münster) an dieser Stelle aufmerksam zu machen: Weischenberg geht es mit seinem Lehrbuch auch um die Identifizierung und Konstituierung der Journalistik als Lehr- und Forschungsbereich an der Universität.

Drittens ist schließlich die Reihe „Fachwissen für Journalisten", herausgegeben von Stephan Ruß-Mohl und Gerhard Vowe (Berlin), im Zusammenhang mit den neu entstandenen Einführungen zu nennen. Das „Fachwissen für Journalisten" wurde als Lehrmaterial für die Studierenden im berufsbegleitenden Studienangebot „Journalisten-Weiterbildung" an der Freien Universität Berlin entwickelt. Mit den Bänden soll eine praxisorientierte Einführung in unterschiedliche wissenschaftliche Disziplinen geleistet werden. Die vorliegende Fernstudieneinheit ist auf dieses Ziel verpflichtet.

Der Herausgeber der beiden Bände „Medien und Journalismus", die in der Reihe „Fachwissen für Journalisten" erscheinen, war in den Jahren 1987 bis 1989 am Studiengang „Journalisten-Weiterbildung" in Berlin tätig. In dieser Zeit wurden Konzepte für das vorliegende Fernstudienmaterial entwickelt, beraten, verworfen - und letztlich dann doch umgesetzt und in den Jahren seit 1989 Text für Text realisiert. 1993 konnte dann endlich eine vollständige Erprobungsfassung dieser publizistikwissenschaftlichen Einführung im Berliner Studiengang eingesetzt werden.

An dieser Stelle sei allen Autorinnen und Autoren von „Medien und Journalismus: Fachwissen für Journalisten" für die langjährige Geduld und dennoch anhaltende Kooperationsbereitschaft gedankt: Der Weg von der (ersten) Konzeption über Workshops in Berlin bis zur (letzten) Textversion war für alle lang. Der redaktionelle Aufwand für jeden einzelnen Text war, um den Anforderungen eines einführenden Lehrbuches in Form einer Fernstudieneinheit (Texte zum Selbststudium) zumindest im Kern entsprechen zu können, außerordentlich hoch. Den Autorinnen und Autoren sei deshalb für ihre Bereitschaft zur ständigen Bearbeitung, zur dann doch immer wieder notwendig werdenden Aktualisierung ihrer Texte und damit für ihre große Geduld und Nachsicht, die sie gegenüber dem Herausgeber (in Hamburg) und den Redakteuren (in Berlin und Hamburg) geübt haben, herzlich gedankt!

Nicht unerwähnt bleiben soll an dieser Stelle, daß sich zahlreiche - jetzt zum Teil schon ehemalige - Angehörige des „Wissenschaftlichen Mittelbaus" des Faches Publizistik an der Freien Universität Berlin zu einer aktiven Mitarbeit bereit fanden. Sie taten dies, obwohl sie in Lehre und Forschung stark belastet waren und durch Qualifikationsarbeiten (Dissertationen, Habilitationen) zudem zeitlich erheblich "unter Druck" standen. Trotz aller Belastungen haben sie sich beteiligt und den Austausch auch dann noch mit dem Herausgeber weitergeführt, als ein schneller Gedankenaustausch auf den Berliner Institutsfluren in Lankwitz, also den „Flurfunk" nutzend, aufgrund räumlicher Veränderungen nicht mehr möglich war.

Schlußendlich ist den beiden Redakteuren dieser Fernstudieneinheit herzlich zu danken: Ohne das anhaltende Engagement von Eberhard Halder, M.A. (Berlin) und Claudia Bendlin, M.A. (Hamburg) würde es die Texte in der vorliegenden Form noch immer nicht geben. Sie haben sich aber nicht nur um die Betreuung der Autorinnen und Autoren verdient gemacht, sondern sie haben sich auch und wiederholt mit den technischen „Kleinigkeiten" befaßt (bzw. befassen müssen!), die so ein Projekt mit sich bringt. Ihnen sei ebenso herzlich gedankt wie Azizeh Nami (Berlin), die das Layout, einen Großteil der Grafiken und die Druckvorlage für die vorliegenden Bände erstellt hat.

Der Herausgeber und die beiden Redakteure hatten Phasen, in denen der Eindruck sich verfestigte, dieses Projekt aufgrund der zahlreichen Widrigkeiten nicht zu einem guten Ende bringen zu können. Der geschäftsführende Wissenschaftliche Mitarbeiter der Journalisten-Weiterbildung, Gerd Vowe, hat uns dann an die Pflicht zur Sache erinnert - und uns auf seine ganz eigene Weise (erfolgreich) motiviert. Und der wissenschaftliche Leiter der Journalisten-Weiterbildung, Stephan Ruß-Mohl, hat das Projekt nicht nur mit wohlwollendem Interesse verfolgt, sondern sich in der Schlußphase stark engagiert. Meinen beiden Berliner Kollegen danke ich für ihre Geduld mit mir.

Hamburg, im April 1994   Otfried Jarren

I.
Grundlagenwissen

Günter Bentele/Klaus Beck

Information - Kommunikation - Massenkommunikation: Grundbegriffe und Modelle der Publizistik- und Kommunikationswissenschaft

Inhalt

1. **Über den Nutzen von Modellen und Fachbegriffen** 16
2. **Kommunikationstheoretische Grundbegriffe: Information und Kommunikation** 18
2.1. Information 18
2.2. Kommunikation 19
3. **Kommunikationstheoretische Modelle** 21
3.1. Das Kommunikationsmodell von Shannon/Weaver 21
3.2. Schwächen und Erweiterungen des Grundmodells 22
3.3. Das Kommunikationsmodell von Merten 25
4. **Neuere Entwicklungen in der Kommunikationstheorie** 26
4.1. Über Transfermodelle hinaus? 26
4.2. Handlungstheoretische Ansätze 27
4.3. Konstruktivistische Ansätze 30
4.4. Transfer und/oder Konstruktion? 30
5. **Begriffe und Modelle der Massenkommunikationstheorie** 33
5.1. Kommunikation, Massenkommunikation und Publizistik 33
5.2. Fragestellungen der Massenkommunikationsforschung 36
5.3. Massenkommunikation als rückgekoppelter Prozeß 37
5.4. Psychologie der Massenkommunikation 38
5.5. Medium 40
5.6. Öffentlichkeit 41
6. **Modelle, Begriffe, Theorien - Eine Schlußbemerkung** 42
7. **Anhang** 42
7.1. Zentrale im Text verwandte Begriffe 42
7.2. Literaturverzeichnis 44
7.2.1. Zitierte Literatur 44
7.2.2. Weiterführende Literatur 47
7.3. Antworten zu Selbstkontrollfragen 49

Autorennachweis:
Günter Bentele: Kapitel 4.
Beide gemeinsam: Kapitel 1.-3. und 5.-7.

1. Über den Nutzen von Modellen und Fachbegriffen

Wenn wir uns im Alltag über die Welt, in der wir leben, verständigen wollen, bedienen wir uns der Umgangssprache. Von Mißverständnissen einmal abgesehen, kommen wir mit dieser Alltagssprache „ganz gut durch diese Welt". Wieso eigentlich müssen sich Wissenschaftler, die doch die gleiche Welt beschreiben, oftmals so kompliziert und schwer verständlich ausdrücken? Diese berechtigte Frage erhält besonderes Gewicht, wenn es sich nicht um die Beschreibung naturwissenschaftlicher Detailfragen oder technischer Spezialprobleme handelt, sondern um das Verständnis unseres Alltags. Auf den ersten Blick erschweren doch „Soziologenchinesisch" und „Psychologenkauderwelsch" dieses Verständnis, statt es zu erleichtern.

Auch die Kommunikationswissenschaft bedient sich einer wissenschaftlichen Fachsprache, die nicht immer leicht verständlich ist. So werden aus „Journalisten" „Kommunikatoren" und aus „Lesern" „Rezipienten", die sich zuweilen fragen, was mit diesem „Wortwechsel" eigentlich erreicht werden soll. An beiden Begriffspaaren läßt sich der große Vorteil von Fachtermini aufzeigen. Bezeichnet „Journalist" in der Regel einen bestimmten Menschen oder eine konkrete Rolle, so bedeutet „Kommunikator" zugleich weniger und mehr: Es geht nicht mehr um die konkrete Person mit allen ihren Eigenschaften, sondern um bestimmte Eigenschaften, die der „Journalist" als „Kommunikator" mit anderen „Kommunikatoren", nämlich dem „Verleger", „Herausgeber", „Chefredakteur", „CvD", „Ressortleiter" oder der „Redakteurin" teilt. Der „Rezipient" umfaßt zugleich den „Leser", „Hörer" und „Zuschauer", stellt also eine Verallgemeinerung dar, die eine lästige und ermüdende Aufzählung erspart und trotzdem genau das bezeichnet, was gemeint ist. Die Fachbegriffe „Kommunikator" und „Rezipient" erscheinen zwar etwas „blutleer", doch gerade hierin besteht ihr wissenschaftlicher Vorzug: Fachtermini sind Verallgemeinerungen einer begrenzten Anzahl von konkreten Phänomenen und besitzen die ökonomische Funktion, komplexe Phänomene vereinfacht zu beschreiben. Fachsprachen werden deshalb nicht nur in allen Wissenschaften, sondern auch in der beruflichen Praxis verwendet. Kommunikatoren verständigen sich im Berufsalltag über das „Layout" und den „Umbruch" und sie verstehen Fachbegriffe wie „Flattersatz", „Z-Einstieg", „Lead" oder „W-Aufbau" mühelos.

Mit Fachsprachen werden oftmals die gleichen Gegenstände beschrieben wie mit der Alltagssprache. Die Fach- oder Wissenschaftssprache zeichnet sich aber durch genau definierte Begriffe aus, die präzise verwendet werden müssen. Die Bedeutungsnuancen, die uns im Alltag die Verständigung erleichtern, sollen hier gerade ausgeschaltet werden, so daß ständig neue Fachbegriffe gebildet werden müssen. Dabei bedient man sich einer Reihe von Fremdwortbildungen und Übernahmen aus dem Englischen bzw. Amerikanischen, zumal ein großer Teil der kommunikationswissenschaftlichen Fachliteratur aus diesem Sprachraum stammt und die internationale Wissenschaftskommunikation (Kongresse und Fachzeitschriften) zur Verbreitung dieser Fachsprache erheblich beigetragen hat. Aus all diesen Gründen ist es für deutschsprachige Kommunikationswissenschaftler zweckmäßiger, „Intentionalität" statt „Absichtshaftigkeit", „Rezipient" statt „Leser, Hörer, Zuschauer" zu sagen, nicht von „Ausbreitforschung" und „Übertragungsmodell", sondern von „Diffusionsforschung" und „Transfermodell" zu sprechen oder die international verständlichen Begriffe „Agenda-Setting", „Two-Step-Flow" und „Knowledge-Gap" zu verwenden.

Wissenschaftler müssen komplexe Sachverhalte und Phänomene vereinfachen, um sie verstehen und erklären zu können. Von bestimmten Eigenschaften dieser Sachverhalte muß abstrahiert werden, denn nur das allgemein Wichtige soll Bestandteil der Erklärung oder Theorie sein. *Modelle* sind solche, in allen Wissenschaften gebräuchliche Vereinfachungen der meist überaus komplexen Wirklichkeit. Wie bei einer Landkarte werden nicht alle Details, sondern nur die wichtigen aufgenommen. Eine Straßenkarte gibt nicht Auskunft über Klima und Bodenschätze, auf einer Wanderkarte sind keine Tankstellen eingezeichnet usw. Auch wissenschaftliche Modelle können je nach Disziplin und Fragestellung sehr unterschiedliche Formen annehmen: In der Architektur und der Physik sind dreidimensionale Modelle verbreitet, in der Chemie zweidimensional-graphische, in den Geisteswissenschaften beschränkt man sich vielfach auf rein sprachliche Modelle. Für pädagogische Zwecke mag häufig ein einfacheres Modell genügen, für wissenschaftliche Zwecke ist ein eher komplexes vorzuziehen. Modelle dürfen aber nicht zu komplex werden, weil sie in diesem Falle ihre Anschaulichkeit verlieren würden: Eine Landkarte, die alle Details aufnähme, würde so groß und komplex wie die kartographierte Landschaft.

In der Kommunikationswissenschaft werden graphische und verbale Modelle genutzt. Die zentralen Elemente von Kommunikation bzw. Massenkommunikation werden aufgenommen und die Beziehungen zwischen ihnen dargestellt. Diese Darstellung erfolgt nicht anhand von Beispielen, sondern in allgemeiner, abstrakter Form mit Hilfe von bestimmten Codes. Kreise oder Vierecke stehen in solchen graphischen Modellen für Kommunikatoren, Rezipienten oder Botschaften. Beziehungen zwischen den Elementen und Prozesse werden meist durch Linien und Pfeile veranschaulicht. Graphische Modelle sind oftmals prägnanter als sprachliche, denn sie zeigen alle Elemente und Zusammenhänge „auf einen Blick", während die sprachliche Beschreibung des gleichen Modells unter Umständen mehrere Seiten in Anspruch nehmen und dabei unübersichtlich bleiben würde. Graphische Modelle leisten also eine höhere Reduktion von Komplexität. Nach Karl W. Deutsch (1952) besitzen Kommunikationsmodelle neben der bislang beschriebenen „organisierenden" Funktion, „heuristische" und „vorhersagende" Funktionen. Als heuristisches Instrument können sie zur Entdeckung neuer Fakten und Methoden anregen. Manche Modelle erlauben die quantitative Prognose von Prozessen und besitzen insofern eine „Meßfunktion".

Die Entwicklung von Modellen des Massenkommunikationsprozesses war seit den fünfziger Jahren das Ziel vieler Kommunikationswissenschaftler. Zwar sieht Maletzke den Höhepunkt der Modellbildung inzwischen überschritten (vgl. MALETZKE 1988: 56), doch die Modelle gehören zweifelsohne zu den theoretischen Grundlagen des Faches. Wahrscheinlich werden in einer zukünftigen Phase der Systematisierung und des Vergleichs unterschiedlicher Ansätze neue Modelle entwickelt oder bestehende für bestimmte Praxisfelder nutzbar gemacht (vgl. WINDAHL/SIGNITZER 1992).

Eine ausführliche Darstellung der vielfältigen, bis in die siebziger Jahre hinein entworfenen Modelle kann hier nicht erfolgen; wir verweisen deshalb auf Bergler/Six (1979), McQuail/Windahl (1981), Kunczik (1984), Noelle-Neumann/Schulz/Wilke (1989) und Faulstich (1991). Die wichtigsten Grundbegriffe und die „klassischen"

Kommunikations- und Massenkommunikationsmodelle werden im folgenden vorgestellt.

> **Selbstkontrollfrage 1:**
> Welche Aufgaben haben Modelle in der Kommunikationswissenschaft vor allem?

2. Kommunikationstheoretische Grundbegriffe: Information und Kommunikation

2.1. Information

Die Begriffe „Information" und „Kommunikation" sind längst Bestandteil der Alltagssprache geworden. So ist in der Öffentlichkeit in den letzten Jahren viel von der „Informationsgesellschaft" und der „Informationsflut" die Rede, ohne daß immer ganz deutlich würde, was genau unter „Information" verstanden wird. Abgeleitete Wörter, wie „Informand", „Informationssendung" (oft im Gegensatz zur „Unterhaltungssendung" oder als kombinierte Form: „Infotainment") werden in den unterschiedlichsten Zusammenhängen verwendet. Informationen werden oftmals als Synonym für Nachrichten oder Neuigkeiten verwendet; wir empfinden ein Gespräch als „informativ", wenn wir etwas Neues oder Aufschlußreiches erfahren haben. Informationen werden alltagssprachlich vielfach wie materielle Gegenstände behandelt, etwa in der Redewendung, daß ein Zeitungsartikel viele Informationen *enthalte*.

Aus kommunikationswissenschaftlicher Sicht bedarf der Terminus Information einer genauen Defintion, bevor er in Kommunikationsmodellen und -theorien verwendet werden kann. Ein Blick in die Fachliteratur zeigt, daß verschiedene Definitionen benutzt werden.

„Information" geht auf das lateinische „informare" zurück, ein schillernder Begriff, der mit „einprägen, formen, bilden, gestalten, ein Bild entwerfen, darstellen, schildern, durch Unterweisung bilden, unterrichten, befähigen" übersetzt werden kann (vgl. SEIFFERT 1971: 26).

Die beinahe schon „klassisch" zu nennende wissenschaftliche Definition des Informationsbegriffs entstammt nicht der sozialwissenschaftlichen Kommunikationswissenschaft, sondern der „Mathematischen Theorie der Kommunikation" von Shannon aus dem Jahre 1949. Shannon und Weaver (1972) unterscheiden drei Problemebenen: technische, semantische und Effektivitätsprobleme. Sie selbst beschäftigten sich seit den vierziger Jahren im Auftrag einer Telefongesellschaft mit technischen Problemen, vor allem mit der Frage, wie sich Kommunikationskanäle möglichst effizient nutzen lassen. Dafür ist es notwendig, die Menge der übertragenen Information zu messen. Die semantische Ebene spielte bei ihren Überlegungen nur eine untergeordnete Rolle, denn Information meint bei Shannon/Weaver nicht Bedeutung oder Inhalt einer Botschaft, wie unser Alltagsverständnis dies nahelegen mag. Information ist vielmehr das Maß der Vorhersehbarkeit eines Signals und hängt deshalb von der Anzahl möglicher Signale ab. Als Maßeinheit führten Shannon/Weaver die Einheit „bit" (binary digit) ein, also beispielsweise die einfache Entscheidung zwischen einem Signal für „ja" und einem für „nein". Wenn beide

Signale gleichermaßen wahrscheinlich, also erwartbar sind, dann ist ihr Informationsgehalt gleich groß. Nicht die - durchaus unterschiedliche - Bedeutung von „ja" und „nein" ist also ausschlaggebend, sondern der „Neuigkeitswert". Je weniger erwartbar ein Signal war, um so „informativer" ist sein Empfang. Für technische Kommunikationsprobleme, die bei Computern oder der Telefonkommunikation auftreten, spielt es keine Rolle, *welche* Botschaften (Signale) übertragen werden, sondern nur, *ob* Botschaften übertragen werden. Den geringsten Informationswert besitzen demnach wiederholte Signale (Redundanz), wenngleich die Wiederholung von großer Bedeutung sein kann (Verstärkung einer Aussage). Redundante Informationen erlauben das Erkennen und Korrigieren von Übermittlungsfehlern und erleichtern auch die sprachliche Kommunikation erheblich.

Information wird in den Sozialwissenschaften mittlerweile nicht mehr „kanalorientiert" (wie durch Shannon/Weaver), sondern empfängerorientiert definiert: Information führt zur Verringerung oder „Reduktion von Ungewißheit" beim Empfänger (vgl. WERSIG 1974: 73ff) oder sie bewirkt durch Signale eine „Strukturveränderung in einem Empfänger" (STEINBUCH 1979: 54). Informationen werden als etwas verstanden, was sich im Informationsempfänger abspielt oder gar erst durch ihn „konstruiert" wird (vgl. Abschnitt 4.3.).

Nun kann man aber unterscheiden zwischen Informationen, die der Empfänger „besitzt" und solchen, die jeder Gegenstand schon für sich „enthält". So besitzt ein ganz gewöhnliches Hühnerei, von außen betrachtet, eine Reihe von Informationen über seine Größe, Form und Farbe, seine Oberflächenbeschaffenheit usw. Öffnet man das Ei, so erkennt man weitere Einzelheiten: das Ei besteht aus Eigelb und Eiweiß, die in einem bestimmten Verhältnis zueinander stehen usw. Nimmt man eine beliebige Probe des Eis, so wird sich, mit chemischen Analyseverfahren oder durch ein Mikroskop betrachtet, eine Fülle weiterer Informationen gewinnen lassen. Diese praktisch unbegrenzte Informationsmenge kann als *potentielle Information* eines Objektes bezeichnen. Als *aktuelle Information* wird hingegen die Teilmenge bezeichnet, die durch Wahrnehmungs- und Erkenntnisakte beim Empfänger anzutreffen ist (vgl. BENTELE/BYSTRINA 1978: 96ff). Im Prozeß der Informationsverarbeitung, „im Kopf" des Empfängers, werden potentielle Informationen aktualisiert. In einem weiteren Schritt können sie dann wieder in Texte, Hörfunkfeatures oder Nachrichtenfilme umgesetzt werden.

Selbstkontrollfrage 2:
Fassen Sie zusammen: Wie ist der Begriff „Information" über dessen umgangssprachliche Bedeutung hinaus in der Wissenschaft definiert?

2.2. Kommunikation

„Kommunikation" stammt wie „Information" aus dem Lateinischen und bedeutet vom Wortsinn her „Verbindung, Zusammenhang, Verkehr, Umgang", spezieller aber „Verständigung". Im wissenschaftlichen Sprachgebrauch wird „Kommunikation" keineswegs einheitlich verwendet, wie eine Untersuchung von Merten (1977) eindrucksvoll belegt. Er weist 160 verschiedene Begriffsdefinitionen nach. Aus diesem Grund kann der Begriff auch hier nicht erschöpfend behandelt werden; allerdings wollen wir unterschiedliche Definitionen und Typen von Kommunikation vorstellen und einige grundlegende Modelle behandeln.

An Kommunikation sind immer zwei Systeme gleicher oder unterschiedlicher Natur beteiligt, die in der Regel als „Sender" und „Empfänger" bezeichnet werden. Eine Ausnahme bildet hier lediglich der systemtheoretische Kommunikationsbegriff von Niklas Luhmann, auf den wir an anderer Stelle kurz eingehen werden (vgl. Abschnitt 4.4). Sender und Empfänger sind Systeme, die Informationen abgeben bzw. aufnehmen können und miteinander in Verbindung stehen. Kommunikation kann folglich zwischen Tieren (Tier-Tier-Kommunikation), zwischen Mensch und Tier (Mensch-Tier-Kommunikation), zwischen Menschen (Mensch-Mensch-Kommunikation, zwischen Menschen und Maschinen (Mensch-Maschine-Kommunikation) und zwischen Maschinen (Maschine-Maschine-Kommunikation) stattfinden.

Bei näherer Betrachtung stellt sich aber heraus, daß diese Typen von Kommunikation sich durch die Art der Informationsabgabe grundlegend unterscheiden. Informationen können intentional (also beabsichtigt) oder nicht-intentional (nicht beabsichtigt) abgegeben werden. Die nicht-intentionale Informationsabgabe erfolgt im Alltag immer dann, wenn ein informationsaufnehmendes „Empfänger-System" dem Äußeren einer Person (Kleidung, Gestalt, Verhaltensweise) Informationen über die Person entnimmt, die diese nicht absichtlich mitteilen wollte (deren Verbreitung sie vielleicht sogar lieber verhindert wissen wollte). Informationen wie ungefähres Alter, Geschlecht, Zugehörigkeit zu einer bestimmten sozialen Schicht kommuniziert man nicht (oder nur ausnahmsweise) intentional, sie sind der Person „ablesbar". Watzlawick, Beavin und Jackson (1972: 53) gehen soweit, aus dieser Beobachtung ein „pragmatisches Axiom der Kommunikation", also einen nicht beweisbaren Grundsatz, abzuleiten. Sie behaupten „Man kann nicht *nicht* kommunizieren." Dieses Axiom erklärt allerdings nur wenig, und es verwischt eine bedeutsame Unterscheidung, nämlich die zwischen Verhalten und Kommunikation. Tatsächlich kann jedem beobachteten Verhalten von einem wahrnehmenden Subjekt (oder einem anderen, informationsaufnehmendem System) eine Bedeutung beigemessen werden, doch unterscheidet sich dieser Vorgang wesentlich von dem einer bewußten Verständigung. Kommunikationswissenschaftlich betrachtet, müssen wir also die Begriffe Verhalten und Kommunikation differenziert verwenden und zwischen verschiedenen Kommunikationstypen unterscheiden.

Wir wollen als Kommunikation erst die intentionale Informationsabgabe verstehen, d.h. ein Signal muß zum Zweck der Mitteilung oder Verständigung absichtlich produziert und „gesendet" werden. Nicht das gesamte Verhalten, sondern nur der Mitteilungsaspekt ist Gegenstand der Kommunikationswissenschaft.

Beth und Pross (1976: 71) verstehen intendierte Kommunikation „als Mittel einer Absicht." Empirisch besteht Kommunikation meist zugleich aus absichtlicher Mitteilung und nicht-absichtlicher Informationsabgabe: Wir teilen nicht nur eine bestimmte Ausage mit, sondern bieten unserem Kommunikationspartner zusätzlich eine Fülle weiterer Informationen, aus denen er Schlüsse ziehen kann. Beth und Pross (1976: 74) unterscheiden deshalb intendierte (beabsichtigte) Kommunikation von anzeigender oder indizierender Kommunikation.

Kommunikation bedarf nicht nur eines (1) Senders und eines (2) Empfängers. Für die Übermittlung sind ein (3) Kanal oder (3) technisches Medium notwendig, über das (4) Signale „transportiert" werden können. Bevor wir uns mit der modellhaften Verknüpfung dieser vier Komponenten auseinandersetzen, muß zunächst der Signal-Begriff erläutert werden.

Signale sind materiell-energetische Einheiten, mittels derer Informationen transportiert werden. Sie können unter bestimmten Bedingungen als *Anzeichen* und als *Zeichen* fungieren (vgl. BENTELE/BYSTRINA 1978). Als technisches Medium können neben der Luft (für die direkte Sprachkommunikation) alle modernen Kommunikations- und Massenmedien gelten. Auf unterschiedliche Medienbegriffe werden wir an anderer Stelle noch ausführlich eingehen (vgl. Abschnitt 5.5.).

Zusammenfassend kann Kommunikation als intentionale Informationsübertragung zwischen zwei oder mehr Systemen, die der Informationsabgabe und -aufnahme fähig sind, definiert werden. Die Informationsübertragung erfolgt mittels Signalen, die sich in einem Medium bewegen oder dort gespeichert sind.

Auf dieser Basisdefinition bauen unterschiedliche Kommunikationsmodelle auf, denen wir uns nun zuwenden werden.

3. Kommunikationstheoretische Modelle

3.1. Das Kommunikationsmodell von Shannon/Weaver

Abbildung 1: Kommunikationsmodell nach Shannon/Weaver

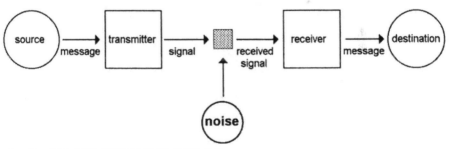

(Quelle: SHANNON/WEAVER 1972: 34)

Das Modell von Shannon und Weaver gehört zu den klassischen Modellen, es wurde von der sozialwissenschaftlichen Kommunikationswissenschaft aufgegriffen und weiterentwickelt. Der Kommunikationsprozeß beginnt bei der Informationsquelle (source). Hier werden Informationen aus einer großen Menge (potentieller) Informationen ausgewählt. Die Natur der Informationen (Worte, Bilder, Zahlen, Töne etc.) und ihre Bedeutungen spielen in diesem mathematisch-technischen Modell keine Rolle. Der Sender (transmitter) transformiert die Botschaft (message) in ein Signal, das er an den Empfänger (receiver) sendet. Der Empfänger gibt die Botschaft an das Ziel (destination) oder die „Nachrichten-Senke" weiter.

Das folgende, alltägliche Beispiel veranschaulicht dieses Modell: Bei der herkömmlichen Telefonkommunikation verwandelt der Sender (der Telefonapparat des Anrufers) die Schallwellen in Wechselstrom um, der über ein technisches Medium (den Kupferdraht) zum Emfänger (dem Telefonapparat des Angerufenen) geleitet wird. Dort wandelt der Empfänger den elektrischen Strom wieder in Schallwellen um, die über den Hörer an den Angerufenen abgegeben werden.

Dieser lineare Kommunikationsprozeß kann gestört werden, d.h. „Rauschen" (noise) beeinträchtigt das ursprüngliche Signal. Ausgesendetes und empfangenes Signal (received signal) können sich also aufgrund einer Übermittlungsstörung voneinander unterscheiden. Zur Kommunikation kommt es aber erst dann, wenn tatsächlich ein Signal empfangen wird, eine Botschaft am Ziel ankommt. Geht ein Signal verloren, wird es nicht empfangen (etwa weil der Empfänger nicht empfangsbereit oder für das Signal tauglich ist); oder das empfangene Signal wird nicht „verstanden" und die intendierte Kommunikation ist nicht gelungen. Dabei muß die Bedeutung des Signals nicht unbedingt genau erkannt werden, es reicht, wenn das Signal als Zeichen oder Anzeichen (indizierende Kommunikation) verstanden wird, dem Adressaten muß zumindest die Tatsache klar geworden sein, *daß* Kommunikation intendiert war.

3.2. Schwächen und Erweiterungen des Grundmodells

Das Modell von Shannon und Weaver ist aus sozialwissenschaftlicher Sicht unbefriedigend, denn es bildet nur einen einseitigen, linearen Prozeß der Signal- oder Informationsübermittlung ab. Zu unserem Verständnis (und unserer Idealvorstellung) von Kommunikation als Verständigung gehört aber die Reaktion des Kommunikationspartners. In der Kybernetik spricht man in diesem Zusammenhang von *Feedback*. Diese Rückmeldung des Empfängers an den Sender, daß das Signal empfangen (oder gar verstanden) worden ist, macht aus dem linearen, unidirektionalen Prozeß einen zyklischen (kreisförmigen), bi-direktionalen Austauschprozeß. Auch bei der Übertragung der Rückmeldung kann es wieder zu Störungen und damit zu Kommunikationsproblemen kommen.

Vereinfacht lassen sich die unterschiedlichen Typen von Informationsübertragungs- und Kommunikationsmodellen wie folgt darstellen:

Abbildung 2: Informationsübertragung oder Kommunikation?

1)

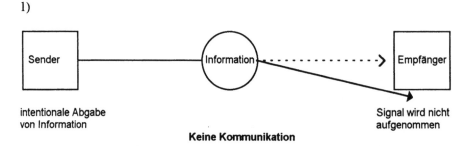

Grundbegriffe und Modelle der Publizistik- und Kommunikationswissenschaft

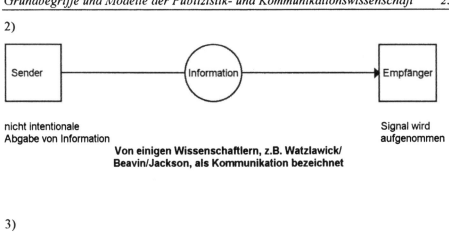

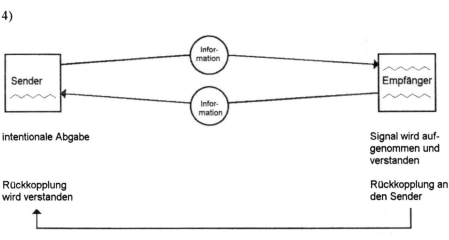

(Quelle: Nach BENTELE 1984: 36)

Die Erweiterung um den „Rückkanal" blieb nicht die einzige Ergänzung und Verfeinerung des Grundmodells von Shannon und Weaver. Will man nicht nur die vorwiegend technischen Probleme der Übertragung von Signalen, sondern auch das Problem der Verständigung erklären, so muß man den Zeichenvorrat von Sender und Empfänger berücksichtigen.

Ein Beispiel aus der Massenkommunikation veranschaulicht die Bedeutung des gemeinsamen Zeichenvorrates: Wir alle können zwar Hörfunk- und in wachsendem Maße auch Fernsehprogramme in verschiedenen Sprachen empfangen, doch verstehen wir von einigen wenig mehr, als *daß* es sich um Hörfunk- oder Fernsehprogramme handelt. Handelt es sich um Programme, die in einer uns gänzlich unbekannten Sprache ausgestrahlt werden, so gelingt keine intentionale Kommunikation. Beherrschen wir die Sprache des Senders zumindest teilweise, so gelingt Kommunikation zumindest ansatzweise.

Allgemeiner formuliert, bestimmt also die Schnittmenge der Zeichen, die Sender und Empfänger gemeinsam ist, das Gelingen von Kommunikation. Nur wenn es einen hinreichend großen gemeinsamen Zeichenvorrat gibt, wird mehr kommuniziert als die bloße Absicht zu kommunizieren. Nur wenn der Empfänger die Zeichen des Senders versteht, kann er auch die Kommunikationsinhalte verstehen, und nur dann kann Kommunikation etwas im Empfänger bewirken.

Graphisch läßt sich die Vorstellung von Kommunikation auf der Grundlage eines gemeinsamen Zeichenvorrates mit Aufermann darstellen:

Abbildung 3: Kommunikationsmodell nach Aufermann

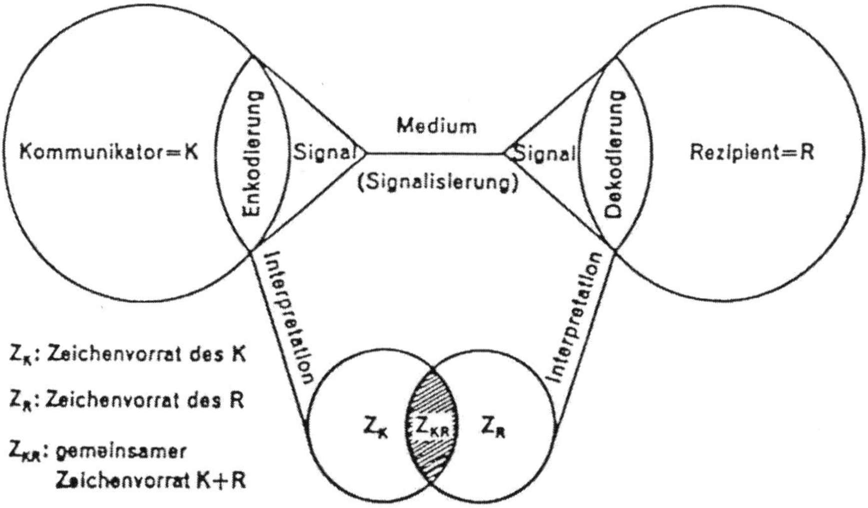

Z_K: Zeichenvorrat des K

Z_R: Zeichenvorrat des R

Z_{KR}: gemeinsamer Zeichenvorrat K+R

(Quelle: AUFERMANN 1971: 13)

Im Gegensatz zum Modell von Shannon/Weaver werden hier auch semantische Aspekte der Kommunikation berücksichtigt. Das Verstehen von Zeichen ist die Voraussetzung des Verstehens von Sinn. Die größere Angemessenheit des Modells von Aufermann wird allerdings durch eine höhere Komplexität „erkauft", was sich an

Grundbegriffe und Modelle der Publizistik- und Kommunikationswissenschaft 25

Abbildung 3 bereits erkennen läßt. Die Steigerung der Komplexität der Kommunikationsmodelle setzt sich fort, wann immer weitere Elemente der sozialen Wirklichkeit in das Kommunikationsmodell aufgenommen werden.

> **Selbstkontrollfrage 3:**
> Nennen Sie drei wichtige Voraussetzungen für „Kommunikation" und skizzieren Sie kurz den Unterschied zwischen *intentionaler* und *nicht-intentionaler* Kommunikation!

3.3. Das Kommunikationsmodell von Merten

Als ein Beispiel für solch komplexe Kommunikationsmodelle soll hier nur das Modell von Merten (vgl. MERTEN 1977) vorgestellt werden, weitere Beispiele finden sich bei Dance (1967), Reimann (1968) und Barnlund (1970).

Um die Bi-Direktionalität von Kommunikation, also die Tatsache zu betonen, daß Kommunikation in zwei Richtungen ablaufen kann, spricht Merten nicht mehr von „Sender" und „Empfänger", sondern von - potentiell gleichberechtigten - „Kommunikanden", die in der Abbildung als K_1 und K_2 gekennzeichnet sind.

Abbildung 4: Kommunikationsmodell nach Merten

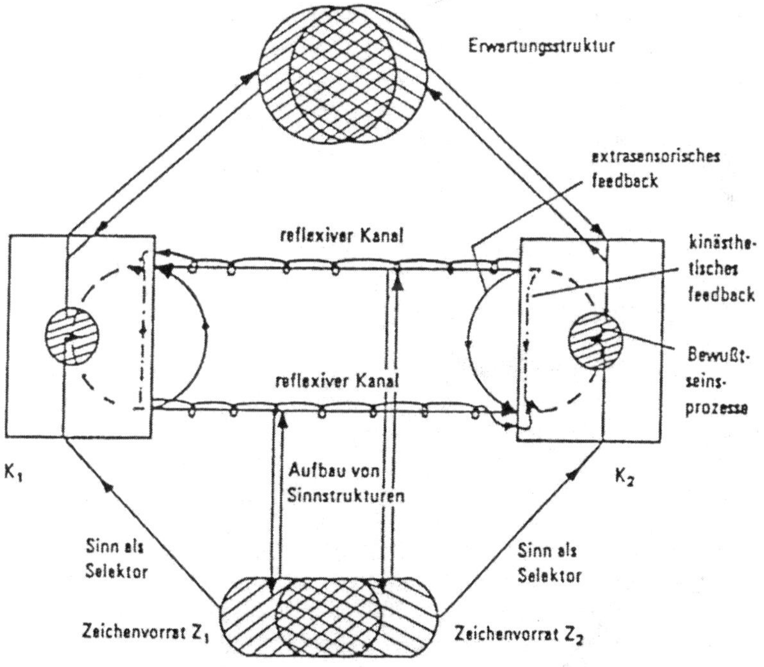

(Quelle: MERTEN 1977: 134)

Beide Kommunikanden kommunzieren miteinander über ein akustisches Medium, das alle Sprachlaute und alle nicht-sprachlichen Geräusche (Seufzen, Lachen, Schreie etc.) und para-sprachlichen Elemente (Betonungen, Singen, Stottern usw.) überträgt. Durch die beiden waagrechten, geraden Pfeile wird dieser Kommunikationsprozeß dargestellt. Dieser Kommunikationskanal wird nun durch einen visuellen Kanal ergänzt, durch den zusätzliche Informationen übertragen werden können. Der parallel verlaufende Kommunikationsprozeß wird durch die spiralförmigen Pfeile symbolisiert. Die Kommunikanden nehmen sich reflexiv wahr, während sie kommunizieren. Während Kommunikand 1 Kommunikand 2 wahrnimmt, wird ihm bewußt, daß dieser ihn ebenfalls wahrnimmt. Die Wahrnehmung der Kommunikanden ist also reziprok, und diese *Reziprozität der Wahrnehmung* erklärt, warum Kommunikation an Kommunikation anschließt und die Rollen von „Sender" und „Empfänger" in rascher Folge gewechselt bzw. zeitgleich eingenommen werden können. Grundlage der Verständigung (Verstehen des subjektiv gemeinten Sinns) bleibt ein gemeinsamer Zeichenvorrat, den wir bereits aus dem Modell von Aufermann kennen. Bei Merten tritt aber ein zweiter gemeinsamer Bereich der Kommunikanden hinzu, nämlich die *Erwartungen*, die beide an ihre Kommunikation richten, und die reziproke Wahrnehmung der Erwartungen des jeweils anderen Kommunikanden: Kommunikand K_1 erwartet, daß K_2 erwartet, daß K_1 erwartet usw. Merten erweitert das Kommunikationsmodell damit um Elemente aus der sozialpsychologischen Theorie George Herbert Meads. Zugleich werden die Kommunikanden nicht mehr als „black box" aufgefaßt, über deren Innenleben nichts ausgesagt werden kann. Beiden Kommunikanden werden Bewußtseinsprozesse unterstellt, die ihnen eine Wahrnehmung der sozialen Außenwelt, insbesondere ihres Kommunikationspartners (des „Anderen"), und der eigenen Innenwelt (des „Selbst") erlauben. Die äußeren Sinnesorgane ermöglichen die Wahrnehmung der eigenen Handlungen und Äußerungen (*extrasensorisches Feedback*); durch *kinästhetisches Feedback* nimmt der Organismus die eigenen Aktivitäten „körperlich" wahr.

4. Neuere Entwicklungen in der Kommunikationstheorie

4.1. Über Transfermodelle hinaus?

Viele ältere Kommunikationsmodelle stellen - mehr oder weniger differenzierte - *Transfer*modelle dar. Das heißt, daß Kommunikation hier als eine Art von „Übertragung" von Signalen, Zeichen, etc. aufgefaßt wird. Zumindest den einfacheren Modellen wurde dabei zunächst ein „naiver" Übertragungsbegriff zugrundegelegt, d.h. etwa die Vorstellung von einem „Postboten", der eine (materielle) Botschaft von einem (Ab-)Sender zu einem Empfänger trägt und diese diesem überbringt. Abgesehen davon, daß diese Kommunikationsform auch heute noch sehr wichtig ist, existieren natürlich auch andere, komplexere Kommunikationsformen. Und selbst die Briefkommunikation, die durch den Postboten erst möglich wird, läßt sich nicht auf diesen Transportaspekt *reduzieren*. Sobald allerdings von Gegenseitigkeit, von Rückkoppelung, Reziprozität und Reflexivität die Rede ist, wird dieser „naive" Übertragungsbegriff schon differenziert.

Nachdem sich die kommunikationstheoretischen Vorstellungen innerhalb der Publizistik- und Kommunikationswissenschaft bis etwa Mitte der siebziger Jahre zwar differenziert, aber nicht entscheidend geändert hatten, kann seit dieser Zeit von einer Weiterentwicklung, gleichzeitig aber auch von einer teilweisen Infragestellung traditioneller kommunikationstheoretischer Positionen gesprochen werden, die sich aus verschiedenen Disziplinen gespeist haben. Gelegentlich wird von einem Paradigmenwechsel gesprochen. Unterschiedliche Disziplinen, wie z.B. die Sprachphilosophie, die theoretische Soziologie, die Artficial Intelligence-Forschung, neuere Systemtheorien und verschiedene „konstruktivistische" Theorieansätze, haben zu einer differenzierten Sicht des menschlichen Kommunikationsprozesses beigetragen. Insbesondere Autoren, die verschiedenen Spielarten des konstruktivistischen Denkens anhängen, haben das Transfermodell grundlegend in Frage gestellt (vgl. z.B. Funkkolleg „Medien und Kommunikation" 1991).

Da hier nicht auf all diese Neuentwicklungen ausführlich eingegangen werden kann, sollen nur zwei besonders wichtige Anstöße kurz skizziert werden, die zu einer Weiterentwicklung des Verständnisses von Kommunikation (und Massenkommunikation) beigetragen haben.

4.2. Handlungstheoretische Ansätze

Von der angelsächsischen Sprachphilosophie, hier speziell der Sprechakttheorie und der soziologischen Handlungstheorie (vor allem unter Einfluß von Max Weber, Talcott Parsons sowie George Herbert Mead), sind wichtige Impulse ausgegangen, die auch die theoretischen Vorstellungen über Kommunikationsprozesse befruchtet haben. Handlungstheoretische Ansätze haben den Blick dafür geöffnet, daß Kommunikation einerseits in Verhaltens- bzw. Handlungskontexte eingebettet ist und andererseits menschliche Kommunikation sinnvoll als *Typ menschlichen Handelns* begriffen werden kann.

Die Unterscheidung zwischen *Verhalten*, worunter im Prinzip jede Regung eines Organismus (also z.B. die Verdauung, die Wahrnehmung der Umwelt, die Fortbewegung) verstanden wird, und *Handeln*, also intentionalem, zielgerichtetem Verhalten, ist sehr fundamental. Handeln muß nicht immer voll bewußt sein, sondern kann (wie z.B. beim Autofahren, Bügeln oder Radiohören) *routinisiert* erfolgen, in jedem Fall liegt aber eine Zielgerichtetheit vor.

Wenn Verhalten auf andere Lebewesen bezogen ist, sprechen wir von *sozialem Verhalten*. Weil es im Prinzip unmöglich ist, sich *nicht* zu verhalten, und weil Verhalten innerhalb von sozialen Kontexten - d.h. in Situationen, in denen mehr als ein Mensch gleichzeitig (und häufig auch am selben Ort) anwesend ist - immer auch für andere Menschen informativ ist, hat Verhalten eine *informative Komponente*. Durch Kleidung, Haartracht, Körperhaltung, Sprache und die gesamte Art des Verhaltens geben Menschen anderen Menschen Informationen weiter, auch wenn sie dies nicht beabsichtigen.

Wenn menschliches Handeln auf andere Individuen ausgerichtet ist, sprechen wir von *sozialem Handeln*. Dieses kann einerseits *strategisch*, andererseits *kommunikativ* sein (vgl. HABERMAS 1981, Bd.1: 384). Während strategisches Handeln als ein Handlungstyp vor allem im Hinblick auf das erfolgreiche Erreichen von Zielen unter rationaler Auswahl von Mitteln und nach rationaler Befolgung von Regeln verstanden wird, ist kommunikatives Handeln nicht über egozentrische Erfolgskalküle, sondern an Akten der Verständigung orientiert.

Instrumentelles Handeln dagegen ist als weiterer Handlungstyp ebenso ein erfolgsorientiertes Handeln, das nach Maßgabe von bestimmten (technischen) Regeln sich vor allem auf das Erreichen von Zuständen und Ereignissen im Bereich der natürlichen Welt bezieht.

Ein einfaches Beispiel kann dies vielleicht klarer machen: Das (einsame) Sammeln von Holz oder Beeren im Wald von einem Individuum A basiert auf einer Reihe von Verhaltenssequenzen: einen Fuß vor den anderen setzen, mit der Hand zum Holz oder den Beeren greifen, etc.. Insgesamt stellt diese Tätigkeit einen Typ von instrumentellem Handeln dar. Soweit es auf andere hin ausgerichtet ist oder gar mit dem Handeln anderer koordiniert ist (z.B. beim gemeinsamen, arbeitsteiligen Holz- und Beerensammeln), ist es *soziales* Handeln. Soweit es nur mit dem Ziel vollzogen wird, bei einem Beerensammelwettbewerb zu gewinnen, ist es vor allem *strategisch* ausgerichtet.

Sobald ein anderes Individuum B Individuum A beobachtet, kann B Informationen aus dem Verhalten von Individuum A entnehmen: Informationen über Alter, Geschlecht, Absicht, soziale Schicht (über die Kleidung) etc.. Daß bei diesem (einseitigen) Informationsprozeß, beispielsweise durch schlechte Sichtverhältnisse begünstigt, Fehlwahrnehmungen und -interpretationen auftreten können, die zu weiterem (instrumentellem) Handeln von Individuum B führen können, zeigt dieses Beispiel.

Abbildung 5: Zeitungsmeldung über einen Jagdunfall

Tragischer Jagdunfall

Madrid. Ein spanischer Jäger ist einem tödlichen Irrtum erlegen: Er hielt eine ältere Frau für ein Wildschwein und erschoß sie. Nach Angaben der Polizei hatte die 64jährige im Wald nahe der katalanischen Ortschaft Celra (Provinz Gerona) Holz gesammelt, als sie von einem gezielten Schuß tödlich getroffen zu Boden sank. Der Todesschütze stellte sich der Polizei. Der Bürgermeister des Ortes untersagte das Jagen für einen Tag und ordnete Trauer an.

(Quelle: *Fränkischer Tag* 30.12.1991)

Wenn A (wir bleiben bei unserem fiktiven Beerensammler) Individuum B wahrnimmt, ist die Voraussetzung nicht nur für einseitige Information, sondern auch für kommunikative Akte wie Singen, Begrüßen etc. gegeben. Das Holz- und Beerensammeln bleibt instrumentell, auch wenn es von Kommunikation begleitet wird. Erst die Diskussion über den Sinn oder Unsinn von Beeren- oder Holzsammeln sowie über die Techniken, die größeren Erfolg in dieser Tätigkeit ermöglichen, wäre „kommunikatives Handeln" im Verständnis von Habermas.

Burkart geht in diesem Zusammenhang davon aus, daß jeder, der kommunikativ handelt, einerseits ein konstantes Ziel hat: das Ziel, *Verständigung* zu erreichen (vgl.

BURKART 1983: 18 ff) Auf der anderen Seite kann aber eine Reihe von variablen Zielen mit kommunikativem Handeln verbunden sein. Wenn Person A das Ziel hat, daß Person B „den Mülleimer runterträgt", „das Fenster schließt" oder „einkaufen geht", so wird sie kommunikative Akte verbaler oder nicht-verbaler Art einsetzen, um das jeweilige Ziel zu erreichen.

Die Sprechakttheorie thematisiert „Sprechakte", d.h. sprachlich-kommunikative Handlungen, in denen dadurch, daß eine verbale Äußerung getan wird, gleichzeitig auch eine Handlung vollzogen wird. Beispiele sind: Jemanden grüßen, indem man „Guten Tag" sagt, jemanden beleidigen, indem man ihn „Idiot" nennt. John L. Austin (1972) und später John R. Searle (1971) haben zwischen mehreren Teilakten des Sprechakts unterschieden, wobei die Unterscheidung zwischen einem *propositionalen Akt* oder Aussageakt und einem *illokutiven Akt* besonders wichtig ist. Einerseits nimmt der Kommunizierende sprachlichen Bezug auf etwas, andererseits stellt er durch seine Kommunikation eine bestimmte Art von kommunikativer und sozialer Beziehung zwischen den am Kommunikationsakt Beteiligten her. Der Satz „Holen Sie mir bitte die Kreide" enthält einerseits einen propositionalen Akt (ein Stück Kreide holen), zum anderen wird diese Bezugnahme gleichzeitig in Form einer Bitte vorgetragen. Andere illokutive Akte sind Befehle, Versprechen, Warnungen, Aufforderungen, etc.. Sowohl illokutive Akte als auch propositionale Akte können innerhalb der menschlichen Kommunikation einerseits verbal explizit geäußert werden („Hiermit befehle ich Ihnen, nicht weiter zu gehen") oder aber implizit bleiben und beispielsweise durch eine bestimmte Intonation oder einen nicht-verbalen Akt ersetzt werden. Der Satz „Paß auf..." - mit einer bestimmten Intonation und innerhalb einer bestimmten Kommunikationssituation geäußert - weist das Kind auf eine nahende Gefahr (z.B. ein Auto) hin, ohne daß dieser propositionale Akt explizit geäußert würde.

Durch die theoretischen Grundlagen und die sprachphilosophischen Analysen der Sprechakttheorie und einiger Weiterentwicklungen innerhalb der linguistischen Pragmatik ist die Position, daß sprachliche Kommunikation eine Form von sozialem Handeln darstellt, begründet und entwickelt worden. Gleichzeitig ist die Vorstellung, bei Kommunikationsprozessen werden nur *schon vorhandener Sinn* bzw. schon vorhandene Bedeutungen transferiert, als zu einfach kritisiert worden: Bei Sprechakten und bei Kommunikation insgesamt wird in der jeweiligen Situation zumindest ein Teil des Sinns (allerdings auf Basis des vorhandenen Sinns) erst *konstituiert* - dies sowohl vom „Sender" als auch vom „Empfänger". Information und Sinn werden in einer solchen Perspektive nicht mehr als „verdinglichte" Gegebenheiten verstanden, sondern als „Elementarprozeß, ... der es wahrscheinlich macht, daß Menschen durch ihn informiert werden, und daß anhand von Information „vorhandener" Sinn erweitert, umgebildet oder neugebildet wird" (RÜHL 1988: 354). Der Konstitutionsprozeß von subjektivem Sinn ist innerhalb des Konstruktivismus ausdifferenziert worden und steht dort im Mittelpunkt der Überlegungen.

Selbstkontrollfrage 4:
Rekapitulieren Sie: Welche neuen Einsichten haben handlungstheoretische Ansätze für das Verständnis des menschlichen Kommunikationsprozesses erbracht?

4.3. Konstruktivistische Ansätze

In den achtziger Jahren sind unter dem Begriff „Konstruktivismus" und auch „Radikaler Konstruktivismus" eine Reihe von Autoren an die wissenschaftliche Öffentlichkeit getreten, deren Überlegungen einen gemeinsamen Nenner haben: menschliche Erkenntnis wird als Konstruktionsprozeß betrachtet.

Autoren wie Humberto R. Maturana (1985), Ernst von Glasersfeld (1987), Heinz von Foerster (1985) und andere haben vor allem den Prozeß der Wahrnehmung von Wirklichkeit als Wirklichkeits*konstruktion* beschrieben. Wissenschaftler wie Siegfried J. Schmidt oder Klaus Krippendorff haben den Zusammenhang von Kommunikation und Kognition in den Mittelpunkt ihrer Überlegungen gestellt und den menschlichen Kommunikationsprozeß als Konstruktionsprozeß beschrieben. Eine konstruktivistisch-erkenntnistheoretische Grundposition, die zwar grundsätzlich nicht neu ist (LUHMANN 1990), in dieser Zuspitzung und Kombination aber doch überraschend, wird mit folgendem Satz von Siegfried J. Schmidt kurz und bündig beschrieben:

„Unser reales Gehirn konstruiert eine kognitive Welt - eine Wirklichkeit, die aus Welt, Körper und Subjekt besteht; das heißt, das Subjekt ordnet sich diesen seinen Körper und seine Welt zu. Die kognitive Welt ist in sich abgeschlossen, nur in ihr gibt es Zeit und Raum, Außen und Innen, Ursache und Wirkung. Die reale Welt ist eine notwendige kognitive Idee, aber keine erfahrbare Wirklichkeit. Wir müssen postulieren, daß es sie gibt - und das ist dann auch schon alles, was wir über sie sagen können." (SCHMIDT 1991: 65)

Jegliche Vorstellung von Transfermodellen wird dann recht harsch abgelehnt: „Als Menschen können wir miteinander kommunizieren, gerade weil wir nicht wie durch Röhren und Kanäle Gedanken und Informationen austauschen, sondern diese aufgrund bestimmter Wahrnehmungsanlässe (wie Texte und Bilder) je selbst konstruieren. ... Kommunikation heißt nicht: geben und nehmen oder austauschen; es heißt vielmehr, sich gegenseitig Chancen der kognitiven Veränderung, der Auswahl und Konstruktion der von uns selbst abhängigen Informationen einräumen, eben weil jeder Kommunikationspartner für sich eine selbständige, autonome und organisatorisch geschlossene Wesenheit ist." (SCHMIDT 1991: 71)

Der chilenische Neurophysiologe Humberto Maturana hat die Autopoiese (Selbstorganisation) als Organisationsform des Lebens und lebende Systeme als autopoietische Systeme beschrieben. Auch kommunizierende Menschen sind nach dieser Auffassung autopoietische Systeme. Rezipienten (bei Maturana: Orientierte) erzeugen innerhalb der Kommunikation Information innerhalb des eigenen kognitiven Bereichs - Information, die nichts damit zu tun hat, was der Kommunikator (der Orientierende) damit zu „repräsentieren", also zu bezeichnen meint. Nicht nur Begriffe wie „Informationstransfer" oder „Repräsentation", sondern auch für den Journalismus zentrale Begriffe wie „wahrheitsgemäße Berichterstattung" oder „Objektivität" werden in dieser Perspektive letztlich obsolet und sinnlos.

4.4. Transfer und/oder Konstruktion?

Auf Basis insbesondere des konstruktivistischen Denkansatzes stellt sich die Frage, ob alle bisherigen kommunikationstheoretischen Vorstellungen veraltet und falsch sind oder ob - dies wäre ein erheblicher Unterschied - „nur" neue Impulse vorliegen, die bisherige Vorstellungen zu differenzieren vermögen und die neue Perspektiven eröffnen. Sind Transfermodelle grundsätzlich falsch, oder stellen sie doch Vereinfachungen der komplexen Kommunikationsrealität dar, Modelle im vorhin erläuterten Sinn, die neueren Erkenntnissen nicht mehr vollständig genügen? Muß also die Transfervorstellung grundsätzlich fallengelassen werden, oder muß sie nur präzisiert, verfeinert oder verbessert werden?

Um diese Frage zu beantworten, soll ein einfaches Denkexperiment angestellt werden, das Antwort auf die Frage geben soll, ob Kommunikation ohne Transfer überhaupt vorstellbar ist. Was wäre, wenn es keinen Informationstransfer in irgendeinem Sinn mehr gäbe, wenn man keinen „Austausch" von Informationen mehr zulassen würde?

Stellen wir uns folgende Situation vor: Zwei Menschen schließen sich (wie beim Tauchen) über Sauerstoffmasken an zwei Sauerstoffgeräte an und begeben sich unter eine genügend große, lichtundurchlässige (z.b. schwarz lackierte) Stahlkugel, die im Innenraum luftleer gepumpt wird, in der sich aber eine elektrische Lichtquelle befindet, die dazu führt, daß sich beide Menschen gut erkennen können. Welche Arten von Kommunikationen können stattfinden, welche nicht?

Die zwei Menschen können sich untereinander zumindest non-verbal (durch „Zeichensprache") verständigen, wenngleich nicht akustisch, weil dazu das physikalische Verbreitungsmedium Luft fehlt. Würde man das Licht ausschalten, wäre nur noch taktile Kommunikation möglich, und auch diese Kommunikationsform könnte man durch eine Trennscheibe unmöglich machen. Zum Schluß wäre für jedes Individuum zwar noch Denken, Imaginieren, Träumen oder Kommunikation mit sich selbst möglich, aber keine Kommunikation mit anderen. Kein Geräusch, das der eine Partner produzieren würde, könnte den anderen erreichen.

Kommunikation mit der Außenwelt, mit Lebewesen außerhalb der Kugel wäre ebenso auf direkte Weise nicht mehr möglich, weil jeglicher „Transfer" von akustischen und optischen Signalen zwischen der Innenwelt der Kugel (einem faktisch weitgehend geschlossenen System) und der Außenwelt unterbunden ist. Diese Situation könnte nur durch die Installation technischer Kommunikationsmittel wie Mikrofon, Telefon, Kamera und der entsprechenden Verbindungen aufgehoben werden. Kommunikation ohne zumindest physikalische Verbindung ist also unmöglich.

Es wäre für jeden von uns ebenso unmöglich, über die politischen Vorgänge in der Welt informiert zu sein, wenn wir keine Zeitungen lesen und kein Fernsehen rezipieren könnten. Lernprozesse als bestimmte Typen von Informationsprozessen wären ohne solche Transferprozesse nicht denkbar.

Informationstransfer bildet also eine *Grundbedingung* für menschliche Kommunikation. Definitionsformeln, in denen der Informationstransfer *in Gegensatz* zu Selektionsvorgängen (vgl. LUHMANN 1987 a: 8) oder *in Gegensatz* zu Konstruktionsvorgängen (vgl. SCHMIDT 1987: 31) gebracht werden, sind insofern falsch. Kommunikation kann sinnvoll nicht als Selektionsleistung ohne Informationstransfer, als reine Konstruktionsleistung ohne informelle Voraussetzung, aufgefaßt werden, sondern nur als ein komplexes *Miteinander* von Informationstransfer, Selektion und Konstruktion. Insofern ist auch die Rede von Kommunikationssystemen als „vollständig geschlossenen Systemen" (LUHMANN 1987 a: 8) nicht nachvollziehbar. Wenn es überhaupt keinen Informationstransfer gäbe, dann könnten auch die

Konstruktionsprozesse innerhalb des Hörers nicht von den „Botschaften" ausgelöst werden, wie auch Maturana und Luhmann zugestehen (vgl. MATURANA 1985: 57). Kommunikation bedarf nicht nur einer materiellen Umwelt, in der sie überhaupt stattfinden kann, sondern auch einer informationellen Umwelt - traditionell auch *input* genannt - als Grundvoraussetzung. Die Ablehnung des Begriffs „Informationstransfer" ist nur dadurch verständlich, daß Konstruktivisten ihren wissenschaftlichen Kontrahenten in der Regel „naive" Transfervorstellungen unterstellen, die dann leicht zu kritisieren sind.

Selektionsleistungen spielen bei Kommunikationsprozessen eine wichtige Rolle, denn durch Kommunikation wird beim jeweils Anderen eine virtuelle Realität im Gehirn konstruiert. Dies geschieht aber nicht bei jedem Kommunikationsvorgang völlig neu, überraschend, mit ungewissem Ausgang und schon gar nicht beliebig, sondern nach Maßgabe vorhandener Routinen, Regeln, Codes und dadurch in den Möglichkeiten sehr eingegrenzt. Diese *syntaktischen*, *semantischen* und *pragmatischen* Regeln und Codes (vgl. Beitrag „Sprache" in Bd. 2) werden innerhalb des lebenslangen Sozialisationsprozesses in Kommunikation mit anderen *gelernt* und bilden für die aktuellen Kommunikationsvorgänge eine wichtige Basis. Sie entheben so von der Notwendigkeit, immer wieder alles neu „konstruieren" zu müssen. Natürlich verändern sich auch diese Regeln der Sprache und der Kommunikation insgesamt historisch; die Entwicklung von Sprachen und kulturellen Kommunikationsformen wäre ansonsten nicht erklärbar.

Ein Fazit kann also gezogen werden: Der Begriff der Konstruktion reicht allein ebensowenig wie der Selektionsbegriff aus, um Kommunikation zu definieren. Kommunikation ist ein komplexer Prozeß, in dem gegenseitige Informationsübertragung, Selektionsprozesse und Konstruktionsprozesse eine wichtige Rolle spielen. Einer dieser Teilprozesse reicht nicht aus, um Kommunikation zu definieren. Zwar ist die Redeweise vom „Austausch" von Informationen eine Metapher, die ein Stück weit - nimmt man sie wörtlich - falsch ist: Das, was ich sage, gebe ich ja nicht dadurch, daß ich es sage, weg, wie das Geld beim Kauf einer Ware (vgl. LUHMANN 1987: 193). Dennoch bekomme ich bei jeder aktuellen Kommunikation etwas Neues (eben die Information) hinzu, etwas, was ich vorher noch nicht hatte. Auch wenn ich das, was ich hinzubekomme, erst durch einen komplexen kognitiven Prozeß „konstruieren" muß: Dieser Konstruktionsprozeß ist mir ohne das kommunikative *Angebot*, ohne das Signal unmöglich. Soll eine minimale Chance für Verständnis innerhalb der Kommunikation überhaupt bestehen, so muß ich versuchen, den von meinem Kommunikationspartner intendierten Sinn zu *rekonstruieren*. Natürlich gelingt dies in vielen Situationen nicht hinreichend, nicht vollständig oder auch gar nicht. Dann wird entweder der Kommunikationsversuch abgebrochen, wiederholt oder auf einer anderen Ebene - einer *Metaebene* - erneuert, z.B. durch die Frage „Wie meinst Du das?" oder durch die Aussage „So habe ich das aber nicht aufgefaßt".

Wenn von Konstruktivisten darauf hingewiesen wird, daß die theoretische Erfassung von Kommunikationsprozessen immer nur mit Hilfe von Metaphern bewerkstelligt werden kann (vgl. KRIPPENDORFF 1990), so ist dies richtig. Eine einseitige Kritik an der Transport- und Übertragungsmetapher aber geht insoweit fehl, als auch der Begriff der Konstruktion oder auch der der Autopoiesis als Metapher fungiert und nur helfen soll, uns die komplexen, neurologischen Vorgänge bei Kommunikationsprozessen anschaulicher zu machen.

Wenn man in bezug auf viele Transfermodelle feststellen muß, daß dort eine starke *Kommunikatorzentriertheit* vorliegt, so wird dem durch konstruktivistische Auffassungen eine starke *Rezipientenzentriertheit*, die vor allem den Begriff des Verstehens in den Mittelpunkt rückt, gegenübergestellt.

Steht nun der Kommunikationswissenschaft ein Paradigmenwechsel (vgl. KUHN 1973) ins Haus, ähnlich dem Paradigmenwechsel vom geozentrischen zum heliozentrischen Weltbild? In Zukunft werden sich die Vorstellungen von Kommunikation vermutlich nicht mehr auf Transfermodelle, Kommunikationsflußmodelle *reduzieren* lassen. Der Konstruktionsgedanke, Autopoiesis, Begriffe wie „Schemata", „Frames" oder „Autopoiese" kommen als neue kommunikationstheoretisch relevante Ideen hinzu, können die Theorien verfeinern, präzisieren und ihnen andere Schwerpunkte geben. Sie können aber nicht darüber hinwegtäuschen, daß es Kommunikator- und Rezipientenrollen gibt, daß wir nach wie vor außerhalb unseres Kopfes existierende Signale möglichst adäquat interpretieren und verstehen müssen, um kommunizieren zu können. Je näher und konkreter die konstruktiven Momente innerhalb von Kommunikationsprozessen beschrieben und erklärt werden sollen, desto stärker werden wieder die Nichtbeliebigkeit, die Regelhaftigkeit, die Codiertheit von Kognition und Kommunikation thematisiert werden müssen.

Selbstkontrollfrage 5:
Welches sind entscheidende Kennzeichen für die konstruktivistische Auffassung von Kommunikation und inwieweit werden dadurch Auffassungen von „Kommunikation als Transfer" obsolet?

5. Begriffe und Modelle der Massenkommunikationstheorie

5.1. Kommunikation, Massenkommunikation und Publizistik

Die bislang vorgestellten Begriffe und Modelle bezogen sich auf interpersonale Kommunikationsprozesse, also die Informationsübertragung oder Verständigung zwischen zwei informationsabgebenden bzw. -aufnehmenden Systemen, in der Regel menschlichen Kommunikanden. Medien (etwa das Telefon) spielten bei diesen Überlegungen allenfalls eine Rolle als technische Übertragungsmedien oder Kanäle. Über Bedeutung und Funktionsweise der Massenmedien und über die öffentliche Kommunikation („Publizistik") sagen diese Modelle und Theorieansätze nur dann etwas aus, wenn Kommunikation und Massenkommunikation Gemeinsamkeiten aufweisen.

Was haben nun beide Typen von Kommunikation gemeinsam und was läßt sich aus den Kommunikationsmodellen für die öffentliche Kommunikation an Erklärungspotential gewinnen? Diese beiden Fragen wurden und werden in der Publizistik- und Kommunikationswissenschaft nicht einmütig beantwortet. Unstrittig ist jedoch, daß es Gemeinsamkeiten *und* Unterschiede gibt.

Die wichtigste Gemeinsamkeit von Kommunikation und Massenkommunikation liegt in der Intention, etwas mitzuteilen, also Informationen zu übertragen. In der Regel soll durch Kommunikation und Massenkommunikation eine Einstellungs- oder Verhaltensänderung beim „Empfänger" oder Kommunikationspartner erzielt werden. Gemeinsam ist beiden Prozessen auch die Voraussetzung eines gemeinsamen Zeichenvorrates, ohne den ein sinnvolles Verstehen der übermittelten Botschaft nicht möglich ist.

Empirisch betrachtet, sind interpersonale Kommunikation und Massenkommunikation historisch und aktuell miteinander eng verknüpft. Historisch gesehen kann Massenkommunikation als relativ junges Phänomen begriffen werden, das sich entwickelt hat, um bestimmte räumliche, zeitliche und soziale Grenzen interpersonaler Kommunikation zu erweitern. Von einer Verdrängung der direkten Kommunikation durch die medienvermittelte Massenkommunikation kann aber nicht gesprochen werden, denn bis heute spielen direkte („face-to-face"-Kommunikation) und medienvermittelte (Telefon, Telefax, Brief, Computer-Mailbox) interpersonale Kommunikation eine zentrale gesellschaftliche Rolle. Ohne interpersonale Kommunikation wäre Massenkommunikation undenkbar, denn die Produktion journalistischer Aussagen bedarf der Kooperation und Kommunikation von Personen, die daran arbeitsteilig zusammenwirken. Mit wachsender Spezialisierung wird die interpersonale Kommunikation im Arbeitsprozeß immer wichtiger; beide, Kommunikation und Massenkommunikation gewinnen im Prozeß gesellschaftlicher Differenzierung an Bedeutung. Auch Rezeption und Wirkung von Massenmedien wären ohne interpersonale Kommunikation nur schwer erklärbar. Wir erfahren über viele Ereignisse nur indirekt, z.B. über Gespräche mit Familienmitgliedern, Kollegen, Freunden und Bekannten, die einen bestimmten Zeitungsartikel gelesen oder eine Fernsehreportage gesehen haben. Massenkommunikation betrifft also nicht nur die unmittelbaren „Empfänger", sondern indirekt sehr viel mehr Menschen. Seit langem geht man deshalb vom „Zwei-„ oder „Mehr-Stufen-Fluß der Kommunikation" aus, bei dem „Meinungsführer" (opinion leader) eine besondere Rolle spielen. Diese werden von „Meinungsfolgern" als Experten für bestimmte Bereiche angesehen und geben auf Nachfrage der Meinungsfolger ihr durch Massenkommunikation erworbenes Wissen bzw. ihre Meinung weiter. Das Publikum wird nicht mehr als Masse isolierter Individuen, sondern als soziales Netzwerk begriffen; neben den direkten Medienwirkungen werden auch indirekte angenommen. Dieses „two-step flow"-Modell wurde vor allem in den siebziger Jahren zu einem „multi-step flow"-Modell erweitert (vgl. LAZARSFELD et al. 1944, KATZ/LAZARSFELD 1955 und McQUAIL/WINDAHL 1981). Hieran schließt auch Elisabeth Noelle-Neumanns Theorie der Schweigespirale an (vgl. NOELLE-NEUMANN 1980).

Die enge Verknüpfung von interpersonaler Kommunikation und Massenkommunikation erlaubt aber nicht, Massenkommunikation mit den bisher vorgestellten Kommunikationsmodellen hinreichend zu beschreiben, denn es existiert mindestens ein wesentlicher Unterschied: Interpersonale Kommunikation wurde mit Merten als bi-direktionaler und reflexiver Prozeß beschrieben, Massenkommunikation verläuft hingegen überwiegend uni-direktional von (einem) Sender zu (vielen) Empfängern. Diese Einseitigkeit oder Asymmetrie ist seit langem Gegenstand kommunikationspolitischer Kritik und hat in der Kommunikationswissenschaft zu anhaltenden Diskussionen geführt. Einige publizistikwissenschaftliche Ansätze haben versucht,

Massenkommunikation zu idealisieren, oder normative Vorgaben formuliert. Die Zeitung wurde so beim Münchner Zeitungswissenschaftler Bernd Maria Aswerus als „Zeitgespräch der Gesellschaft" (ASWERUS 1993) verstanden und Massenkommunikation wird in Henk Prakkes funktionaler Publizistik als „gesellschaftliches Zwiegespräch" und „Dialog zwischen gleichberechtigten Partnern" bezeichnet (PRAKKE 1968: 58). Auch wenn man dem normativen Gehalt solcher Theorien positiv gegenüberstehen mag, so ist doch festzustellen, daß diese Modelle wenig zur Erklärung der tatsächlichen Kommunikationsverhältnisse beitragen. Auch medientheoretische Ansätze, wie die Radiotheorie Bert Brechts („Jeder Empfänger ein potentieller Sender!"), Überlegungen von Hans Magnus Enzensberger sowie einige marxistisch-materialistische Ansätze aus den siebziger Jahren sind in weiten Teilen eher kommunikationspolitische Programme als kommunikationstheoretische Modelle empirisch beobachtbarer Massenkommunikation.

Das Feedback der „Empfänger" oder Rezipienten beschränkt sich bei den modernen Massenmedien auf Leserbriefe und Telefonanrufe oder - nicht zuletzt - auf ökonomische Akte: Kauf-/Nichtkauf-Entscheidungen spielen bei den Printmedien, Nutzungs-/Nichtnutzungs-Entscheidungen bei den rein werbefinanzierten Rundfunkmedien - vermittelt über das Feedback von Einschaltquoten und Werbenachfrage - eine entscheidende Rolle.

Leserbriefe und vor allem Telefonanrufe werden seit einigen Jahren verstärkt in die Konzeption und die alltägliche Gestaltung von Massenmedienangeboten einbezogen, doch führt die Publikumsbeteiligung durch „Talk-Radio", Rate- und Beratungssendungen im Grunde nicht zu einem Rollentausch. Die institutionalisierte Grenze zwischen professionellen Journalisten und „aktiven Rezipienten" bleibt bestehen. Es ist deshalb sinnvoll, im Bereich der Massenmedien weiter von „Kommunikator" und „Rezipient" statt von „Kommunikanden" (wie bei Merten) zu sprechen.

Ein weiterer bedeutender Unterschied besteht zwischen Massenkommunikation und interpersonaler Kommunikation, denn letztere basiert oftmals auf (dauerhaften) Sozialbeziehungen. Die Kommunikanden teilen ihren Alltag (zumindest relevante Teile) und handeln aufeinander bezogen, weil sie tatsächlich Interaktionspartner sind. Bei der Massenkommunikation kommt es allenfalls zur Ausbildung „parasozialer Interaktion" (HORTON/WOHL 1956), wenn längerfristige Bindungen zu einem Moderator oder einem Fernsehstar entstehen. Parasoziale Beziehungen sind jedoch kein vollwertiger Ersatz für lebensweltliche Erfahrungen mit „echten" Interaktionspartnern.

Maletzke definiert Massenkommunikation als „jene Form der Kommunikation, bei der Aussagen öffentlich durch technische Verbreitungsmittel indirekt und einseitig an ein disperses Publikum vermittelt werden." (MALETZKE 1978: 32) Die Nutzung technischer Verbreitungsmittel und die Möglichkeit der einseitigen Kommunikation können auch auf interpersonale Kommunikation zutreffen, die Definitionskriterien Öffentlichkeit und „disperses Publikum" sind - wie die vorwiegende Einseitigkeit - typisch für die Massenkommunikation. Das Publikum der Massenmedien ist keine organisierte soziale Gruppe, konkret versammelte Masse oder institutionalisierte Organisation, sondern ein relativ unzusammenhängendes (disperses) soziales Gebilde aus Individuen, die grundsätzlich miteinander interagieren können. Bevor wir auf das Modell von Maletzke zurückkommen, wollen wir uns dem Feld der Massenkommunikation anhand zweier älterer, grundlegender Modelle bzw. Ansätze nähern.

5.2. Fragestellungen der Massenkommunikationsforschung

Der amerikanische Politologe und Sozialwissenschaftler Harold D. Laswell hat 1948 die wichtigsten Fragestellungen der Massenkommunikationsforschung in einem kurzen Fragesatz zusammengefaßt, der seither etwas irreführend als „Laswell-Formel" in der publizistikwissenschaftlichen Literatur zitiert wird. Das Spektrum der kommunikationswissenschaftlichen Fragen erinnert stark an die fünf journalistischen „W-Fragen":

Abbildung 6: Das Lasswell-Modell

Faktoren		zugeordnete Forschungsbereiche
WHO says	WER sagt ...	Kommunikatorforschung
WHAT in	WAS in ...	Aussagen-/Inhaltsanalyse
WHICH CHANNEL to	WELCHEM KANAL zu ...	Medienforschung
WHOM with	WEM mit ...	Rezipientenforschung
WHAT EFFECT?	WELCHER WIRKUNG?	Wirkungsforschung

(Quelle: LASSWELL 1961: 117)

Lasswell ging es nicht um die Begründung eines Modells, das mit den bisher referierten zu vergleichen wäre, sondern um eine Systematisierung des damals noch weitgehend unbeackerten Forschungsfeldes. In der Tat leistet Lasswells Formulierung keine Prognose, Quantifizierung oder heuristische Anregung im Sinne Deutschs (vgl. S. 17). Da bis heute keine den gesamten Bereich der Kommunikationswissenschaft umfassende Theorie vorliegt, hat die organisierende Funktion der „Lasswell-Formel" nur wenig an Aktualität eingebüßt (vgl. PÜRER 1990). Allerdings bietet sie seit Jahrzehnten auch Anlaß zur Kritik und hat unterschiedliche Ergänzungen und Erweiterungen erfahren (vgl. BRADDOCK 1958 und GERBNER 1965).

Lasswells Formulierung kann als Andeutung eines Modells gelesen werden, das auf der Vorstellung eines linearen, „wirkenden" Massenkommunikationsprozesses basiert, der vom Kommunikator ausgeht und gesteuert wird. Diese Implikation hat erhebliche Kritik hervorgerufen, seit im Rahmen der motivationaler Ansätze Forschungsfragen stärker rezipientenorientiert gestellt wurden. In der „Uses-and-Gratifications"- bzw. Nutzenforschung wird die Mediennutzung der „aktiven Rezipienten" untersucht und nach dem Nutzen gefragt, die sie vermeintlich oder tatsächlich aus der Rezeption von Medienangeboten ziehen und die ihre Medienzuwendung motivieren.

5.3. Massenkommunikation als rückgekoppelter Prozeß

Der Tatsache, daß Massenkommunikation, wenn schon nicht als Kommunikationsprozeß gleichberechtigter Kommunikanden, dann aber doch als rückgekoppelter Prozeß abläuft, trägt das Modell von Westley/McLean (1957) Rechnung. Wie die „Formel" von Lasswell ging es um die theoretische Integration, diesmal weniger von Fragestellungen, als von empirischen Einzelbefunden. Bis heute wird dieses Modell in der Public Relations-Forschung verwendet (vgl. WINDAHL/SIGNITZER 1992: 120ff).

Wie beim Ausgangsmodell von Shannon/Weaver zeigt das Modell von Westley/McLean einen linearen Prozeß, der von den Ereignissen (Quellen potentieller Information) bis zum Empfänger reicht. Angeregt durch das triadische Modell von Newcomb (1953), entwerfen sie jedoch ein Modell, in dem es keine neutralen Instanzen mehr gibt wie bei Shannon/Weaver, sondern eingreifende und verarbeitende Akteure.

Abbildung 7: Kommunikationsmodell nach Westley/McLean

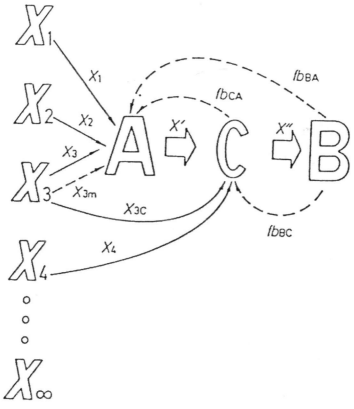

(Quelle: WESTLEY/McLEAN 1957: 35)

Im Gegensatz zum mathematischen Kommunikationsmodell werden nun auch Rezeptions- und Verarbeitungsprozesse berücksichtigt, die aus den ursprünglichen Ereignissen (x_1 - x_{00}) verschiedene Versionen (x', x'') entstehen lassen, über die erneut kommuniziert werden kann (Feedback). Am Massenkommunikationsprozeß sind Informanten (A), Kommunikatoren (C) und Rezipienten (B) beteiligt. Die Rezipienten (B) nehmen die Ereignisse (x_1 - x_{00}) nicht direkt, sondern nur medienvermittelt wahr, also über den „Umweg" des Kommunikators C, der als „gate keeper" fungiert und wie ein Schleusenwärter die Informationen, die er erhält, stark selektiert. A nimmt nur einige der Ereignisse wahr und wählt als Informant aus, welche Informationen x' er an den professionellen Kommunikator C weitergibt. Dieser wiederum wählt aus den Informationen des Informanten aus, welche er als x'' an den Rezipienten vermittelt. Angedeutet ist hier am Beispiel x_3 bereits, daß zumindest manche Ereignisse zu unterschiedlichen Informationen führen können.

Massenkommunikationsprozesse sind also mehrstufige Informationsselektionsprozesse. Doch bei dieser heute unumstrittenen Erkenntnis bleibt dieses frühe Modell nicht stehen, denn es werden bereits Rückkoppelungsbeziehungen berücksichtigt: So erhalten die Kommunikatoren C ein Feedback von den Rezipienten (fbBA), und sie geben selbst eine Rückmeldung an ihre Informanten (fbCA). Da Informant A und Rezipient B Teil der gleichen sozialen Gruppe sein können, z.B. Pressesprecher und Mitglied eines Kaninchenzüchtervereins, kann A auch eine Rückmeldung von B erhalten, der mitteilen möchte, wie eine bestimmte Äußerung „in der Öffentlichkeit" gewirkt haben mag.

Würde man dieses nicht mehr *auf den ersten Blick* verständliche Modell noch um die Tatsache erweitern, daß verschiedene Rezipienten die gleiche Botschaft unterschiedlich verstehen und entsprechend verschiedene Feedbacks aussenden, sowie die Tatsache einbeziehen, daß diese individuelle Varianz auch auf der Ebene der Kommunikatoren und der Informanten eine Rolle spielt, so werden die Grenzen der Veranschaulichung durch graphische Modelle schnell klar.

Selbstkontrollfrage 6:
Geben Sie Gründe an, warum die Lasswell-Formel so erfolgreich war.

5.4. Psychologie der Massenkommunikation

Gerhard Maletzke hat 1963 als einer der ersten den Stand der damals vorwiegend aus den USA stammenden Massenkommunikationsforschung einem deutschen Fachpublikum zusammenfassend vorgestellt und damit wesentlich dazu beigetragen, die deutschsprachige Publizistikwissenschaft von einer vorwiegend normativen zu einer auch empirisch arbeitenden Wissenschaft weiterzuentwickeln. Seine „Psychologie der Massenkommunikation" gilt bis heute als wichtiges Grundlagenwerk, in dem nicht nur eine weithin unbestrittene Defintion von „Massenkommunikation" vorgelegt, sondern auch ein „Feldschema der Massenkommunikation" entwickelt wird.

Abbildung 8: Kommunikationsmodell nach Maletzke

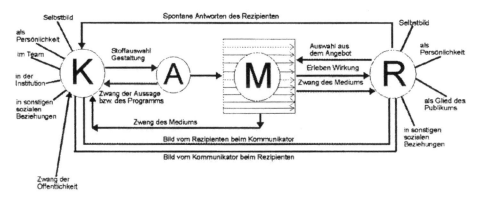

(Quelle: MALETZKE 1978: 41)

Das Feldschema MALETZKEs beruht auf vier Hauptkomponenten: Kommunikator (K), Rezipient (R), Medium (M) und Aussage (A).
Kommunikator ist jede „Person oder Personengruppe ..., die an der Produktion von öffentlichen, für die Verbreitung durch ein Massenmedium bestimmten Aussagen beteiligt ist, sei es schöpferisch, gestaltend oder kontrollierend" (MALETZKE 1978: 43). Kommunikator und Rezipient sind keine isoliert lebenden und handelnden Individuen, sondern eingebunden in soziale Beziehungen (z.b. als Teil eines Teams oder des Publikums) und normative Anforderungen (Zwang der Öffentlichkeit, Berufsverständnis), die ihr Handeln ebenso beeinflussen, wie psychologische Faktoren (Persönlichkeit, Selbstbild, Einstellungen).
Kommunikatoren wählen Stoffe aus und gestalten Aussagen, die über ein *technisches* Medium, nämlich „Instrumente oder Apparaturen ... öffentlich, indirekt und einseitig einem dispersen Publikum vermittelt werden." (MALETZKE 1978: 76) Die Tätigkeit des Kommunikators unterliegt nicht nur den psychologischen und sozialpsychiologischen Faktoren, sondern berücksichtigt auch die technischen und ästhetischen Zwänge des Mediums und vollzieht sich vor dem Hintergrund eines Bildes vom Rezipienten, den der Kommunikator im Gegensatz zur interpersonalen Kommunikation meist nicht (persönlich) kennt.
Der Rezipient wählt - in Abhängigkeit von seinen Persönlichkeitsfaktoren - aus dem Medienangebot Aussagen aus, die er vor seinem Erfahrungshintergrund interpretieren kann. Er besitzt dabei ein Bild vom Medium und von dem - ihm nicht persönlich bekannten - Kommunikator. Erleben und Wirkung medial vermittelter Aussagen werden nicht durch die Botschaft oder den Kommunikator allein bestimmt, sondern in Wechselwirkung mit einer ganzen Reihe psychologischer Faktoren.

5.5. Medium

Die meisten kommunikationswissenschaftlichen Modelle folgen dem Ausgangsmodell von Shannon/Weaver darin, unter Medium ein technisches Verbreitungsmedium zu verstehen. Dieser eingeschränkte Medienbegriff findet sich auch bei Maletzke und ist bis heute weit verbreitet, sozialwissenschaftlich jedoch unbefriedigend. Technische Medien sind in mehrfacher Hinsicht ohne den Menschen nicht vorstellbar: Sie wurden von Menschen in einem sozialen Prozeß erfunden und entwickelt, über das *ob* und *wie* ihrer Anwendung wird beraten und gestritten. Technische Medien sind ohne eine soziale Form des Gebrauchs wirkungs- und bedeutungslos, denn sie sind im Wortsinne „Mittel" und „Vermittler".

Harry Pross (1972) unterscheidet primäre, sekundäre und tertiäre Medien nach dem Grad ihrer Technisierung. Primäre Medien kommen wie die menschliche Wortsprache, Gestik und Mimik ohne technische Hilfsmittel aus, setzen aber die persönliche Anwesenheit der Kommunikationspartner voraus. Sekundäre Medien benötigen auf der Kommunikatorseite eine technische Einrichtung zur Produktion (etwa bei den Printmedien), nicht jedoch auf der Seite der Rezipienten. Tertiäre Medien schließlich setzten auf beiden Seiten technische Apparaturen voraus, wie dies beim Film und bei den Rundfunkmedien der Fall ist. Posner (1985) erweitert und differenziert den Medienbegriff, in dem er biologische, physikalische, technologische, soziologische, kulturbezogene und codebezogene Medienbegriffe anführt. In Anlehnung an die soziologische Systemtheorie von Talcott Parsons geht Niklas Luhmann von „symbolisch generalisierten Medien" wie Wahrheit, Liebe, Geld, Recht, Macht aus, die jeweils für bestimmte gesellschaftliche Bereiche (Funktionssysteme) gelten. Außerdem ist bei ihm Sprache ein Medium (was dem primären Medium im Sinne von Pross entspricht), während die publizistischen Medien, die uns in diesem Zusammenhang interessieren, von Luhmann als „Verbreitungsmedien" Schrift, Druck und Funk bezeichnet, aber nicht näher untersucht werden (vgl. LUHMANN 1987: 221ff).

Aus Sicht der Kommunikationswissenschaft halten wir es für sinnvoll, folgende Typen von Medien zu unterscheiden:
- *materielle* Medien wie Luft, Licht, Wasser, Ton, Stein, Papier, Zelluloid;
- *kommunikative* Medien oder Zeichensysteme wie Sprache, Bilder, Töne;
- *technische* Medien wie Mikrofone, Kameras, Sende- und Empfangseinrichtungen;
- Medien als *Institution*, also die einzelnen Medienbetriebe (bestimmte Zeitung oder Fernsehanstalt) und die „Gesamtmedien", z.B. „der Film", „der Hörfunk", „das Fernsehen".

Als *Kanal* soll die Sinnesmodalität einer Kommunikation bezeichnet werden (vgl. auch SCHREIBER 1990: 131). Zu unterscheiden sind folglich taktile (Berührung), optische/visuelle (Sehen), akustische/auditive (Hören), olfaktorische (Geruch), gustatorische (Geschmack) und thermale Kanäle (Wärme). Kommunikation bedient sich immer einer oder gleichzeitig mehrer dieser Kanäle.

5.6. Öffentlichkeit

Massenkommunikation kann als spezieller Typus von Kommunikation verstanden werden, der sich durch den Mediengebrauch von direkter Kommunikation und durch die vorwiegende Uni-Direktionalität von interpersonaler Kommunikation unterscheidet. Ein weiteres wesentliches Merkmal der Massenkommunikation besteht darin, daß es sich um *öffentliche* Kommunikation handelt. Das Öffentliche stand im Gegensatz zum Geheimen: Eine der bedeutendsten politischen Errungenschaften des Bürgertums besteht darin, daß sich politische Herrschaft öffentlich legitimieren muß. Politik ist Gegenstand der öffentlichen Auseinandersetzung und nicht länger ausschließliches Produkt von Geheimdiplomatie oder Gottesgnadentum. In der entwickelten bürgerlichen Gesellschaft kommt es zur Unterscheidung von „öffentlich" und „privat" (vgl. HABERMAS 1990). Während interpersonale Kommunikation vorwiegend privat stattfindet und die medienvermittelten Formen interpersonaler „Privat-Kommunikation", also Brief- und Telefonverkehr, deshalb unter besonderem verfassungsmäßigem Schutz stehen, findet Massenkommunikation im öffentlichen Raum statt. Prinzipiell hat jeder Zugang zu den Angeboten der Massenmedien. Öffentlichkeit beginnt bereits bei einer Theateraufführung oder einem Konzert, auch wenn hier die Teilnehmerzahl begrenzt und Zutritt bzw. Zugang an bestimmte ökonomische und bildungsmäßige Voraussetzungen geknüpft sind.

Öffentlichkeit wird erst durch öffentliche Kommunikation konstituiert. Die politische Rede auf dem Marktplatz gehört ebenso wie das Werbeplakat und die Rundfunksendung in diese Sphäre öffentlicher Kommunikation. Öffentlichkeiten können zeitlich, sozial oder sachlich begrenzt sein. Man spricht dann von Teilöffentlichkeiten. So lassen sich politische und kulturelle Öffentlichkeiten sachlich oder thematisch unterscheiden. Soziale Grenzen einer Teilöffentlichkeit werden oft durch die Grenzen einer Institution bestimmt: Wenn der Vorsitzende eines Vereins eine Rede vor seinen Mitgliedern hält oder der Geschäftsführer einer GmbH auf einer Betriebsversammlung spricht, dann werden *organisationsinterne Öffentlichkeiten* kommunikativ erzeugt.

Öffentlichkeit ist ebenso wie die Uni-Direktionalität ein Defintionsmerkmal von Massenkommunikation, das aufgrund technischer und sozialer Entwicklungen vielleicht zunehmend an Erklärungskraft verliert. Durch Medien wie Bildschirmtext (Btx) und Videotext wird die Trennung von Individual- und Massenkommunikationsmedien fraglich. Zukünftige Medienentwicklungen, wie Pay-TV, Abrufdienste, „Video-on-demand" und interaktives Fernsehen führen zu einer Individualisierung der Programmwahl. Die Uni-Direktionalität der Massenkommunikation wird aber bereits heute durch neue Sendeformen, die *Publikumsbeteiligung* zum Programm erheben, abgeschwächt.

Selbstkontrollfrage 7:
Versuchen Sie, die bekannte Definition von Maletzke zum Begriff „Massenkommunikation" kritisch zu betrachten.

6. Modelle, Begriffe, Theorien - Eine Schlußbemerkung

Im Rahmen dieser Einführung konnten nur einige ausgewählte, folgenreiche oder typische Modelle der Kommunikations- und Massenkommunikationstheorie vorgestellt werden. Auch die Klärung der Grundbegriffe Information, Kommunikation, Massenkommunikation, Medium und Öffentlichkeit ließe sich weiterführen. Uns ging es jedoch nicht um eine erschöpfende Behandlung, sondern darum, einen Überblick zu bieten und in die modelltheoretische Denkweise einzuführen.

Modelle und Grundbegriffe unterliegen einer wissenschaftshistorischen Differenzierung, ihre Entwicklung ist eng mit bestimmten Forschungsfragen, Methoden und empirischen Studien verknüpft. Modelle können dabei die Hypothesenbildung und die Forschungspraxis anregen; sie können aber auch der Systematisierung vorliegender Forschungsergebnisse dienen. Ihr Geltungsanspruch kann dabei von der bloßen Deskription (Beschreibung) bis hin zur Erklärung von Zusammenhängen und Wirkungsweisen reichen. Die Erklärungskraft von Modellen ist immer begrenzt, sie stellen keine Theorien, sondern allenfalls Vorstufen oder Ansätze hierzu dar. Erst wenn ein Modell durch empirische Daten abgesichert ist und es mehr erklärt als ein Konkurrenzmodell, besitzt es eine Chance, Bestandteil einer Theorie zu werden.

Die unterschiedlichen Aufgaben von Modellen führen zu unterschiedlich differenzierten Modellen. Dabei lösen die komplexeren Modelle die einfachen nicht ohne weiteres ab, vielmehr bedienen sich Wissenschaftler verschiedener Modelle zur Erklärung unterschiedlicher Phänomene. In den Kommunikationswissenschaften ist eine Modellvielfalt und eine gewisse Neigung zu „Theorien mittlerer Reichweite" festzustellen (vgl. De FLEUR/BALL-ROKEACH 1975, KUNCZIK 1984, McQUAIL 1987). Eine übergreifende, am Ideal der klassischen Naturwissenschaften orientierte „theory of everything" ist in absehbarer Zeit nicht zu erwarten. Die vorliegenden Modelle werden ihren begrenzten didaktischen, systematisierenden und heuristischen Wert behalten und werden weiter differenziert werden, wie dies mit der Einbeziehung handlungstheoretischer und konstruktivistischer Ansätze bereits zu erkennen ist.

7. Anhang

7.1. Zentrale im Text verwandte Begriffe

Information
In der mathematischen Informationstheorie bezeichnet „Information" lediglich eine bedeutungsneutrale „Reduktion von Ungewißheit". Aus *latenten* Informationen können durch Signalübertragung und Verstehen beim Empfänger („Strukturveränderung in einem Empfänger") *aktualisierte* Informationen werden.

Grundbegriffe und Modelle der Publizistik- und Kommunikationswissenschaft

Kommunikation

Kommunikation liegt vor, wenn die Informationsübertragung mit der Absicht erfolgt, etwas mitzuteilen. Diese intentionale Informationsübetragung erfolgt mittels Signalen zwischen zwei oder mehr Systemen, die der Informationsaufnahme und -abgabe fähig sind. Die Signale bewegen sich in einem Medium oder sind in ihm gespeichert. Diese hier gewählte Defintion beschränkt Kommunikation nicht auf Menschen, sondern schließt unterschiedliche Kommunikationsformen ein.

Konstruktivistische Ansätze

Konstruktivistische Ansätze gehen davon aus, daß Kognition und Kommunikation als Konstruktionsprozeß aufzufassen sind. Transfermodelle und Begriffe wie Wahrheit, Objektivität, Richtigkeit etc. werden abgelehnt.

Massenkommunikation

Massenkommunikation erfolgt öffentlich mit Hilfe technischer Verbreitungsmedien. In der Regel handelt es sich um einen einseitigen Prozeß (Uni-direktionalität), weil Aussagen an ein „disperses Publikum" (Maletzke) verbreitet werden. Das Feedback der Empfänger (Publikum) ist bei den herkömmlichen Massenmedien nur sehr eingeschränkt möglich, könnte aber aufgrund technischer Entwicklungen und ökonomischer Überlegungen an Bedeutung gewinnen.

Medien

Unter Medien werden vermittelnde Instanzen verstanden. Aus kommunikationswissenschaftlicher Sicht lassen sich materielle Medien, kommunikative Medien, technische Medien und Medien als soziale Institutionen unterscheiden.

Modell

In der Kommunikationswissenschaft dienen Modelle der (zuweilen extremen) Vereinfachung von komplexen Kommunikationsprozessen. Zu den Funktionen von Modellen zählen neben der pädagogischen Veranschaulichung auch die Systematisierung von Erkenntnissen (organisierende Funktion), die Vorhersage von Ergebnissen (prognostische Funktion), die „Meßfunktion" und die heuristische Funktion. Modelle werden in Form von Grafiken oder in Form von verbalen Beschreibungen (Wortmodelle) verwendet.

Reziprozität   Nehmen sich zwei Kommunikanden in einer Kommunikationssituation gegenseitig wahr und nehmen sie dabei gleichzeitig wahr, daß der jeweilige Partner sie auch wahrnimmt, so kann man mit Klaus Merten von „Reziprozität der Wahrnehmung" sprechen.

Transfermodelle   Kommunikation wird in den Transfermodellen als Transport oder Austausch von Signalen (und damit von Informationen) beschrieben. Kommunikation bedarf deshalb zwingend natürlicher und materieller Medien, da sonst eine Übermittlung von Informationen nicht möglich ist.

7.2. Literaturverzeichnis

7.2.1. Zitierte Literatur

ASWERUS, Bernd Maria (1993), Vom Zeitgespräch der Gesellschaft. Zusammengestellt und eingeführt von Hans Wagner. München: Reinhard Fischer Verlag

AUFERMANN, Jörg (1971), Kommunikation und Modernisierung. Meinungsführer und Gemeinschaftsempfang im Kommunikationsprozeß. München-Pullach/Berlin: Verlag Dokumentation

AUSTIN, John L. (1972), Zur Theorie der Sprechakte (How to do things with words). Stuttgart: Reclam

BENTELE, Günter/Ivan BYSTRINA (1978), Semiotik. Grundlagen und Probleme. Stuttgart u.a.: Verlag W. Kohlhammer

BENTELE, Günter (1984), Kommunikationswissenschaft, Kommunikation und Massenkommunikation. In: MODELLVERSUCH JOURNALISTEN-WEITERBILDUNG (Hrsg.), Fernstudium Kommunikationswissenschaft Bd.1. München: Ölschläger Verlag, S.11-57

BERGLER, Reinhold/Ulrike SIX (1979), Psychologie des Fernsehens. Wirkungsmodelle und Wirkungseffekte unter besonderer Berücksichtigung der Wirkung auf Kinder und Jugendliche. Bern/Stuttgart/Wien: Verlag Hans Huber

BETH, Hanno/Harry PROSS (1976), Einführung in die Kommunikationswissenschaft. Stuttgart u.a.: Verlag W. Kohlhammer

BRADDOCK, R. (1958), An Extension of „Lasswell Formula". In: Journal of Communication, 8, S. 88-93

BURKART, Roland (1983), Kommunikationswissenschaft. Umrisse einer interdisziplinären Sozialwissenschaft. Wien/Köln: Böhlau

DE FLEUR, Melvin L./Sandra BALL-ROKEACH (1975), Theories of Mass Communication. New York/London: Longman (5. erw. Aufl.)

DEUTSCH, Karl W. (1952), On Communication Models in the Social Sciences. In: Public Opinion Quarterly, 16, S. 357-380

DEUTSCHES INSTITUT FÜR FERNSTUDIEN (DIFF) an der Universität Tübingen (Hrsg.) (1990), Funkkolleg Medien und Kommunikation. Konstruktionen von Wirklichkeit. Weinheim/Basel: Beltz

FAULSTICH, Werner (1991), Medientheorien. Einführung und Überblick. Göttingen: Vandenhoek & Ruprecht

FOERSTER, Heinz von (1985), Sicht und Einsicht. Versuche zu einer operativen Erkenntnistheorie. Braunschweig/Wiesbaden: Vieweg

GERBNER, George (1956), Toward a general model of communication. In: AV Communication Review, 4, S. 171-199

GLASERSFELD, Ernst von (1987), Wissen, Sprache und Wirklichkeit. Braunschweig/Wiesbaden: Vieweg

HABERMAS, Jürgen (1981), Theorie des kommunikativen Handelns. Bd.1.: Handlungsrationalität und gesellschaftliche Rationalisierung. Bd.2.: Zur Kritik der funktionalistischen Vernunft. Frankfurt a.M.: Suhrkamp

HABERMAS, Jürgen (1990), Strukturwandel der Öffentlichkeit. Untersuchungen zu einer Kategorie der bürgerlichen Gesellschaft. Frankfurt a.M.: Suhrkamp (Unveränd. Neuaufl.)

KOSZYK, Kurt/Karl Hugo PRUYS (Hrsg.) (1981), Handbuch der Massenkommunikation. München: dtv

KRIPPENDORFF, Klaus (1990), Der verschwundene Bote. Metaphern und Modelle der Kommunikation. In: DEUTSCHES INSTITUT FÜR FERNSTUDIEN (DIFF) an der Universität Tübingen (Hrsg.) (1990), Funkkolleg Medien und Kommunikation. Konstruktionen von Wirklichkeit. Weinheim/Basel: Beltz, S.11-50

KUHN, Thomas S. (1973), Die Struktur wissenschaftlicher Revolutionen. Frankfurt a.M.: Suhrkamp

KUNCZIK, Michael (1977), Massenkommunikation. Eine Einführung. Wien/Köln: Böhlau

KUNCZIK, Michael (1984), Kommunikation und Gesellschaft. Theorien zur Massenkommunikation. Wien/Köln: Böhlau

LASSWELL, Harold D. (1961), The Structure and Function of Communication in Society. In: SCHRAMM, Wilbur (Hrsg.), Mass Communication. Urbana/Chicago/London: University of Illinois Press, S.117-130

LUHMANN, Niklas (1987), Soziale Systeme. Grundriß einer allgemeinen Theorie. Frankfurt a.M.: Suhrkamp Taschenbuch Verlag

LUHMANN, Niklas (1987a), Was ist Kommunikation? In: Information Philosophie, 1, S. 4-16

LUHMANN, Niklas (1990), Das Erkenntnisprogramm des Konstruktivismus und die unbekannt bleibende Realität. In: LUHMANN, Niklas, Soziologische Aufklärung 5. Konstruktivistische Perspektiven. Opladen: Westdeutscher Verlag, S. 31-58

MALETZKE, Gerhard (1978), Psychologie der Massenkommunikation. Hamburg: Verlag Hans-Bredow-Institut

MALETZKE, Gerhard (1980), Kommunikationsforschung als empirische Sozialwissenschaft. Anmerkungen zur Situation und Problematik. Berlin: Verlag Volker Spiess

MALETZKE, Gerhard (1988), Massenkommunikationstheorien. Tübingen: Niemeyer

MATURANA, Humberto R. (1985), Erkennen: Die Organisation und Verkörperung von Wirklichkeit. Braunschweig/Wiesbaden: Vieweg

McQUAIL, Denis (1987), Mass Communication Theory. An Introduction. Newbury Park/London/New Delhi: Sage Publications (2. Aufl.)

McQUAIL, Denis/Sven WINDAHL (1981), Communication Models for the study of mass communications. New York/London: Longman

MEAD, George Herbert (1973), Geist, Identität, Gesellschaft aus der Sicht des Sozialbehaviorismus. Mit einer Einleitung hrsg. von Charles W. MORRIS. Frankfurt a.M.: Suhrkamp

MERTEN, Klaus (1974), Vom Nutzen der Lasswell-Formel - oder Ideologie in der Kommunikationsforschung. In: Rundfunk und Fernsehen, 22, S. 143-165

MERTEN, Klaus (1977), Kommunikation. Eine Begriffs- und Prozeßanalyse. Opladen: Westdeutscher Verlag

NOELLE-NEUMANN, Elisabeth/Winfried SCHULZ/Jürgen WILKE (Hrsg.) (1989), Fischer Lexikon Publizistik - Massenkommunikation. Frankfurt a.M.: Fischer

POSNER, Roland (1985), Nonverbale Zeichen in öffentlicher Kommunikation. Zur Geschichte und Gebrauch kommunikationstheoretischer Schlüsselbegriffe. In: Zeitschrift für Semiotik, 7, S. 235-271

PRAKKE, Henk (1967), Kommunikation in der Gesellschaft. Einführung in die funktionale Publizistik. Münster: Regensberg

PÜRER, Heinz (1990), Einführung in die Publizistikwissenschaft. Systematik, Fragestellungen, Theorieansätze, Forschungstechniken. München: Ölschläger Verlag (4. Aufl.)

RÜHL, Manfred (1988), Zur Technisierung freiheitlicher Publizistik - jenseits von Neuen Medien und Neuer Technik. In: BUNGARD, Walter/Hans LENK (Hrsg.), Technikbewertung. Philosophische und psychologische Perspektiven. Frankfurt a.M.: Suhrkamp, S. 343-377

SCHMIDT, Siegfried J. (1987), Der Radikale Konstruktivismus: Ein neues Paradigma im interdisziplinären Diskurs. In: SCHMIDT, Siegfried J. (Hrsg.), Der Diskurs des Radikalen Konstruktivismus. Frankfurt a.M.: Suhrkamp, S. 11-88

SCHMIDT, Siegfried J. (1991), Wir verstehen uns doch? Von der Unwahrscheinlichkeit gelingender Kommunikation. In: DEUTSCHES INSTITUT FÜR FERNSTUDIEN (DIFF) an der Universität Tübingen (Hrsg.) (1990), Funkkolleg Medien und Kommunikation. Konstruktionen von Wirklichkeit. Weinheim/Basel: Beltz, S. 50-78

SCHREIBER, Erhard (1990), Repetitorium Kommunikationswissenschaft. München: Ölschläger Verlag (3. Aufl.)

SEARLE, John R. (1971), Sprechakte. Ein sprachphilosophischer Essay. Frankfurt a.M.: Suhrkamp

SEIFFERT, Helmut (1971), Information über die Information. München: Beck

SHANNON, Claude E./Warren WEAVER (1972), The mathematical Theory of Communication. Urbana/Chicago/London: University of Illinois Press

STEINBUCH, Karl (1979), Maßlos informiert. Die Enteignung unseres Denkens. München/Wien: Goldmann

WAGNER, Hans (1978), Kommunikation und Gesellschaft. Teil I: Einführung in die Zeitungswissenschaft. Teil II: Kasuistik/Arbeitsbuch. München/Wien: Günter Olzog Verlag

WATZLAWICK, Paul/Janet H. BEAVIN/Don D. JACKSON (1972), Menschliche Kommunikation. Formen, Störungen, Paradoxien. Bern/Stuttgart/Wien: Verlag Hans Huber

WERSIG, Gernot (1974), Information - Kommunikation - Dokumentation. Ein Beitrag zur Orientierung der Informations- und Dokumentationswissenschaften. Darmstadt: Wissenschaftliche Buchgesellschaft

WESTLEY, Bruce H./Malcolm S. McLEAN Jr. (1957), A Conceptual Model for Communications Research. In: Journalism Quarterly, 34, S. 31-38

WIENER, Norbert (1971), Kybernetik. Regelung und Nachrichtenübertragung in Lebewesen und Maschine. Reinbek: Rowohlt

WINDAHL, Sven/Benno SIGNITZER (1992), Using Communication Theory. Newbury Park/London/New Delhi: Sage Publications

7.2.2. Weiterführende Literatur

AUFERMANN, Jörg/Hans BOHRMANN/Rolf SÜLZER (Hrsg.) (1973), Gesellschaftliche Kommunikation und Information. Bd. 1 und 2. Frankfurt a.M.: Athenäum Fischer Verlag

BARNLUND, Dean C.: A transactional model of communication. In: SERENO, Kenneth K./C. David MORTENSON (Hrsg.) (1970): Foundation of Communication Research. New York, S. 83 - 102

BARNOUW, Erik et al. (Eds.) (1989), International Encyclopedia of Communication. New York/Oxford: Oxford University Press

BENTELE, Günter (Hrsg.) (1981), Semiotik und Massenmedien. München: Ölschläger Verlag

BERLINER AUTORENKOLLEKTIV PRESSE (1972), Wie links können Journalisten sein? Reinbek: Rowohlt

BÖCKELMANN, Frank (1975), Theorie der Massenkommunikation. Das System hergestellter Öffentlichkeit, Wirkungsforschung und gesellschaftliche Kommunikationsverhältnisse. Frankfurt a.M.: Suhrkamp

BREUNIG, Christian (Hrsg.) (1989), Studienführer Publiztik/Journalistik/Kommunikation. München: Ölschläger Verlag (2. Aufl.)

BURKART, Roland/Walter HÖMBERG (Hrsg.) (1992), Kommunikationstheorien. Ein Textbuch zur Einführung. Wien: Braunmüller.

DANCE, Frank E. X.: Towards a theory of human communication. In: DANCE, F. E. X. (Hrsg.) (1967): Human communication theory. New York, S. 288 - 309

DERVIN, Brenda/Lawrence GROSSBERG/Barbara J. O'KEEFE/Ellen WARTELLA (Eds.) (1989), Rethinking Communication. Newbury Park/London/New Delhi: Sage Publications

DOVIFAT, Emil/Jürgen WILKE (1976), Zeitungslehre. Bd. 1 und 2. Berlin/New York: Walter de Gruyter (6. von J. WILKE neubearb. Aufl.)

DRÖGE, Franz W./Winfried B. LERG (1965), Kritik der Kommunikationswissenschaft. In: Publizistik, 10, S. 251-284

EURICH, Claus (1980), Kommunikative Partizipation und partizipative Kommunikationsforschung. Frankfurt a.M.: Rita G. Fischer

FAULSTICH, Werner (Hrsg.) (1979), Kritische Stichwörter zur Medienwissenschaft. München: Fink

FITTKAU, Bernd/Hans-Martin MÜLLER-WOLF/Friedemann SCHULZ VON THUN (1977), Kommunizieren Lernen (und umlernen). Trainingskonzepte und Erfahrungen. Braunschweig: Westermann

GRICE, Paul H. (1979), Logik und Konversation. In: MEGGLE, Georg (Hrsg.), Handlung, Kommunikation, Bedeutung. Frankfurt a.M.: Suhrkamp, S.243-265

GROTH, Otto (1948), Die Geschichte der deutschen Zeitungswissenschaft. Probleme und Methoden. München: Weinmayer

HAGEMANN, Walter (1966), Grundzüge der Publizistik. Als eine Einführung in die Lehre der sozialen Kommunikation neu herausgegeben von Henk PRAKKE unter Mitarbeit von Winfried B. LERG und Michael SCHMOLKE. Münster: Regensberg.

HORTON, Donald/Richard R. WOHL: Mass Communication and Para-Social Interaction: Observations on Intimacy and Distance. In: Psychiatry, 19 (1956), S. 215 - 229

KATZ, Elihu/Paul F. LAZARSFELD (1955): Personal Influence. New York

LAZARSFELD, Paul F./Bernard BERELSON/Hazel GAUDET (1944): The People's Choice New York

MALETZKE, Gerhard (1976), Ziele und Wirkungen der Massenkommunikation. Hamburg: Verlag Hans-Bredow-Institut

MEGGLE, Georg (1981), Grundbegriffe der Kommunikation. Berlin/New York: Walter de Gruyter

NEWCOMB, Theodore M. (1953): An approach of the study of communication acts. In: Psychological Review, S. 393-400

NOELLE-NEUMANN, Elisabeth (1980), Die Schweigespirale. Öffentliche Meinung - Unsere Soziale Haut. München: Piper

POLITISCHE KOMMUNIKATION (1976), Eine Einführung. Begleitbuch zum Fernsehkurs Einführung in die Kommunikationswissenschaft. Berlin: Verlag Volker Spiess

PROKOP, Dieter (Hrsg.) (1985), Medienforschung, 3 Bde. Frankfurt a.M.: Fischer

PROSS, Harry (1972): Medienforschung. Film, Funk, Presse, Fernsehen. Darmstadt

REIMANN, Horst (1974), Kommunikationssysteme. Umrisse einer Soziologie der Vermittlungs- und Mitteilungsprozesse. Tübingen: J.C.B. Mohr

REIMANN, Horst (1968): Kommunikations-Systeme. Tübingen

RILEY, John W./Mathilda WHITE RILEY (1959), Mass Communication and the Social System. In: MERTON, Robert K./Leonard BROOM/Leonard S. COTTRELL (Eds.), Sociology today. Problems and Prospects. New York/Evanston: Harper, S.537-578

RONNEBERGER, Franz (1978), Zur Lage der Publizistikwissenschaft. Ein Essay. In: STEIDL, Gertraude (Hrsg.), Publizistik aus Profession. Festschrift für Johannes BINKOWSKI aus Anlaß der Vollendung seines 70. Lebensjahres. Düsseldorf: Droste, S. 11-19

SCHRAMM, Wilbur (1959), Comments on the State of Communication Research. In: Public Opinion Quarterly, 23, S. 6-9

SCHRAMM, Wilbur (1973), Grundfragen der Kommunikationsforschung. München: Juventa

SCHULZ, Winfried (1990), Der Kommunikationsprozeß - neubesehen. In: WILKE, Jürgen (Hrsg.), Fortschritte der Publizistikwissenschaft. Freiburg/München: Alber

VAN DIJK, Teun A. (1980), Textwissenschaft. Eine interdisziplinäre Einführung. München: dtv

WIESAND, Andreas Johannes (1977), Journalisten-Bericht. Berufssituation - Mobilität - Publizistische „Vielfalt". Berlin: Verlag Volker Spiess

7.3. Antworten zu Selbstkontrollfragen

SKF 1:
Modelle sind in der Regel extreme Vereinfachungen der (komplexen) Realität. Sie haben pädagogische und wissenschaftliche Funktionen. Vor allem lassen sich (nach Karl W. Deutsch) eine systematisierende oder „organisierende" Funktion, eine „heuristische" Funktion, eine „prognostische" Funktion sowie eine „Meßfunktion" unterscheiden.

SKF 2:
a) Information als Reduktion von Ungewißheit.
b) Information als Strukturveränderung in einem Empfänger.

SKF 3:
a) Die Existenz zumindest zweier Systeme, die der Informationsaufnahme und -abgabe fähig sind;

b) Signale, die Information transportieren;
c) technisches Medium, in dem sich Signale fortpflanzen können. Der Unterschied zwischen intentionaler und nicht-intentionaler Kommunikation besteht - wie der Name schon sagt - darin, daß bei nicht-intentionaler Kommunikation Informationstransfer ohne Absicht, bei der intentionalen Kommunikation mit Absicht geschieht.

SKF 4:
Kommunikation wird als Typ menschlichen Handelns aufgefaßt. Daraus ergeben sich eine Reihe von begrifflichen Differenzierungen: Habermas unterscheidet zwischen sozialem Verhalten und sozialem Handeln, das wiederum in strategisches und kommunikatives Handeln differenziert wird, die Sprachakttheorie beispielsweise zwischen propositionalen und illokutiven Sprechakten. „Sinn" ist nicht immer schon vorhanden, sondern wird innerhalb der Kommunikation teilweise erst gebildet.

SKF 5:
Kommunikation wird ebenso wie Kognition als Konstruktionsprozeß betrachtet. Der Kommunikationsprozeß wird nicht als Transfervorgang aufgefaßt, sondern als Prozeß gegenseitiger kommunikativer Angebote, aus denen dann der jeweilige kommunikative Inhalt konstruiert wird. Die kognitive Welt wird als in sich abgeschlossen angesehen, das menschliche Subjekt „konstruiert" Kategorien wie „Raum", „Zeit", „Außen", „Innen", usw. Transfervorstellungen werden durch diese Auffassung differenziert, aber nicht völlig hinfällig, weil Informationstransfer eine Grundbedingung menschlicher Kommunikation darstellt.

SKF 6:
Einfachheit, Prägnanz, Nähe zu journalistischen „W-Fragen"; wissenschaftliche Reputation des Autors.

SKF 7:
Einige Begriffe bzw. Kriterien dieser Definition sind neu zu durchdenken: Massenkommunikation wendet sich heute deutlich stärker als noch zu Anfang der sechziger Jahre an klar definierte *Zielpublika*. Aus diesem Grund ist sowohl der Begriff der „öffentlichen" Verbreitung als auch der des „dispersen" Publikums zu relativieren. Was die *Indirektheit* und *Einseitigkeit* anbelangt, so hat sich zwar grundlegend nichts geändert. Allerdings wird zumindest im Rundfunk durch viele Sendungen mit Publikumsbeteiligung künstlich eine *direkte* Kommunikationssituation hergestellt, in der auch *Rollenwechsel* (in begrenztem Rahmen) stattfindet und so die Einseitigkeit durch die in den Sender verlagerte Dialogsituation, in der ein kleiner Teil der Publikums quasi stellvertretend für den größeren Teil anwesend ist, relativiert.

Esther-Beate Körber/Rudolf Stöber

Geschichte der öffentlichen Kommunikation

Inhalt

1. Geschichte der öffentlichen Kommunikation –
   Grundtendenzen und Probleme 53
2. Öffentliche Kommunikation als Gewerbe 54
   2.1. Gutenbergs Erfindung 54
   2.1.1. Die Flugschrift als erstes Massenmedium 55
   2.1.2. Von der unperiodischen zur periodischen Presse 57
   2.1.3. Obrigkeitliche Bemühungen um Reglementierung und Lenkung 58
3. Die Presse als Medium bürgerlicher Öffentlichkeit:
   Von der Mitte des 18. bis zum Ende des 19. Jahrhunderts 60
   3.1. Wandel in der Funktion der Öffentlichkeit 60
   3.1.1. Die Rezeptionsbedingungen seit der Aufklärung 60
   3.1.2. Die neuen Medien des 18. Jahrhunderts 61
   3.1.3. Formen und Foren der Öffentlichkeit 62
   3.2. Der Kampf um die Preßfreiheit 64
   3.2.1. Forderungen der Öffentlichkeit gegen den obrigkeitlichen Anspruch 64
   3.2.2. Gesetzliche Kodifikationen und tatsächlicher Zustand der Pressefreiheit 66
   3.3. Parteipresse als Leitmedium 69
   3.3.1. Die Politisierung im Vereinswesen 69
   3.4. Von der politischen Zeitschrift zur politischen Tagespublizistik 70
4. Öffentliche Kommunikation im bürokratischen Massenstaat 72
   4.1. Neue Medien seit dem Ende des 19. Jahrhunderts 72
   4.1.1. Die Revolution des Kommunikationswesens 72
   4.1.2. Die neue Massenpresse 73
   4.1.3. Verlage und Konzerne 75
   4.1.4. Die Faszination des Films und die Anfänge des Rundfunks 76
   4.2. Medien zwischen staatlicher Beeinflussung und Reglementierung 79
   4.2.1. Reglementierung der Öffentlichkeit 79
   4.2.2. Staatliche Beeinflussung und Propaganda 81
   4.2.3. Verdeckte Beeinflussung und radikale Publizistik 83
   4.3. Öffentlichkeit im Nationalsozialismus 84
5. Individualisierung der Massenkommunikation
   seit der Mitte des 20. Jahrhunderts 88
   5.1. Voraussetzungen und Grundlegung: Die Lizenzphase 88
   5.2. Die Entwicklung der Medien 1949 bis 1961 91
   5.3. Wandlungen der Öffentlichkeitsstruktur 94
6. Entwicklung der Publizistikwissenschaft als akademischer Disziplin 95

7.	**Die Geschichte der öffentlichen Kommunikation: Ergebnisse**	97
8.	**Anhang**	99
8.1.	Zentrale im Text verwandte Begriffe	99
8.2.	Literaturverzeichnis	102
8.2.1.	Zitierte Literatur	102
8.2.2.	Weiterführende Literatur	103
8.3.	Antworten zu Selbstkontrollfragen	105

Autorennachweis:
Esther-Beate Körber: Kapitel 2., 4.1.4., 4.3. bis 6.
Rudolf Stöber: Kapitel 3., 4. bis 4.1.3., Teil 4.2.
Beide gemeinsam: Kapitel 1., 7., 8.

Geschichte der öffentlichen Kommunikation 53

1. Geschichte der öffentlichen Kommunikation – Grundtendenzen und Probleme

Geschichte ist vergangene Gegenwart in politischer, wirtschaftlich-sozialer und gesellschaftlich-kultureller Hinsicht. Die *Geschichte der öffentlichen Kommunikation* behandelt in diesem Dreieck einen besonderen Teilaspekt der allgemeinen Geschichte. Hierzu gehört, die (Struktur-)Wandlungen der *Öffentlichkeit* im Verlauf der Jahrhunderte zu beschreiben. In Verbindung mit *Kommunikation* treten die besonderen Bedingungen der *Massenkommunikationsmittel* ins Blickfeld. Am Anfang der Betrachtungen wird daher die elementare Erfindung der modernen Massenkommunikation, die des Buchdrucks mit beweglichen Lettern, stehen. Selbst wenn es - öffentliche - Kommunikation gibt, seit Menschen begannen zu reden und zu schreiben, erst seit Gutenbergs Erfindung (ohne chinesische Vorbilder zu schmälern) ist die massenhafte Verbreitung von Botschaften möglich. Seither müssen weder Massen bei der Verkündung anwesend sein (wie in antiken Theaterstücken oder politische Reden) noch müssen die Botschaften inhaltlich eng beschränkt werden (wie bei Münzen, Statuen, Repräsentationsbauten) noch muß erst extensive Zeitnutzung für massenhafte Verbreitung sorgen (wie bei der Bibel). Zum Zeitlichen gehört das Räumliche: Hier beschränkt sich die Darstellung aus Platzgründen auf die Geschichte im deutschen Sprachraum.

Thematisch bedeutet *Geschichte der öffentlichen Kommunikation* die Auseinandersetzung mit Öffentlichkeit, ihren Medien und Kommunikationsformen. Ausgehend von den ersten Printmedien, wird diese Geschichte die Entwicklung der Medien zu untersuchen haben. Welche Entwicklung nahmen die Medien unter Berücksichtigung der vier publizistischen Kriterien Aktualität, Universalität, Periodizität und Publizität? Der Einfluß von Lesefähigkeit und Bildung ist ebenfalls zu beachten. Wie entwickelten sich die Reichweite der Medien und die Periodizität, die Erscheinungsfrequenz? Das bedeutet für dieses Kapitel dreierlei: Es wird immer nach den Leitmedien des jeweiligen Zeitalters zu fragen sein, ihre Funktion für Kommunikatoren wie Rezipienten muß beleuchtet werden, und es werden - aus Platzgründen - immer nur die wichtigsten Medien vorgestellt. Weitere Fragen gelten der negativen und positiven Kommunikationspolitik. Wie entwickelten sich Beschränkungen und Freiheiten der Kommunikationsformen und Medien? Wo liegen die Anfänge der Informationspolitik und Propaganda, wo die Grenzen der Einflußnahme? Und - in bescheidenem Umfang - wie wirkten die Massenmedien?

Eines der hauptsächlichen Probleme der *Geschichte der öffentlichen Kommunikation* macht es schwer, diesen hohen Anspruch einzulösen. Die Quellen, die dem Historiker zu ihrer Erforschung zur Verfügung stehen, sind ein schier unentwirrbares Gemengsel von Überrest und Tradition, von zufälligen und bewußten Überlieferungen. Die Absicht einer Überlieferung zu entschlüsseln, ist ein Problem für jeden Historiker. Spezifisch für die *Geschichte der öffentlichen Kommunikation* ist jedoch, daß eine stetig wachsende Lawine von Quellen die historische Erkenntnis zu begraben droht. Dem scheint eine andere Beobachtung zu widersprechen: Die überkommenen Quellen sind nur ein kümmerlicher Rest dessen, was öffentliche Kommunikation der jeweiligen Gegenwart ausmachte. Das beginnt mit der ungleichgewichtigen Überlieferung der einzelnen Medien. Periodische Printmedien hatten eine größere Chance als unperiodische, Printmedien insgesamt wieder eine größere als alle anderen Medien. Selbst heute, da die Archivierungsmittel immer raumsparender werden, gilt dies noch, denn Rundfunkarchive z.B. haben nicht den Zweck historischer Überlieferung, sondern dienen der redaktionellen Arbeit. Die Medien aufgewühlter Zeiten wurden besser gesammelt als die unspektakulärer. Ein Beispiel ist der Londoner Buchhändler Thomason, der 20.000 Pamphlete der englischen Revolution von 1640-1660 sammelte - alle, derer er habhaft werden konnte. Was danach kam, erschien ihm uninteressant. Oder: In der Lizenzphase 1945-1949 wurde aus Geldgründen kaum archiviert. Und: Medien waren immer auch Geschäft. Es interessierte das Endprodukt, seine Entstehung zu dokumentieren, war uninteressant. Ein anderer Grund zielt in ähnliche Richtung: Beeinflussung, die wirken will, muß ihre Spuren verwischen. So ist häufig der mediale Entstehungsprozeß bewußt vernebelt worden. Schließlich: Der Historiker sieht nur, was schwarz auf weiß gedruckt ist; Informationen, die bewußt verschwiegen wurden, bleiben ihm in neun von zehn Fällen verborgen. So verbindet sich die *Geschichte der öffentlichen Kommunikation* mit einem Paradoxon: Sie ertrinkt in und verdurstet trotz Quellen.

Die *Geschichte der öffentlichen Kommunikation* ist noch nicht geschrieben und wird es auch hier nicht. Bislang existieren allerdings etliche handbuchartige Übersichten über einzelne Medien und eine Unzahl von detaillierten Studien isolierter Probleme. Ein Problemfeld der Forschung ist die Geschichte der DDR: Die Historiographen beschrieben entweder parteilich die Geschichte der medialen „Transmissionsriemen" oder sie konnten für ihre Studien nur aus Publikationen und zugewiesenen Archivalien schöpfen. Diese Abhandlung soll versuchen, unter Aussparung der DDR und in knapper Form die bisher gesammelten Erkenntnisse zusammenzuführen.

Außerdem beruht sie, insbesondere was die Frühe Neuzeit, die Geschichte des Medien- und Kommunikationsrechts und die Geschichte der Medienberufe und -verbände angeht, auf eigenen Studien. Die elementaren Abhandlungen, auf die immer wieder zurückgegriffen wurde - auch ohne sie in der Literatur der jeweiligen Kapitel zu erwähnen - sind:

Lindemann, Margot: Deutsche Presse bis 1815, Geschichte der Deutschen Presse, T. I, Berlin 1966; Koszyk, Kurt: Geschichte der Deutschen Presse, T. II-IV, Berlin 1966-1986; Bausch, Hans (Hrsg.): Rundfunk in Deutschland, 5. Bde., München 1980.

2. Öffentliche Kommunikation als Gewerbe

2.1. Gutenbergs Erfindung

Die Erfindung und Entwicklung des Buchdrucks mit beweglichen Lettern gehört zu den Vorgängen, die umwälzend gewirkt haben, auch wenn sie zunächst nur von wenigen erkannt und geschätzt wurden. Die Idee, austauschbare Lettern zum Buchdruck zu verwenden und eine besondere Gußform einzusetzen, machte es möglich, Bücher wesentlich schneller und billiger herzustellen und zu vervielfältigen als durch den bis dahin üblichen Druck von ganzen Seiten oder gar durch das Abschreiben. Wenn diese Idee auf ein entsprechendes Bedürfnis nach Information, Bildung oder Meinungsaustausch traf, konnte sich das entwickeln, was man später „das Publikum" oder „die Lesewelt" nennen sollte.

Der Ursprungsort der neuen technischen Erfindung war Mainz. Von dort wurde sie durch wandernde Druckergesellen weitergetragen. Schon vor 1500 erreichte sie Südwestdeutschland, die Schweiz und Holland, Frankreich (Dijon, Lyon) und Italien, Polen (Krakau) und Ungarn (Ofen). Die vor 1500 entstandenen Drucke nennt man Wiegendrucke oder Inkunabeln. Auch später noch lagen die großen Druckzentren im Süden und Westen Deutschlands und Europas. Wichtige Druckorte im deutschen Sprachgebiet waren Basel, Nürnberg, Straßburg, Köln und - infolge der Reformation - Wittenberg.

Gedruckt wurde bis nach 1800 auf der sogenannten Spindelpresse. Der Setzer verfertigte jeweils den Druckstock für einen Bogen (vier Seiten) und setzte ihn in den Rahmen ein. Mit Hilfe der Spindel wurde der Druckstock auf das Papier gepreßt, dann das Papier abgezogen und getrocknet. Dieses Verfahren war noch mühsam und erlaubte keine hohen Auflagen. Eine Auflage von einigen 100 Stück war normal, eine von mehr als 1000 Stück sehr selten. Erlebte ein Buch gar mehrere Auflagen, galt es als Verkaufserfolg.

Wertvolle Bücher wurden auch „nach Gutenberg" noch von Hand illustriert. Daneben gab es das billigere Verfahren des Holzschnitts. Viele Bücher, aber vor allem die populären Flugblätter und Flugschriften, waren mit Holzschnitten illustriert, die oft auch farbig ausgemalt wurden. Der Titelholzschnitt war der Werbezettel eines Buches. Ein Flugblatt machte durch den Holzschnitt auch Lese-Unkundigen den Inhalt klar. Außerdem waren die Holzschnitte als Wandschmuck beliebt.

Alle Druck-Erzeugnisse der frühen Zeit - mit Ausnahme offizieller Bekanntmachungen (Mandate) - wurden verkauft, und zwar entweder vom Drucker selbst oder von Buchbindern oder Buchhändlern. Im Anfang war der Drucker meist alles in einer Person. Erst im 16. Jahrhundert differenzierten sich die Tätigkeiten, und es entstand auch das Gewerbe des Verlegers (das Wort kommt von „Vorlegen", d. h. Vorstrecken der Druckkosten), der einen oder mehrere Drucker für sich arbeiten ließ. Einer der frühen Verleger im deutschen Sprachgebiet war Lukas Alantsee in Wien. Er verlegte hauptsächlich die Werke der Humanisten. Autoren für ein Buch zu bezahlen, war bis ins 18. Jahrhundert nicht üblich. Der Autor konnte höchstens ein „Ehrengeschenk" (lat. „Honorar") von einer hochgestellten Persönlichkeit erwarten, der er sein Buch gewidmet hatte. Auch einen Urheberrechtsschutz gab es nicht. Jedes Erzeugnis der Druckerpresse durfte nachgedruckt werden, so daß Anzahl und Verbreitung der Nachdrucke heute einen Hinweis auf den publizistischen Erfolg einer Schrift geben. Den Nachteil des freien Nachdrucks spürte nicht der Autor, sondern der Drucker oder Verleger. Es kam daher häufig vor, daß er sich durch ein obrigkeitliches (fürstliches oder kaiserliches) „Privileg", d. h. eine Rechtsurkunde, gegen den Nachdruck schützen ließ. Ein solches Privileg konnte zwar den Nachdruck nicht verhindern, stellte ihn aber unter Geldstrafe.

2.1.1. Die Flugschrift als erstes Massenmedium

Die neue Erfindung entsprach tatsächlich mehreren nahezu gleichzeitig entstandenen Bedürfnissen nach Information. Von Italien aus hatte sich die Bildungsbewegung des Humanismus über Europa ausgebreitet. Die Humanisten verlangten nach vielen und guten Buchausgaben lateinischer und griechischer Autoren. Wachsende Handelsverbindungen innerhalb Europas und in die neu entdeckten überseeischen Länder steigerten das Bedürfnis nach zuverlässiger Information, etwa über Preisentwicklungen oder Kriege. Schließlich löste Luther mit den neuen religiösen Ideen der Reformation einen heftigen Meinungsstreit aus - das Bedürfnis nach Debatte und Beeinflussung in großem Maßstab wurde geweckt. Der Buchdruck hatte in dieser Lage drei wichtige Funktionen: er verbreitete das Schriftgut der Tradition, er machte Nachrichten allgemein zugänglich und ermöglichte die religiöse und politische Debatte auch über weite Entfernungen.

Für jede dieser Aufgaben gab es schon vor Gutenberg Medien, die diese Funktionen besonders gut erfüllen konnten. Die Literatur der Tradition wurde durch das Buch erschlossen. Nachrichten wurden meistens handschriftlich vervielfältigt und weitergegeben. Blätter mit mehreren solchen Meldungen nannte man „Zeitungen" (d. h. „Nachrichten") oder „Neue Zeitungen". Dieser Name ging auch auf das gedruckte Flugblatt über, das eine Nachricht etwa über einen Unglücksfall oder eine auffällige Himmelserscheinung enthielt. Das Medium der religiösen und politischen Debatte aber wurde die Flugschrift.

Als Flugschrift bezeichnet man jedes Schriftstück, das umfangreicher als ein Flugblatt, aber „schmaler" als ein Buch ist. Das Besondere an den Flugschriften der Reformationszeit (1517 bis ca. 1555) war, daß sie meist in der Volkssprache geschrieben waren, nicht im gelehrten Latein. Damit wandten die Autoren sich bewußt auch an die „niederen Stände", Bürger und Bauern, die wenig oder kein Latein konnten. Leicht verständlich, oft beißend witzig, manchmal in Form eines (fingierten) Gesprächs, machten die Flugschriften die neuen religiösen Ideen bekannt oder zogen über gesellschaftliche Mißstände her. Besonders die ersten Flugschriften Luthers („An den christlichen Adel", „Sermon von Ablaß und Gnade", „Sendbrief vom Dolmetschen") erlebten hohe Auflagen. Auch seine Anhänger (Melanchthon, Karlstadt, Bucer, Hutten) wurden rasch bekannt, während die Angehörigen der alten Kirche meist nicht so eingängig und „publikumswirksam" schrieben. Bekannte Luthergegner waren Johannes Eck, Johannes Cochläus und Thomas Murner.

Wirklich gelesen wurden die Flugschriften wahrscheinlich nur von wenigen. Die Lesefähigkeit war gering (auf dem Lande etwa 1%, in den Städten etwa 30%). Aber wer nicht lesen gelernt hatte, konnte sich eine Flugschrift oder ein Flugblatt vorlesen lassen. Auch die Gedicht- oder Liedform vieler Flugschriften trug dazu bei, daß man sich wenigstens Teile leicht merken konnte. Deshalb regten die Flugschriften die Diskussion auch unter Lese-Unkundigen an und bewegten ein ungewöhnlich großes Publikum. Vor allem in den Städten entstand oft eine wirksame Öffentlichkeit, die gelegentlich auch Stadtobrigkeiten unter Druck setzte und die Einführung der Reformation erzwang. Durch den Buchdruck verbreitete Ideen erwiesen sich zum ersten Mal als politische Macht.

2.1.2. Von der unperiodischen zur periodischen Presse

Die bewegenden Probleme der ersten Hälfte des 16. Jahrhunderts waren längst diskutiert und verarbeitet, als sich in der „Medienlandschaft" die nächste große Veränderung vorbereitete: die Entwicklung der periodischen Presse. Sie antwortete hauptsächlich auf das Bedürfnis von Kaufleuten und Gelehrten nach regelmäßiger, zuverlässiger Information. Zum Massenmedium konnte die periodische Presse allerdings erst werden, als es auch für Stadtbürger immer selbstverständlicher wurde, Lesen und Schreiben zu lernen, und als Post und Buchdruck schnell genug waren, Nachrichtenblätter rasch und in ausreichender Anzahl herzustellen und zu verbreiten. Voraussetzung war außerdem, daß es überhaupt zu bestimmten Orten regelmäßige Nachrichtenverbindungen gab - und das war bis ins 17. Jahrhundert nicht selbstverständlich.

In der Frühen Neuzeit wurden Nachrichten hauptsächlich von Kaufleuten, seltener von Diplomaten gesammelt und von eigens dazu angestellten Schreibern zusammengestellt und verbreitet. Die großen Handelsplätze (Venedig, Wien, Köln, Den Haag, Nürnberg, Lübeck) wurden daher am sichersten und häufigsten mit Nachrichten versorgt. Dort hatten periodische Druckwerke am ehesten eine Absatzchance. In Deutschland nutzte der Kölner Bürger Michael von Aitzing als erster diese Möglichkeit und brachte 1588 die erste „Relation" (d. h. Bericht) heraus. Sie erschien halbjährlich, jeweils zur Herbst- und Frühjahrsmesse. Die „Relationen" und ähnliche Periodika, die in Nachahmung von Aitzings „Relation" in anderen Städten erschienen, werden daher heute „Meßrelationen" genannt. Außerdem gab es um die Wende zum 17. Jahrhundert in vielen Städten sogenannte Korrespondenten, die wöchentlich Nachrichten an verschiedene Kunden schickten. Diese „Korrespondenzen" hießen auch „Zeitungen" oder „Avisen". Sie waren handgeschrieben und für einzelne, genau bezeichnete Kunden bestimmt. Die Verbreitung der „Avisen" war dadurch möglich, daß es nun zwischen einigen großen Städten wenigstens wöchentlich eine Postverbindung gab. Die Postboten übernahmen dann auch die Auslieferung der „Zeitungen".

Erst Anfang des 17. Jahrhunderts kamen in einigen Städten Drucker auf den Gedanken, solche „Zeitungen" regelmäßig zu drucken und zu verkaufen. Dazu sprachen sich die Drucker mit den „berufsmäßigen" Sammlern von Nachrichten ab: mit den Kaufleuten, Diplomaten, Kanzleischreibern oder mit den „Postmeistern". „Postmeister" waren Hofbedienstete, bei denen fürstliche und regierungsamtliche Briefe zusammenliefen. Daher konnten die „Postmeister" auch leicht Nachrichten beschaffen, abschreiben oder abschreiben lassen und verbreiten. Die Drucker ließen sich gegen Geld in bestimmten Abständen - meist wöchentlich - „Zeitungen" liefern und druckten sie. So wurden Nachrichten des kaufmännischen und diplomatischen „Avisendienstes" einer weiteren Öffentlichkeit zugänglich, die lesen konnte oder sich die „Zeitungen" vorlesen ließ. Damit war die Frühform der Zeitung als „Massenmedium" entstanden. Die erste bekannte gedruckte Zeitung in Deutschland ist der Wolfenbütteler *Aviso* von 1609. Frühe Zeitungsstädte waren auch Straßburg (1609), Basel (1610), Frankfurt/Main (1615), Berlin (1617) und Hamburg (1618). Die ersten Zeitungen waren meistens titellos. Man erkennt dann nur an ihrer Numerierung, daß sie als gleichartige Produkte, vielleicht auch schon als Teile eines einheitlichen publizistischen Mediums empfunden wurden. Die erste deutsche Zeitung mit einem Titel - nach dem *Aviso* - ist die *Gedenkwürdige Zeitung*, die 1610 in oder nahe Köln erschien.

Einem „Umbruch" im modernen Sinne kannten die Zeitungen bis zum Ende des 19. Jahrhunderts nicht. Die Meldungen wurden ohne sachliche Gliederung aneinandergereiht. Allenfalls der Herkunftsort einer Nachricht oder einer Gruppe von Meldungen wurde durch Fettdruck oder in der Art einer Überschrift hervorgehoben. Die Lektüre der Zeitungen war deshalb mühsamer als heute.

Außer den wöchentlichen Zeitungen gab es im 16. und 17. Jahrhundert auch andere Arten periodischer Druckwerke. Aus Rorschach (Bodensee) ist von 1597 eine Monatsschrift bekannt; und im frühen 17. Jahrhundert gab es Versuche, Flugschriften in Serien mit jeweils gleichem oder leicht variiertem Titel herauszubringen. Eine solche Flugschriftenserie, die *Hussitenglock*, erschien in der ersten Phase des Dreißigjährigen Krieges von 1618 bis 1620 in dreizehn Folgen mit jeweils variiertem Titel. Diese publizistischen Formen haben sich nicht gehalten. Als zukunftsträchtig sollte sich hingegen eine Idee des 17. Jahrhunderts erweisen: die des literarischen Gedankenaustauschs durch Zeitschriften.

Eine Zeitschrift ist ein periodisches Druckwerk, das sich mit einem Teilgebiet des Lebens beschäftigt. Als erstes entwickelte sich die Gattung der wissenschaftlichen Zeitschrift. Die erste wissenschaftliche Zeitschrift Deutschlands waren die *Acta eruditorum* (wörtlich: Akten oder Taten der Gebildeten) aus Leipzig (gegründet 1682). Sie veröffentlichten Rezensionen wissenschaftlicher Werke und waren, da für Gelehrte bestimmt, lateinisch geschrieben. Die erste deutschsprachige Zeitschrift waren die *Monatsgespräche* des Christian Thomasius, ebenfalls ein Rezensionsblatt. Älter noch ist das erste eher unterhaltende Blatt, *Johann Frischen Erbauliche Ruh-Stunden* (gegründet 1676).

Selbstkontrollfrage 1:
Nennen Sie einige Voraussetzungen für die Entstehung der periodischen Presse.

2.1.3. Obrigkeitliche Bemühungen um Reglementierung und Lenkung

Bis etwa 1750 galt das Schreiben, Drucken und Verbreiten von Zeitungen, Zeitschriften und Büchern als ein Gewerbe wie alle anderen, ohne besondere „öffentliche" Funktion. Es unterstand deshalb wie alle Gewerbe strenger Kontrolle durch kirchliche und weltliche Instanzen. Regierungen wachten darüber, daß sich an einem Ort nicht zu viele Drucker niederließen - um dem einzelnen sein Auskommen zu sichern und zugleich alle zu kontrollieren. Bischöfe oder (in protestantischen Gebieten) kirchliche Oberbehörden und die Universitäten hatten den Auftrag, zum Druck bestimmte Bücher darauf zu prüfen, ob sie mit der obrigkeitlich gebilligten Glaubenslehre übereinstimmten. Je nachdem versagten oder erteilten sie dann die Druckgenehmigung (das Imprimatur, lat.: „es möge gedruckt werden"). Versuchte ein Drucker trotz obrigkeitlichen Verbots zu drucken, dann riskierte er die Durchsuchung seines Ladens, Zerstörung von Druckplatten, Beschlagnahme der Auflage, Stillegung der Presse oder, im Wiederholungsfall, Geld- oder Gefängnisstrafen. Ähnliche Strafen drohten den Autoren, Händlern und manchmal sogar den Lesern politisch oder theologisch verdächtiger Werke. Auf den Buchhandelsplätzen wurden die Buchläden durch Beauftragte der Obrigkeiten kontrolliert. Auf der - damals schon wichtigen - Frankfurter Buchmesse taten das die kaiserlichen Bücherkommissarien. Sie waren gleichzeitig vom Papst beauftragt. Die Buchhändler mußten alle Bücher, die sie feilboten, in einem Verzeichnis angeben und dieses Verzeichnis den kontrollierenden Instanzen vorlegen. So wurde die Kontrolle „zentralisiert" und dadurch erleichtert. Andererseits konnte das Verzeichnis auch dem Geschäftsinteresse des Buchhändlers dienen; denn auf diese Weise konnte er sein „Sortiment" potentiellen Kunden anzeigen. Diese Doppelfunktion von Kontrolle und Werbung hatten auch die Frankfurter Meßkataloge. Sie wurden ab 1564 halbjährlich - zur Herbst- und Frühjahrsmesse - von dem Buchhändler Georg Willer zusammengestellt und sollten alle angebotenen Bücher aufführen.

Eine weitere Möglichkeit der Beeinflussung des Angebots bestand darin, die Verbreitung einzelner schon gedruckter Bücher zu verbieten. Solche Bücherverbote gibt es in der Kirche seit dem 14. Jahrhundert, also lange vor Gutenbergs Erfindung. In der Reformationszeit wuchs aber die Menge des für die alte Kirche „gefährlichen" Schriftguts gewaltig. Um den Einfluß dieser „ketzerischen" Schriften abzuwehren, ließ Papst Paul IV. im Jahre 1559 das erste für die gesamte katholische Kirche verbindliche Verzeichnis verbotener Bücher anlegen, den „Index". Die dort aufgeführten Bücher durften (und dürfen) von katholischen Christen nicht besessen, gelesen oder weitergegeben werden. Evangelische Territorialfürsten verboten ihrerseits die Einfuhr und Verbreitung von Büchern, die ihrem Bekenntnis gefährlich werden konnten.

Die strengen Bestimmungen der Gesetze und Mandate (Verordnungen) wurden aber immer wieder unterlaufen, denn die Kontrolle war nicht sehr effektiv. Viele Schriften erschienen anonym, so daß man die Autoren nicht fassen konnte. Drucker sorgten dafür, daß gefährliche Ware schnell unters Volk kam, Buchhändler verkauften sie „unter dem Ladentisch" und gaben sie im Katalog nicht an oder ließen sie über die nächste Grenze in ein Territorium schaffen, wo sie nicht verboten war. So blühte der „Ideenschmuggel", und es war kaum je möglich, das Erscheinen eines Druckwerkes zu verhindern. Die Zensur- und Verbotsmandate wurden zwar häufig wiederholt. Sie enthielten aber auch die stehende Formel, daß in der vorangegangenen Zeit „gar nichts [auf sie] gehalten" worden sei.

Andererseits erkannten viele Obrigkeiten schnell, daß sie die Druckerpresse auch für ihre eigenen Ziele und Interessen einsetzen konnten. Viele Fürsten der Reformationszeit verfaßten Bekenntnisschriften, um ihre Auffassung von „Reformation" (Kirchenreform) darzulegen und ihre Politik zu rechtfertigen. Herzog Albrecht von Preußen ließ eine Rechtfertigungsschrift („Christliche Verantwortung") verfassen, als er 1525 zum evangelischen Bekenntnis übertrat. Im 17. und 18. Jahrhundert verlagerte sich das Schwergewicht der öffentlichen Diskussion vom religiösen zum machtpolitischen Gebiet. Jetzt warben Obrigkeiten durch Flugschriften für ihre politischen und militärischen Ziele. Gustav II. Adolf (König von Schweden 1617 - 1632) führte auf seinem Kriegszug nach Deutschland eine eigene Druckerei mit, in der er Flugschriften herstellen ließ. Und Friedrich der Große (König in Preußen 1740 - 1786) verfocht seine Kriegsziele im Siebenjährigen Krieg (1756 - 1763) auch durch selbstverfaßte oder in Auftrag gegebene Flugschriften und lancierte Zeitungsartikel.

Obrigkeitliche Pressepolitik brachte im 18. Jahrhundert sogar eine eigene publizistische Gattung hervor: das Intelligenzblatt (wörtlich: Blatt zum Einsehen). Intelligenzblätter enthielten ursprünglich nur amtliche Mitteilungen und konnten in besonderen Lokalen „eingesehen" werden. Gegen Zahlung einer Gebühr wurde es Händlern und anderen Privatleuten gestattet, eigene Anzeigen in diese Blätter einzurücken. Jede Anzeige mußte zuerst im Intelligenzblatt veröffentlicht werden. Amtspersonen (Lehrer, Beamte, Kleriker) waren kraft ihres Amtes verpflichtet, das Intelligenzblatt zu halten. Auf diese Weise erlangten die Obrigkeiten zugleich eine Möglichkeit, offizielle Mitteilungen zu verbreiten, und eine zusätzliche Einnahmequelle. Das erste deutschsprachige Intelligenzblatt, das *Wiener Diarium*, erschien 1703. Das Vorrecht der Regierung, Intelligenzblätter herauszugeben („Intelligenzmonopol"), fiel in Preußen erst 1849.

Selbstkontrollfrage 2:
Nennen Sie die Leitmedien des 16. bis 20. Jahrhunderts.

3. Die Presse als Medium bürgerlicher Öffentlichkeit: Von der Mitte des 18. bis zum Ende des 19. Jahrhunderts

3.1. Wandel in der Funktion der Öffentlichkeit

3.1.1. Die Rezeptionsbedingungen seit der Aufklärung

Das 18. Jahrhundert ist das der Aufklärung. Der Aufschwung der neuen Wissenschaften, verstärkte Anstrengungen auf dem Bildungssektor und in der Folge gestiegenes Leseinteresse führten zu einem quantitativen und qualitativen Aufschwung der Buch-, Zeitungs- und Zeitschriftenpublikationen. Der rasante Aufschwung in Deutschland trug besonders seit der Mitte des Jahrhunderts die Züge einer Zeitschriften- und Leserevolution. Diese änderte die Rezeptionsbedingungen. Das Bildungswesen weitete die Lesefähigkeit aus, auch die Lesegewohnheiten veränderten sich.

Der aufklärerische Anspruch, den Patrioten und Bürger heranzubilden, weitete die schmale Schicht der Gebildeten aus. Der absolutistisch-aufgeklärte Staat bedurfte einer immer größeren Zahl von „Dienern und Funktionären". Diese rekrutierten sich zum großen Teil aus städtischen Bevölkerungsschichten.

Die Lesegewohnheiten - dem gestiegenen Gewicht der Bildung folgend - verschoben sich von intensivem, immer wiederholten Studium derselben Bücher zu extensiver, im wesentlichen auf einmalige Lektüre beschränkte Rezeption. Das Bedürfnis, regelmäßig zu lesen - als „Lesewut" diffamiert - nahm im 18., noch mehr aber im 19. Jahrhundert zu. Das Verhältnis von Nichtlesern zu potentiellen Lesern, 1800 noch bei 3:1, drehte sich bis 1870 um. Hiervon profitierte in erster Linie der Buchhandel. Die Buchmessen in Frankfurt und Leipzig erlebten einen Aufschwung, die Struktur des Buchhandels wandelte sich. Vom Verlagsbuchhandel löste sich die Sortimentsbuchhandlung: Diese hielten gezielt Lesestoff auf Lager und garantierten die Beschaffung des gewünschten. Die Bücher wurden in größeren Auflagen gedruckt. Jetzt entstanden erste Großverlage (vgl. RARISCH 1976: S. 13 u. 41 f).

Die neuen Wissenschaften des 18. Jahrhunderts förderten auch die Sammlung des bisherigen Wissens. Das Universallexikon Johann Heinrich Zedlers war mit seinen 64 Bänden und vier Supplementsbänden (1732-1754) die umfangreichste dieser Enzyklopädien. Die Konversationslexika des 19. Jahrhunderts wie „Meyer", „Herder" oder „Brockhaus" wurden in immer neuen Ausgaben mit stetig wachsender Auflage verkauft. Diese Lexika waren keineswegs weltanschaulich neutral. Dem liberalen Rotteck und Welckerschen „Staatslexikon" wurde z.B. die Einfuhr nach Preußen und Österreich untersagt.

Nachdrucke und Übersetzungen brachten Wissenschaft und schöngeistige Literatur auch des Auslands einem breiteren Publikum zur Kenntnis. Auch die Unterschichten in Stadt und Land wurden von Hausierern mit Kolportageromanen, Reiseromanen und Abenteuergeschichten versorgt. Die klassische Lektüre dieser Schichten blieben bis in unser Jahrhundert Almanache und Kalender. Mit einer Gesamtauflage von ca. 500.000 spielten in den 1840er Jahren auch Volksschriftenvereine eine Rolle. Göschen, Cotta und Reclam verbreiteten billige Klassikerversionen.

Lesen war nicht allein private Tätigkeit. Auf die „öffentliche" Beschäftigung in „Lesegesellschaften" oder „-cabinetten" ist noch einzugehen. „Öffentliche Meinung", als Begriff zunächst eher abschätzig gebraucht, wurde in Deutschland seit den napoleonischen Kriegen ein zentraler Kampfbegriff des entstehenden Liberalismus. Politik hatte sich zum ersten Mal vor der „öffentlichen Meinung" zu legitimieren. Zunächst herrschte das unbedingte Vertrauen in die fortschrittfördernde Kraft des öffentlichen Diskurses, seit der zweiten Hälfte des 19. Jahrhunderts - parallel zum Aufstieg des Parlamentarismus - mehrten sich aber die Stimmen, die vor der Manipulierung der „öffentlichen Meinung" warnten.

Der Bezug zu den geänderten Lesegewohnheiten wird deutlich. War doch der aufklärerische Glaube an den Fortschritt durch Belehrung nur Reflex der Glaubwürdigkeit des Gedruckten. Erst die Ausweitung des verfügbaren Lesestoffs und die Erfahrung propagandistischen Mißbrauchs konnte das Wort „lügen wie gedruckt" aufkommen lassen. Solange die Heilige Schrift das meistverbreitete „Lesebuch" in Laienhand war, wäre diese Äußerung nur Gotteslästerung gewesen. In der Erkenntnis, daß die Glaubwürdigkeit der Medien mit zunehmender Verbreitung sinkt, konnte Bismarck 1869 im Herrenhaus prognostizieren, eines Tages werde man vermutlich sagen „lügen wie telegraphiert".

3.1.2. Die neuen Medien des 18. Jahrhunderts

Die Aufklärung war das Zeitalter der Zeitschriften, die als Leitmedium die Einblattdrucke und nicht-periodischen Flugschriften des 16. und 17. Jahrhunderts ablösten. Zunächst noch vorwiegend Gelehrtenzeitschriften, trugen sie den wichtigsten Anteil an der publizistischen Revolution des 18. Jahrhunderts. Durch Diversifikation entstanden frühe Formen publikumsorientierter Zeitschriften.

Wie die Aufklärung selbst ging auch die Zeitschriftengründungswelle von Frankreich aus. Die gelehrten Fachzeitschriften bereiteten die spezialisierten Fachzeitschriften, aber auch populärwissenschaftliche Zeitschriften vor. Außerdem liegt in den Gelehrtenzeitschriften eine der Wurzeln des Meinungsjournalismus. Thomasius durchbrach 1688 mit seinen deutschsprachigen *Monatsgesprächen* die engere Gelehrsamkeit. Im letzten Drittel des 18. Jahrhunderts bekannten sich dann immer mehr Herausgeber schon im Zeitschriftentitel zur deutschen Nation. Die Titel wie *Der Deutsche,* der *Deutsche Merkur,* das *Deutsche Museum* oder die *Deutsche Chronik* zeugten obendrein vom enzyklopädischen Charakter der Blätter wie der Bildungsbeflissenheit ihrer Herausgeber. Wieder andere, z.B. der Hamburger *Vernünftler* von 1713/14, betonten Ratio und Aufklärung.

Dem quantitativen Anstieg im 18. Jahrhundert folgt in der Restaurationszeit ein tiefer Fall. Dem neuerlichen Anstieg bis zum Ersten Weltkrieg folgen Jahre des Zeitschriftensterbens in Krieg und Inflation. Höhepunkte mit über 6.000 Titeln vor 1914 und über 7.000 vor der Weltwirtschaftskrise lagen im frühen 20. Jahrhundert. Im 18. Jahrhundert war die Zahl von 1.600 Zeitschriften nie überschritten worden. Die Weltwirtschaftskrise hatte Stagnation, die sogenannte „Machtergreifung" Rückgang der Zeitschriften zur Folge. So ist das Epitheton „Jahrhundert der Zeitschriften" für das 18. Jahrhundert qualitativ, nicht quantitativ zu verstehen. Um die Jahrhundertmitte entstand auch der Begriff „Zeitschrift". Jetzt überflutete eine ganze Welle sogenannter „moralischer Wochenschriften" Deutschland im 18. Jahrhundert. In ihnen wurden allgemein-sittliche Fragen erörtert, sie dienten der Unterhaltung und Belehrung; die politische Diskussion bereiteten sie nur vor. Die meisten Zeitschriften waren kurzlebig. Kirchners Bibliographie verzeichnet bis 1790 insgesamt 3.494 Zeitschriften mit einer durchschnittlichen Auflage von 500-1000.

Um die Mitte des 18. Jahrhunderts entstanden diverse Ableger der moralischen Wochenschriften - kritische und schöngeistige Zeitschriften. Nicolai veröffentlichte seit 1759 in Berlin seine *Briefe, die neueste Literatur betreffend,* eine Rezensionszeitschrift. Die erfolgreichere Nachfolgezeitschrift, schon mit politischem Einschlag, war seit 1765 die *Allgemeine deutsche Bibliothek*; immer wieder kam sie mit der preußischen Zensurbehörde in Konflikt. Den Typus der rein literarischen Zeitschrift verkörperten die von Cotta verlegten *Horen.* Auch ihnen war, obwohl von Friedrich Schiller herausgegeben, nur ein kurzes Erscheinen von 1795-1797 beschieden.

Eine Zwischenform zwischen Nachrichten- und Meinungspresse war die Gesprächspresse. In dieser Presseform wurden in fiktiven Dialogen Probleme erörtert. Sie antizipierte die Reflexionen des Publikums und schützte sich selbst durch ihren fiktiven Charakter vor den Eingriffen der Zensur. Formal waren sie Rückgriff auf antike Formen wie Platons Gespräche mit Sokrates. Genannt seien David Fassmans *Gespräche in dem Reiche derer Todten* (1718-1739), sowie Christoph Martin Wielands *Teutscher Merkur* (1773-1789/1810), in dem 1798 das „Gespräch unter vier Augen" erschien.

3.1.3. Formen und Foren der Öffentlichkeit

Zeitungen und Zeitschriften waren teuer. Nur wenige Betuchte konnten sich den Bezug einer Zeitung oder Zeitschrift leisten.Es gab indes einen Ausweg, der dem gestiegenen Leseinteresse Rechnung trug. Seit Mitte des 18. Jahrhunderts entstanden bis zu 1000 Lesegesellschaften, Leihbibliotheken und Lesezirkel. In den Lesegesellschaften fanden sich Bürger zu gemeinsamer Lektüre zusammen, in Lesezirkeln kreisten gemeinsam beschaffte Zeitschriften. Seit den Befreiungskriegen verbreiteten

Geschichte der öffentlichen Kommunikation

sich die Leseclubs bis in die kleinsten Städte und Dörfer. Der Grundstock der Bibliotheken bestand aus Zeitungen, Zeitschriften, Reisebeschreibungen, Handbüchern und aktuellen Schriften. Lesegesellschaften hatten in der Regel 50-80 Mitglieder, ganz wenige von ihnen waren Frauen. In ihrer Spätform vermischten sich Bildungs- und gesellige Interessen. Räsonnement und Diskussion hatten der gesellschaftlichen Zerstreuung zu dienen.

> Ein Beispiel der Spätzeit ist die „Ressource" von 1831 in Detmold. Ihr Leseverein im engeren Sinn wurde 1842 der „Conversationsclub". Die Ressource verfügte über eine ansehnliche Bibliothek. Nach 15 Jahren standen in den Räumen der Gesellschaft 2471 Bücher und 869 Zeitschriftenbände. Die Ressource hielt über 30 Zeitungen und Zeitschriften im Abonnement. Darunter waren das örtliche Intelligenzblatt, Cottas Augsburger *Allgemeine Zeitung* (AAZ) - Deutschlands wichtigste Tageszeitung vor 1848 -, die *Kölnische Zeitung* und die *Mannheimer Abendzeitung*. Überdies lagen sowohl das *Westfälische Dampfboot*/Hameln als auch die *Weserzeitung*/Bremen in der Ressource aus. All diese Blätter konnten als mehr oder weniger offen liberal gelten. Mit dem *Journal des Débats* und dem englischen *Punch* konnten die Mitglieder auch ausländische Zeitungen lesen. Da obendrein Flugschriften gesammelt wurden, waren die Mitglieder über alle Vorgänge in Deutschland gut unterrichtet.

Obwohl in vorpolitischer Sphäre bleibend, waren die politischen Bezüge der Lesezirkel unverkennbar. Wie Welcker 1840 formulierte, bedürften die Lesegesellschaften, um wirken zu können, der „Preßfreiheit". „Spione und Polizeischergen" dürften nicht „lauern und denunciren".

Ein anderer Umschlagplatz der öffentlichen Meinung waren Feste und Feierlichkeiten. Von staatlichen oder kirchlichen Feiern ausgehend, fanden seit der französischen Revolution auch unabhängig von diesen Gewalten organisierte Nationalfeste und Freiheitsfeiern statt. Alte Festformen wurden umfunktioniert und dienten als Hüllen für neue politische Botschaften. Besonders galt dies für die Zeiten stärkerer Überwachung, in Restauration, Vormärz und Reaktion. Die berühmtesten, das „Wartburgfest" 1817 und das Hambacher Fest von 1832, waren aber weder die einzigen noch die letzten politischen Feste. Sedansfeiern auf der einen, Maifeiern, März- und Lassallefeste einer neuen „proletarischen" Öffentlichkeit auf der anderen Seite zeigen, daß Feiern als politische Demonstrationen keineswegs mit der Revolution von 1848 endeten. Auch in kleinen Staaten wurden aus verschiedensten Anlässen - Thron-, Verfassungs- oder sonstige Jubiläen - Feste gefeiert. Mit den Kölner Dombaufesten von 1842, 1848, 1852, 1855 und 1880 nutzte auch die Obrigkeit die alten-neuen Festformen in ihrem repräsentativen Sinn. Auf der Wartburg fand aus Anlaß des 300. Jahrestages der Reformation und des vierten der Völkerschlacht eine Versammlung von ungefähr 500 Studenten - ca. 10% der damaligen Studentenschaft - statt, die als „Wartburgfest" in die Geschichte eingegangen ist. Das ganze dreitägige Fest hatte mit Prozessionen und feierlichen Gesängen einen religiös verbrämten, romantisch angehauchten Charakter. Einen höchst symbolträchtigen Abschluß fand die Versammlung in der Verbrennung eines österreichischen Korporalstockes, eines preußischen Ulanenschnürleibs, eines hessischen Zopfes und der Bücher „reaktionärer" Autoren. Als wenig später der Schriftsteller August Kotzebues ermordet wurde, waren die Karlsbader Reglementierungen von Presse, Universitäten und „Demagogen" die Antwort.

Die Phase relativer Ruhe, die diese Beschlüsse einleiteten, fand in der französischen Julirevolution von 1830 ein vorläufiges Ende. In ganz Europa fanden die Pariser Ereignisse ihre Resonanz. Belgien spaltete sich von den dominierenden Niederlanden ab, in Polen kam es zum Aufstand gegen die zaristische Oberherrschaft. In Deutschland - je weiter westlich, desto stärker - stieß der polnische Aufstand auf Sympathie und weckte, wie Jahre zuvor der griechische, eine Welle nationaler Begeisterung mit Banketten und Polenfeiern.

In dieser Atmosphäre fand im Mai 1832 das Hambacher Fest statt. Mit ungefähr 30.000 Teilnehmern, was in etwa der damaligen Einwohnerzahl Frankfurts entsprach, nahmen wesentlich mehr Menschen teil als am Wartburgfest. Hier wie da mischten sich verschiedene Anliegen und Ausdrucksformen. Neben den vollständig anwesenden Landräten der Rheinpfalz, die dem Zug zur Hambacher Schloßruine den Anschein inoffiziellen Segens der Staatsgewalt gaben, betonten Reden wie die Siebenpfeiffers das Prinzip der Volkssouveränität. Sozialer Protest der armen Landbevölkerung - „Weinpauren müssen trauren" stand auf mitgeführten Transparenten - stand neben Begeisterung für den polnischen Aufstand. Reden für die nationale deutsche Selbstbestimmung wurden ebenso unter Einschluß der Verständigung mit den Franzosen gehalten, wie die nationale Gegnerschaft zu Frankreich betont wurde. Wieder ließ die Reaktion der Regierenden nicht auf sich warten. Per Bundesgesetz vom 5. Juli 1832 wurden die Vereins-, Presse- und Versammlungstätigkeiten erneut unter Strafe gestellt. Dabei waren die Versuche, die Öffentlichkeit zu reglementieren, schon vorher deutlich genug.

3.2. Der Kampf um die Preßfreiheit

3.2.1. Forderungen der Öffentlichkeit gegen den obrigkeitlichen Anspruch

Der Anspruch auf Meinungs- und Pressefreiheit war im 18. Jahrhundert noch kein gedankliches Allgemeingut. Vielmehr mußte sich der Gedanke, daß Freiheit besser als Beschränkung der Presse sei, erst durchsetzen. Auch das Wort „Pressefreiheit" entstand erst in der Zeit der Aufklärung. Zunächst schienen die Argumente für eine Beschränkung sogar stärker zu sein als die der Gegenseite. Die Reglementierung der Presse und Druckschriften war seit Erfindung der Buchdruckerkunst mit drei verschiedenen Argumenten legitimiert worden: Die Überwachung habe
- dem Schutz der Religion,
- dem der Staatsinteressen und
- dem der guten Sitten zu dienen.

In der Aufklärung blieb diese argumentative Dreiteilung erhalten, der säkulare Staat schützte Glaube und Sitten jedoch nicht mehr um ihrer selbst willen, sondern weil „Religion und Sitten gute Bürger" machten. Auch als die Forderungen nach Meinungs- und Pressefreiheit lauter zu werden begannen, war keinesfalls klar, ob sie als Gnade des Fürsten gewährt werden könne, aus Nützlichkeitserwägungen heraus gestattet werden müsse oder als unveräußerliches Menschenrecht den Bürgern in jedem Fall zustehe.

Das aufklärerische Ideal vom „guten Fürsten" begünstigte zunächst die erste Legitimierung. Im Sinne der zweiten Auffassung stand Friedrichs II. klassische und vielfach mißverstandene Anweisung, daß „Gazetten, wenn sie interessant seyn solten, nicht geniret werden müsten" von 1740. Sie hatte nicht bedeutet, die Presse solle unbehindert berichten dürfen; seinen Führungsanspruch hatte der preußische König noch keineswegs aufgegeben. Vielmehr hatten sich die Gazetten an die Vorgaben des Fürsten zu halten.

In diesem Sinn war Pressepolitik noch höfisch bestimmt. Zeitungen als „öffentliche" Einrichtungen hatten dieser zu dienen; Pressefreiheit wurde nur gewährt, soweit sie sich der verordneten Politik unterordnete.

Die amerikanische und mehr noch die französische Revolution beeinflußten die Diskussion der Meinungs- und Pressefreiheit nachhaltig. Die aufklärerische Betonung der Naturrechte ließ auch „Pressefreiheit" zu einem unveräußerlichen Menschenrecht werden. Die Amendements zur amerikanischen Verfassung von 1791 kodifizierten die Staatsbürgerrechte, u.a. die Presse-, Rede- und Versammlungsfreiheit. Die amerikanische Revolution stärkte auch indirekt die Pressefreiheit, indem die Zahl der Zeitschriften sich in Frankreich verdoppelte, in Deutschland gar verdreifachte.

In der Französischen Revolution hatte die Erklärung der Menschenrechte von 1789 zur Presse- und Meinungsfreiheit zunächst formuliert: „Die freie Mitteilung der Gedanken und Meinungen ist eins der kostbarsten Rechte des Menschen. Jeder kann mithin frei sprechen, schreiben, drucken, mit Vorbehalt der Verantwortlichkeit für den Mißbrauch dieser Freiheit in den durch das Gesetz bestimmten Fällen." Der Anspruch auf universelle Geltung und die eingeforderte „öffentliche Macht" machten jedoch deutlich, daß die Formulierung der Menschenrechte dem Kampf gegen das bestehende System dienen sollte. Die Angst vor der eruptiven Gewalt der französischen Revolution ließ die deutschen Fürsten die bestehende Meinungs- und Pressefreiheit weiter einschränken.

Der Freiheitskampf gegen Napoleon steigerte den Anspruch auf Publizität. Die Erschiessung des Buchhändlers Johann Philipp Palm, des Verfassers der Schrift „Deutschland in seiner tiefsten Erniedrigung", durch ein französisches Füsilierkommando gab der politischen Publizistik ihren ersten deutschen Märtyrer. Gedichte wie Ernst Moritz Arndts „Was ist des Deutschen Vaterland" weckten eine Welle nationaler Begeisterung. Mit Friedrich Wilhelms III. Aufruf „An mein Volk" in der *Schlesischen privilegierten Zeitung* an den Patriotismus der Untertanen erkannte er an, daß die Öffentlichkeit zu einer Macht geworden war, die man als Koalitionspartner zu gewinnen trachten mußte. Sie war nicht länger nur Objekt. Napoleon selbst hatte zwar nie den Ausspruch getan, Joseph Görres' *Rheinischer Merkur* (1814-16) sei die fünfte Großmacht (bei einer Auflage von 3000); das Diktum enthält aber hohe Aussagekraft über die Wirkungsmächtigkeit, die der Pressefreiheit mittlerweile zugeschrieben wurde.

Der Sieg über Napoleon entzog der Pressefreiheit wieder die Grundlage, die sie in den Augen der Regierenden kurzfristig legitimiert hatte. Folglich wurde auch der *Rheinische Merkur* im Januar 1816 verboten. Dennoch war die Pressefreiheit auch aus der restaurativen Argumentation nicht mehr hinwegzudenken. Überlegungen von Friedrich Freiherr von Gentz, einem Mitarbeiter Metternichs, gipfelten in der Feststellung, daß erst Zensurbestimmungen die Pressefreiheit hinreichend präzisierten.

Nicht in jeder Staatskanzlei wurde jedoch zunächst so gedacht wie in Wien. Kurz nach dem Verbot des *Rheinischen Merkur* sandte Wilhelm von Humboldt an Staatskanzler Hardenberg ein Gutachten über die Pressefreiheit. In diesem plädierte er dafür, die nachträgliche Verantwortlichkeit vor Gericht solle die (Vor)-Zensur ersetzen. Daneben bestimmten pragmatische Überlegungen Humboldts Denkschrift: Wenn Druckschriften nicht mehr zensiert würden, könnte keine auswärtige Macht auf die Idee kommen, hinter einem Presseangriff stünde die preußische Regierung; außenpolitische Verwicklungen würden somit reduziert.

Denkschriften wie der Humboldts lag die Idee zugrunde, von oben zu reformieren, um die Revolution von unten zu verhindern. Diese Idee war spätestens mit den Beschlüssen von Karlsbad gescheitert. Seit dem Scheitern der Reformen, seitdem die Hoffnungen in den Wiener Kongress enttäuscht waren, erwartete die Öffentlichkeit nichts Fortschrittliches mehr von oben. Noch 1817 hatte sie Petitionen gesammelt zur Durchsetzung der Verfassungsgarantie der Wiener Schlußakte. Seither waren Adressen an die Obrigkeit auf lange Zeit nutzlos. Der Idee der Meinungs- und Pressefreiheit tat das keinen Abbruch, vielmehr „glorifizierten sie [die Karlsbader Beschlüsse] ungewollt ihre Idee". (SCHNEIDER 1984) Die Abwesenheit parlamentarischer Öffentlichkeit verschaffte der außerparlamentarischen in den Zeitungen noch mehr Gewicht.

Jetzt, in Restaurationszeit und Vormärz, brach die hohe Zeit der Grundrechte an. Nicht mehr der Nutzen von, sondern der Anspruch auf Meinungs- und Pressefreiheit standen im Vordergrund. Folgerichtig nahm die Reichsverfassung der Paulskirche, die nie in Kraft getreten ist, eine Reihe dem Staatsbürger verbriefter Grundrechte auf. Hierunter war auch die Meinungs- und Pressefreiheit. Bis aber die Verfassung von Weimar 1919 zum ersten Mal das Grundrecht der Meinungsfreiheit verbriefte, sollten noch einmal soviel Jahre vergehen, wie seit der amerikanischen Revolution.

3.2.2. Gesetzliche Kodifikationen und tatsächlicher Zustand der Pressefreiheit

Bis zum 18. Jahrhundert hatten presserechtlich kirchliche Imprimaturbestimmungen neben landesrechtlichen Zensurregelungen und Reichsverabschiedungen gestanden. Im 18. Jahrhundert traten die kirchlichen und reichsrechtlichen Bestimmungen in den Hintergrund. Die Landesherrschaften emanzipierten sich weitgehend vom Reichsrecht. Beide Rechtsquellen blieben jedoch weiterhin latent wirksam. In den Wahlkapitulationen der römisch-deutschen Kaiser wurden die gültigen Rechtssätze immer wieder bestätigt, zuletzt in der von Franz II. von 1792. Seitdem die Konfessionszugehörigkeit nicht mehr integraler Bestandteil der Staatsfundamente war, verlor auch eine der hauptsächlichen Begründungen der Presseaufsicht an Bedeutung: Die Aufrechterhaltung der konfessionellen Normen. Inhaltlich änderte sich jedoch vergleichsweise wenig. Presserecht bestand weiterhin aus Bestimmungen, die der Aufrechterhaltung des äußeren wie inneren Friedens sowie dem Ehrenschutz dienten. Drittes Bein des Presserechts waren Privilegien für Drucker oder Universitäten. In den Bestimmungen für die Intelligenzblätter hielten sich eine bestimmte Sorte Privilegien noch bis in das 19. Jahrhundert.

Die Presse wurde im 18. Jahrhundert über unterschiedlich freie landesherrliche Zensuredikte geregelt. Im dänisch regierten Holstein wurde 1776 dem ersten deutschen Territorium die vollständige Zensur- und Pressefreiheit gewährt. Trotz aller territorialen Verschiedenheiten ging die Tendenz aber vor der französischen Revolution in Richtung Lockerung. Besondere Umstände schränkten die Pressefreiheit jedoch immer wieder ein. In Preußen regelten schon 1749 und 1755 - wenige Jahre nach absichtsvoller Freigabe der Pressefreiheit - wieder detaillierte Zensurordnungen die Arbeit der Presse.

Der große Rückschlag kam während der französischen Revolution. Jetzt verschärfte sich die polizeiliche Aufsicht. Auch der Begriff „Policey" begann sich jetzt vom Fürsorge- zum Überwachungsinstrument zu verschieben. Im Mittelpunkt stand die Aufrechterhaltung der öffentlichen Sicherheit und Ordnung. In napoleonischer Zeit änderte sich an den repressiven Zuständen wenig. Wegen der Herrschaft des Korsen über Europa fürchteten die deutschen Fürsten, sich den Unwillen des Kaisers zuzuziehen. Opfer dieser Furcht waren beispielsweise Heinrich von Kleists *Berliner Abendblätter*. In Frankreich selbst fehlte in den Verfassungen von 1799 und 1804 jeder Bezug auf Grundrechte. Die revolutionäre Pressevielfalt wurde von Napoleon rigoros beschnitten. Das zentrale Organ, dem auch die Publizistik der von Frankreich abhängigen Rheinbundstaaten folgte, war der *Moniteur* in Paris. Oppositionelle und franzosenfeindliche Publizistik konnte sich nur in den Grauzonen der Rezensionsliteratur entfalten. Erst in den Befreiungskriegen schrieben Zeitungen und Zeitschriften wie Joseph Görres *Rheinischer Merkur* und Heinrich Ludens *Nemesis* offen gegen Frankreich.

Die Wiener Schlußakte von 1815 trug der Rolle der Idee von Pressefreiheit und Verfassungsstaatlichkeit nur eingeschränkt Rechnung. Die Bestimmung zur Pressefreiheit wollte Metternich später als Aufforderung zu gleichförmiger Zensur verstanden wissen; Verfassungen, weder konstitutionelle noch ständische, wurden in den Vormachtsstaaten des Bundes, Preußen und Österreich nicht erlassen. Grundrechte waren nur in den wenigsten Verfassungen garantiert. Eine instruktive Übersicht über den Zustand der Meinungs- und Pressefreiheit in den Staaten des Deutschen Bundes gibt der Bericht, der 1818 der Bundesversammlung vorgelegt wurde. Sein Verfasser, G.H. von Berg, unterschied zwischen dem Polizei- und dem Justizsystem. In ersterem werde vorher zensiert, in letzterem nachträglich gerichtlich vorgegangen.

Presserechtlich bedeutete der Deutsche Bund zunächst nur eine lockere Klammer. Vor allem in den süddeutschen Staaten, die große neugewonnene Gebiete zu integrieren hatten, genoß die Presse anfangs große Freiheiten. Mit diesem Vorrang der Landes- vor den bundesrechtlichen Bestimmungen räumten die Karlsbader Beschlüsse mit Pressegesetz und Universitätsgesetz von 1819 auf. Die Beschlüsse wurden 1824 auf unbestimmte Zeit verlängert.

Die wichtigsten Beschränkungen des Bundes-Preßgesetzes sahen vor, daß alle Schriften unter 20 Bogen, d.h. unter 320 Seiten, der vorherigen Zensur zu unterliegen hatten. Bücher mit größerem Umfang konnten nachträglich beschlagnahmt werden. Die Bundesstaaten hafteten gegenseitig dafür, daß in ihnen keine Angriffe auf andere Staaten erschienen. Redakteure unterdrückter Zeitungen und Zeitschriften sollten auf fünf Jahre in keinem anderen Bundesstaat Anstellung finden. Jetzt setzten die sogenannten „Demagogenverfolgungen" ein. Görres mußte nach Straßburg fliehen, Burschenschaftler wurden verhaftet, Professoren konnten ihre Lehrtätigkeit nicht ausüben. Der Überwachung diente die Zentraluntersuchungskommission mit Sitz in Mainz.

Die Karlsbader Beschlüsse sind jedoch nicht ausschließlich als Maßnahmen zur Unterdrückung der öffentlichen Meinung im Deutschen Bund anzusehen. Wichtiger noch als die Reglementierung war Metternich offenkundig die Disziplinierung der süddeutschen Staaten Bayern und Württemberg. Der „Bundesstaatsstreich" (Huber) ermöglichte die Exekution gegen einzelne Mitglieder. Dem Druck, dem sich auch die größeren Staaten immer wieder beugen mußten, waren die kleineren in besonderem Maße ausgesetzt. Hier wurde die eigene Presse scharf reglementiert, um den Vormächten des Deutschen Bundes keinen Vorwand zum Einschreiten zu geben. Unter diesen Voraussetzungen folgten insbesondere die kleineren Staaten penibel den Vorgaben des Bundes. Entweder galt Bundesrecht direkt und ohne ausführende Bestimmungen, wie z.B. in Lippe, oder es wurden, wie in den sächsisch-thüringischen Linien, fast gleichlautende Verordnungen erlassen. Dennoch waren, gegen den Strich gelesen, die Karlsbader Beschlüsse „juristisch geronnene Erfahrungen" (SIEMANN 1987), die all das zu unterdrücken suchten, was vorher der tatsächliche Zustand der Pressefreiheit gewesen war.

Die europäische Revolution von 1830 leitete eine vorübergehende Lockerung der Beschlüsse ein. In Baden wurde ein mildes Pressegesetz erlassen, das nur noch die strafrechtliche Verantwortung des Redakteurs kannte. Auf Druck des Bundes mußte auch Baden zur 20-Bogen-Vorschrift zurückkehren. Das Hambacher Fest von 1832, der Frankfurter Wachensturm von 1833 und die Schriften des Jungen Deutschland führten jeweils zu Verboten und verschärften Bundesbestimmungen. Doch die Maßnahmen der Obrigkeit wurden nicht mehr unwidersprochen hingenommen. Der Staatsstreich von Hannover, mit dem 1837 die Verfassung aufgehoben wurde, und die Proteste der Göttinger Sieben hiergegen erregte ungeheuren Widerhall in Deutschland. Die Gebrüder Grimm, zwei der Sieben, erhielten nach ihrem Lehrverbot in Göttingen Anstellung in Berlin.

So hart die Presse auch in Einzelfällen unterdrückt wurde, eine flächendeckende, totale Repression gab es im 18. und 19. Jahrhundert nicht. Zum einen scheiterte sie an der deutschen Kleinstaaterei. Sachsen-Altenburg galt wie das dänisch regierte Holstein als besonderer Tip für oppositionelle Drucke. Campe ließ in Hamburg-Wandsbek drucken - der dortige Zensor tue für „12 Flaschen" viel! Zum anderen scheiterte eine einheitliche Zensur daran, daß die Zensoren in der Fülle der Publikationen ertranken und von den Techniken der Camouflage überfordert waren. Ständig neue Publikationsformen schufen immer neue Zensurprobleme.

Die geistige Unzulänglichkeit der Zensoren tat ein übriges. Heines berühmtes leeres Blatt: „Die deutschen Censoren ... Dummköpfe" zeugt von der Geringschätzung, die den Zensoren entgegengebracht wurde - bei nicht wenigen übrigens zu Unrecht -, auch Jacob Grimm war beispielsweise von 1816 bis 1829 Zensor.

Auch den gelehrtesten Zensoren war es unmöglich, alle Texte so gründlich zu lesen, daß ihnen die geheimen Anspielungen nicht entgingen. Der Druck, dem die

Publizistik bis 1848 auf diversen Wegen ausgewichen war, sollte in der Revolution von 1848 vorübergehend wegfallen. Im März 1848 fiel dann in allen Staaten die Zensur. Die Reichsverfassung garantierte Meinungs-, Presse- und Versammlungsfreiheit. Doch diese Garantien waren nur Zwischenspiel. Nur in zweierlei Hinsicht hatten sie bleibende Auswirkungen: Über die Beratungen der Grundrechte hatte die Paulskirche der „Reaktion" Zeit gelassen, sich zu sammeln; die Freiheiten trugen so zu ihrem eigenen Scheitern bei. Als Vorbild für die späteren deutschen demokratischen Verfassungen wuchs ihnen aber nachträglich doch noch Wert zu.

In Reaktion auf die gescheiterte Revolution wurde in den 1850er Jahren die Öffentlichkeit stärker denn je reglementiert, aber nicht alle Ergebnisse der Revolution wurden zurückgenommen. Die ersten oktroyierten Gesetze zeichneten sich noch durch eine gewisse Milde aus. Im Nachhinein wurden sie weiter verschärft. So gering der Inhalt der Verfassungen auch zu veranschlagen war, allein ihre Existenz hatte den Absolutismus beendet. Was sich in Preußen tat, fand in ähnlicher Form auch in den anderen Bundesstaaten statt. Mit seinem Presse- und Vereinsgesetz von 1854 suchte der Bund eine möglichst große Einheitlichkeit der Bestimmungen zu erreichen. In diesen Jahren war der „Polizeiverein der bedeutenderen deutschen Staaten" die zentrale Überwachungsinstanz. Seinem Initiator, dem preußischen Polizeichef Hinckeldey, einer Symbolfigur der Repression, galten besonders Hamburg, Bremen, Frankfurt und Braunschweig als unzuverlässig. Auch hier setzte noch einmal die territoriale Verschiedenheit Akzente. Erst seit dem Reichspressegesetz von 1874 galt in ganz Deutschland ein einheitlicher Zustand der Pressefreiheit.

> **Selbstkontrollfrage 3:**
> Nennen Sie Methoden der Pressekontrolle aus dem 16. bis 18. und aus dem 19./20. Jahrhundert, und geben Sie, wenn möglich, die Methoden an, sich der Kontrolle zu entziehen.

3.3. Parteipresse als Leitmedium

3.3.1. Die Politisierung im Vereinswesen

Das Recht auf Vereins- und Versammlungsfreiheit nahm eine ähnliche Entwicklung wie die Presse- und Meinungsfreiheit. Frankreichs revolutionäres Vorbild hatte hier aber kaum Einfluß: Die ersten Anfänge des Vereinswesens lagen weit vor der französischen Revolution, in Hamburg wurde 1765 die „Patriotische Gesellschaft" gegründet. Vereinsfreiheit war positives und negatives Recht: Positiv bedeutet sie, daß Vereine frei gegründet werden durften, negativ, daß niemand in Korporationen wie z.B. Zünften Zwangsmitglied werden mußte. Im Anspruch auf allgemeine Zugänglichkeit war die Vereinsfreiheit eine genuin liberale Forderung - in politischer wie wirtschaftlicher Hinsicht. Ihre Wichtigkeit für die politische Willensbildung wuchs, und der Staat erkannte diese indirekt an, indem er Vereine unterdrückte. Der einzige Staat, in dem sich entgegen der Bundesbeschlüsse vor 1848 die Vereinigungsfreiheit durchgesetzt hatte, war Sachsen-Meiningen mit seinem Gesetz vom August 1829. Das Vereinsverbot des Bundes von 1832 hatte auch die Illegalität der politischen

Parteien zur Folge. Diesen Beschluß unterlief schon 1833 Baden, indem es statt der präventiven Zensur nachträgliche Verbote praktizierte.

Im Vormärz brach die hohe Zeit der Vereine an. Vereine wurden zum Zwecke vergnügter Unterhaltung, der Belehrung, der Wahrnehmung öffentlicher Aufgaben oder der Pflege von Kunst und Kultur gegründet. Die Übergänge zwischen den verschiedenen Formen geselligen Beisammenseins und Vorformen von Gesinnungsgemeinschaften waren dabei fließend. Gesangsvereine waren „das Band der Kunst" der „durch politische Grenzen getrennten deutschen Stämme", hieß es in Meyers Lexikon von 1848. Noch deutlicher politischen Charakter trugen die Turnvereine. Sie waren national und revolutionär. Denkmalvereine, wie z. B. das zur Errichtung des Hermannsdenkmals, vertraten politische Anliegen, auch die Lesegesellschaften und Kasinovereine politisierten sich in den 1840er Jahren. Arbeiterbildungsvereine bereiteten den Eintritt des „4. Standes" ins politische Leben vor. Als Folge des Weberaufstands wurden soziale Vereine gegründet. Auch die Kirchen adaptierten die Vereine in verschiedensten Formen. Selbst Aktiengesellschaften hatten politischen Charakter.

All diese Vereinigungen waren kryptopolitisch. Sie waren es, weil offene politische Betätigung untersagt war. Insofern war das Vereinsleben in seiner ganzen Breite Vorform und Voraussetzung organisierter politischer Willensbildung. Darüber hinaus wuchs ihnen eine direkte politische Funktion zu. Einerseits waren sie „Vorschule" des Parlamentarismus und der Parteien, andererseits hatten sie in der liberalen Theorie der Kontrolle der Bürokratie und der Vermittlung zwischen Staat und Gesellschaft zu dienen.

3.4. Von der politischen Zeitschrift zur politischen Tagespublizistik

Die politische Tagespresse war einerseits Kind der beschriebenen allgemeinpolitischen Veränderungen, andererseits eine Folgeerscheinung der räsonnierenden Zeitschriften der Aufklärungszeit, drittens war sie Ergebnis des technischen Fortschritts. Politisches Bewußtsein artikulierte sich zuerst in Zeitschriften. August Ludwig Schlözers Göttinger *Staatsanzeigen* (1782-1795) waren die erste politische Zeitschrift. Ludens *Nemesis* (1814-1818) sei für eine frühliberale Zeitschrift zwischen Wiener Kongreß und Karlsbader Beschlüssen genannt. Der Friedhofsruhe nach 1819 folgte seit 1830 ein neuer Anstieg politischer Publizistik. Zeitschriften wie Arnold Ruges *Hallische/Deutsche Jahrbücher* (1838-43) zeigen dabei, welche Wandlungen ein Blatt durchlaufen konnte. Zunächst propreußisch, philosophisch, „junghegelianisch" orientiert, wurden sie als *Deutsche Jahrbücher* als politisches, demokratisch orientiertes Blatt ins Exil gezwungen.

Die *Deutsche Zeitung* in Heidelberg, von Georg Gottfried Gervinus 1847 gegründet, war die erste „eigentliche Parteizeitung". Bestehende Zeitungen - wie die *Königlich Privilegierte Zeitung*, die sogenannte *Vossische* -, die bislang ein farbloses Dasein gefristet hatten, steigerten ihre Auflagen und politisierten sich. Nach der Revolution erlitt die politische Tagespresse zwar einen Rückschlag, doch seit dem Verfassungskonflikt von 1863 gestalteten sich die Zustände wieder freier. Die Parteipresse löste in der Meinungsführung allmählich die Zeitschriften ab, ein Prozeß, der angesichts der Vermassung der Öffentlichkeit folgerichtig zu sein schien. Wie bei den Parteien spielten die liberalen und - später - demokratischen Zeitungen die Vorreiterrolle. Sie waren und blieben Parteirichtungszeitungen. Dementsprechend waren sie nicht dem Programm einer Gruppierung verpflichtet, sondern standen nur in allgemeiner Nähe zu ihr. So stand die *Kölnische Zeitung* nach 1870 den Nationalliberalen nahe, die *Frankfurter Zeitung* hielt es eher mit dem linksliberal-fortschrittlich-demokratischen Lager. Die liberalen und demokratischen Zeitungen waren Blätter der großen Städte. Parteinah zu sein bedeutete ihnen Unabhängigkeit, aber auch Einflußlosigkeit - zumindest was die Leser als Wähler anging. Die linksliberalen Zeitungen hatten zwar hohe Auflagen, konnten aber kaum Wähler mobilisieren.

Die konservative Presse war in mancher Beziehung das Spiegelbild der liberalen: Eine Frühform waren staatsorientiert-offiziöse Zeitungen wie der *Österreichische Beobachter* oder die *Allgemeine Preußische Staatszeitung*. Ihre eigentliche Parteipresse entwickelten die Konservativen aber erst in Antwort auf die Liberalen nach 1848. Indem sich die Konservativen auf die parteipolitische und publizistische Auseinandersetzung einließen, hatten sie schon das Wesen der Veränderungen anerkannt. Der Gegner sollte mit seinen eigenen Waffen geschlagen werden. Bezeichnenderweise kristallisierte sich die konservative Partei Preußens um eine Zeitungsgründung: Die *Neue Preußische Zeitung*, auch *Kreuzzeitung* genannt. Später kamen die freikonservative (industrielle) *Post*, die schwerindustrielle *Rheinisch-Westfälische Zeitung*, die gutswirtschaftlich orientierte *Deutsche Tageszeitung* u.a. hinzu. Auch die meisten Amtsblätter waren konservativ.

Das katholische Zentrum war die dritte Parteirichtung. Im Jahr 1838 hatte Görres' Flugschrift *Athanasius* binnen kürzester Frist vier Auflagen erreicht und damit ein gemeinsames katholisches Bewußtsein freigelegt. Die Flugschrift provozierte mehr als 300 weitere. 1838 gründete er die *Historisch-Politischen Blätter für das katholische Deutschland*. Mit Zeitungen und mit den katholischen Vereinen wurde der Weg frei für eine eigenständige katholische Presse. Ihre wichtigsten Zeitungen waren die *Germania* und die *Kölnische Volkszeitung*. In scharfer Opposition zu Bismarck wurden im Kulturkampf hunderte katholischer Zeitungen gegründet. Die Blätter waren in Privatbesitz und zumeist sehr klein - Auflagen zwischen 500 und 2.000 Stück waren noch in der Weimarer Zeit häufig. Um die Interessen dieser Blätter zu bündeln, sie durch Korrespondenzen publizistisch zu unterstützen und ihre Journalisten und Verleger zu sichern, wurde 1878 der *Augustinus-Verein* gegründet.

Von Vorläufern abgesehen, wurden die meisten Zeitungen der sozialdemokratisch-sozialistischen Presse nach 1870/1890 gegründet. Bis zum Gothaer Einigungsparteitag 1875 war die Arbeiterpresse - wie die sozialistische Bewegung - zwischen Eisenacher und Lassalleaner Richtung gespalten. Im und nach dem ersten Weltkrieg waren Partei und Zeitungen zeitweise in USPD- und MSPD-Richtung getrennt.

Nach der Phase härtester Unterdrückung unter dem Sozialistengesetz 1878-1890 begann der eigentliche Aufstieg der sozialistischen Presse. Der 1900 gegründete *Verein Arbeiterpresse* hatte in sozialer Hinsicht ähnliche Funktion wie der *Augustinus-Verein*. 1929 gehörten der SPD 203 Zeitungen, 135 davon waren im Jahre 1932 infolge der Weltwirtschaftskrise noch übrig. Die wenigsten Zeitungen arbeiteten rentabel. Erst als 1925 die *Konzentrations-AG* gegründet wurde, um Roh- und Betriebsstoffe gemeinsam zu bewirtschaften und die Zeitungen der Revision unterziehen zu können, besserte sich die wirtschaftliche Lage der Zeitungen.

Der Aufstieg von Zentrum und Sozialdemokratie, mit dem die Partizipation neuer Volksschichten am politischen Leben einher ging, hätte den definitiven Durchbruch der Parteipresse bedeuten müssen. Doch die Zukunft gehörte nicht ihr - sieht man einmal von der Meinungsführerschaft durch die großstädtischen parteinahen Zeitungen ab. Im Unterschied zu ihren Vorläufern, den räsonierenden Zeitschriften, suchten die Parteizeitungen aber nicht vorurteilslos nach der Wahrheit, sondern betrieben Massenagitation. Die Konkurrenz der Parteien und Zeitungen zeigte aber die Existenz verschiedener Wahrheiten. Die moderne Gesellschaft bedurfte dabei immer weniger der Vorgabe von Meinungen, als vielmehr der Versorgung mit Entscheidungsgrundlagen und Unterhaltung. Hinzu kam der doktrinäre Charakter der sozialistischen Presse; Zentrumszeitungen waren in weltlichen Dingen heterogener. Führende konservative Zeitungen vertraten offen Partikularinteressen.

So waren die Parteizeitungen nur Durchgangsstadium. Die Unterlegenheit der Parteipresse gegenüber der modernen Massenpresse zeigt sich besonders deutlich am Verhältnis von Leser- zu Wählerzahlen. Die SPD-Presse hatte wesentlich weniger Leser als die SPD Wähler (1912: 2,2% der Abonnenten, aber 34,8% der Wähler). Beim Zentrum war das Verhältnis günstiger (11,6% zu 16,3%). SPD-Zeitungen - von einzelnen Blättern abgesehen - waren langweilig, die ländlichen, kleinen Zentrumszeitungen kaum weniger, ihnen fehlte allerdings die Konkurrenz, die die SPD-Blätter in den Städten hatten. Und es gab noch zwei Unterschiede, wegen denen die Zentrumszeitungen ihre Position besser behaupten konnten als die Presse der SPD. Zum ersten wurden die Zentrumszeitungen durch Autoritäten gestützt: Honoratioren, Priester und Lehrer. Die Zentrumsleser hörten und lasen also Ähnliches - was sie in ihrer Meinung bestärkte. Der sozialistischen Presse dagegen fehlten die Priester und Lehrer, ihre „Arbeiterhonoratioren" waren gleichermaßen Funktionäre wie Journalisten. Deshalb hörten SPD-Anhänger nicht Ähnliches, sondern sie bekamen in Presse, Versammlungen und Kneipen stets genau die gleichen Belehrungen vorgesetzt. Das war zuviel des Guten. Da war die Konkurrenz der zwar politisch farblosen, aber dafür sensationshungrigen Großstadtpresse entschieden interessanter. Zum zweiten kamen demographische Veränderungen hinzu. Die ländlichen Strukturen blieben in Zahl und Zusammensetzung während des Kaiserreichs intakt, das katholische Milieu blieb erhalten. Das Arbeitermilieu dagegen veränderte sich rasch: es mußte seine Traditionen erst entwickeln. Gegenüber den großstädtischen Massenblättern waren jedoch beide Arten von Parteizeitungen unmodern und gerieten deshalb immer mehr ins Hintertreffen.

4. Öffentliche Kommunikation im bürokratischen Massenstaat

4.1. Neue Medien seit dem Ende des 19. Jahrhunderts

4.1.1. Die Revolution des Kommunikationswesens

Die Revolution des Kommunikationswesens im 19. Jahrhundert ist nur vergleichbar mit der Erfindung des Buchdrucks und der des Rundfunks. Sprunghafte Verbesserungen der Drucktechnik ermöglichten jetzt eine wirklich *massenhafte* Verbreitung von Presseprodukten. Die Grundlagen wirklichkeitsgetreuer Abbildungen wurden gelegt. Die eigentlich revolutionären Erfindungen betrafen indes das Verkehrs- und Nachrichtenwesen: Im 19. Jahrhundert begab sich die Welt auf den Weg ins „globale Dorf", das sie heute ist.

Der Anfang der Technisierung wurde 1810/14 von Koenig und Bauer mit der Schnellpresse gemacht - die Abkehr vom Tiegel- zum Zylinderdruck. Mit 12.000 Bogen druckte 1848 die erste Rotationsmaschine die *Times* - die Bogen mußten noch zugeschnitten werden. 1860 wurde die erste Rotationsmaschine, die Papierrollen verwendete, von William Bulock gebaut. Das zweite Feld des Fortschritts war die Verbesserung der Satztechnik. Erst Mergenthaler gelang der Durchbruch, er verband 1886 Setzen und Gießen. Seiner „Linotype" und verwandten Maschinen gehörte die Zukunft. Mit Zeilensetzmaschinen und Rotationsdruckmaschinen konnten große Mengen Text in Massenauflagen verbreitet werden. Die Erfindung der Lithographie beschleunigte und verbilligte die Abbildungstechnik. Ullsteins Rasterdruck brachte den Durchbruch für photographische Abbildungen. Papierherstellung mit Beimischung von Holzschliff (seit 1844) verbilligte die Papierkosten.

Die Entstehung der Nachrichtenagenturen und die Erfindung des Telegraphen füllten das Mehr an Papier täglich mit aktuellem Stoff. Vier „Gründeragenturen" leisteten Pionierarbeit. *Agence Havas* (Frankreich 1835) puschte die „kollektive Zeitungsberichterstattung", das *Wolffsche Telegraphische Bureau* (*WTB*, Deutschland 1849) nutzte als erstes die elektrische Telegraphie, *Reuters* (Großbritannien 1851) erschloß fremde Erdteile und *Associated Press* (*AP*, USA 1848) verwirklichte die genossenschaftliche Nachrichtenagentur. Diese vier einigten sich 1870 auf ein Kartell zur Aufteilung des Nachrichtenmarktes, das diesen bis 1914 beherrschte. Das *WTB* wurde schnell zur preußisch-deutschen offiziösen Nachrichtenagentur. Dank telegraphierter Nachrichten beschleunigte sich der Informationsfluß um ein Vielfaches. Die Mechanisierung und der Ausbau des Verkehrswesens - Dampfschiffahrt, Eisenbahn und Chausseebau - verkürzten die zeitlichen Distanzen. Noch die Nachrichten von der französischen Revolution 1848 verbreiteten sich im Tagesrhythmus der Postkutsche von West nach Ost. Die Pariser Unruhen seit dem 24. Februar 1848 führten in Mannheim am 27. Februar 1848, in Nassau, in Köln und in Berlin in den ersten Märztagen zu Unruhen. Die revolutionären Ereignisse gaben in Deutschland den politischen Anstoß zur verstärkten Errichtung von elektrischen Telegraphenstrecken (1837 von Morse erfunden); die erste von Berlin nach Frankfurt a.M., dem Sitz des Bundesrats und Reichstags, wurde 1848 in Betrieb genommen.

4.1.2. Die neue Massenpresse

Nach der Parteipresse mit ihren bescheidenen Auflagenzahlen ließen sinkende Papierpreise, explodierende Kapazitätssteigerungen der Druckmaschinen und der wachsende Reklamemarkt - also Industrialisierung und Kommerzialisierung - die Auflagen neuer Zeitungstypen emporschnellen. Die boomenden Großstädte konfrontierten das Individuum mit der entstehenden Massengesellschaft. Folgerichtig entstand hierein neue Presse. Am Anfang stand der sogenannte „Generalanzeiger",

Prototyp der neuen Massenpresse. Er wurde um die Jahrhundertwende durch andere Zeitungsformen ergänzt.

Abbildung 1: Massenpresse, Auflage ausgewählter Zeitungen

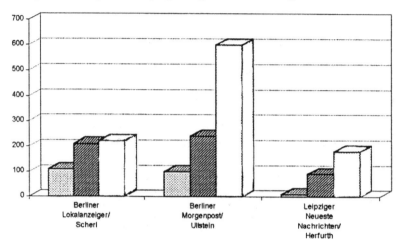

(Quelle: HEENEMANN 1929: 36-82)

Die Generalanzeigerpresse brachte drei Neuerungen: Sie veränderte die Vertriebsbedingungen, sie revolutionierte das Anzeigenwesen und sie bediente sich neuer Methoden der Leser-Blatt-Bindung. Diese war bei der Parteipresse noch nahezu ausschließlich über politische Affinitäten hergestellt worden. Beispielhaft war Scherls 1883 gegründeter *Berliner Lokal-Anzeiger*. Scherl hatte den versierten, in Amerika ausgebildeten, Hugo von Kupffer engagiert. Beide schufen ein Blatt, das Vorbild für eine ganze Zeitungsgeneration wurde. Diverse Meinungsforen standen der Lesermeinung offen. Großer Wert wurde auf Serviceleistungen wie Rechts- oder allgemeine Lebensberatung gelegt. Daß der Leser einen emotionalen oder räumlichen Bezug zu dem Dargestellten haben müsse, war die wichtigste journalistische Entdeckung der Generalanzeiger. Die Journalisten aller neuen Massenblätter suchten das Leserinteresse zu antizipieren; sie unterwarfen sich nicht dem Ansinnen von Lesergruppen, sondern einem angenommenen Publikumsgeschmack. Die Generalanzeiger waren die Prototypen der modernen Presse. Spätere Zeitungstypen verfeinerten die entwickelten Vorgaben. Allein die ersten Generalanzeiger waren noch mit den Bleiwüsten der alten Presse vergleichbar. Die moderneren Formen der Massenpresse setzten bei der Aufmachung an.

Die Generalanzeiger hatten neue Leserkreise erschlossen, denen die bisherigen Zeitungen zu teuer waren. Sie wurden wesentlich billiger verkauft, da der Verkauf von Anzeigenraum statt des Abonnementspreises das Geschäft trug. Damit begann die „Subventionierung" des redaktionellen Teils durch den Verkauf von Anzeigen. Zugespitzt formulierte der Zeitungswissenschaftler Karl Bücher 1912, die Zeitung sei ein Unternehmen, welches „Annoncenraum als Ware erzeugt, die nur durch einen redaktionellen Teil verkäuflich wird". Zeitungen wie der *Berliner Lokal-Anzeiger* erreichten schon vor dem Ersten Weltkrieg ein Verhältnis vom Anzeigen- zum Verkaufs-Erlös von 70 zu 30.

4.1.3. Verlage und Konzerne

Verlage wie *Mosse*, *Ullstein* und *Scherl* bauten ihr Geschäft auf unterschiedliche Zeitungstypen. Generalanzeigerkonzerne, wie der von August Huck, konzentrierten sich nur auf diesen Zeitungstyp. Die Verleger der älteren Meinungspresse hatten den Verlegern des neuen Typs vorgeworfen, die Markteinführung mit Dumping zu erzwingen. Scherl z.B. ließ 1883 zunächst 200.000 Exemplaren seines Lokal-Anzeigers von 2000 Austrägern in der ganzen Stadt verteilen. Nach vier Wochen ließ er sich zumindest die Zustellung mit 10 Pfennig pro Monat bezahlen. Dieses Preis-Dumping machte Schule. In Reaktion auf die Wettbewerbsveränderungen gründeten die Zeitungsverleger der politischen Presse 1894 den *Verein Deutscher Zeitungs-Verleger* (*VDZV*), des Vorgängers des *BDZV*.

Einer der neuen Verleger war Rudolf Mosse. Er gründete zunächst eine Annoncenexpedition, die Anzeigenkunden an Zeitungen vermittelte. 1871 wurde Rudolf Mosse selbst zum Verleger, als er das *Berliner Tageblatt* gründete. Es war seit Beginn ein finanzieller Erfolg, journalistisch wurde es einer, als 1876 Arthur Levysohn die Chefredaktion übernahm. Sein Nachfolger wurde 1906 Theodor Wolff. Die hohe Reputation des *Tageblatts* rührte aus dem Umstand, daß Mosse seine Chefredakteure nicht bevormundete. Als er 1920 starb und sein Schwiegersohn Lachmann-Mosse die Verlagsleitung übernahm, wurde allmählich auch Wolffs Position schwieriger. Der eigentliche Niedergang begann aber erst, als die Annoncenexpedition in der Weltwirtschaftskrise Hugenbergs Konkurrenz erlag.

Mosse, Ullstein und Scherl begründeten den Ruf Berlins als Zeitungsstadt. Ihre Konzerne deckten die Presselandschaft in der ganzen Breite ab. Das Geld verdienten die Ullsteins mit revolutionären eigenen Gründungen. Daneben kauften Sie Qualitätszeitungen wie die *Vossische Zeitung*. In dieser noch heute üblichen Konzern-Mischfinanzierung folgten sie älteren Vorbildern. Schon Cottas Augsburger *Allgemeine Zeitung* war nur durch das *Morgenblatt für die Gebildeten Stände* zu finanzieren.

Es wäre jedoch falsch, Ullstein nur mit Massenblättern wie der *Berliner Morgenpost* oder der *B.Z. am Mittag* und Zeitschriften wie der *Berliner Illustrirten*, der *Koralle* oder dem *Querschnitt* zu verbinden. Eine lukrative Einnahmequelle war beispielsweise der Ullstein-Schnittmusterdienst. Doch da im Verlagsgeschäft Ideen nicht urheberrechtlich geschützt sind, konterte der Scherl-Verlag mit den Schnittmustern in seinem Familienblatt *Allgemeiner Wegweiser*, der es auf eine Auflage von knapp 400.000 brachte.

Der Scherl-Verlag war der publizistische Kern des späteren Hugenberg-Imperiums. Scherl, der schon in den 1880er Jahren mit fiktiven Verlagswerten als Gegenwert für Kredite erfolgreich operiert hatte, landete 1913 seinen letzten Coup, als er das Gerücht lancierte, Mosse habe ihm für seinen konservativen Verlag 11,5 Millionen geboten. Mit Mosse und Ullstein hätten dann zwei liberale Großverlage ohne konservative Konkurrenz Berlin beherrscht. Unter Mithilfe der Ministerien fand sich eine Gruppe potenter Geldgeber, die als *Deutscher Verlagsverein* Scherl auszahlten, um die Übernahme zu verhindern. Als die Herren gewahr wurden, daß der Scherl-Verlag nur mit etlichen Millionen zu sanieren sei, betrat der spätere Pressezar der Weimarer Republik, Alfred Hugenberg, die Bühne. Er war Administrator, kein Medienmacher, wohl aber vereinigte er alle medialen Formen geschickt in seiner Hand. Und aus dieser Konzentration erwuchs seine persönliche Macht.

4.1.4. Die Faszination des Films und die Anfänge des Rundfunks

Zu der neuartigen Presse traten seit dem Ende des 19. Jahrhunderts neue Medien, die ebenfalls mehr der Unterhaltung und Information als der Kommentierung und Meinungsbeeinflussung dienen sollten, nämlich Film und Rundfunk.

Der Film begann seine „Laufbahn" als eine Art Schaubudentrick. 1895 zeigten die Brüder Skladanowski im Berliner Tiergarten die erste Filmvorführung mit Szenen aus dem Alltag: Arbeiter beim Verlassen einer Fabrik, das Einfahren einer Lokomotive, einen Feuerwehreinsatz. Der Eindruck dieser Vorführung war überwältigend: Zuschauer hatten das Gefühl, unmittelbar das Geschehen mitzuerleben; einige hielten die vorgeführten Bilder schlechtweg für die Wirklichkeit. Daher schrieben Befürworter und Gegner des neuen Mediums ihm eine außerordentlich starke Wirkung zu. Die vermeintliche Unmittelbarkeit des Mediums, sein direkter Informationswert, und die Faszination des bewegten Bildes trugen sehr zum Erfolg des Films bei.

Von seinen Anfängen aus war der Weg zum Dokumentarfilm kürzer als der zum Spielfilm. Da das Filmgeschäft von Privatleuten betrieben wurde, richtete sich die Auswahl der Sujets nach dem, was man für den Geschmack des Publikums hielt. Im frühen Film dominierten die Alltagsszenen. Aber man versuchte auch, politisches Geschehen „authentisch" zu erfassen. Schon 1905 erlebte das japanische Publikum filmische „Kriegsberichterstattung" aus dem russisch-japanischen Krieg. In Deutschland filmte das Unternehmen des Film-Apparatekonstrukteurs Oskar Messter Vorgänge um das Hohenzollernhaus, Manöver, aber auch unterhaltende Sujets wie Modenschauen. Es gab auch schon vor dem Ersten Weltkrieg Unternehmen, die regelmäßig Filme mit politischen und gesellschaftlichen Ereignissen zeigten, die sogenannten Wochenschauen (z. B. *Eiko-Woche* und *Union-Woche*, beide 1913 gegründet). Als Propagandamittel wurde die Wochenschau noch nicht benutzt. Bis in den Ersten Weltkrieg hinein zeigte man in Deutschland auch die französischen Wochenschauen *Pathé Journal*. Erst 1917 wurde mit staatlicher Beteiligung die *UFA* (*Universum Film AG*) gegründet, damit die Kriegsereignisse auch aus deutscher Sicht gezeigt werden könnten. Die *UFA* produzierte dokumentarische, aber auch Spiel- und Trickfilme, um für die deutschen Kriegsziele zu werben, zur Zeichnung von Kriegsanleihen aufzufordern oder „Stimmung" gegen England zu machen.

Mitte der zwanziger Jahre nahmen mehrere deutsche Filmunternehmen die Produktion eigener Wochenschauen auf. Darunter waren die von der Schwerindustrie finanzierte *Deulig* (*Deutsche Lichtspiel-Gesellschaft*), die *UFA* und die SPD-nahe *Emelka*. Inflation, großer Kapitalbedarf und schwer kalkulierbares Risiko machten in den Zwanziger Jahren vielen Film- und Wochenschaugesellschaften Schwierigkeiten. Auch die UFA konnte ihre Selbständigkeit nicht behaupten. Sie ging 1927 in

Geschichte der öffentlichen Kommunikation

den Besitz des Hugenberg-Konzerns über. Als in der Wirtschaftskrise zu Beginn der Dreißiger Jahre der Kinobesuch zurückging, traf das die Filmindustrie schwer. Sie versuchte zwar, durch Einführung der neuen Technik des Tonfilms (*UFA-Tonwoche* 1930; *Deulig-Tonwoche* 1932) die Krise abzuschwächen. Das gelang aber nur teilweise; auch die großen Unternehmen blieben gefährdet.

Der Rundfunk, das andere neue Medium, erreichte nicht so schnell die Öffentlichkeit. Das lag vor allem daran, daß der Staat Ansprüche auf das Medium erhob, noch bevor es allgemein zugänglich war. Nach dem Telegraphengesetz von 1908 galt Telegraphie als Reichssache. Mit der Durchführung war die Post betraut. Die Juristen der Post übertrugen diese Telegraphenhoheit des Reiches auch auf den Rundfunk. Daraus leiteten sie die Behauptung ab, nur das Reich dürfe Rundfunk veranstalten und müsse ihn, falls er der Allgemeinheit zugänglich würde, auch überwachen und kontrollieren. Die ersten Rundfunkgeräte mußten besonders verplombt sein, damit sie nicht zu Sendern umgebaut werden konnten. Außerdem brauchte in den Anfangsjahren des Rundfunks jeder Käufer eines Rundfunkgeräts eine besondere staatliche Erlaubnis. Denn nach Auffassung der Post-Juristen wurde mit dieser Erlaubnis dem Käufer ein Teil der staatlichen Rundfunkhoheit übertragen. Dafür zahlte er die „Rundfunkgebühr".

Ihrer Rechtsnatur nach ist die Rundfunkgebühr bis heute eine „Lizenzgebühr" geblieben: Sie wird gezahlt für die „Bereithaltung eines Rundfunkgeräts". Anfangs betrug die Rundfunkgebühr etwa 60 RM im Jahr, ab 1924 monatlich zwei RM. Selbst das war noch für viele außerordentlich teuer - ein Arbeiter bekam damals einen Stundenlohn von 60 bis 80 Pfennig. Viele im und vor dem Ersten Weltkrieg ausgebildete Funker bauten sich ihre Rundfunkempfänger selbst zusammen und hörten „schwarz".

Abbildung 2: Entwicklung der Rundfunkteilnehmer zwischen 1923 und 1932 (in Millionen)

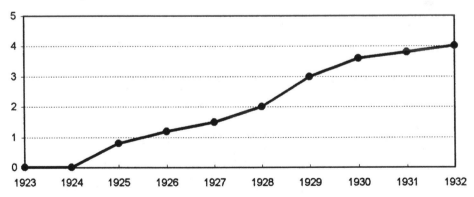

(Quelle: LERG 1980: 116 u. 524)

Aber nicht nur das Wissen über die Technik des Hörfunks ließ sich nicht geheimhalten. Die Reichspost allein hätte auch nicht genug Geld gehabt, den Rundfunk zu finanzieren. Daher duldete sie, daß sich in allen Ländern des Reiches regionale Rundfunkgesellschaften gründeten, die einen Teil der Sendetechnik und das Programm finanzieren wollten. Den Rundfunkgesellschaften gehörten Bankiers, Funkgerätehändler und andere Industrielle an. Bei der Berliner Regionalgesellschaft *Funk-Stunde* begann am 26. Oktober 1923 das Rundfunkprogramm mit einer zweistündigen Musiksendung. 1924 nahmen die übrigen regionalen Gesellschaften den Sendebetrieb auf. Sehr früh versuchte man, zielgruppenspezifische Ressorts einzurichten: Kinderstunde, Frauenfunk, Landfunk, Wirtschaftsfunk und ein anspruchsvolles Vortragsprogramm. Auch nach rundfunkspezifischen Kunstformen wurde gesucht (Sendespiel, „Hörbild", Hörspiel, Funkreportage). Die Kirchen setzten die Einführung religiöser „Morgenfeiern" am Sonntag durch.

Die regionalen Sendegesellschaften produzierten zunächst mit Duldung, nicht mit förmlicher Erlaubnis der Post. Erst 1926 erhielten sie ihre Konzessionen, doch zu Bedingungen, die die Post festsetzte. Die regionalen Gesellschaften mußten eine Dachgesellschaft gründen, die *Reichs-Rundfunk-Gesellschaft* (RRG). Sie wurde wie auch die regionalen Rundfunkgesellschaften von der Post wirtschaftlich kontrolliert: Die Post ließ sich die Aktienmehrheit sowohl der RRG als auch der regionalen Gesellschaften überschreiben. Auch mußten alle Rundfunkgesellschaften die politisch bedeutsamen Nachrichten von einer zentralen Stelle beziehen, der *DraDAG* (*Drahtloser Dienst AG*). Post und Innenministerium gemeinsam setzten eine theoretisch lückenlose Überwachung des Programms durch: Für die Kontrolle des politischen Programms war bei jeder Regionalgesellschaft ein „politischer Überwachungsausschuß" zuständig, für das kulturelle und wissenschaftliche Programm ein „Kulturbeirat". Nominell sollte die Überwachung dazu dienen, die „Neutralität" des Programms sicherzustellen und „parteipolitische" Kontroversen zu verhindern. In der Praxis wurden dadurch Sendungen zu aktuellen und kontroversen Themen fast ganz unterbunden, sozialdemokratische und kommunistische Autoren mit wenigen Ausnahmen (z. B. Aufführung des „Berliner Requiem" von Bertolt Brecht und Kurt Weill 1929 durch die Frankfurter Sendegesellschaft) von der Mitarbeit am Rundfunk ausgeschlossen. Vor allem von Liberalen und den weiter links stehenden Parteien wurde die „Rundfunkzensur" daher heftig bekämpft.

Neben den Regionalgesellschaften wurde eine zentrale Sendegesellschaft gegründet, die *Deutsche Welle*. Sie sendete eine Art Gemeinschaftsprogramm der Regionalgesellschaften und richtete sich vor allem an deutsche Minderheiten im Ausland.

Das Konzessionierungs- und Überwachungssystem machte den Rundfunk in Deutschland zu einem staatlich kontrollierten Unternehmensverband. 1932 wurden durch die „Rundfunkreform" der Kabinette von Papen die letzten Privataktionäre verdrängt. Der Rundfunk einschließlich der Nachrichtengesellschaft war von da an eine rein staatliche Einrichtung. Der *Reichs-Rundfunk-Gesellschaft* wurden „zwei Reichskommissare übergeordnet, von denen einer vom Reichspostminister, einer vom Reichsminister des Innern ernannt wird". Sie sollten die Kontrolle der Wirtschaftsführung und des Programms des Rundfunks im ganzen übernehmen. An die Stelle der „politischen Überwachungsausschüsse" bei den regionalen Rundfunkgesellschaften traten sogenannte „Staatskommissare", die nach Anhörung der jeweiligen Länder vom Reichsministerium des Innern bestellt werden sollten.

Im November 1932 wurden ferner Richtlinien für die Programmgestaltung erlassen. Die Bestimmungen sollten den Rundfunk darauf verpflichten, den Gedanken der

„Volksgemeinschaft", „christliche Gesinnung und Gesittung" und eine berufsständische Gesellschaftsauffassung zu vertreten. Die Formulierungen waren allerdings vage und auslegbar. Sie wirkten sich auch nicht mehr auf das Programm aus, da nach der Übergabe der Regierungsgewalt an die Nationalsozialisten die Rundfunkorganisation nochmals verändert wurde.

4.2. Medien zwischen staatlicher Beeinflussung und Reglementierung

4.2.1. Reglementierung der Öffentlichkeit

Das Reichspressegesetz (RPG) von 1874 galt bis 1966. Es war ein Jahrhundertgesetz. An Reformversuchen hatte es nicht gefehlt, in der Weimarer Zeit waren sie sogar weit gediehen. Die „Machtübernahme" durch die Nationalsozialisten hatte jedoch alle Entwürfe Makulatur werden lassen. Zwischen 1933 und 1945 hatte das RPG zwar formal seine Gültigkeit behalten, de facto war es aber durch neue Gesetze und Verordnungen - wie z.B. das Schriftleitergesetz - überlagert. Nach 1945 wurde es nach und nach durch Landespressegesetze ersetzt.

Die Reichsverfassung von 1871 maß die legislative Zuständigkeit in Presserechtsfragen dem Reich zu. Damit endete weitgehend die duale Zersplitterung des Medienrechts zwischen der Rahmenkompetenz des Reichs bzw. des Deutschen Bundes und den Bestimmungen der einzelnen Staaten. Nur zwei Komplexe überließ das Reichspressegesetz weiterhin den Regelungen der Länder: Die Abgabe des Pflichtexemplars und die Regelung des Plakatanschlags.

Die Entstehung des Reichspressegesetzes markiert den Höhepunkt der parlamentarischen Zusammenarbeit Bismarcks mit den Liberalen. Nach dem Gesetz war die Presse jetzt frei. Mit ihm endeten Zeitungskaution, Zeitungsstempel und Vorzensur. Die behördliche Ablieferungspflicht konnte aber ansatzweise noch zu nachträglicher Zensur mißbraucht werden. Nichtrichterliche Beschlagnahme war noch möglich, wurde aber nur sparsam angewandt.

Nur strafrechtlich relevante Inhalte durften nicht verbreitet werden. Das RPG basierte auf dem Prinzip des strafrechtlich verantwortlichen Redakteurs, das auch die heutigen Landespressegesetze bestimmt. Juristisch bedenklich war, daß im Zweifel alle Produktionsbeteiligten inhaftiert werden konnten. Politisch nachteilig war, daß für die strafverfolgenden Behörden immer ein Täter greifbar war. Der verantwortliche Redakteur konnte also inhaftiert werden, um auf ihn Druck auszuüben, den Informanten oder wahren Verfasser zu nennen. Die Folge solcher Zeugniszwangsverfahren waren für „investigative" Journalisten und auskunftsfreudige Behördenmitarbeiter gravierend.

Ein weiteres Manko war der „fliegende Gerichtsstand". Nach der StPO konnte bis 1902 ein Redakteur an jedem Ort des Reichs, an dem seine Zeitung zu erhalten war - also nicht nur am Wohnsitz des Beleidigten bzw. dem Erscheinungsort der Zeitung -, angeklagt und verurteilt werden. Bismarck brauchte demnach nur vor notorisch „scharfen" Gerichten zu klagen, um sich des Erfolgs sicher zu sein. Dabei wurde häufig mit zweierlei Maß gemessen. Im Kulturkampf führte die Enzyklika „Quod numquam" 1875 zu 44 Prozessen mit 17 Gefängnis-, 17 Geldstrafen und 10 Freisprüche von Zentrumsblättern wegen Nachdruck bzw. wegen referierender Artikel. Die offiziöse *Norddeutsche Allgemeine Zeitung (NAZ)* blieb allerdings für den Abdruck der Übersetzung der „Germania" straffrei.

Doch der Presse boten sich auch Auswege: Im Kulturkampf benutzte die Zentrums-Presse sogenannte „Sitzredakteure"; diese hatten vorzugeben, für das inkriminierte Blatt verantwortlich gezeichnet zu haben. Die „Sitzredakteure", zumeist Kriegsinvalide mit geringer Versorgung, saßen gegen Entgelt Strafen für die tatsächlichen Verfasser im Gefängnis ab. Nach Ablauf der Verjährungsfrist - sechs Monate - wurden sie wieder auf freien Fuß gesetzt. Für den *Westfälischen Merkur* in Münster saßen 1875 vier verantwortliche Redakteure gleichzeitig in Haft. In der Weimarer Zeit bedurfte die Presse nicht mehr des Sitzredakteurs. Jetzt bestellten die nationalsozialistische und in geringerem Umfang die kommunistische Presse Abgeordnete für das Amt des verantwortlichen Redakteurs. Dank deren Immunität konnten sie für Straftaten der Presse nicht belangt werden, es sei denn, das jeweilige Parlament hob ihre Immunität auf. Bis 1931 hatten die Kommunisten 141, die Nationalsozialisten 274 mal zu diesem Mittel der Strafvereitelung gegriffen.

Die Reichsverfassung des Bismarckreichs kannte keine Grundrechte. Außerdem existierte kein Verfassungsgericht, vor dem die Pressefreiheit hätte eingeklagt werden können. Das RPG, als einfaches Reichsgesetz, war durch keine Verfassungsbestimmungen geschützt und konnte daher durch einfache Reichsgesetze wieder eingeschränkt werden. In deutlicher Form wurde dies mit den Sozialistengesetzen vorexerziert. Die Erfahrungen der strafverfolgenden Behörden aus Kulturkampf und den ersten Prozessen gegen sozialistische Zeitungen wie *Volksstaat, Berliner Freie Presse* und *Chemnitzer Freie Presse* überzeugten davon, daß mit den bestehenden Strafbestimmungen die Presse zwar zu drangsalieren, nicht aber zu unterdrücken war. Zwei Attentate auf Kaiser Wilhelm I. gaben 1878 den Vorwand für das „Sozialistengesetz". Dieses Ausnahmegesetz stellte in § 11 nur die sozialistische Presse unter Strafe und hob damit für die Sozialisten die Pressefreiheit des Artikels 1 RPG wieder auf. Bis 1890 wurde das Sozialistengesetz immer wieder verlängert. Zuständig für die Verbote war die Landespolizeibehörde. Kontrolliert wurden deren Beschlüsse durch die Reichsbeschwerdekommission (RBK). Auch deren Kriterien waren keineswegs einheitlich.

Ein Jahr nach Inkrafttreten gab es im Reich keine sozialistische Presse mehr. Es wurden nur noch Exilzeitschriften wie der *Sozialdemokrat* aus Zürich durch die „Rote Feldpost" eingeschmuggelt.

Indes gab es gab auch zukunftsweisende Ansätze. Das Telegraphenregal, verankert im Postrecht, wurde zur Grundlage der Gesetzgebungsbefugnis und des Hoheitsanspruchs des Reichs in Rundfunkangelegenheiten. In Reaktion auf die aktuellsten Medien - zwei- bis dreimal täglich erscheinende Tageszeitungen - nannte das Börsengesetz von 1908 Strafbestimmungen gegen den Mißbrauch von Börsennachrichten zu Spekulationszwecken und schrieb damit indirekt zum ersten Mal eine „öffentliche Aufgabe" der Presse fest. Das Reichsvereinsgesetz desselben Jahres ermöglichte erstmalig Frauen die Beteiligung an der Gründung von Vereinen und den Zugang zu öffentlichen Versammlungen.

Das RPG schützte die Presse nicht vor behördlicher Drangsalierung. Vielmehr reizten die Behörden und Gerichte die Möglichkeiten oftmals bis zum letzten aus, aber sie hielten sich im Rahmen der bestehenden Gesetze. Eine Unterdrückung der

Presse war also nicht mehr möglich, es sei denn es wurde ein Ausnahmegesetz wie das Sozialistengesetz erlassen. Erst Zensur und Presseanweisungen im Ersten Weltkrieg änderten diese Pressefreiheit grundlegend. Gesetzliche Grundlage bildete das Gesetz über die Ausrufung des Kriegszustands von 1914. Nach dem Krieg wurden in der Weimarer Reichsverfassung (WRV) Art. 118 die Meinungsfreiheit, nicht aber die formale Pressefreiheit, verankert. Die Pressevertreter bemerkten diese Unterlassungssünde nicht. Aufgrund der Erfahrung, daß das konstitutionelle Kaiserreich - außer im Ersten Weltkrieg - die Pressefreiheit respektiert hatte, gingen Parlamentarier, Journalisten und Verleger stillschweigend davon aus, daß die neue Demokratie erst recht die Pressefreiheit schützen würde. Doch das Gegenteil war der Fall. So hatte sich objektiv die Garantie der Pressefreiheit durch die WRV verschlechtert, weil ihr Fehlen in der Verfassung durch die Gerichte als bewußte Auslassung interpretiert wurde. Von Reformansätzen abgesehen, veränderte sich in der Weimarer Zeit das Presserecht nur unwesentlich. Massive Eingriffe ermöglichten aber das neue politische Strafrecht der Republikschutzgesetze von 1922 und 1929 und die rigiden Verwaltungsakte, die durch Notverordnungen des Reichspräsidenten abgesichert waren. Allein 1931/32 wurden 516 Zeitungsverbote aufgrund der Republikschutzgesetze und 379 aufgrund von Notverordnungen ausgesprochen. Zwei Drittel betrafen die Zeitungen der äußersten Rechten und Linken (vgl. Abb. 3).

Die zweite Notverordnung von 1931 ermöglichte der Regierung außerdem, die Presse zum Abdruck von Nachrichten und Bekanntmachungen zu zwingen.

Abbildung 3: Rote Fahne, Verbotstage 1919-1932

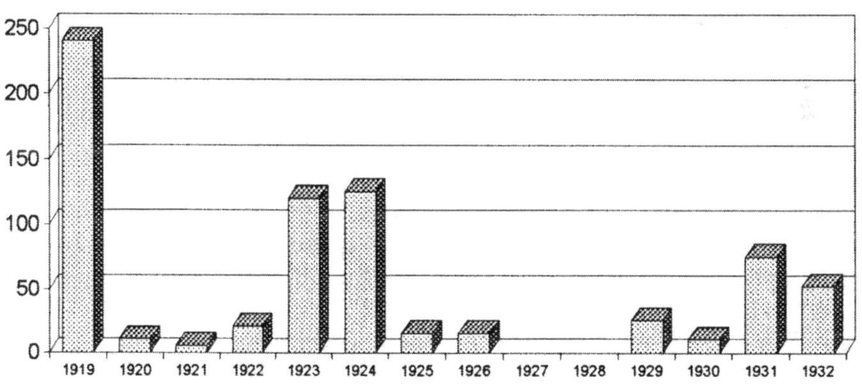

(Quelle: KOSZYK 1972: 328)

4.2.2. Staatliche Beeinflussung und Propaganda

Der Erfolg von Beeinflussung hängt wesentlich von der Geheimhaltung der Manipulationen ab. So gesehen sind Mittel wie Auflagennachrichten oder offenkundig offiziöse Zeitungen nur bedingt tauglich. Die staatliche Einflußnahme bediente sich der

Subventionierung von Zeitungen, der Lancierung von Zeitungsartikeln, der Bestechung von Journalisten mit Geld oder Informationen.

Neben dem Pressedezernat im AA (seit 1871) gab es ältere Presseabteilungen - z.B. das „Literarische Büro" und dessen Vorläufer im preußischen Innenministerium (seit 1841). Bismarck hatte ein ambivalentes Verhältnis zur Presse. Einerseits äußerte er sich häufig abschätzig, andererseits wertete er sie intensiv auf und suchte durch sie innen- und außenpolitisch Einfluß zu nehmen. Bismarck, für die *Neue Preußische [Kreuz-] Zeitung* selbst journalistisch tätig gewesen, redigierte und schrieb auch später noch. Berühmt ist seine „Emser Depesche", die den deutsch-französischen Krieg von 1870/71 provozierte.

Mit der offiziösen Presse sollte der oppositionellen Presse entgegengewirkt werden. Zur offiziösen Presse zählte die Vielzahl von Kreisblättern, die durch das Privileg, amtliche Bekanntmachungen drucken zu dürfen, ein gefügiges Werkzeug waren. Flaggschiff der offiziösen Presse war die *Norddeutsche Allgemeine Zeitung (NAZ)*. Als offiziöses Blatt besaß die *NAZ* Einfluß, wenngleich ihre Auflage auf unter 5000 sank, als nach 1880 nur noch mit wechselnden Mehrheiten regiert wurde. Finanziert wurden Pressearbeit wie Journalistenbestechung durch einen Geheimfonds, dem „Reptilienfonds", gebildet aus den Fürstenvermögen der 1866 vertriebenen Herrscher von Hannover und Hessen-Kassel. Noch nach seiner Entlassung hat Bismarck mit dieser schwarzen Kasse eigene publizistische Aktivitäten finanziert.

An der Vielzahl der Pressestellen änderte sich auch nach 1890 nichts. Otto Hammann, der 1894 als Nachfolger Kirderlen-Waechters in die Pressestelle des AA berufen wurde, erhielt durch Erlasse eine allmählich stärkere Position, doch wurde bis zum Ersten Weltkrieg keine zentrale Pressestelle geschaffen. Seit 1900 war Hammann auch für die innere Pressepolitik zuständig. Hammann arbeitete mit einem System von Belohnung und Bestrafung. Einige Journalisten wurden bevorzugt, die Mehrzahl blieb ohne Informationen. Dieses „System Hammann" kreierte eine permanente Schönfärberei der Politik, denn die bevorzugten Journalisten schrieben, damit ihre Informationsquelle nicht versiege, zu Gefallen. Krass wirkten die geschönte Berichterstattung auf die Flottenrüstung und das Verhältnis zu England.

Zum Zweck der Flottenpropaganda wurde der bis zu den Nationalsozialisten effektivste Propagandaapparat aufgebaut. Er bestand aus diversen Vereinen und Pressebüros. Im Zentrum stand die Nachrichtenabteilung „N" (seit 1897) im Marineamt. Im Unterschied zu Hammann zielte „N" in die Breite, statt nur einzelne Zeitungen zu informieren. Eine zentrale Rolle spielte der Flottenverein von 1898. Sein Monatsblatt *Die Flotte* erreichte 300.000 Auflage. Hochschullehrer, die sich der Flotten- und Kolonialpropaganda verschrieben (ca. 270 sogenannte „Marineprofessoren"), verfaßten Broschüren und hielten Vorträge.

Im Ersten Weltkrieg wurde das System der Beeinflussung weiter ausgebaut. Das Kriegspresseamt unterstand direkt der Obersten Heeresleitung (OHL). Das Reichsamt des Innern erhielt ebenfalls eine Pressestelle. In den Berliner Pressekonferenzen - geleitet von einem Beamten der Oberzensurstelle - wurden den Zeitungen detaillierte Anweisungen gegeben, was zu schreiben war. Nach dem Krieg wurden die Pressestellen im AA und im Reichskanzleramt als „Reichspressestelle" zusammengelegt. Andere Beeinflussungstechniken wurden nicht aufgegeben - die Regierung subventionierte weiterhin die *Deutsche Allgemeine Zeitung*, Nachfolgerin der *NAZ*. In dem *Wolffschen Telegraphen Büro* stand der Regierung weiterhin eine offiziöse

Nachrichtenagentur zur Verfügung. Das *WTB* aber erhielt seit 1916 immer stärkere Konkurrenz durch die Hugenbergschen *Telegraphen Union (TU)*. Die Beeinflussung der Presse von nichtstaatlicher Seite sollte auch das Hauptproblem der Weimarer Republik werden.

4.2.3. Verdeckte Beeinflussung und radikale Publizistik

Als Zusammenschluß mehrerer kleinerer Nachrichtenagenturen wurde die *Telegraphen Union (TU)* 1913 gegründet. Finanzielle Schwierigkeiten führten auch sie unter Hugenbergs Kontrolle, dessen Holding bis 1919 die Mehrheit der Anteile erwarb. In der Weimarer Zeit gab die *TU* rund 30 verschiedene Dienste und Korrespondenzen heraus. 1928 bezogen ca. 1600 Zeitungen die *TU*, nicht wenige ausschließlich. Vor allem die kleinen Heimatzeitungen leisteten sich nur eine einzige Nachrichtenagentur. Die *TU* lief dem *WTB* den Rang ab. Dabei zielte die *TU* ganz offen auf politische Einflußnahme durch Nachrichtenselektion.

Die Gefährdung der Meinungsvielfalt wird noch offensichtlicher, wenn man die marktbeherrschende Stellung des Hugenbergschen Imperiums auf dem Gebiet der Materngesellschaften betrachtet. Matern sind gestanzte, präfabrizierte Artikel. Die beziehende Zeitung brauchte sie nur auszugießen. Mit Matern konnte der Verleger einer kleinen Provinzzeitung den Eindruck erwecken, seine Zeitung habe in Berlin oder im Ausland einen Korrespondenten. Der Einspareffekt an Setzern und erst recht an Journalisten auf dem Felde der großen Politik führte aber nicht zu verstärkter Eigenberichterstattung in anderen Ressorts wie z.B. dem Lokalen. Die scheinbare publizistische Vielfalt begünstigte die tatsächliche Meinungsuniformität weiter Teile der deutschen Presse. Die wichtigste Materngesellschaft war die *Wirtschaftsstelle der Provinzpresse (Wipro)* des Hugenbergschen *Scherl-Verlags*.

Die kleinen Zeitungen waren für wirtschaftlichen Druck besonders empfindlich und holten sich deshalb bei der Hugenbergschen *Vera* Rat. Dieses als Beratungsfirma getarnte Ausspähungsinstrument war in Personalunion mit den Kreditanstalten „Alterum" und „Mutuum" verbunden, die die angeschlagenen Zeitungen aufkauften. Hugenberg beherrschte außerdem die indirektere wirtschaftliche Einflußnahme über Anzeigen. Kurz vor Ausbruch des 1. Weltkriegs hatte er die *Auslands-Anzeigen GmbH* (1923 *Ala*) gegründet. Die Konzentration großer Annoncenexpeditionen unter Hugenbergs Einfluß ruinierte auf Dauer den *Mosse-Verlag*, der 1932 Konkurs anmelden mußte. Wenn Zeitungen in ihrer Werbewirkung ähnlich waren, konnte die *Ala* die politisch genehmere mit Anzeigen versorgen und damit der demokratischen Zeitung großen Schaden zufügen: Werbekraft setzte sich in politische Macht um.

An der politischen Kultur der Weimarer Republik fällt der Radikalismus der Auseinandersetzung auf. Die Hetze der Alldeutschen gegen Bülows Nachfolger Bethmann Hollweg - „Bethmann-soll-weg" - nahm im Ersten Weltkrieg die Verrohung vorweg. „Gott erhalte Ebert, Wirth und Scheidemann, Erzberger hat er schon erhalten" oder „Knallt ab den Walther Rathenau, die gottverfluchte Judensau" tönten rechtsextreme Blätter und verfehlten damit ihre Wirkung nicht. Rathenau wurde wie Erzberger und andere Demokraten, Republikaner und Sozialisten ermordet. Im Zusammenhang mit dem Untergang der Weimarer Republik fällt immer auch der Name Hugenberg. Ob die destruktive Wirkung seiner Medienmacht eine Schweigespirale in Gang setzte, kann nicht mehr entschieden werden, da empirische Befunde fehlen. Sicherlich verstärkte aber die suggestive Wirkung der Schlagworte, die konsonanten Stellungnahmen von Autoritäten wie Hindenburg und die persönliche Erfahrung wirtschaftlicher Schwierigkeiten ein Meinungsklima, das der Demokratie nicht günstig war. Doch auch Hugenberg erreichte nur sein negatives Ziel, die Weimarer Demokratie zu zerstören.

Seine Young-Plan-Agitation 1929 hatte den charismatischen „Führer" - gemeint war er selbst - in den Mittelpunkt gestellt. Hitler sollte ihm Trommler sein, wurde jedoch sein Nutznießer. Die geballte publizistische Macht Hugenbergs wurde zum Schaden der Weimarer Republik, nicht aber im Dienste Adolf Hitlers eingesetzt. Der Nutznießer war dennoch Hitler. Sein Charisma kam der Heilserwartung vieler Deutscher entgegen, während an dem Finanzjongleur Hugenberg politisch wenig faszinierte.

4.3. Öffentlichkeit im Nationalsozialismus

Die Politik der Nationalsozialisten war totalitär: Sie zielte darauf, die gesamte Öffentlichkeit zu überwachen, nicht nur die Medien, und bezog tendenziell auch bisher Privates, wie Freizeitgestaltung, Partnerwahl und Familienleben, in den Bereich der Politik ein. Grundsätzlich verfolgte sie dieses Ziel auf zwei Wegen. Sie suchte einerseits „unerwünschte Elemente" auszuschließen und zu unterdrücken, andererseits eine erwünschte Öffentlichkeit zu schaffen, sie zu „gestalten". Die politischen Mittel dazu waren teils aus früheren Epochen bekannt, teils schuf das Regime neue Institutionen und Vorschriften und bediente sich besonderer neuer Verfahrensweisen.

Unter anderem griffen die Nationalsozialisten auf das „traditionelle" Mittel des Zeitungsverbots und der strafrechtlichen Maßregelung von Journalisten zurück. Fast alle Zeitungen wurden in der nationalsozialistischen Zeit mindestens einmal verboten - sogar der *Völkische Beobachter* und das antisemitische Hetzblatt *Der Stürmer*. 1934 wurde im Zuge des „Kirchenkampfes" ein Neugründungsverbot für Zeitungen und Zeitschriften verhängt. Die Wiederaufnahme eines verbotenen Blattes galt als Neugründung, so daß verbotene Presseorgane nicht wieder erscheinen konnten. Damals betraf das die gesamte Kirchenpresse. Goebbels hatte zwar im März 1933 vor Rundfunkverantwortlichen erklärt, ihm sei offene Opposition lieber als Heuchelei. Es war aber schon damals klar, daß der Partei- und Staatsapparat abweichende Meinungen nur insofern duldete, als sie eine publizistische Freiheit vortäuschten, die es längst nicht mehr gab. Schon im Februar/März 1933 wurde die kommunistische und sozialistische Presse verboten, im Mai die Gewerkschaftspresse und die der Sozialdemokraten. Jüdische und „linke" Journalisten und Verleger wurden aus den Berufsverbänden ausgeschlossen, verhaftet oder ins Exil getrieben. Ihre Zeitungen durften nicht mehr erscheinen, ihre Druckereien wurden beschlagnahmt. Wer in Deutschland blieb, mußte versuchen, sich mit dem Regime zu arrangieren, soweit er es verantworten zu können glaubte.

„Neuartig" war das Verfahren der Nationalsozialisten, Journalisten und Verleger beruflich unter Druck zu setzen. Verleger- und Journalistenverbände wurden zusammengeschlossen, und zwar nach Medien getrennt (*Reichspressekammer, Reichsrundfunkkammer, Reichsfilmkammer*). Der Interessengegensatz zwischen Unternehmern und Journalisten wurde auf diese Weise gewaltsam überdeckt; die Ideologie von der „Volksgemeinschaft" lieferte die Begründung dafür. Die so gebildeten Verbände unterstanden dem „Ministerium für Volksaufklärung und Propaganda" unter Joseph Goebbels, das im März 1933 gegründet wurde. Formal erfüllten die Verbände einige der Forderungen, die von Journalisten schon lange erhoben worden waren, z.B. die Definition der „öffentlichen Aufgabe der Presse", Garantie der Unabhängigkeit der Journalisten von den Verlegern und geregelte Altersversorgung. Andererseits waren die Verbände extrem von Staat und Partei abhängig. Die Mitgliedschaft in den Verbänden war Pflicht. Das „Schriftleitergesetz" vom Oktober 1933 verpflichtete alle Redakteure, auf ihre Leser, Hörer oder Zuschauer im nationalsozialistischen Sinne einzuwirken. Redaktionen mußten nach dem „Führerprinzip" organisiert sein. Mit der Eintragung seines Namens in eine „Schriftleiterliste" erkannte jeder Redakteur die Grundsätze des Schriftleitergesetzes an. Wer sich nicht eintragen ließ oder wem die Eintragung verweigert wurde, der durfte nicht mehr veröffentlichen. Alle Journalisten mußten regelmäßig an „Schulungen" der nationalsozialistischen „Weltanschauung" teilnehmen; und es war ihnen auch nicht freigestellt, was und wie sie schrieben. Goebbels hielt in Berlin täglich sogenannte „Pressekonferenzen" ab. Sie hatten aber mit freien Pressekonferenzen nichts zu tun. Die Goebbels'schen „Pressekonferenzen" waren regierungsamtliche Veranstaltungen. Darin gab er detailliere Anweisungen über Themen, die in der Presse behandelt werden sollten, aber auch zum Stil, ja sogar zur Wortwahl der Artikel. Alle Berliner Korrespondenten mußten an dieser „Pressekonferenz" teilnehmen. Zeitungen, die nicht vertreten waren, erhielten die Anweisungen als verpflichtende Mitteilungen, nach denen sie sich in Stil und Inhalt zu richten hatten. Zuwiderhandlungen konnten eine öffentliche Rüge in der „Pressekonferenz", in „schwerwiegenden" Fällen auch das Verbot der Zeitung zur Folge haben. Der betreffende Journalist mußte fürchten, Berufsverbot zu bekommen oder sogar verhaftet zu werden.

Darüber hinaus gelang es den Nationalsozialisten, nach und nach die gesamte Presse wirtschaftlich zu beherrschen. Fast alle Zeitungen waren vor 1933 in wirtschaftlichen Schwierigkeiten. Das nutzten die Nationalsozialisten zielstrebig aus. Der nationalsozialistische Eher-Verlag in München kaufte kleinere Zeitungen auf und bezahlte die Käufe aus dem Vermögen der enteigneten und liquidierten Gewerkschaften. Das war ohne Schwierigkeiten möglich, da der Leiter des Eher-Verlages, Max Ammann, gleichzeitig Präsident der Reichspressekammer war. Die wichtigsten liberalen Verleger, Mosse und Ullstein in Berlin, wurden gezwungen, ihre Verlage weit unter Wert zu verkaufen. Eine Tarngesellschaft, die *Cautio Treuhand GmbH*, fungierte als Käuferin. Nur „völkische" Blätter, die den Nationalsozialisten ohnehin nahestanden, oder „unpolitische" Zeitschriften konnten sich halten.

Bei den anderen Medien, Rundfunk und Film, fiel die „Gleichschaltung" den Nationalsozialisten nicht schwer, weil der Einfluß des Staates schon vor 1933 groß gewesen war. Der Rundfunk war seit der Papenschen „Rundfunkreform" eine rein staatliche Einrichtung, so daß die Nationalsozialisten mit dem Staat auch den Rundfunk in die Hand bekamen. Die bisherigen regionalen Gesellschaften wurden dem Reich übereignet und zu *Reichssendern* gemacht. Für den Film gründete Goebbels eine *Filmkreditbank*, die der wirtschaftlich angeschlagenen Filmindustrie aufhelfen und größere Produktionen ermöglichen sollte. Mit den Produktionszuschüssen war aber auch die Überwachung durch das Propagandaministerium verbunden. Die wirtschaftliche Kontrolle ermöglichte es Goebbels, mit wirtschaftlichen Argumenten in jedem Stadium der Filmproduktion einzugreifen. Da Goebbels dem Film eine große Wirkung zuschrieb, übte er die Filmzensur sehr streng und oft sogar persönlich aus. Um die Wochenschauen „kümmerte" er sich zunächst weniger, denn er legte hauptsächlich Wert auf die Filmpropaganda durch Unterhaltung. Erst 1935 richtete er ein *Film-Nachrichtenbüro* ein, das von der *Reichsfilmkammer*, dann von der *Cautio Treuhand GmbH* finanziert wurde. 1939 gründete er die *Deutsche Wochenschauzentrale* und unterstellte sie seinem Ministerium. Diese Zentrale sollte die „Gestaltung" der einzelnen Wochenschauen festlegen. Goebbels aber hatte die Überwachung der Wochenschauen längst selbst in die Hand genommen. Ab 1938 ließ er sich jede Wochenschau vor der Vervielfältigung persönlich vorführen; und seit dem Beginn des Krieges bestimmte der Minister selbst Form und Inhalt jeder Ausgabe bis hin zur Auswahl der Sujets. Es durfte nur noch eine einzige Wochenschau erscheinen, obwohl man zunächst die traditionellen Namen beibehielt. Sie erhielt 1940 den Namen *Deutsche Wochenschau*.

Das Ziel aller nationalsozialistischen Medienpolitik war es, alle Medien in ihrer Tendenz zu vereinheitlichen, so daß sie nur noch der nationalsozialistischen Partei und „Weltanschauung" dienten. Diesen Prozeß, aber auch sein Ergebnis, bezeichneten die Nationalsozialisten - mit einem rundfunktechnischen Fachausdruck - als „Gleichschaltung". Die „gleichgeschalteten" Medien dienten den Nationalsozialisten dazu, die Gesellschaft, wie sie von ihnen verstanden wurde, zu inszenieren, das heißt, ihre Vorstellungen von Gesellschaft vorzuführen und im wahren Wortsinne ins Bild zu setzen. Anlaß für diese Inszenierung waren jahreszeitliche Feste („Sonnwendfeier", „Erntedankfest", 1. Mai als „Tag der Deutschen Arbeit"), aber auch politische Feiern, z. B. der „Tag von Potsdam" am 30. März 1933 oder die „Reichsparteitage". Die Dramaturgie dieser Feste nahm Elemente des religiösen Festes (Zeremonien in der Kirche, „Prozessionen"), des bürgerlichen politischen Festes (Ansprachen, Fahnenschmuck) und der Jugendbewegung auf (nächtliche Feiern, Lagerleben, Fackelzug). Zugleich demonstrierte ein solches Fest die industrielle und technische Macht des Staates (z. B. durch Flugschauen, Transport von „Delegationen" aus ganz Deutschland und dem Ausland). Alle Medien, Presse, Film und Hörfunk, mußten von diesen „Ereignissen" berichten, so daß ihre Wirkung weit über den Kreis der Teilnehmer an den Feiern hinausging. In ländlichen Gegenden, in denen es keine Kinos gab, wurden die Filmberichte durch „wandernde" Vorführungen bekannt gemacht. Eine besondere Gelegenheit zur Selbstdarstellung des vorgeblich „neuen" Deutschland boten die Olympischen Spiele 1936 in München. Sie wurden mit großem Aufwand über Kurzwelle ins Ausland übertragen und in vielen Sprachen kommentiert. Auch im Fernsehen zeigte man sie, von dem es erst einen Versuchsbetrieb in Berlin gab (öffentlich zugängliche „Fernsehstuben" seit 1935). Goebbels nutzte die jeweils modernsten technischen Mittel für Propagandazwecke. Noch 1944/45 ließ er in der neuen Farbfilmtechnik *Monatsschauen* produzieren, um sie im neutralen Ausland zu verbreiten.

Unter diesen Bedingungen war es für die Journalisten aller Medien sehr schwierig, Distanz zum Regime zu äußern oder es gar zu kritisieren. Offene Kritik wurde nicht geduldet. Die Journalisten mußten daher versuchen, Distanz und Kritik versteckt, in Anspielungen „zwischen den Zeilen", zum Ausdruck zu bringen („Camouflage", verdecktes Schreiben). Das geschah zuweilen schon dadurch, daß

Geschichte der öffentlichen Kommunikation

man Meldungen des offiziellen Nachrichtenbüros *DNB* deutlich als solche kennzeichnete. Darüber hinaus konnte man sich bemühen, sich in Sprache und Stil vom nationalsozialistischen Parteijargon abzuheben, wie es die Journalisten der *Frankfurter Zeitung* versuchten. Schließlich war es möglich, in Anspielungen, historischen oder literarischen Parallelen außerhalb des politischen Teils der Zeitung verdeckte Kritik anzubringen („Politik durchs Feuilleton"). Das gelang freilich nur, wenn die „Lesergemeinde" solche Anspielungen auch zu deuten wußte. Die Journalisten, die Camouflage-Methoden anwandten, wollten dadurch eine Art von Gegenkraft gegen die offizielle Gesellschafts-Darstellung aufbauen, den noch in Deutschland lebenden Demokraten Mut machen und, wenn möglich, demokratische Überzeugungen über die Zeit der Diktatur hinweg „retten". Im Rückblick sahen viele dieser Journalisten ihre Versuche der „Gegenarbeit" jedoch auch skeptisch. Paul Scheffer, Chefredakteur des *Berliner Tageblatts* von 1933 bis 1938, bemerkte rückblickend, daß der kritische Journalist in einer Diktatur nicht nur Gegner des Regimes sei, sondern ihm auch durch seine Arbeit unfreiwillig einen Dienst leiste:

> „Die Sache war die, daß der Leviathan [das Ungeheuer des Staatsapparats] eine besonders üble Form angenommen hatte, und wenn man ihn nicht untätig gewähren lassen wollte oder die Pistole in die Hand nehmen, mußte man sich seiner Fangarme bemächtigen, um ihm entgegenzuwirken... Das Volk kann ohne gewisse Institutionen nicht existieren, und sie müssen aufrechterhalten werden, selbst wenn sie verfälscht werden. Da liegt die Schwierigkeit, die der 'Gegenarbeit' anhaftet - sie kann nur stattfinden auf der Plattform, auf der der Leviathan nun einmal sitzt. Es kommt alles auf ein Wettrennen heraus: Gewinne ich mehr Vorteile für einen kommenden Umsturz der Nazis durch das, was ich gegen sie tue, als ich der Erhaltung des Systems durch meine Mitarbeit damit Vorschub leiste? [...] Man konnte auch von 'Fühlung am Feind' sprechen. Aber das stimmt insofern nicht, als man im gegebenen Fall ja nur in seiner Armee kämpfen konnte. Der Staat ist eben kein Individuum, sondern ein Monstrum [...] Er ist übermächtig. Er bestimmt die Spielregeln. Man muß sie befolgen, um sie gegen ihn zu benutzen." (zitiert nach BOVERI 1956: 11f)

Besonders seit Beginn des Krieges galt für Kommunikationspolitik und Berichterstattung in Deutschland das Prinzip der beschönigenden „Inszenierung" und der Abwehr aller unerwünschten Beeinflussung. Jeder Heeresgruppe wurde ein Trupp von Kriegsberichterstattern zugeordnet, eine sogenannte „Propagandakompanie". Sie umfaßte Kameraleute, Funker und Presseberichterstatter. Ihre Berichte wurden nach Berlin geschickt und vom Propagandaministerium zur Veröffentlichung ausgewählt und neu zusammengestellt. Besondere Auslandssender in den jeweiligen Landessprachen sollten das Ausland vom deutschen „Wehrwillen" und seiner militärischen Stärke überzeugen. Dazu dienten auch „Tarnsender", die sich als Untergrundsender oppositioneller Gruppen im Ausland ausgaben, wie etwa der deutsche Englandsender *New British Broadcasting Station (NBBS)*, der 1940 eingerichtet wurde. Sein Kommentator William Joyce war in England unter dem Spottnamen „Lord Haw-Haw" bekannt. Andererseits sollte ausländische Beeinflussung möglichst von Deutschland ferngehalten werden. Das Abhören „feindlicher" Sender wie der *BBC* wurde mit Kriegsbeginn verboten; ab 1940 stand auf besonders „schwere" Verstöße gegen dieses Verbot die Todesstrafe. Das Reichssicherheitshauptamt sammelte Berichte über Stimmungen und Gerüchte im Land, um sie gegebenenfalls zu bekämpfen. Dennoch konnte gerade das Abhören von „Feindsendern" nicht eingedämmt werden. Bei den deutschen Soldaten in Frankreich war der britische Tarnsender *Soldatensender Calais* sehr beliebt, vor allem wegen seiner Jazzmelodien, da Jazz in Deutschland als minderwertige „Niggermusik" verpönt war. In den Niederlanden unter deutscher Besatzung wurden 1944 zur Abwehr von „Feindpropaganda" sämtliche Rundfunkgeräte eingezogen.

Je länger der Krieg dauerte, desto schwieriger wurde die beschönigende Darstellung. Niederlagen wurden mit Verspätung berichtet oder zu Leistungen heldenhaften Abwehrkampfes umgedeutet. Auch waren alle Medien durch die Kriegswirtschaft materiell und personell eingeschränkt. Viele Zeitungen gingen ein, weil die Mitarbeiter zum Kriegsdienst verpflichtet wurden. Papier wurde rationiert; die Zeitungen mußten ihren Umfang verringern oder wurden eingestellt. Auch das Rundfunkprogramm wurde zeitlich begrenzt, ab 1940 gab es nur noch ein einziges zentrales Programm aus Berlin. Als letzte „medienpolitische" Maßnahme ließ das Regime Sendeanlagen sprengen, damit sie nicht „dem Feind" in die Hände fielen.

Selbstkontrollfrage 4:
Diskutieren Sie die Glaubwürdigkeit und Wirkung der Medien. Gibt es eine historische Entwicklung? Wovon hängt diese ab?

5. Individualisierung der Massenkommunikation seit der Mitte des 20. Jahrhunderts

5.1. Voraussetzungen und Grundlegung: Die Lizenzphase

Mit der bedingungslosen Kapitulation Deutschlands am Ende des Zweiten Weltkrieges ging die Initiative auch in der deutschen „Medienpolitik" auf die alliierten Sieger über. Diese aber hatten sich nicht auf ein gemeinsames Konzept geeinigt, so daß die „Medienlandschft" sich in den vier Besatzungszonen sehr früh unterschiedlich entwickelte. Die Sowjetische Militäradministration in Deutschland (SMAD) ließ sofort nach der Eroberung Berlins deutsche Zeitungen und Zeitschriften zu und initiierte das kulturelle Leben. Briten und Amerikaner verboten zunächst alle deutschen publizistischen Aktivitäten und erlaubten erst im Lauf des Jahres 1945 Zeitungen, Rundfunksendungen und Wochenschauvorführungen, soweit es technische Möglichkeiten dazu gab. Die Franzosen scheinen keine genauen medienpolitischen Pläne gehabt zu haben, begannen aber ebenfalls 1945 damit, publizistische Aktivitäten zuzulassen.

In der Zeit der alliierten Besatzung war jede publizistische Tätigkeit genehmigungspflichtig („Lizenzphase"). Nicht nur Journalisten und Verleger, sondern auch Theaterdirektoren, Schauspieler oder Kinobesitzer mußten eine Lizenz zur Ausübung ihres Gewerbes besitzen. Dazu hatten sie nachzuweisen, daß sie von der nationalsozialistischen „Weltanschauung" unbelastet waren. Dieses Verfahren hieß Entnazifizierung und war je nach Branche und Besatzungszone verschieden in Art und Gründlichkeit. Amerikaner und Briten wollten mit Hilfe eines Fragebogens möglichst alle Deutschen erfassen, während die Franzosen weniger systematisch vorgingen und gelegentlich nur Beamte und Personen in sonstigen wichtigen Stellungen kontrollierten. Auch sahen die Franzosen die „Entnazifizierung" eher als eine Aufgabe der Deutschen selbst an. In allen Zonen machten die Besatzer Ausnahmen, wo es um technisches Fachpersonal ging, das dringend benötigt wurde, vor allem bei Rundfunk und Wochenschau.

Aber auch die Zugelassenen in den Kommunikationsberufen waren in ihren Entscheidungen nicht frei. Selbständige Auslandsberichterstattung durch Deutsche war verboten. Alle publizistischen Produkte wurden durch Beamte der jeweiligen Militärregierung zensiert - auch das unterschiedlich nach Branche und Besatzungszone. Dabei ging jede Besatzungsmacht von ihren eigenen Vorstellungen von „Demokratie" aus, die sie den Deutschen beizubringen habe („Re-education"). Diese Vorstellungen wichen aber von denen der Deutschen, die ihrerseits an Traditionen der Weimarer Republik anknüpften, oft erheblich ab. Zum Beispiel stieß die angelsächsische journalistische Handwerksregel der Trennung von Nachricht und Kommentar bei vielen deutschen Journalisten auf Unverständnis. Auch waren sich viele Journalisten des Widerspruchs bewußt, für die Ideale von Freiheit, Demokratie und Selbstbestimmung werben zu sollen, während ihre Medien zensiert und überwacht wurden. So war das Verhältnis von alliierten Überwachern und deutschen Journalisten nicht immer problemlos. *Radio Hamburg* (1945 - 1947 britisch lizenziert) galt als eine Sendeanstalt, in der dieses Verhältnis durch Vertrauen und Zusammenarbeit geprägt war, während beispielsweise *Radio Stuttgart* über kleinliche Zensur klagte. Über Einzelheiten und Einzelfälle der Überwachung gibt es allerdings nur aus der britischen und der amerikanischen Besatzungszone genauere Mitteilungen. Einzelheiten französischer und sowjetischer Zensurpolitik sind noch so gut wie unerforscht.

Zu den ideellen Problemen traten große materielle Schwierigkeiten: Geeignete Gebäude waren größtenteils zerstört, Papier war rationiert, Tonband-, Film- und Schallplattenmaterial ließ sich nur unter Schwierigkeiten beschaffen, ganz zu schweigen vom allgemeinen Mangel an Lebensmitteln, Wohnraum und Kleidung. Erst die Währungsreform 1948 ermöglichte wieder ein geregeltes Wirtschaftsleben und damit ein gewisses Maß an materieller Sicherheit.

Unter diesen Bedingungen schufen Besatzer und Besetzte in ganz Deutschland die Grundstrukturen des jeweiligen Mediensystems. Dabei führten die unterschiedlichen Vorstellungen der Besatzer dazu, daß Rundfunk und Presse je nach Besatzungszone verschieden organisiert wurden. Sowjetrussen, Franzosen und Briten errichteten je einen zentralen Rundfunksender für ihre Zonen; die Amerikaner gründeten Länder-Anstalten (*Radio München, Radio Stuttgart, Radio Frankfurt, Radio Bremen*), außerdem für ihren Berliner Sektor den *Drahtfunk im Amerikanischen Sektor* (*DiAS*, ab 1946 *Rundfunk im Amerikanischen Sektor, RIAS*). So entstand die „föderale" Struktur des Rundfunksystems. Zunächst gab es nur Mittelwellen-Sender. Da Deutschland aber im Kopenhagener Wellenplan von 1947 sehr ungünstig behandelt wurde, baute man schon ab 1948 ein UKW-Netz auf, das dann für Deutschland charakteristisch wurde.

Auch die Prinzipien der Lizenzvergabe zur Gründung von Zeitungen und Zeitschriften waren je nach Besatzungszone verschieden. Nach amerikanischer Vorstellung sollte das Redaktionskollegium einer Zeitung oder Zeitschrift Journalisten aller politischen Richtungen umfassen („Gruppenzeitung"). Nach diesem Prinzip arbeitete die amerikanisch lizenzierte *Neue Zeit* in München. Die Briten lizenzierten Zeitungen, die einer Partei nahestanden („Parteizeitungen"). *Die Welt* in Hamburg, ebenfalls eine britische Gründung, sollte nach dem Willen der Besatzer eine Art Modell für unparteiischen demokratischen Journalismus werden. In der Sowjetischen Besatzungszone wurden nur kommunistische und sozialdemokratische Zeitungen zugelassen („Parteirichtungs-Zeitungen"). Das führende Blatt war die in Berlin erscheinende *Tägliche Rundschau*, ab 1946 die SED-Parteizeitung *Neues Deutschland*. Die Franzosen verfuhren auch bei der Auswahl der Lizenzträger pragmatisch, weil die Suche nach geeigneten Journalisten sehr schwierig war.

Das alliierte Nachrichtenmonopol wurde bald durchbrochen: 1946 wurde die Nachrichtenagentur *DANA* von den Amerikanern lizenziert. Ab 1947 nannte sie sich *Deutsche Nachrichtenagentur (DENA)*. Sie vereinigte sich 1949 mit dem bis dahin britisch lizenzierten *Deutschen Pressedienst (DPD)* zur *Deutschen Presse-Agentur (dpa)*.

Am schwierigsten war der Aufbau von Wochenschaugesellschaften, vor allem wegen der hohen Herstellungskosten jedes Films. Die ersten Wochenschaugesellschaften wurden schon 1945 gegründet: im Oktober die amerikanisch-britische *Welt im Film*, im Dezember *Der Augenzeuge* für die Sowjetische Besatzungszone. Die deutschen Wochenschauen blieben aber lange auf Zulieferungen der Alliierten angewiesen. Die Wochenschau für die französische Besatzungszone führte bis 1947/48 auch einen französischen Titel: *Les actualites françaises*. Danach hieß sie *Blick in die Welt*.

Womöglich wichtiger als der materielle Aufbau der Medien war der ideelle. Vor allem die Zeitschriften - damals billig und in großer Auflage hergestellt - versuchten, die im Nationalsozialismus unterdrückten Haltungen und Gesinnungen zu verbreiten: Achtung vor dem Einzelmenschen, Ehrlichkeit gegen sich selbst, Anstand, Rechtsbewußtsein und Verständigung der Völker. Die *Frankfurter Hefte* verstanden sich als Forum des Katholizismus; der *Ruf* (München) wandte sich besonders an die Generation der Kriegsheimkehrer. *Die Wandlung* (Heidelberg) rechnete gründlich und ins einzelne gehend mit dem Nationalsozialismus ab und veröffentlichte z.B. als erstes Medium Dokumente zu dem Mord an geistig Behinderten. *Die Sammlung* (Göttingen) wollte eine neue, auf Freiheit und Selbstverantwortung des einzelnen aufgebaute Pädagogik entwickeln und legitimieren. Aber auch die Probleme des Alltagslebens und die Möglichkeiten und Versäumnisse des staatlichen Aufbaus und der neuen Verfassung kamen in den Zeitschriften zur Sprache. Außerdem veröffentlichten sie in großem Umfang literarische Werke ausländischer und emigrierter deutscher Autoren, um auf diese Weise den „Anschluß an das europäische Geistesleben" wieder herzustellen. Wichtigstes aktuelles Informationsmedium war jedoch der Rundfunk, da Zeitungen noch nicht täglich erscheinen konnten.

In der Auseinandersetzung mit den Vorstellungen der Deutschen - und im Zuge der Konfrontation des „Kalten Krieges" - änderten auch die Besatzer allmählich ihre Medienpolitik. Hatten am Anfang deutsche Schuld und Verantwortung für die Verbrechen des Nationalsozialismus großen Raum eingenommen, so ging man etwa

Geschichte der öffentlichen Kommunikation 91

1947 dazu über, eher das Ideal der Verständigung zwischen Siegern und Besiegten zu propagieren. Schließlich übergaben alle Besatzungsmächte die Medien ihrer jeweiligen Zone früher als geplant in deutsche Verantwortung. Das erste nicht mehr von Besatzern kontrollierte deutsche Medium nach dem Krieg war der *Nordwestdeutsche Rundfunk* (*NWDR*, Ende 1947). Die Amerikaner zogen mit ihren Rundfunkanstalten 1948/49 nach. Der *Südwestfunk* in der französischen Besatzungszone stand zwar nach seinem Statut von 1948 noch unter der „Kontrolle der Organe des französischen Oberkommandos in Deutschland". 1949 konstituierte sich jedoch ein deutscher Rundfunkrat und wählte Friedrich Bischoff zum Intendanten, ohne daß die Franzosen Einspruch erhoben. Eine selbständige deutsche Wochenschaugesellschaft wurde 1950 gegründet, die *Neue deutsche Wochenschau*.

Für die Presse der westlichen Besatzungszonen endete die Lizenzzeit 1949. Danach konnten Verleger und Journalisten, die keine Lizenz erhalten hatten, wieder ungehindert ihrem Gewerbe nachgehen. Diese „Altverleger" mußten sich nun in freier Konkurrenz gegen die ehemaligen Lizenzträger durchsetzen. Viele der „Altverleger" konnten sich am Markt nicht behaupten, da die ehemaligen Lizenzverleger mit ihren Blättern bereits etabliert waren und auch über die notwendigen Druckmaschinen verfügten. Dagegen hatten die Zeitschriften der Lizenzphase nach der Währungsreform einen schweren Stand gegen die aufkommende „Regenbogenpresse". Die meisten Zeitschriften gingen schon kurz nach der Währungsreform oder nach dem Ende der Lizenzzeit ein; nur wenige haben sich halten können (*dokumente/documents*, *Universitas*). Fortan stand der wirtschaftliche Aufbau gegenüber dem ideellen im Vordergrund.

In der Sowjetischen Besatzungszone und späteren DDR blieb dagegen das System der Lizenzierung und Kontrolle erhalten. Zwar hob die SMAD im April 1947 nominell die „Vorzensur" auf. Damit verzichtete sie aber nicht auf Kontrolle. Jeder Druck blieb weiterhin genehmigungspflichtig. Die Kontrolle wurde zwar durch deutsche Organe ausgeübt, sie standen jedoch unter der Aufsicht des sowjetischen Militärkommandanten. Spätestens seit 1948 übernahm dann die SED (über die Abteilung „Agitation" beim Zentralkomitee der SED) die inhaltliche Beeinflussung der Medien. Die Redaktion des *Neuen Deutschland* wurde richtungsweisend für Stil und Inhalt aller Zeitungen in der Sowjetischen Besatzungszone und später in der DDR. Ab 1949 gab das staatliche „Amt für Information" kurz- und mittelfristige „Richtlinien" für die Berichterstattung der Medien aus. Für den Rundfunk wurde 1952 ein eigenes Lenkungsorgan geschaffen, das Staatliche Rundfunkkomitee beim Ministerrat der DDR. Die Entscheidungen für die Vormachtstellung der SED hatten schon vor der Staatsgründung das Mediensystem des späteren Staates maßgeblich bestimmt.

Selbstkontrollfrage 5:
Welche Funktion hatten die Zeitschriften in der Lizenzphase 1945 bis 1949?

5.2. Die Entwicklung der Medien 1949 bis 1961

Nach dem Ende der Lizenzzeit in den westlichen Besatzungszonen setzte sich in den Medien neben der erziehenden immer stärker die unterhaltende Funktion durch.

Neben den Zeitschriften, die sich halten konnten, entwickelten sich die Illustrierten, und auch Rundfunk und Wochenschau berücksichtigten die unterhaltenden Elemente stärker. Die Entwicklung der Presse war in der Bundesrepublik infolge ihrer privatwirtschaftlichen Grundlage vom Wettbewerb bestimmt: zunächst von dem zwischen „Altverlegern" und ehemaligen Lizenzträgern, in den sechziger Jahren dann vor allem durch die immer stärkere Konzentration der Presse (vgl. Abb. 4).

Abbildung 4: Zeitungskonzentration in der Bundesrepublik zwischen 1954 und 1990

	Publizistische Einheiten			Verlage als Herausgeber	
Jahr	absolut	Index 1954=100	Jahr	absolut	Index 1954=100
1954	225	100	1954	624	100
1964	183	81	1964	573	92
1967	158	70	1967	535	86
1976	121	54	1976	403	65
1979	122	54	1979	400	64
1981	124	55	1981	392	63
1983	125	56	1983	385	62
1985	126	56	1985	382	61
1987	121	54	1987	(375)	(60)
1989*	119	53	1989*	358	57
1989* DDR	37	-	1989* DDR	38	-
1991**	158	-	1991**	410	-
	Ausgaben			Verkaufte Auflage in Mio Stück	
Jahr	absolut	Index 1954=100	Jahr	absolut	Index 1954=100
1954	1.500	100	1954	13,4	100
1964	1.495	100	1964	17,3	129
1967	1.416	94	1967	18,0	134
1976	1.229	82	1976	19,5	146
1979	1.240	83	1979	20,5	153
1981	1.258	84	1981	20,4	152
1983	1.255	84	1983	21,2	158
1985	1.273	85	1985	20,9	156
1987	-	-	1987	20,7	155
1989*	1.344	90	1989*	20,3	152
1989* DDR	291	-	1989* DDR	9,8	-
1991**	1.673	-	1991**	27,3	-
* Stand BRD: März 1989; DDR: Oktober 1989.					
** Stand: 1. September 1991.					

(Quelle: Media Perspektiven, Basisdaten (1991: 42))

Mehrere Vorschläge wurden entworfen, diesen Prozeß durch Gesetze oder wirtschaftliche Hilfen zu steuern, aber keiner dieser Vorschläge ist verwirklicht worden.

Der Rundfunk dagegen war schon aufgrund seiner Organisation stärker der politischen Beeinflussung ausgesetzt. Die Landesregierungen von Hessen, Bayern und Württemberg-Baden hatten sich zunächst einen staatsfreien Rundfunk nicht vorstellen können, wie er den Amerikanern vorschwebte. Mehrere deutsche Entwürfe der Lizenzzeit hatten den Rundfunk in verschiedenem Maß staatlicher Aufsicht unterstellen wollen. Die Amerikaner hatten dies jedoch abgelehnt und die Entwürfe mehrfach abgeändert, bis die Rundfunkstatuten auch amerikanischen Vorstellungen entsprachen. Nach dem Ende der Lizenzphase versuchten dann die Parteien, Einfluß

Geschichte der öffentlichen Kommunikation

auf den Rundfunk zu gewinnen, und zwar unmittelbar oder mittelbar über die Rundfunkräte der einzelnen Sendegesellschaften.

Nach den Rundfunkgesetzen aus der Lizenzphase verantwortet bei den öffentlich-rechtlichen Rundfunkanstalten der Intendant zusammen mit dem Rundfunkrat das Programm. Der Rundfunkrat soll dabei die Hörerschaft vertreten und sich deshalb aus Angehörigen aller wichtigen „gesellschaftlichen Gruppen" zusammensetzen („ständisches Prinzip"). Laut einigen Rundfunkgesetzen werden auch die Parteien zu diesen wichtigen „gesellschaftlichen Gruppen" gerechnet und dürfen selbst Vertreter in den Rundfunkrat entsenden. Nach dem Gesetz über den Bayerischen Rundfunk vom 10. 8. 1948 (geänderte Fassung vom 22. 12. 1959) entsenden die Fraktionen der Landtage einen Vertreter je „angefangene" 25 Fraktionsmitglieder in den Rundfunkrat. Das „Gesetz über die Veranstaltung von Rundfunksendungen im Saarland" vom 2. 12. 1964 sieht einen Vertreter je Landtagsfraktion vor. Nach dem Staatsvertrag für den Südwestfunk vom 27. 8. 1951 sollten insgesamt acht Rundfunkratsmitglieder von den Landtagen der drei beteiligten Länder Rheinland-Pfalz, Baden und Württemberg entsandt werden.

Außer dieser direkten Möglichkeit des Einflusses gab und gibt es die zweite Möglichkeit, mittelbar über die Vertreter der gesellschaftlichen Gruppen im Rundfunkrat Einfluß zu nehmen. Diesen Einfluß sucht man bis heute durch Proporzregelungen zu begrenzen, ohne daß das immer gelingt.

Auch die Bundesregierungen hatten Interesse daran, ihre Politik im Rundfunk zu verbreiten, durch besondere Sender im Ausland (*Deutsche Welle* ab 1953) und in die DDR (*Deutschlandfunk* ab 1962), aber auch durch ein einheitliches Programm für die gesamte Bundesrepublik. Bundeskanzler Adenauer versuchte 1960/61, derartige Pläne mit einem eigenen „Regierungssender" durchzusetzen, und gründete die *Deutschland Fernsehen GmbH*. Ihre Anteilseigner sollten Bund, Länder und Privatleute sein. Gegen dieses Verfahren klagten die von der SPD regierten Länder Hessen und Hamburg vor dem Bundesverfassungsgericht. Sie bekamen recht, weil Adenauer nachweislich die Gestaltungswünsche der Länder übergangen hatte. Dieses „Fernsehurteil" von 1961 legte die Staatsferne des Rundfunks in der Bundesrepublik als Grundsatz fest, schloß aber die Beteiligung Privater am Rundfunk nicht ausdrücklich aus. Bund und Länder gründeten daraufhin 1961 die das *Zweite Deutsche Fernsehen*, die einzige deutsche Rundfunkanstalt ohne Hörfunkprogramm.

Diese Auseinandersetzung zeigt, daß dem Fernsehen schon damals sehr große Wirkung zugeschrieben wurde, obwohl seine Entwicklung zum Massenmedium noch nicht abzusehen war. 1950 hatte der *NWDR* Hamburg wieder - nach den ersten Versuchen seit 1935 in Berlin - ein Fernsehprogramm zu improvisieren begonnen. Zu Weihnachten 1952 begann das offizielle Programm - für je etwa 200 Teilnehmer in Hamburg und Berlin. Anfangs gab es eine heftige und kontroverse Debatte über die Wirkung des „neuen" Mediums etwa auf Kinder und Jugendliche, die Familie und das kulturelle Leben. Auch die Konkurrenz des Fernsehens mit anderen Medien wurde gefürchtet - zu Unrecht von der Presse, wie sich herausgestellt hat, zu Recht aber von Kino und Wochenschau. Der Kinobesuch ging zurück, nachdem das Fernsehen sich durchgesetzt hatte. Die Wochenschau, in den Fünfziger Jahren noch einzigartig durch ihre Information im Medium bewegter Bilder, ist heute in Deutschland nahezu „ausgestorben".

5.3. Wandlungen der Öffentlichkeitsstruktur

Die Bundesrepublik hat, so könnte man sagen, seit 1945 die Öffentlichkeitsstrukturen der letzten 200 Jahre im Eilschritt durchlaufen. In den Lizenzjahren wurde im Zuge der „Re-education"-Politik in gewisser Weise die Gesinnungspublizistik des 19. Jahrhunderts wiederbelebt, in der dem Journalisten die schwierige Aufgabe zugeschrieben wurde, zugleich Sprecher und „Erzieher" der öffentlichen Meinung zu sein. In der DDR blieb die erzieherische Aufgabe des Journalisten bis zum Ende des „sozialistischen" Systems erhalten. Die enge Verbindung dieser Aufgabe mit der staatlichen Politik geht aus der „Anordnung über das Statut des Allgemeinen Deutschen Nachrichtendienstes" vom 14. Juli 1966 hervor. Dort heißt es in §2:

> „(1) Die Aufgaben des ADN in der Wort- und Bildberichterstattung für die Deutsche Demokratische Republik ergeben sich aus dem Programm der Sozialistischen Einheitspartei Deutschlands, den Beschlüssen des Zentralkomitees der Sozialistischen Einheitspartei Deutschlands, den Gesetzen und Beschlüssen der Volkskammer, den Erlassen und Beschlüssen des Staatsrates sowie den Verordnungen und Beschlüssen des Ministerrates. Mit Hilfe der Nachrichtengebung in Wort und Bild trägt ADN zur Entwicklung und Festigung des sozialistischen Bewußtseins aller Schichten der Bevölkerung der Deutschen Demokratischen Republik bei der Verwirklichung des umfassenden sozialistischen Aufbaus bei.
>
> (2) ADN informiert Presse, Rundfunk und Fernsehfunk in der Deutschen Demokratischen Republik aktuell und parteilich in Wort und Bild [...]

Und §9 lautet auszugsweise:

> (2) Die Mitarbeiter des ADN haben sich in ihrer Tätigkeit ständig für die Durchsetzung der Politik der Partei der Arbeiterklasse und des sozialistischen Staates einzusetzen. Sie sind in ihrem Arbeitsgebiet für die Erfüllung der ihnen übertragenen Aufgaben persönlich verantwortlich."

(zitiert nach RIEDEL 1977: 172 f)

In der Bundesrepublik folgte auf die Lizenzjahre gleichsam das zweite Zeitalter der Massenpresse. Betont wurden Unterhaltung und Information, starke Konzentrationstendenzen führten zur Bildung großer Medienkonzerne. Seit etwa 1980 erleben wir eine weitere Veränderung, die man als den Übergang zur individualisierten Massenkommunikation bezeichnen könnte. Zwar richtet sich jedes Medienerzeugnis nach wie vor virtuell an alle. Die Auswahlmöglichkeiten werden jedoch immer größer, seit private Rundfunksender über neue Frequenzen, Kabel und Satellit übertragen dürfen. Das Bundesverfassungsgericht hat in seinem Urteil von 1985 private Sender ausdrücklich zugelassen. Darüber hinaus bieten die neuen Informationsabruf- und Dialogsysteme jedem einzelnen Nutzer die Möglichkeit, aus einem umfassenden Angebot an Informationen das für ihn Passende auszuwählen. Auf dem Pressemarkt

Geschichte der öffentlichen Kommunikation 95

sind neben den großen Publikumszeitschriften die „Special interest-Magazine" für bestimmte Tätigkeiten und Gruppen entstanden. Im Hinblick auf das Informationsangebot der „Neuen" Medien dürfte es immer schwerer sein, sich auf der Grundlage gemeinsamer Informationen zu verständigen. Diese Grundlage der öffentlichen Debatte seit dem 18. Jahrhundert läßt sich seit der Auffächerung der Informationsgebiete immer schwerer herstellen.

Auch das Verständnis von „Öffentlicher Meinung" hat sich verändert. Als „Öffentliche Meinung" gilt nicht mehr, wie noch im 19. Jahrhundert, die „maßgebende" Meinung einiger weniger, sondern die Summe der „Privatmeinungen" tendenziell aller Staatsbürger. Diese Summe von Privatmeinungen wurde seit 1940 in den Vereinigten Staaten, nach dem Zweiten Weltkrieg auch in den Westzonen Deutschlands, systematisch erforscht. Institutionalisiert ist die Demoskopie in den Meinungsforschungs-Instituten, aber auch in der Hörer-, Leser- und Zuschauerforschung bei den Medien selbst.

6. Entwicklung der Publizistikwissenschaft als akademischer Disziplin

Die Publizistikwissenschaft als akademische Disziplin hat eine lange, aber nicht kontinuierliche Tradition. Schon im 18. Jahrhundert hielten einzelne Hochschullehrer, meist Juristen, Vorlesungen über Zeitungen („Zeitungskollegs") ab (Johann Peter von Ludewig 1700; Immanuel Weber 1704). Diese Vorlesungen sollten die Studenten anleiten, die damaligen Zeitungen mit Gewinn zu lesen, das Wichtige vom Unwichtigen zu unterscheiden und aus den mitgeteilten Informationen auf eventuell verschwiegene Hintergründe zu schließen. Dieses methodische Wissen galt vor allem als nützlich für angehende Staatsbeamte, Juristen, vereinzelt auch für Lehrer und Offiziere. Anderen Personengruppen wollte man von der Lektüre der Zeitungen eher abraten: Sie führe nur zu Halbbildung, vorschnellen Urteilen und zur Prahlerei mit angelesenem Wissen.

Die Tradition der „Zeitungskollegs" wurde im 19. Jahrhundert nicht fortgeführt. Es gab nur einzelne Versuche, die Zeitung historisch (PRUTZ 1845; SALOMON 1900 - 1906) oder systematisch (WUTTKE 1866) zu erfassen. Zum akademischen Prüfungsfach wurde die „Zeitungskunde" - wie sie anfangs hieß - aber erst im 20. Jahrhundert.

Die wissenschaftlichen Wege der neuen Disziplin waren von den Wissenschaftstraditionen ihrer ersten Vertreter bestimmt. Karl Bücher, der 1916 in Leipzig das erste *Institut für Zeitungskunde* gründete, war Nationalökonom und suchte daher die Zeitung als Wirtschaftsfaktor zu begreifen.

1924 gründete Martin Mohr das *Deutsche Institut für Zeitungskunde* in Berlin. Der zweite Leiter dieses Instituts, Emil Dovifat, kam aus der Pressepraxis zur Universität. Er verstand Publizistik als den Versuch, aus einer Gesinnung heraus zielgerichtet ein Publikum zu überzeugen. Diese Lehre ging von den publizistischen Traditionen des 19. Jahrhunderts aus, ließ sich aber auch auf spätere Erscheinungen übertragen. Denn Dovifat sah die publizistische Überzeugungsabsicht nicht nur bei den Journalisten der Presse, sondern auch bei den „Herstellern" anderer Medien wie Rundfunk, Film, Plakat und in der politischen Rede. Er setzte sich deshalb dafür ein, die „Zeitungswissenschaft" zu einer umfassenden Lehre von den „publizistischen Mitteln" weiterzuentwickeln. In den Zwanziger Jahren gab es einige Ansätze zu einer solchen Erweiterung des Faches (JAEGER 1926; KIRCHNER 1928). Sie wurde aber durch die nationalsozialistische Wissenschaftspolitik verhindert. Zwar förderten die Nationalsozialisten die Erforschung aller „publizistischen Führungsmittel" einschließlich Film, Rundfunk und politischer Rede. An der zusammenfassenden Erforschung der publizistischen Mittel in einem einzigen Fach war ihnen jedoch nicht gelegen. Zeitungs-, Rundfunk- und Filmkunde sollten getrennt sein; es war in der Disziplin sogar umstritten, ob die „Zeitungswissenschaft" auch Zeitschriften erforschen dürfe. Auch methodisch sollte sich die junge Disziplin eng beschränken. Dovifats Lehre, daß publizistische Tätigkeit eine Sache der „Gesinnung" und des persönlichen Einsatzes für eine „Weltanschauung" sei, ließ sich scheinbar gut zur Legitimation des nationalsozialistischen Bildes vom Journalisten benutzen - sofern man verschwieg, daß es nur noch eine einzige zugelassene „Gesinnung" und „Weltanschauung" gab. - Andersartige Forschungsansätze wurden unterdrückt oder nicht gefördert, so zum Beispiel die ersten empirischen Untersuchungen Hans Amandus Münsters in Leipzig zur Rezeption und Wirkung von Rundfunksendungen. Ab 1942 wurden die strengen Begrenzungen wissenschaftlicher Tätigkeit etwas gelockert, die Erweiterung des Faches und seiner Methoden nicht mehr ausgeschlossen. Diese zögernde Liberalisierung wirkte sich aber nicht mehr auf die Forschung aus. Die hauptsächlichen Befürworter einer umfassenden „Wissenschaft von den publizistischen Führungsmitteln", Dovifat und Münster, waren in der wissenschaftlichen Welt isoliert; und die Forschung überhaupt war dadurch erschwert, daß viele junge Wissenschaftler zum Kriegsdienst eingezogen wurden. So konnte sich in Deutschland in der Publizistikwissenschaft zu diesem Zeitpunkt keine sozialwissenschaftliche Tradition entwickeln.

Die Anregung zu sozialwissenschaftlichen Forschungen kam nach dem Zweiten Weltkrieg aus den Vereinigten Staaten. Noch in der Besatzungszeit begannen Wissenschaftler mit systematischer Leser- und Hörerforschung (Gründung des *Instituts für Demoskopie Allensbach* 1947). In der akademischen Disziplin herrschte jedoch der „normative" Ansatz Dovifats vor. Erst 1961 forderte Fritz Eberhard die stärkere Berücksichtigung sozialwissenschaftlicher Themen und Fragestellungen. Seitdem besteht die Publizistikwissenschaft in Deutschland aus (mindestens) zwei Wissenschaftstraditionen, deren Verständigung und Zusammenführung immer noch schwierig ist. Neben der sozialwissenschaftlichen Tradition, die Inhalte, Verbreitung und Wirkung von Medien mit Hilfe empirisch-quantitativen Methoden zu erfassen sucht, steht die ältere geisteswissenschaftliche Tradition, die sich auf die Interpretation von Texten konzentriert. Der „normative" Ansatz Dovifats wird heute allerdings kaum noch vertreten. Stattdessen hat sich die stärker deskriptive (beschreibende) und analysierende Darstellung publizistischer Erscheinungen durchgesetzt.

Auch die Beschränkung der Publizistikwissenschaft auf die Erforschung der Zeitung oder der gedruckten Massenmedien mußte nach dem Weltkrieg erst mühsam überwunden werden. Dovifat leistete einen Beitrag dazu, indem er in sein „Handbuch der Publizistik" alle „publizistischen Mittel" aufnahm und in seinen Berliner Universitätsvorlesungen auch das Verständnis für Rundfunk und Film zu fördern suchte. Auch nannte sich die Disziplin jetzt umfassend „Publizistikwissenschaft" statt wie bisher „Zeitungswissenschaft". Ihr Forschungsgegenstand sind heute theoretisch alle Medien, vom Plakat bis zur Parlamentsrede. Umstritten ist dagegen, ob das Fach nochmals erweitert werden soll: zu einer „Kommunikationswissenschaft", die dann alle Formen der Kommunikation, nicht nur die durch Medien und nicht nur die Massenkommunikation, zu behandeln hätte.

7. Die Geschichte der öffentlichen Kommunikation: Ergebnisse

Angesichts der schwierigen Quellenlage ist in diesem Überblick über die *Geschichte der öffentlichen Kommunikation* ein Aspekt der Kommunikationsforschung nahezu ausgespart worden: Die historische Wirkungsforschung. Empirische Daten, die fehlen, können eben nur begrenzt durch Geheimdienstberichte ersetzt werden. Die Analyse der Funktion der Medien hilft ebenfalls nur bedingt weiter. Außerdem erscheint es schwierig, Erkenntnisse, die in Laborversuchen oder unter ganz speziellen historischen Bedingungen gewonnen wurden, auf besondere Situationen der ferneren Vergangenheit zu übertragen. Dennoch sollte man im Sinne von Noelle-Neumann empirisch gewonnene Wirkungsmodelle - wie z.B. die Schweigespirale - als zwar nicht überall zutreffende, wohl aber in Erwägung zu ziehende Mechanismen der Medienwirkung betrachten. Wegen der schwierigen Quellenlage mögen daher die methodischen Berührungspunkte der *Geschichte der öffentlichen Kommunikation* mit anderen Zweigen der Kommunikationsforschung gering erscheinen. In Fragestellung und Inhalt aber steht die Geschichte mit ihnen in engstem Zusammenhang.

Wenn schon nicht mediale Massenwirkung, so scheint ein anderes Feld der Wirkungsforschung mit den Mitteln historischer Quellenkritik analysierbar zu sein: die Wirkung der Medien auf Politiker und Entscheidungsträger und deren antizipierende Gedanken über Medienwirkung. Die Furcht vor der Wirkungsmacht war immer dann groß, wenn die Medien noch jung und Erfahrungen mit ihnen noch nicht gemacht worden waren. Die Suggestivkraft des Fotos, des Rundfunks und Films, aber auch die Furcht vor der Geschwindigkeit neuer Zeitungsformen geben davon Zeugnis. Ein Indikator ist die Mediengesetzgebung. Die Karlsbader Beschlüsse waren eben nicht als Prävention, sondern als Reaktion auf längst etablierte Presse- und Meinungsforen zu verstehen. Das Börsengesetz von 1908 trug nicht einer „öffentlichen Aufgabe" in weiser Antizipation bundesrepublikanischer Verfassungsrechtsprechung zum Thema Rechnung, sondern reagierte auf Mißbrauchsmöglichkeiten durch die aktuellsten Medien. Es wäre aber verfehlt, Medien- und Kommunikationsgesetzgebung nur als Reaktion zu verstehen. Wesentliche Rechtsbestandteile wurzeln in alten Traditionen: Gewerberechtliche Bestimmungen reichen zurück in zünftische Ordnungen; Zensur und Imprimatur wurzeln in älteren kirchlichen Maßnahmen gegen Häresie; die Motive des Verbots kriegsverherrlichender Schriften oder älterer Aufforderungen zur Rücksichtnahme auf Nachbarländer finden sich schon in den mittelalterlichen Landfriedensordnungen; der strafrechtliche Begriff des Ehrenschutzes ist schon im Sachsenspiegel kodifiziert.

Daraus kann die Gesetzmäßigkeit abgeleitet werden, daß Rechtsbestimmungen erhalten bleiben. Allenfalls verschieben sich die Gewichte: Den päpstlichen Index verbotener Bücher gibt es noch, aber wer nimmt ihn noch zur Kenntnis? Mit der freiwilligen Selbstkontrolle der Filmwirtschaft existiert jedoch ein neuer Index. Strafvorschriften waren seit Anbeginn ein Regulativ und auch die heutigen Ordnungsvorschriften sind nur moderne Nachfolger älterer Vorläufer. Selbst das Privileg zu drucken ist nicht verschwunden. Heute gibt es Frequenz- und Kanalzuteilungen für elektronische Medien. Die Gründe und Funktionen für die Kontrollmechanismen haben sich allerdings verändert. Ähnliches gilt für die Informationspolitik. Information und Desinformation sind seit eh und je Zwillinge. Offener Druck, versteckte Korruption und geschickte Lancierung von Informationen haben nichts an Bedeutung verloren. Nur ist mal die eine, mal die andere Art der Einflußnahme wichtiger.

Die hier beobachtete Gesetzmäßigkeit formulierte als erster Wolfgang Riepl bezogen auf antike „Medien". Das nach ihm benannte „Riepl'sche Gesetz" ist eine Grunderfahrung der Geschichte der öffentlichen Kommunikation: Trotz Rundfunk und Fernsehen gibt es noch Kino und Zeitung; trotz Zeitung noch Zeitschrift, trotz Zeitschrift noch Flugblatt. Allerdings wandelte sich die Funktion der älteren Medien unter dem Einfluß der neuen Medien. Nicht nur die Medien, auch die medialen Berufe differenzierten sich: Zwar gibt es noch vereinzelte „Verlegerpublizisten" - Augstein, Bucerius -, in der Regel ist aber säuberlich zwischen kaufmännischem Verlagspersonal, Druckerei- und Redaktionsangestellten unterschieden.

Betrachtet man die Strukturen öffentlicher Kommunikation in der Zeitdimension von 500 Jahren, wurde Massenkommunikation wegen der Medien in der Tendenz immer aktualitätsbezogener. Heute ist das Ende dieser Entwicklung mit reinen Nachrichtensendestationen erreicht. Die eng an die Aktualität gekoppelte Periodizität, die Erscheinungsfrequenz, nahm ebenfalls zu. Für die Universalität galt dies bei bestimmten Medien, andere spezialisierten sich und informierten bewußt in die Tiefe statt in die Breite. Entsprechend unterschiedlich war auch die Entwicklung des Publikums, universellere Medien fanden ein größeres, spezialisierte ein eingeschränktes Publikum. Zunehmende Alphabethisierung weitete seit der frühen Neuzeit den Zugang der Masse zu den Medien aus. Leseunkundigkeit bedeutete aber keineswegs Ausschluß von der Rezeption. Denn, je geringer der Grad der Alphabethisierung, je teurer die Medien und je geringer ihre Auflage, desto mehr Rezipienten erreichte der einzelne Druck. Bis weit ins 19. Jahrhundert wurden Zeitungen in Gruppen gelesen. Die Zahl der Leser pro Exemplar nahm also tendenziell ab. So wurde öffentliche Kommunikation einerseits immer stärker zum Massenphänomen, andererseits privatisierte sich deren Rezeption. Die heute dominierenden elektronischen Medien, Rundfunk und Fernsehen, verbinden beide Tendenzen in augenfälliger Weise.

Mit Blick auf die gesamte Kommunikation und nicht auf einzelne Medien lassen sich allerdings Tendenzen und Verallgemeinerungen dieser Art nicht aufrecht erhalten. Die gesellschaftlichen Rahmenbedingungen änderten sich von Epoche zu Epoche, das Gesamtbild der öffentlichen Kommunikation war immer etwas anders. Nur unter kameral- und staatswissenschaftlicher Fixierung konnten beispielsweise Nachrichten und Anzeigen aus ökonomischen Überlegungen in Intelligenzblättern monopolisiert werden. Nur der totalitäre Nationalsozialismus suchte alle Kommunikationsformen zu vereinnahmen. Die Mehrheitsdemokratie unserer Tage beruht auf anderer Kommunikation als absolute Regierungsformen oder als die frühneuzeitliche Gesellschaft, die Abstimmung nach dem Mehrheitsprinzip als Entscheidungsgrundlage nicht kannte. Das heutige Nebeneinander verschiedener Kulturen setzt nicht mehr Grundwahrheiten als selbstverständlich voraus, wie es noch in vergleichsweise einheitlichen Gesellschaften möglich war. Daher änderte sich im wirtschaftlichen-

Geschichte der öffentlichen Kommunikation

sozialen, politischen, und gesellschaftlich-kulturellen Bezugsrahmen der Geschichte die öffentliche Kommunikation in ihrer Form, Wirkung und Bedeutung.

> **Selbstkontrollfrage 6:**
> Wo liegen die Wurzeln der heutigen politischen Presse?
> Aus welchen Vorläufern entstand die heutige Tagespresse?

8. Anhang

8.1. Zentrale im Text verwandte Begriffe

Familienblatt — Im 19. Jahrhundert entstandene, bewußt „unpolitische" Zeitschriftengattung, die für die Lektüre auch von Frauen und Kindern gedacht war. Die Lektüre politischer Zeitschriften galt mindestens bis Ende des 19. Jahrhunderts als Sache der erwachsenen Männer, die als einzige alle politischen Mitwirkungsrechte hatten.

Generalanzeiger — Der erste Zeitungstyp, der ein Massenpublikum erreicht (seit den 1880er Jahren). Der Generalanzeiger zeichnete sich durch Lokalnachrichten, einen zunächst unpolitischen Charakter und einen neu strukturierten und umfangreichen Anzeigenteil aus. Die Zeitungen waren in Kauf und Abonnement wesentlich billiger als die Konkurrenzblätter der Parteizeitungen.

Index — Vollständige Bezeichnung: „Index librorum prohibitorum" (lat.: Verzeichnis verbotener Bücher). Kirchlich-amtliches Verzeichnis von Druckwerken, deren Erwerb, Besitz, Kenntnisnahme und Verbreitung verboten sind. 1559 ließ Papst Paul IV. den ersten für die gesamte katholische Christenheit verbindlichen Index aufstellen.

innere Pressefreiheit — Ursprünglich (bis Mitte der 20er Jahre) im Unterschied zur äußeren Pressefreiheit, die die Freiheit vom staatlichen Eingriff bezeichnet, die Freiheit von jedem nichtstaatlichen Zwang (gegenüber der Wirtschaft, gegenüber dem Abonnenten, auch Freiheit des Journalisten gegenüber dem Verleger). Seither Einengung auf das Verhältnis Journalist-Verleger.

Intelligenzblatt — Von lateinisch „intellegere" = einsehen. Zeitungen des 18. und frühen 19. Jahrhunderts, die in doppelter Weise mit einem Monopol verknüpft waren und auf diese Art dem Staat Einnahmen garantierten. Erstens mußten Amtspersonen die Blätter zwangsweise abonnieren und einsehen. Zweitens durften nur in Intelligenzblättern Anzeigen erscheinen (zumindest im Erstabdruck). Das Intelligenzmonopol fiel in Preußen 1850.

Karlsbader Beschlüsse — Maßnahmen des Deutschen Bundes zur Reglementierung der Presse, des Vereinswesens und der Universitäten in den Bundesstaaten. Österreichs Staatsmann Metternich verfolgte mit ihnen einen doppelten Zweck, einerseits die Öffentlichkeit wirksam zu reglementieren, andererseits in die Autonomie der Bundesstaaten einzugreifen und insbesondere die Süddeutschen Staaten dem restaurativen Kurs Österreichs anzupassen.

Kaution — In den Pressegesetzen vieler deutscher Staaten im 19. Jahrhundert festgelegte Sicherheitsleistung, die auf den Namen des Herausgebers bei den Behörden hinterlegt werden mußte und die bei Vergehen verfallen konnte. (Staatliches Zwangsmittel, um die Presse zu Vorsicht und Selbstzensur in ihrer öffentlichen Berichterstattung anzuhalten).

Kirchenkampf — a) Bezeichnung für die Selbsterhaltungs-Bestrebungen der katholischen Kirche in der Zeit antikatholischer liberaler Gesetzgebung in Deutschland im 19. Jahrhundert.
b) Bezeichnung für die Auseinandersetzung der christlichen Kirchen mit dem Nationalsozialismus (1933 bis 1945).

Kulturkampf — Von dem liberalen Politiker Rudolf Virchow geprägte Bezeichnung für den Kampf der Liberalen gegen die katholische Kirche im 19. Jahrhundert.

Lesegesellschaft — Clubs und Gesellschaften, in denen aus gemeinsamen Mitteln Bücher und Periodika angeschafft wurden, die dann gemeinsam gelesen und diskutiert wurden. Die hohe Zeit der Lesegesellschaften beginnt mit dem ausgehenden 18. Jahrhundert, im Vormärz befinden sie sich schon im Niedergang.

Lizenzphase	Bezeichnung für die Zeit unmittelbar nach dem Zweiten Weltkrieg in den westlichen Besatzungszonen Deutschlands (1945 bis 1949), in der die mit journalistischen Aufgaben befaßten Deutschen eine amtliche Genehmigung (Lizenz) für die Ausübung ihres Berufes brauchten.
Mater	In Pappe gepreßte Negativvorlage von Artikeln oder einer ganzen Zeitungsseite, die nur noch mit Blei ausgegossen werden und auf die Druckplatte bzw. Rotationstrommel gespannt werden mußte.
Moralische Wochenschrift	Für das 18. Jahrhundert typisches Presseorgan, das jeweils ein Jahr oder einige Jahre lang wöchentlich erschien. Seinen Inhalt bildeten moralische Betrachtungen und Regeln für einen zeitgemäßen gesellschaftlichen Umgang, dargestellt in unterhaltsamer Form.
normativ	Normen setzend, „vorschreibend". Im Gegensatz zu deskriptiven (beschreibenden) Verfahren von Wissenschaft beschreiben die normativen nicht nur, sondern geben für die Gegenstände der Wissenschaft auch Wertmaßstäbe an. Sehr viele Wissenschaften haben neben deskriptiven auch normative Komponenten.
Reptilienfonds	Schwarzgelder, über die Bismarck verfügen konnte, um die oppositionellen „Preßreptilien" zu bekämpfen. Das Geld stammte aus dem 1866 beschlagnahmten Vermögen der Fürsten von Hannover und Hessen.
Sitzredakteur	Redakteur, der nach dem Reichspressegesetz von 1874 formal die Funktion des strafrechtlich verantwortlichen Redakteurs übernahm. In Strafprozessen, die gegen die Zeitung ausgingen, übernahm der Sitzredakteur die Verantwortung und ging ins Gefängnis (er *sitzt* die Strafe ab). Der Sitzredakteur wurde von oppositionellen Zeitungen angestellt, um sicherzustellen, daß in Zeiten starker gerichtlicher Verfolgung die Zeitung nicht dadurch stillgelegt werden konnte, daß die eigentlichen Redakteure inhaftiert wurden.

Sozialistengesetz	"Gesetz gegen die Bestrebungen der Sozialdemokratie" von 1878, mehrfach verlängert, 1890 nicht weiter verlängert. Unterdrückte die Sozialdemokratische Presse- und Vereinstätigkeit. Die politische Wirksamkeit der Sozialdemokratie konnte nicht unterdrückt werden, da die Parteipolitiker weiterhin zu den Reichstagswahlen zugelassen waren.
völkisch	Rückübersetzung des Wortes „national". Als „völkisch" bezeichneten sich besonders in der Zeit der Weimarer Republik konservative und rechtsradikale Gruppen, die sich für eine Vormachtstellung Deutschlands in Europa oder gar in der Welt einsetzten. Die Ideologie der „völkischen" Gruppen läßt sich nicht auf einen Nenner bringen. Häufig idealisierten sie vorindustrielle Verhältnisse, bekämpften Christentum und Judentum und versuchten, heidnisch-germanische Götter- und Weltvorstellungen wiederzubeleben.

8.2. Literaturverzeichnis

8.2.1. Zitierte Literatur

BAUSCH, Hans (1980), Rundfunk in Deutschland. 5 Bde.. München: dtv

BOVERI, Margret (1956), Der Verrat im 20. Jahrhundert. 2 Bde.. Hamburg: Rowohlt

KIRCHNER, Joachim (1982), Das deutsche Zeitschriftenwesen. Seine Geschichte und seine Probleme. 2 Bde. Wiesbaden 1958-1962: Harrasowitz

KOSZYK, Kurt (1972), Geschichte der Deutschen Presse. Berlin: Colloquium-Verlag

LERG, Winfried B. (1980), Rundfunkpolitik in der Weimarer Republik. München: dtv

MEDIA PERSPEKTIVEN (1991), Daten zur Mediensituation in Deutschland. Basisdaten 1991. Frankfurt a.M.

RARISCH, Isolde (1976), Industrialisierung und Literatur. Berlin: Colloquium-Verlag

RIEDEL, Heide (1977), Hörfunk und Fernsehen in der DDR. Funktion, Struktur und Programm des Rundfunks in der DDR. Köln: Literatur-Verlag Braun

SCHNEIDER, Franz (1984), Presse, Pressefreiheit, Zensur. In: Geschichtliche Grundbegriffe, Bd.4. Stuttgart: Klett, S. 899-927

SIEMANN, Wolfram (1987), Ideenschmuggel. Probleme der Meinungskontrolle und das Los deutscher Zensoren im 19. Jahrhundert. In: Historische Zeitschrift, Bd. 245, S. 71-106.

8.2.2. Weiterführende Literatur

BECKER, Wolfgang (1973), Film und Herrschaft. Organsiationsprinzipien und Organisationsstrukturen der nationalsozialistischen Filmpropaganda. Berlin: Verlag Volker Spiess

BENEDIKT, Klaus-Ulrich (1986), Emil Dovifat. Ein katholischer Hochschullehrer und Publizist. Mainz: Matthias-Grunewald-Verlag

BOELCKE, Willi A. (1977), Die Macht des Radios. Weltpolitik und Auslandsrundfunk 1924 - 1976. Frankfurt a.M./Berlin/Wien: Ullstein

BUCHER, Peter (1987), Wochenschau und Staat 1895 - 1945. In: Geschichte in Wissenschaft und Unterricht, 35, S. 746-757

DOVIFAT, Emil (1925), Die Zeitungen. Gotha: Flamberg

DÜDING, Dieter/Peter FRIEDEMANN/Paul MÜNCH (Hrsg.) (1988), Öffentliche Festkultur. Politische Feste in Deutschland von der Aufklärung bis zum Ersten Weltkrieg. Hamburg: Rowohlt

FISCHER, Heinz-Dietrich (1981), Handbuch der politischen Presse in Deutschland. Synopse rechtlicher, struktureller und wirtschaftlicher Grundlagen der Tendenzpublizistik im Kommunikationsfeld. Düsseldorf: Droste

FISCHER, Heinz-Dietrich (Hrsg.) (1982), Deutsche Kommunikationskontrolle des 15. bis 20. Jahrhunderts. München u.a.: Saur

GROTH, Otto (1929), Die Zeitung. Ein System der Zeitungskunde (Journalistik). Bd. 2. Mannheim/Berlin/Leipzig: J. Bensheimer

HAACKE, Wilmont (1968-1982), Die politische Zeitschrift 1665-1965. 2 Bde.. Stuttgart: Köhler

HEENEMANN, Horst (1929), Die Auflagenhöhe der deutschen Tageszeitungen. Ihre Entwicklung und ihre Probleme. Berlin: Verlag Heenemann

HEINEMANN, Ulrich (1987), Die Last der Vergangenheit. Zur politischen Bedeutung der Kriegsschuld- und Dolchstoßdiskussion. In: BRACHER, Karl Dietrich/Manfred FUNKE/Hans-Adolf JACOBSEN (Hrsg.), Die Weimarer Republik 1918-1933. Politik - Wirtschaft - Gesellschaft. Bonn: Droste, S. 371-386

HERRMANN, Günter (Hrsg.) (1977), Rundfunkgesetze. Textsammlung. Köln u.a.: Heymann (2. Aufl.).

HÖLSCHER, Lucian (1978), Öffentlichkeit. In: Otto, BRUNNER/Werner CONZE/Rainhart KOSELLECK (Hrsg.), Geschichtliche Grundbegriffe. Historisches Lexikon zur politisch-sozialen Sprache in Deutschland. Bd. 4. Stuttgart: Klett, S. 413-367

HOLZBACH, Heidrun (1981), Das „System Hugenberg". Die Organisation bürgerlicher Sammlungspolitik vor dem Aufstieg der NSDAP. Stuttgart: Deutsche Verlags-Anstalt

JAEGER, Karl (1926), Von der Zeitungskunde zur publizistischen Wissenschaft. Jena

KIRCHNER, Joachim (1958-1962), Das deutsche Zeitschriftenwesen. Seine Geschichte und seine Probleme. 2 Bde., Wiesbaden

KOSZYK, Kurt (1968), Deutsche Pressepolitik im Ersten Weltkrieg. Düsseldorf: Droste

KUTSCH, Arnulf (Hrsg.) (1984), Zeitungswissenschaftler im Dritten Reich. Sieben biographische Studien. Köln: Studienverlag Hayit

MENDELSSOHN de, Peter (1982), Zeitungsstadt Berlin. Menschen und Mächte in der Geschichte der deutschen Presse. Frankfurt a.M./Berlin/Wien: Ullstein

NIPPERDEY, Thomas (1983), Deutsche Geschichte 1800-1866. Bürgerwelt und starker Staat. München: Beck

NOELLE-NEUMANN, Elisabeth (1980), Die Schweigespirale. Öffentliche Meinung - unsere soziale Haut. München

PRAKKE, Henk, (Hrsg.) (1968), Kommunikation der Gesellschaft. Einführung in die funktionale Publizistik. Münster: Regensberg

PRUTZ, Robert Eduard (1845), Geschichte des deutschen Journalismus. Zum ersten Male vollständig aus den Quellen gearbeitet. Teil 1 (mehr nicht erschienen) Hannover

REIMERS, Karl Friedrich et al. (Hrsg.) (1983), Zweimal Deutschland nach 1945 in Film und Fernsehen. Bd. 1: Von der Kino-Wochenschau zum aktuellen Fernsehen. München: Ölschläger Verlag

SALOMON, Ludwig (1900-1906), Geschichte des deutschen Zeitungswesens. Von den Anfängen bis zur Wiederaufrichtung des deutschen Reiches. 3 Bde., Leipzig

SCHOTTENLOHER, Karl (1922), Flugblatt und Zeitung. Berlin: Richard Carl Schmidt & Co

SPIKER, Jürgen (1975), Film und Kapital. Der Weg der deutschen Filmwirtschaft zum nationalsozialistischen Einheitskonzern. Berlin: Verlag Volker Spiess

WETZEL, Hans-Wolfgang (1975), Presseinnenpolitik im Bismarckreich (1874-1890). Das Problem der Repression oppositioneller Zeitungen. Bern/Frankfurt a.M.: Herbert Lang

WILKE, Jürgen (Hrsg.) (1984), Pressefreiheit. Darmstadt: Wissenschaftl. Buchgemeinschaft

WOLF, Hans-Jürgen (1981), Schwarze Kunst. Eine illustrierte Geschichte der Druckverfahren. Frankfurt a.M.: Deutscher Fachverlag

WOLTER, Hans-Wolfgang (1981), Generalanzeiger - Das pragmatische Prinzip. Zur Entwicklungsgeschichte und Typologie des Pressewesens im späten 19. Jahrhundert. Bochum: Brockmeyer

WUTTKE, Heinrich (1866), Die deutschen Zeitschriften und die Entstehung der öffentlichen Meinung. Ein Beitrag zur Geschichte des Zeitungswesens. Hamburg

Geschichte der öffentlichen Kommunikation 105

8.3. Antworten zu Selbstkontrollfragen

SKF 1:
Verbreitete Lesefähigkeit; regelmäßige Postverbindung; Möglichkeit der schnellen Herstellung von Texten durch Buchdruck; regelmäßiger Nachrichtenaustausch („Korrespondenzen"); Absatzchancen für Presseprodukte z. B. auf Messen.

SKF 2:
Flugschriften 16. und 17. Jahrhundert; Zeitschriften 18. Jahrhundert; Parteipresse 2. Hälfte 19. Jahrhundert; Massenpresse seit Ende des 19. Jahrhunderts; Rundfunk seit etwa 1926; Fernsehen seit ca. 1960.

SKF 3:
16. - 18. Jahrhundert:

- Vorzensur, Erteilen von Druckgenehmigungen:	Druck ohne Genehmigung, anonyme Veröffentlichung
- Druckverbote, Index:	Verkauf „unter dem Ladentisch", Schmuggel, Druck im Ausland
- Meßkataloge:	Verschweigen des Titels im Katalog

19./20. Jahrhundert:

- Schriftleiterliste:	keine Umgehensmöglichkeit
- inhaltliche Vorgaben, Gestaltungsanweisungen:	verdecktes Schreiben, Anspielungen, Camouflage
- wirtschaftliche Kontrolle:	keine Umgehensmöglichkeit

SKF 4:
Denken Sie an die Trennung von Nachricht und Meinung, die Freiheit der Informationsbeschaffung, die Suggestivkraft der Medien, und den Grad der Gewöhnung des Publikums an eingeführte Medien, bzw. den Perspektivenwechsel durch „neue Medien". Vergleichen Sie insbesondere die Abschnitte 3.1.1., 3.2.1., 3.3., 4.1.4., 4.2.3..

SKF 5:
Kritische Kommentierung des Tagesgeschehens; Propagierung demokratischer Ideale; „geistiger Wiederaufbau"; Verbindung der deutschen Leser mit dem zeitgenössischen Geistesleben Europas; „Abrechnung" mit dem Nationalsozialismus.

SKF 6:
Aus der Parteipresse seit 1850, was die Artikulation der Meinung betrifft. In Aktualität, Nachrichtenorientierung und Wert des Anzeigenteils (für den Leser, aber auch wirtschaftlich für den Verlag) ist die heutige Presse der Massenpresse des späten 19. Jahrhunderts verpflichtet.

Otfried Jarren

Medien- und Kommunikationspolitik in Deutschland.
Eine Einführung anhand ausgewählter Problembereiche

Inhalt

1. **Theoretischer Bezugsrahmen: Politikfeld Medien- und Kommunikationspolitik** 108
1.1. Gegenstand, Fragestellung und Vorgehensweise 108
1.2. Begriffe und Gegenstandsbereich 109
2. **Medienpolitik: Ein systematischer Überblick** 111
2.1. Charakteristika des Politikfeldes der Medien- und Kommunikationspolitik 111
2.2. Entwicklungstendenzen in der Medienpolitik 114
3. **Medienpolitik - Analyse anhand ausgewählter Problemfelder** 116
3.1. Kommissionen als Foren und Instrumente in der deutschen Medienpolitik .. 116
3.2. Problembearbeitung im Medienbereich - Fallstudien 117
3.2.1. Der Wettbewerb zwischen Rundfunk und Presse - „Michel- Kommission" .. 117
3.2.2. Das Problem Pressekonzentration - „Günther-Kommission" 118
3.2.3. Das Problem Rundfunkfinanzierung - „Kommission für die Ermittlung des Finanzbedarfs der Rundfunkanstalten" (KEF) 120
3.2.4. Das Problemfeld „Neue Medien" - Kommissionen und ihre Rolle auf dem Weg zum dualen Rundfunksystem 127
3.3. Gescheiterte Kommissionen - ein gescheitertes Modell? 132
4. **Zukünftige Medienpolitik: Neue Formen der Politikkoordination?** 133
5. **Anhang** 135
5.1. Zentrale im Text verwandte Begriffe 135
5.2. Literaturverzeichnis 136
5.2.1. Berichte der Kommissionen 136
5.2.2. Beiträge in Lexika und Handbüchern zu Medienpolitik und Kommunikationspolitik (Auswahl) 137
5.2.3. Zitierte Literatur 137
5.2.4. Weiterführende Literatur 140
5.3. Antworten zu Selbstkontrollfragen 142

1. Theoretischer Bezugsrahmen: Politikfeld Medien- und Kommunikationspolitik

1.1. Gegenstand, Fragestellung und Vorgehensweise

Im folgenden Beitrag wird mit den Charakteristika des Politikfeldes der Medienpolitik (Kommunikationspolitik) in der Bundesrepublik Deutschland systematisch bekanntgemacht. Im Zentrum der Betrachtung steht dabei die inhaltliche Dimension der Politik, und das meint „die Art und Weise staatlicher Aktivitäten, die Bearbeitung gesellschaftlicher Probleme und ihre Instrumente" (JANN 1983: 5). Es geht also in der Politikfeldanalyse um die Betrachtung institutioneller Zuständigkeiten und sachlicher Zusammenhänge bei der Bearbeitung von Problemen durch das politische System. Ziel ist es, bevorzugte oder „typische" Problemverarbeitungs- oder Konfliktschlichtungsmuster im Medienbereich anhand ausgewählter Beispiele herauszuarbeiten. Durch die Analyse von realer Politik sollen also die institutionellen Besonderheiten deutlich werden; zugleich wird mit Sachfragen der Medienpolitik bekanntgemacht.

Die Charakteristika eines Politikfeldes und die daraus resultierenden Muster der Problemverarbeitung und Konfliktschlichtung determinieren zwar politische Entscheidungsprozesse nicht, sie sind aber gleichwohl für die Möglichkeit von innovativer Politik von Bedeutung (vgl. VON BEYME 1990). So gilt beispielsweise die Medien- und Kommunikationspolitik aufgrund verfassungsrechtlicher Zielvorgaben, unterschiedlicher Kompetenzzuweisungen durch Grundgesetz und Landesverfassungen und verteilter Zuständigkeiten zwischen den Bundesländern und dem Bund als ein schwach institutionalisierter Bereich, in dem auftretende Konflikte von Fall zu Fall durch Aushandeln gelöst werden müssen. In der Medienpolitik herrschen deshalb korporative Entscheidungsformen und -strategien vor: Die *prozedurale Regulierung* steht deshalb vor der substantiellen Klärung von Problemlagen.

Unsere Ausgangsthese ist, daß aufgrund verfassungsrechtlicher Vorgaben und unterschiedlicher politisch-administrativer Zuständigkeiten im Politikfeld Kommunikations- und Medienpolitik sachlich und zeitlich aufwendige Formen der Politikverarbeitung dominieren, und zwar in Form von unterschiedlichen, für eine bestimmte Zeit eingesetzten Verhandlungssystemen („Kommissionen"). Kommissionen sind ein wesentliches Problembearbeitungs-Instrument in diesem Politikfeld, und sie tragen zu dessen „Stabilität" bei, indem sie - allerdings nur geringe - Politikinnovationen ermöglichen, ohne daß es bislang zu wesentlichen Änderungen im institutionellen Bereich gekommen ist. Die in der Medienpolitik vorherrschenden Formen der *Politikverflechtung* führten zu einem eher defensiven und status-quo-orientierten Arbeitsstil: So wurden selten neue Programme implementiert, sondern allen Beteiligten lag mehr daran, sich vor Überraschungen abzusichern und einen Interessenausgleich herbeizuführen. Diese Form der Problembearbeitung war und ist ohne Zweifel funktional für die Lösung von einzelnen Strukturproblemen im traditionellen Medienbereich. Es wird zu prüfen sein, ob diese Formen allerdings geeignet sind, den erheblichen Strukturwandel im Medien- und Kommunikationssystem („Neue Medien") und die sich abzeichnenden Veränderungen im Ordnungsgefüge (EG-Regelungen, Internationalisierung der Informations- und Kommunikationsbe-

Medien- und Kommunikationspolitik in Deutschland 109

ziehungen) problemadäquat und sozialstaatlich angemessen, das heißt aktiv und antizipatorisch, zu bewältigen.

Im folgenden Teil des ersten Kapitels setzen wir uns mit dem Gegenstandsbereich und mit Kernbegriffen auseinander. Im Kapitel 2 erfolgt ein systematischer Überblick über das Politikfeld Medienpolitik.

Im Mittelpunkt von Kapitel 3 stehen Fallstudien. Zunächst aber erfolgt eine theoretische Beschäftigung mit Kommissionen als Foren und Instrumenten in der Medienpolitik (3.1.). Die Fallstudien zur Problembearbeitung im Medienbereich (3.2.) beschäftigen sich mit den Themen Wettbewerb zwischen Rundfunk und Presse, Pressekonzentration, Rundfunkfinanzierung und Einführung des privaten Rundfunks.

Im Kapitel 4 werden die Ergebnisse systematisch zusammengefaßt und Überlegungen zur künftigen Rolle und Funktion von Kommissionen im Politikfeld Medien- und Kommunikationspolitik angestellt.

1.2. Begriffe und Gegenstandsbereich

In der öffentlichen und in der wissenschaftlichen Debatte werden die Begriffe Medienpolitik und Kommunikationspolitik zumeist synonym gebraucht und höchst unterschiedlich definiert. Medienpolitik ist der im politischen Bereich gebräuchliche, ältere und übergeordnete Begriff, mit dem die Regelungsbereiche „Presse-", „Rundfunk-" und „Film-Politik" zusammenfassend bezeichnet werden. Damit werden die traditionellen Träger der Massenkommunikation erfaßt: Verlage und Rundfunkanstalten sind arbeitsteilig produzierende Organisationen, die mittels technischer Einrichtungen („Medien") Informations- und Unterhaltungsangebote an ein prinzipiell disperses Publikum richten. Die publizistischen Angebote werden in gedruckter, audio-visueller oder auditiver Form massenhaft verbreitet. Die massenhafte und einseitige Verbreitung von publizistischen Angeboten an ein prinzipiell unbegrenztes, anonymes und raum-zeitlich verstreutes (also: disperses) Publikum kennzeichnet die Massenkommunikation. Diese Formen der Kommunikation gehören damit zum traditionellen Regelungsbereich der Medienpolitik.

Medienpolitik im engeren Sinne umfaßt die Gesamtheit der Maßnahmen des politisch-administrativen Systems (paS) also insbesondere von Parteien, Parlamenten, Regierungen und Ministerialverwaltungen des Bundes und der Länder, die sich entweder *direkt* auf die gesamte Medienstruktur (z.B. „publizistische Gewaltenteilung" oder „duales Rundfunksystem") oder auf die Rechtsstellung, Organisation und Funktionsweise einzelner Massenmedien beziehen. Das paS verfügt aber auch über *indirekte* Handlungsmöglichkeiten: So sind Festsetzung und Erhebung von Post-, Telefon-, Kabelfernsehgebühren, die Organisation der Zustellung von Zeitungen und Zeitschriften oder Steuergesetze für Rundfunk und Presse (z.B. halber Mehrwertsteuersatz auf Druckerzeugnisse) auch medienpolitisch relevant, da sie das Marktgeschehen beeinflussen.

Zum Instrumentarium der direkten und indirekten Medienpolitik gehören also
- *Ordnungspolitik* (z.B. Einführung einer „dualen Rundfunkordnung"),
- *Infrastrukturpolitik* (z.B. Zuweisung von Frequenzen oder Verkabelung,)
- *Medien-Organisationspolitik* (z.B. Formen der Rundfunkorganisation und -kontrolle beim öffentlich-rechtlichen und privaten Rundfunk),

- *Personalpolitik* (z.B. Besetzung von Positionen in Aufsichts- und Lizenzierungsgremien der „Landesmedienanstalten").

Im weiteren Sinne sind aber auch Gerichte, Verbände, Institutionen der Selbstkontrolle wie der „Presserat" und gesellschaftliche Organisationen als medienpolitische Akteure zu berücksichtigen. Korporative Akteure, private und öffentliche, wirken an den Aushandlungsprozessen mit. Ziel der wissenschaftlichen Analyse ist es, den normativen Hintergrund der Akteure zu erfassen und das Handeln im politischen Prozeß zu untersuchen (Welche *Ziele* werden verfolgt? Welche *Mittel* werden eingesetzt? Welche *Interessen* setzen sich durch?). Medienpolitische Analyse ist im wesentlichen empirische Analyse, die sich konkret bestimmbaren historisch-gesellschaftlichen Gegebenheiten zuwendet.

Der Begriff Kommunikationspolitik hat sich innerhalb der Kommunikationswissenschaft durchgesetzt. Damit soll deutlich gemacht werden, daß die Formen unmittelbarer Kommunikation ebenso wie die (massen-)medialen von politischer Bedeutung sind. Der umgangssprachlich gebräuchliche Begriff Medienpolitik greift vielfach zu kurz, denn sowohl in der wissenschaftlichen Analyse als auch in der politischen Praxis geht es nicht allein um Medienorganisationen im engeren Sinne, sondern durch politisches Handeln wird auch in Kommunikationsprozesse zumindest indirekt eingegriffen, die vorgelagert (z.B. Informationssammlung und -verbreitung durch Agenturen) oder nachgelagert (z.B. Rezeptionsbedingungen) sind.

Wenn wir von Medien- u n d Kommunikationspolitik sprechen, so berücksichtigen wir damit nicht zuletzt auch informations- und kommunikationstechnische Veränderungen: Diese haben dazu geführt, daß die Trennungslinien zwischen Individual- und Massenkommunikation und zwischen Druckmedien und elektronischen Medien immer weniger deutlich gezogen werden können. Ein Beispiel: Während der Textinformationsdienst Videotext (Vtx) als „Verteildienst" dem Rundfunk zugeordnet wurde und damit in den Kompetenzbereich der Länder fällt, wurde für den Bildschirmtext (Btx) - nach anhaltenden rechtlichen und politischen Kontroversen im Anschluß an zwei Feldversuche - ein Staatsvertrag geschlossen. Der Bund zählt Btx zur Individualkommunikation und zum Fernmeldewesen (Regelungskompetenz beim Bund) und ordnet ihn dem „Telekommunikationsrecht" zu, während die Länder der Auffassung sind, daß es sich um einen pressespezifischen Vertriebsweg (Übermittlung von Texten) handelt und leiten daraus ihre Zuständigkeit ab. Die angesprochenen Übermittlungstechniken sind Medien eigener Art, für die bislang nur Teillösungen gefunden wurden.

Fassen wir zusammen: Während Medienpolitik auf Regelungen der medialen Kommunikation, also auf Medienstrukturen, -organisationen und -funktionen ausgerichtet ist, wird mit Kommunikationspolitik eine allgemeine Regelung für die gesellschaftliche Kommunikation - also auch für die Inividualkommunikation - zumindest intendiert.

Die Beispiele aus der aktuellen Medienentwicklung machen deutlich, daß der Medien-Begriff der Präzisierung bedarf.

> **Selbstkontrollfrage 1:**
> Fassen Sie noch einmal die Unterschiede zwischen Medienpolitik und Kommunikationspolitik zusammen. Vergleichen Sie diese Darstellung mit einem Beitrag in einem fachwissenschaftlichen Lexikon.

2. Medienpolitik: Ein systematischer Überblick

2.1. Charakteristika des Politikfeldes der Medien- und Kommunikationspolitik

„Die Verwirklichung medienpolitischer Zielsetzungen durch den Staat leidet unter einer im Medienbereich sachlich nicht gerechtfertigten Aufsplitterung der gesetzgeberischen Zuständigkeiten zwischen Bund und Ländern" (WILHELM 1990: 183), formuliert ein leitender Minsterialbeamter aus dem Bundesinnenministerium. Mit diesem Zitat wird deutlich, daß der Bund ein Interesse daran hat, bislang nicht vorhandene Kompetenzen zu erhalten. Und in der Tat ist der Bund seit der Bildung der christlich-liberalen Regierungskoalition (1982) in der Medienpolitik außerordentlich aktiv geworden. Zu den Aktivitäten gehören u.a.:
- Kabinettsbeschluß „Vorstellungen des Bundes für eine Medienordnung der Zukunft" (13.3.1985);
- Kabinettsbeschluß „Programm zur Verbesserung der Rahmenbedingungen des privaten Rundfunkmarktes" (25.6.1986);
- Aktivitäten des Bundespostministeriums im Bereich der Infrastrukturpolitik (u.a. Verkabelung, Bereitstellung von Satellitenkapazitäten für die Verbreitung von Hörfunk- und Fernsehprogrammen, Bereitstellung terrestrischer Frequenzen)
- Rolle des Bundes bei der Etablierung der „Einrichtung" im Zusammenhang mit der „Abwicklung" von DDR-Rundfunkeinrichtungen;
- Bemühungen des Bundes zur Realisierung bundesweiter Fernsehprogramme über *Deutsche Welle* und *Deutschlandfunk* (1984).

Das Interesse des Bundes, in der Medienpolitik Einfluß zu nehmen, läßt sich an vielen Stellen im „Medienbericht '85" ablesen: In diesem Bericht wird über den gesamten Medienbereich, also unabhängig von formalen Zuständigkeiten, berichtet. So werden auch Regelungsbedarfe angemahnt, die den Bundesländern vorbehalten sind (u.a. Rundfunkwerbung, Videotext oder Jugendschutzaufgaben). Generell heißt es: „Um zu sachgerechten Lösungen bei der Entwicklung und Nutzung der neuen Informations- und Kommunikationstechniken zu gelangen, wird die Bundesregierung - unbeschadet möglicher unterschiedlicher Kompetenzauffassungen - verstärkt die Zusammenarbeit mit den Ländern suchen. Sie appelliert dabei an deren Kooperationsbereitschaft. Die Bundesregierung läßt sich bei ihrem angestrebten medienpolitischen Dialog mit den Ländern von dem ungeschriebenen Verfassungsgrundsatz eines bundesfreundlichen Verhaltens leiten" (MEDIENBERICHT '85 1985: 39).

Andererseits: Der mit dem Zitat beschriebene Sachverhalt zersplitterter Kompetenzen wird auf wissenschaftlicher Seite ebenso gesehen und als Problem anerkannt, wenn es heißt, daß „Medienpolitik ... heute kein isolierter oder autonomer Bereich der Politik" (WILKE 1985: 5) sei oder wenn von „Medienpolitik zwischen Selbständigkeit und Überfremdung" (SAXER 1981: 77) gesprochen wird. Vielfach wird eine Medienpolitik „aus einem Guß" gefordert („Mediengesamtplan").

Die Tatsache, daß die Medien- und Kommunikationspolitik nur schwach institutionalisiert ist, ist im medienpolitischen Handeln der Alliierten und in den historischen Erfahrungen begründet. Die alliierten Siegermächte sorgten für den Aufbau eines dezentralen, regional ausgelegten Rundfunksystems (Landesrundfunkanstalten) in der Bundesrepublik, setzten die Trennung von Rundfunkveranstaltern (Programmhoheit) und Post (Netzhoheit) durch und ermöglichten durch ihre Vorgaben zu Beginn der Republik ein Nebeneinander von privater Presse und öffentlichrechtlichem Rundfunk. Dies war möglich, weil sich die Alliierten bis zu den „Pariser Verträgen" (1955) einen Regelungsvorbehalt in Medienangelegenheiten gesichert hatten. So ist es nicht verwunderlich, daß die im Grundgesetz und in den Länderverfassungen getroffenen Regelungen im Hinblick auf staatliches Handeln im Medienbereich wohl bewußt sehr allgemein gehalten formuliert wurden. Meinecke/Keßler halten es zwar für historisch falsch, dem „Parlamentarischen Rat" Vorwürfe wegen seiner kommunikationspolitischen Abstinenz bei der Ausarbeitung des Grundgesetzes zu machen, doch sie sind der Auffassung, „daß die Väter unserer Verfassung, als sie die Massenmedien in das Normengerüst unserer Gesellschaft einbauten, kaum die Problemerkenntnisse der Diskussion während der Weimarer Republik verarbeiteten" (MEINECKE/KESSLER 1970: 31).

Verfassungsrechtliche Vorgaben und höchstrichterliche Entscheidungen (Bundesverfassungsgericht) sorgen für eine vielfältige (horizontale und vertikale) Verteilung von Regelungskompetenzen und zum Teil auch für konkurrierende Gesetzgebungszuständigkeiten. In der bundesdeutschen Nachkriegsgesellschaft gehörte die „publizistische Gewaltenteilung" zwischen privatwirtschaftlich verfaßter Presse und öffentlich-rechtlich organisiertem, auf das Gemeinwohl verpflichteten Rundfunk zum politischen Konsens bis in die ausgehenden siebziger Jahre hinein, der auch durch die Rechtsprechung des Bundesverfassungsgerichts (Urteile 1961, 1971) bestätigt wurde (vgl. BAUSCH 1980). Erst zu Beginn der achtziger Jahre wurde mit der Zulassung privater Rundfunkveranstalter diese Ordnung abgelöst.

Für die Presse verfügt der Bund über eine Rahmenkompetenz. Das Rundfunkrecht fällt hingegen, aufgrund der Kulturhoheit der Bundesländer, in den ausschließlichen Kompetenzbereich der Länder, die damit über wesentliche medienrechtliche und -politische Zuständigkeiten verfügen (Artikel 70 ff Grundgesetz). Der Rundfunk gehört, mit Ausnahme der nach außen wirkenden Sender (wie der *Deutschen Welle*), ausschließlich in die Regelungskompetenz der Länder. Die Länder haben folglich Rundfunkgesetze (für den öffentlich-rechtlichen Rundfunk) bzw. Landesmediengesetze (für den privaten Rundfunk) zu erlassen. Für länderübergreifende Rundfunkveranstaltungen schließen die Länder Staatsverträge miteinander ab (z.B. „Staatsvertrag über das ZDF", „Rundfunkgebührenstaatsvertrag" oder „Rundfunkfinanzierungsstaatsvertrag").

Mittels Satellit und Kabel können heute zahlreiche Hörfunk- und Fernsehprogramme überregional bzw. national verbreitet werden, so daß die Bundesländer mehr denn je im Rundfunksektor die Zusammenarbeit suchen müssen. Nun sind jedoch nicht nur die Länder auf eine enge Zusammenarbeit angewiesen, sondern auch Länder und Bund sind im Rundfunkbereich zu einer gewissen Kooperation gezwungen: Dem Bund obliegt die ausschließliche Gesetzgebungsbefugnis für das Post- und

Medien- und Kommunikationspolitik in Deutschland

Fernmeldewesen und dadurch auch für sendetechnische Anlagen für den Rundfunk (Verwaltungskompetenz). Die Bundesregierung hat somit wesentlichen Einfluß auf die Entwicklung der informationstechnischen Infrastruktur, auf die die Länder im Rahmen ihrer medienpolitischen Aktivitäten angewiesen sind. Der Bundespost kommt damit eine wachsende Bedeutung zu.

Auch im Presse- und Filmbereich besitzen die Bundesländer Regelungskompetenzen (u.a. Erlaß von Landespressegesetzen), doch verfügt hier der Bund aufgrund einiger Bestimmungen des Grundgesetzes (Rahmenvorschriften über die allgemeinen Rechtsverhältnisse der Presse und des Films) über Zuständigkeiten im Sinne einer Rahmenkompetenz. Von dieser Rahmenkompetenz hat der Bundesgesetzgeber bislang äußerst selten und nur in allgemeiner Form Gebrauch gemacht. So legte der Bundesinnenminister 1952 den Referentenentwurf eines „Gesetzes über das Pressewesen", das ausgesprochen freiheits- und pressefeindliche Regelungen enthielt, vor, um - angeblich - der Rechtszersplitterung Einhalt zu gebieten. 1957 bestätigte allerdings das Bundesverfassungsgericht die vorliegenden landesrechtlichen Regelungen. Eine Kommission der Länderinnenminister erreichte dann durch Modellentwürfe eine sehr weitgehende Rechtsangleichung der Pressegesetze in den Ländern. Ein - in sozial-liberaler Regierungszeit wiederholt angekündigtes - „Presserechtsrahmengesetz" zur Absicherung der „inneren Pressefreiheit" wurde nicht in den Bundestag eingebracht.

Die Zuständigkeiten in der Medienpolitik sind nicht nur zwischen Bund und Ländern, also vertikal, verteilt, sondern auch horizontal: Innerhalb der Bundesregierung und den Länderregierungen sind unterschiedliche Ressorts mit Medienfragen betraut. Bei den Ländern waren lange Zeit die Kultusministerien für Rundfunk-, Film- und Pressefragen zuständig. Hier ist aber in den letzten Jahren eine Kompetenzverschiebung zugunsten der Staats- oder Senatskanzleien, die dem jeweiligen Regierungschef direkt zugeordnet sind, festzustellen. Läßt man machtpolitische Aspekte unberücksichtigt, so kann das zum einen damit begründet werden, daß der Abstimmungs- und Regelungsbedarf zwischen den Ländern zugenommen hat, welcher in den Aufgabenbereich der Ministerpräsidenten fällt (z.B. „Ministerpräsidentenkonferenz"). Zum anderen ist die Medienindustrie zu einer Wachstumsbranche geworden, um deren Ansiedlung sich die Länder in besonderer Weise bemühen. Die Ansiedlung von Medienunternehmen im Rahmen der Standortpolitik ist zur „Chef-Sache" in den Bundesländern geworden.

Auch auf Seiten der Bundesregierung sind die medienpolitischen Kompetenzen auf verschiedene Ressorts verteilt. Das Bundesinnenministerium ist für Grundsatzfragen und für das allgemeine Presse- und Rundfunkrecht sowie für die Filmförderung zuständig, wohingegen das Presse- und Informationsamt unter anderem die Federführung für die medien- und kommunikationswissenschaftliche Forschung der Bundesregierung hat. Während das Bundeswirtschaftsministerium bspw. für Gesetzesvorhaben zu einer pressespezifischen Fusionskontrolle (im Rahmen des Kartellrechts) oder für steuerrechtliche Maßnahmen des Bundes zuständig ist, beteiligt sich das Bundesministerium für Forschung und Technologie an der Förderung von medienrelevanten Forschungsvorhaben (z.B. HDTV). Eine Schlüsselstellung zur Realisierung medienpolitischer Ziele des Bundes kommt ohne Zweifel dem Bundespostministerium zu (z.B. Frequenzzuweisungen; Subventionierung im Postzeitungsdienst; Verkabelungspolitik u.a.m.).

2.2. Entwicklungstendenzen in der Medienpolitik

Verfassungspolitische Konsense, verfassungsrechtliche Vorgaben, höchstrichterliche Urteile, inkonsistente kommunikationswissenschaftliche Forschungsergebnisse zu medienpolitischen Streitfragen (z.B. Folgen der Pressekonzentration) und die politische Praxis in der Bundesrepublik Deutschland haben zusammengenommen dazu beigetragen, daß sich im medienpolitischen Bereich ein - allerdings zunehmend labilerer - „kooperativer Föderalismus" (vgl. STOCK 1986) herausgebildet hat. Der Zwang zur Abstimmung und Verständigung hat jahrzehntelang für relativ stabile Verhältnisse gesorgt. Andererseits entwickelte sich vor diesem Hintergrund ein schwaches Programmverständnis für medien- und kommunikationspolitische Zielsetzungen und eine reaktive Politikpraxis, die die erfolgreiche Durchsetzung von Partialzielen mächtiger Interessengruppen wie die der Zeitungsverleger erleichtert hat. Erst Ende der 60er Jahre, mit der öffentlichen Debatte über die Pressekonzentration und deren mögliche Folgen für die Meinungsbildung (Monopolisierung, Manipulation), wurde das paS von außen zum Handeln 'angestoßen'. Die politischen Parteien erkannten das Thema Medienpolitik zwar an (SPD: „Entschließung zur Lage und Entwicklung der Massenmedien in der Bundesrepublik Deutschland" (1971); FDP: „Leitlinien liberaler Medienpolitik" (1973); CDU: „Freiheitliche Medienpolitik" (1975)), doch änderte sich in der politischen Praxis zunächst kaum etwas. So konnte 1974 Thomas Ellwein von einer „Kommunikationspolitik ohne Konzept" sprechen und Wolfgang Langenbucher 1975 den Mangel an konsistenten medienpolitischen Programmen und Konzepten beklagen.

Sieht man einmal davon ab, daß in diesen Jahren der Reformpolitik von vielen Autoren sehr hohe Anforderungen an politische Programme gestellt wurden, so bleibt doch festzuhalten, daß Konzepte für eine aktive und systematisch angelegte (Medien-)Reformpolitik nicht einmal im Ansatz entwickelt wurden. Die von Langenbucher („Bundesanstalt für Kommunikation") oder vom damaligen SPD-Mediensprecher Ruhnau („Bundeskommissionsamt für Massenmedien") wiederholt in die Debatte gebrachten Überlegungen für die Schaffung zentraler Einrichtungen und die Forderung von Saxer nach einem „Mediengesamtplan" hätten in der Tat wichtige Bausteine für die Entwicklung einer sozialstaatlich orientierten Kommunikationspolitik sein können. Die Zentralisierungsvorschläge wurden aber von medienpolitischen Akteuren, so vom einflußreichen Intendanten des Süddeutschen Rundfunks, Hans Bausch, abgelehnt (vgl. BAUSCH/BESSLER 1971). Auch im paS kam es aber, wohl aufgrund der angespannten innenpolitischen Situation (knappe Mehrheitsverhältnisse im deutschen Bundestag und heftige Auseinandersetzungen um die SPD/FDP-Reformpolitik), weder zu entsprechenden Programmentwicklungen noch zu organisatorisch-institutionellen Veränderungen. Im Gegenteil: Die innenpolitische Situation und die Debatte über den möglichen Einfluß des Fernsehens auf Wahlen („Rotfunk"-Debatte im Zuge der Bundestagswahlen 1972 und 1976) hatten zur Folge, daß medienpolitische Aktivitäten vorrangig unter machtpolitischen Aspekten gesehen wurden. Selbst allgemein anerkannte Struktur- und Funktionsdefizite (z.B. das Problem der Rundfunkkontrolle bei den öffentlich-rechtlichen Anstalten) führten nicht zu neuen Organisationsformen, weil insbesondere die politischen Parteien nicht auf vorhandene Kommunikationsmöglichkeiten und errungene Privilegien verzichten wollten. Eine der komplexen Medienentwicklung (Programmver-

Medien- und Kommunikationspolitik in Deutschland

mehrung durch neue Übertragungs- und Verbreitungstechniken; neue Formen der Bild- und Textkommunikation) entsprechende „sozialstaatliche Wende" (Hoffmann-Riem) in der Medienpolitik war unter diesen Voraussetzungen nicht möglich.

So fehlt es nach wie vor an theoretisch begründeten Leitbildern oder Leitideen für die Entwicklung des Mediensystems. Vor allem ist ein „sozialstaatliches time lag" im Politikfeld festzustellen: Medienpolitik konnte nicht zu einer sozialstaatlichen Prinzipien verpflichteten Kommunikationspolitik weiterentwickelt werden, in der Ansprüche der Rezipienten verankert sind.

Die neuen technischen Möglichkeiten begriffen die Länder als weitere Gestaltungschance, und sie entwickelten - nun allerdings in größerer Konkurrenz zueinander - eigenständige Programme. Die Etablierung des privaten Rundfunks geschah eben auch in der Absicht, bestehende Einflußbereiche im Rundfunk abzusichern und auszubauen sowie wichtige Medienunternehmen anzusiedeln oder 'im Lande zu halten'. Der Wettstreit der Länder untereinander führt dazu, daß der „kooperative Föderalismus" wiederholt auf harte Bewährungsproben (u.a. Staatsvertragsverhandlungen zur Etablierung einer „dualen Rundfunkordnung") gestellt wurde. Das Bundesverfassungsgericht wird in diesen Auseinandersetzungen immer mehr zu einer entscheidenden Instanz (Hoffmann-Riem: „Juridifizierung politischer Konflikte") und nicht ausschließlich als Konfliktschlichtungsinstanz in föderalen Konflikten angerufen. Der Bund nutzt die Situation, eigene politische Vorhaben zu realisieren (vgl. RONNEBERGER 1989). Da ihm für medienpolitische Vorhaben bekanntlich die Kompetenzgrundlage fehlt, werden die politischen Ziele eher indirekt (z.B. mit Hilfe der Bundespost) und ohne transparente Leitlinien verfolgt („Fernmeldepolitik als Medienpolitik?": vgl. SCHERER 1985 b). In den - in der Medienpolitik üblich gewordenen - multilateralen Abstimmungsprozessen über Entscheidungen mit hohem Konsensbedarf (z.B. Staatsverträgen) verlieren die Bundesländer in dem Maß an Einfluß, wie es ihnen weniger gelingt, im Rahmen der gesetzten Zeit zu gemeinsamen Positionen zu finden. Die oftmals, auch in Verhandlungen mit dem Bund, praktizierte Aufgliederung von komplexen Gesamtentscheidungen in mehrere - zeitlich gestufte - Teilentscheidungen mit begrenzter Reichweite erhöht den Koordinationsaufwand und Verhandlungsbedarf auf der Länderseite deutlich. Für diese Arbeiten steht andererseits nur ein relativ kleiner Arbeitsstab zur Verfügung. Diese Probleme haben sich durch Vorgaben der EG abermals verschärft. Die Bundesländer verlieren im Prozeß der Europäisierung des Medienbereichs erkennbar an Kompetenzen.

Aufgrund höchst unterschiedlicher Faktoren, und das sollte durch die kurze Darstellung hier deutlich werden, wurden bislang weder auf Länderseite noch vom Bund medienpolitische Rahmenkonzeptionen formuliert. Unabhängig vom Problem, ob eine derartige Politikkonzeption (sozialstaatsorientierte Mediengesamt-Konzeption) notwendig ist und wie sie in einem pluralistischen System konsensual entwickelt und realisiert werden kann, ist zu fragen, ob die bestehenden verfassungsrechtlichen Bestimmungen und die Institutionen in der Medienpolitik zur Regelung allein der anstehenden Probleme ausreichen. Das soll im nächsten Schritt anhand der Untersuchung medienpolitischer Kommissionen geschehen. In einem zweiten Schritt wird dann zu prüfen sein, ob es neuer (dauerhafter?) Formen im Rahmen des „kooperativen Föderalismus" („Bund-Länder-Kooperation") im Politikfeld Medien- und Kommunikationspolitik bedarf.

> **Selbstkontrollfrage 2:**
> Was wird unter „Juridifizierung politischer Konflikte" verstanden?

3. Medienpolitik - Analyse anhand ausgewählter Problemfelder

3.1. Kommissionen als Foren und Instrumente in der deutschen Medienpolitik

Das Politikfeld Medienpolitik ist traditionell gekennzeichnet durch
- ein hohes Maß an „Gewaltenteilung",
- gering formalisierte Formen der „Politikverflechtung",
- geringe Professionalisierung im paS (administrative Ausdifferenzierung) und
- starke Einflüsse aus dem juristischen Bereich (höchstrichterliche Urteile).

Die institutionellen Schwächen in der Medienpolitik werden durch die Debatten um die Einführung der „Neuen Medien" immer offenkundiger: Zum einen verliert der Medienbereich durch neue Techniken seine klaren Strukturen, zum anderen wird er heterogener (Individual- vs. Massenkommunikation) und ausgreifender (nationale vs. internationale Verbreitung). Die traditionelle „Arbeitsteilung" zwischen Bund und Ländern steht zur Disposition, wobei sich die Gewichte deutlich zugunsten des Bundes verschoben haben. So ist es durch Handlungen des Bundes (insbesondere: „Post-Politik") auch zu einer Änderung des Ordnungsrahmens im Rundfunkbereich (Einführung des Privatfunks) gekommen. Zum anderen entstehen neue Medienmärkte mit ständig steigenden Investitionssummen und zunehmender Beteiligung von neuen - bislang branchenfremden - Kapitalgruppen (z.B. Banken, Versicherungen), die Planungssicherheit erwarten: „Neue" Akteure, die vorrangig ökonomisch und auf größere Räume orientiert sind, treffen auf „alte" regionale Medienpolitiker, die den traditionell-kulturellen Auftrag von Medien betonen.

Im Medienbereich ist von einer zunehmenden Komplexität auszugehen, die einen steigenden Regelungs- und Koordinationsbedarf in der erkennbaren Umbruchphase nach sich zieht. Im Unterschied zu anderen Politikfeldern (wie z.B. der Umweltpolitik) hat das paS aber keine administrativen Strukturen ausgebildet. In der Medienpolitik wird auf den sprunghaft gestiegenen Politikbedarf reagiert durch
- das Betreiben experimenteller Politik („Pilotprojekte", „Betriebsversuche"),
- den Erlaß von zeitlich befristeten Gesetzen („Medienerprobungs- und Entwicklungsgesetze"),
- die Abgabe von Grundsatzerklärungen (Beschlüsse des Bundeskabinetts) und
- die Einrichtung von Kommissionen.

Insbesondere Kommissionen sind als eine Antwort der strukturell schwachen Medienpolitik auf den gestiegenen Politikbedarf aufzufassen. Die „Kommissionitis" (Dieter Weirich) in der Medienpolitik darf aber nicht allein als Verschleppungs- oder Verzögerungsstrategie begriffen werden, sondern die Kommissionen erfüllen (weitere) Funktionen: „Diese schwach formalisierten Gremien sind flexibel zu nutzen und geeignet für den Koordinierungsbedarf zwischen selbständigen Akteuren. Sie sind zu nutzen für die Absicherung von medienpolitischen Entscheidungen, die an der Legitimationsinstanz Parlament vorbei getroffen wurden. Sie sind zur Einbe-

Medien- und Kommunikationspolitik in Deutschland

ziehung von Expertenwissen zu nutzen, ohne dafür dauerhaft institutionalisierte Beratungskapazität aufbauen und finanzieren zu müssen" (VOWE 1991: 455).

Mit Vowe wollen wir unter Kommission ein Gremium verstehen, dem für die Erledigung eines bestimmten Auftrages zeitlich befristet Autorität verliehen wird. Kommissionen können von unterschiedlichen Instanzen des paS ihren Auftrag erhalten (z.b. vom Parlament: „Enquete-Kommission"), die Auftragserteilung kann präzise oder eher allgemein sein (Erstellung einer Beschlußvorlage oder Erarbeitung einer Problemstudie), sie können mit unterschiedlichen Kompetenzen und Arbeitsmöglichkeiten ausgestattet sein (z.b. Erteilung von Aufträgen), sich auf höchst unterschiedliche Art zusammensetzen (z.b. Wissenschaftlerkommission oder Kommission aus Vertretern gesellschaftlicher Gruppen) und spezifische interne Arbeitsformen ausbilden (z.B. Kollegialprinzip; Plenar- und Ausschußarbeit u.a.m.).

Da die Einsetzung und Arbeit von Kommissionen in sachlicher, zeitlicher und sozialer Hinsicht aufwendig ist, agieren sie an wichtigen Punkten. Kommissionen bilden somit im Politikfeld Medien- und Kommunikationspolitik eine Art Focus, in dem die entscheidenden Linien politischen Handelns zusammenlaufen: Die Analyse von Kommissionen, die als Foren und Instrument in der Medienpolitik aufzufassen sind, ermöglicht einen Einblick in die Strukturen des Politikfeldes, und sie vermittelt zugleich einen allgemeinen, zeitgeschichtlichen Überblick über die verhandelten Probleme. Die Kommissionen werden hier als Indikatoren genutzt, um die skizzierten Entwicklungstendenzen aufzuzeigen.

Selbstkontrollfrage 3:
Durch welche Merkmale ist das „Politikfeld Medienpolitik" gekennzeichnet? Gelten diese Merkmale nur und ausschließlich für dieses Politikfeld?

3.2. Problembearbeitung im Medienbereich - Fallstudien

3.2.1. Der Wettbewerb zwischen Rundfunk und Presse - „Michel- Kommission"

Bis zu Beginn der 60er Jahre hatte sich die „publizistische Gewaltenteilung" zwischen öffentlich-rechtlich organisiertem Rundfunk und privatwirtschaftlich organisierter Presse behauptet. In den frühen 60er Jahren begannen die Zeitungsverleger von einer „verschobenen Wettbewerbslage" und von einem „Verdrängungswettbewerb" zwischen den Medien zu sprechen. Der Bundesverband Deutscher Zeitungsverleger (*BDZV*) legte 1964 den Ministerpräsidenten der Länder eine Denkschrift unter dem Titel „Pressefreiheit und Fernsehmonopol" vor, in der vor allem die publizistische Überlegenheit der elektronischen Medien, insbesondere des Fernsehens, gegenüber den Druckmedien behauptet wurde. Ferner wurde die kartellartige Marktmacht der *ARD* kritisiert. Zum Ausgleich von publizistischen und ökonomischen Nachteilen forderten die Verleger die Übernahme der Programmherstellung für das *ZDF*. Die Ministerpräsidenten der Länder wiesen diesen Vorschlag zurück. Die Aktivitäten des *BDZV* konzentrierten sich dann auf den Bund - mit Erfolg. Nach wenigen Debatten setzte der Deutsche Bundestag zur Untersuchung der Wettbewerbsbeziehungen 1964 die „Kommission zur Untersuchung der Wettbewerbsgleichheit von Presse, Funk/Fernsehen und Film" ein, die nach ihrem Vorsitzenden vielfach als „Michel-Kommission" bezeichnet wird.

Der Kommission gehörten sieben Personen an, die alle nicht unmittelbar im Medienbereich tätig waren (darunter vier Hochschullehrer). 1967 legte die Michel-Kommission ihren Abschlußbericht vor, in dem die Behauptungen der Verleger nicht gestützt wurden. Im Gegenteil: Die Kommission stellte fest, daß wirtschaftliche Probleme und Prozesse der Konzentration im Tageszeitungssektor allein auf pressespezifische Entwicklungen zurückzuführen seien. Wettbewerbsbeziehungen gäbe es zwischen Fernsehen und Film; zugleich gäbe es spezifische Wettbewerbsbeziehungen zwischen den Zeitschriften und dem Fernsehen. Die Kommission lehnte somit ein von Verlegern betriebenes Fernsehen ab; allerdings schlug sie auch vor, das Werbefernsehen in eine Stiftung umzuwandeln.

Die Arbeit der Michel-Kommission war innovativ: Die Kommission legte einen im Analyse- und Maßnahmenteil gleichermaßen überzeugenden Bericht vor, der den Interessenkonflikt beilegte. Insgesamt tagte die Kommission an 41 Sitzungstagen, und ihr stand ein Arbeitsstab zur Verfügung. Erstmalig wurden im größeren Umfang medienstrukturelle Daten für die Bundesrepublik systematisch erhoben. Die eingesetzten Methoden besitzen vielfach noch heute Modellcharakter (vgl. JARREN 1991). Die Argumentation war empirisch gut abgesichert und auch theoretisch plausibel begründet (Komplementär- und Substitutionsbeziehungen zwischen unterschiedlichen Medien), so daß die Aussagen auch in späteren Forderungen der Verleger nach einer Rundfunkbeteiligung oder der Errichtung von privaten Rundfunkveranstaltern (Saarland, Berlin, Bayern) verwandt werden konnten. Erst im Zusammenhang mit den „Neuen Medien" (Kabel- und Satellitenfernsehen) und unter Hinweis auf das Vorhandensein hinreichender Frequenzen gelang den Verlagen die Einführung privaten Rundfunks unter ihrer Beteiligung. Die Kommission schärfte insgesamt den Blick für Konkurrenzbeziehungen im Medienbereich, denn in der Folgezeit begann die Untersuchung der pressespezifischen Wettbewerbsverhältnisse (vgl. KIESLICH 1968). Zugleich war die Kommission, an der keine Publizistikwissenschaftler beteiligt waren, für die weitere empirisch orientierte Medienstrukturforschung (u.a. „Pressekonzentrationsforschung" durch Walter J. Schütz und „Langzeitstudie Massenkommunikation" der *ARD*) von Bedeutung (vgl. dazu zusammenfassend: SCHÜTZ 1984; BERG/KIEFER 1987).

3.2.2. Das Problem Pressekonzentration - „Günther-Kommission"

Noch vor Abschluß der Arbeit der Michel-Kommission, in der das Problem der Pressekonzentration in den Mittelpunkt rückte, berief die Bundesregierung („Große Koalition") 1967 die 17 Mitglieder für die „Kommission zur Untersuchung der Gefährdung der wirtschaftlichen Existenz von Presseunternehmungen und der Folgen der Konzentration für die Meinungsfreiheit in der Bundesrepublik - Pressekommission" (nach ihrem Vorsitzenden auch „Günther-Kommission" genannt). Diese Kommission, überwiegend zusammengesetzt aus Interessenvertretern (Verlegern, Journalisten, Rundfunkintendanten, Wirtschaftsexperten), tagte im Plenum an insgesamt neun Tagen und sollte die Gründe für die Pressekonzentration erfassen sowie

Medien- und Kommunikationspolitik in Deutschland

Regelungsvorschläge entwickeln. Die Günther-Kommission arbeitete in fünf Ausschüssen; sie wurde von einer im Bundeskartellamt eingerichteten Arbeitsgruppe unterstützt. Die rasche Einsetzung der Günther-Kommission muß auch auf beginnende gesellschaftliche Diskussionen zurückgeführt werden: So richtete sich der Protest der „Außerparlamentarischen Opposition" (APO) in diesen Jahren massiv gegen die zunehmende Printmedienkonzentration (Manipulationsverdacht, „Enteignet-Springer-Kampagne").

Die Arbeit der Kommission, die noch 1967 einen Zwischenbericht und bereits im Juli 1968 ihren Endbericht vorlegte, fand erhebliche publizistische Aufmerksamkeit. Dies nicht zuletzt auch deshalb, weil es zu größeren Konflikten zwischen Kommissionsmitgliedern kam; u.a. stellte Axel Springer seine Mitarbeit ein und wirkte nicht mehr am Schlußbericht mit. Andererseits gelang der Kommission - trotz erheblichen Zeitdrucks - eine rasche Erschließung von Quellen und die Erarbeitung von neuen Daten für den Abschlußbericht, auch wenn von einzelnen Interessenvertretern später Kritik an der Datenbasis erhoben wurde. Die Günther-Komission konnte die, z.T. von der Michel-Kommission vorgelegte, Datenbasis in kurzer Zeit verbessern und kam zu dem Schluß, daß die Pressefreiheit in der Bundesrepublik noch nicht gefährdet sei. Allerdings sei es notwendig, mögliche Gefährdungen durch rasch zu ergreifende politische Maßnahmen auszuschließen.

Zu den umstrittenen Vorschlägen der Günther-Kommission zählte die Festlegung von Höchstgrenzen für die Marktanteile von einzelnen Presseunternehmen („konzentrationshemmende Maßnahmen"): Bei einem Marktanteil von 20 Prozent eines Unternehmens an der Gesamtauflage im Bereich Tagespresse/Sonntagszeitungen/Zeitschriften sei die Pressefreiheit „gefährdet" und bei einem Anteil von 40 Prozent sei sie unmittelbar „beeinträchtigt". Um die Pressekonzentration zumindest zu verlangsamen, schlug die Kommission ferner eine progressive Anzeigensteuer vor. Diese Vorstellungen wurden allesamt von der Bundesregierung aufgrund verfassungsrechtlicher Bedenken nicht akzeptiert.

Andererseits hat die „Günther-Kommission" eine Vielzahl von Empfehlungen zu unterschiedlichen Bereichen (Maßnahmen zur Förderung der Wettbewerbsfähigkeit, presserechtliche Maßnahmen, Maßnahmen zur Sicherung der inneren Pressefreiheit sowie allgemeine Empfehlungen) ausgesprochen, die zum Teil - allerdings mit erheblicher zeitlicher Verzögerung - umgesetzt wurden. Zu erwähnen sind vor allem:
- Finanzhilfen für Presseunternehmen
- Einführung einer pressespezifischen Fusionskontrolle
- Pressestatistik-Gesetz
- Erstellung eines Berichts über die Lage und Entwicklung der Medien.

Bewertet man die Bedeutung der Kommissions-Empfehlungen zusammenfassend, so ist festzustellen, daß ein geschlossenes pressepolitisches Konzept, wie es in der Günther-Kommission angedacht wurde, nicht entstand. Strukturelle Ansätze, z.B. zur Verbesserung von Marktzutrittschancen für neue Wettbewerber, wurden nicht entwickelt. Die Pressekonzentration nahm - trotz vielfältiger Maßnahmen zur Förderung der Wettbewerbsfähigkeit nachrangiger Anbieter und der pressespezifischen Fusionskontrolle - in den folgenden Jahren stetig zu, so daß es Ende der siebziger Jahre „kaum noch Objekte für die Konzentration" (SCHÜTZ 1979) gab. Die Konzentration im Pressebereich ist seitdem dennoch weiter vorangeschritten, und sie hat zudem durch das Entstehen von „Multi-Media-Unternehmen" eine neue Dimension erreicht (vgl. dazu: RÖPER 1991).

Aber auch Maßnahmen im Bereich Presserecht und Regelungen zur Sicherung der inneren Pressefreiheit wurden nicht ergriffen, weil sich die sozial-liberale Koalition, die 1969 die Realisierung eines Pressemitbestimmungsmodells angekündigt hatte, nicht über einen Entwurf verständigen konnte. Die Notwendigkeit pressespezifischer Mitbestimmungsregelungen wurde zu Beginn der siebziger Jahre weitgehend anerkannt, und die entwickelten Konzepte (insbesondere die Abgrenzung der Kompetenzen von Verlegern und Redakteuren im Rahmen der publizistischen Arbeit) galten als verfassungskonforme und systemimmanente Reformstrategien. Ein 1974 vorgelegter Referentenentwurf für ein Presserechtsrahmengesetz wurde nicht weiter diskutiert, da dieser Regelungen enthielt, die in den Kompetenzbereich der Länder gefallen wären. In der Regierungserklärung von 1976 wurden die Tarifparteien aufgefordert, einvernehmliche Regelungen zur Ausgestaltung der „inneren Pressefreiheit" zu treffen. Entsprechende Vereinbarungen wurden jedoch bis heute nicht getroffen.

Nicht vernachlässigt oder unterbewertet werden sollte allerdings die Thematisierungsfunktion der Günther-Kommission für Interessengruppen, Politik und Wissenschaft gleichermaßen: Die bestehenden Interessenkonflikte, z.B. um die Einführung privaten Rundfunks, wurden zumindest beruhigt. Der Bund begann damit, die Medienentwicklung systematischer zu beobachten und zu analysieren (Pressestatistikgesetz; Einrichtung des „Interministeriellen Arbeitskreises Kommunikationsforschung"; Vergabe von Forschungsaufträgen; Erstellung von „Medienberichten"). Auf Seiten der Bundesländer sind allerdings keine Aktivitäten festzustellen, obwohl die „Pressepolitik" in ihren Kompetenzbereich fällt. Hier ist vor allem festzuhalten, daß die Chancen einer Institutionalisierung zur weiteren Bearbeitung von Medienfragen nicht genutzt wurden: Die Günther-Kommission hatte auch die Einrichtung einer „Kommission von Presse und Rundfunk" angeregt. Dieses Gremium wurde allerdings nicht geschaffen - eben wegen der vorhandenen Kompetenzverteilungen.

3.2.3. Das Problem Rundfunkfinanzierung - „Kommission für die Ermittlung des Finanzbedarfs der Rundfunkanstalten" (KEF)

Da Rundfunk Ländersache ist, sind die Bundesländer - nach vorherrschender juristischer Auffassung - für die Finanzierung des öffentlich-rechtlichen Rundfunks unmittelbar zuständig. Den einzelnen Rundfunkanstalten, die allerdings erst seit 1968 über das Recht zum Einzug der Gebühren verfügen, steht damit keine eigene Gebührenkompetenz zu, d.h. sie können die Gebühr nicht selbst festsetzen. Dies ist Aufgabe des Staates in Form der Länderparlamente. Die Bundesländer tragen jedoch, da sie über die *ARD* und das *ZDF* Staatsverträge miteinander abgeschlossen haben, eine gemeinsame Verantwortung für die „Gesamtveranstaltung" Rundfunk. So sind sie bei der Rundfunkfinanzierung zur Festlegung einheitlicher Regelungen und zum gemeinsamen Handeln verpflichtet.

Die Legitimation für die Finanzierung über Gebühren ergibt sich aus dem speziellen Auftrag an die öffentlich-rechtlichen Rundfunkveranstalter: Ihr Programm hat der Information, Bildung und Unterhaltung zu dienen. Darüber hinaus soll im Gesamtprogramm die Vielfalt der bestehenden Meinungen und der weltanschaulichen, wissenschaftlichen und künstlerischen Richtungen Ausdruck finden, die gesellschaftlich relevanten Kräfte sollen zu Wort kommen, und eine einseitigparteiliche Berichterstattung soll ausgeschlossen sein. Das Bundesverfassungsgericht hat in seinem Rundfunkurteil von 1986 dem öffentlich-rechtlichen Rundfunk darüber hinaus die Funktion der „Grundversorgung" zugewiesen. Dem privaten Rundfunk, der sich ausschließlich aus Werbeeinnahmen finanziert, kommt damit eine ergänzende Funktion zu.

Im Zusammenhang mit der Einführung privaten Rundfunks wurde intensiv die Frage diskutiert, ob aus ordnungspolitischen Zielsetzungen heraus nicht klare Finanzierungsmodelle (öffentlicher Rundfunk: nur Gebühren; privater Rundfunk: nur Werbeeinahmen oder nur Teilnehmerentgelte, z.B. „Pay-TV" oder „Pay-Per-View") realisiert werden sollten. Dies hatte u.a. die „Monopolkommission" wiederholt angeregt. Die Ministerpräsidenten der Länder entschieden sich allerdings für die Beibehaltung der Mischfinanzierung beim öffentlich-rechtlichen Rundfunk, verbunden mit (zeitlichen) Werbebeschränkungen für diese Veranstalter. Der öffentlichrechtliche Rundfunk soll sich vorrangig aus Gebühren finanzieren; Einnahmen erzielt er aber auch aus dem Verkauf von Werbezeiten und aus sonstigen Erlösen, insbesondere aus abgeführten Erträgen von den privatwirtschaftlich tätigen „Werbetöchtern". Seit 1992 ist im öffentlich-rechtlichen Rundfunk zudem Sponsoren-Werbung möglich.

Die „Gebührenfrage" war lange Zeit kein Politikum: Bis in das Jahr 1969 betrug die Hörfunkgebühr (1924 eingeführt: zwei Reichsmark) zwei D-Mark und die (1953 eingeführte) Fernsehgebühr fünf D-Mark. So wurde die Fernsehgebühr in Verhandlungen zwischen der Bundespost und dem *NWDR* ohne weitere Berechnungen ausgehandelt und auf fünf Mark festgesetzt („Hoheitsgebühr"). Die Rundfunkanstalten deckten in den fünfziger und sechziger Jahren ihre steigenden Kosten durch Gebührenmehreinnahmen, die allein aus den steigenden Teilnehmerzahlen resultierten. Dann aber war eine Sättigungsgrenze erreicht, so daß Forderungen nach Gebührenerhöhungen erhoben wurden. Die „Gebührenfrage" sollte sich zu einem Schlüsselproblem für den öffentlichen Rundfunk entwickeln. Denn: Die Durchsetzung von politischen Interessen vermittels von Finanzierungsentscheidungen spielt beim öffentlich-rechtlichen Rundfunk, in dessen Aufsichtsgremien die politischen Parteien mit einflußreichen Landespolitikern dominieren, eine zentrale Rolle, weil sie vorrangig von Gebühren- und nachrangig von Werbeeinnahmen „leben". Und über die Gebührenhöhe entscheiden Landespolitiker. So lag 1990 der Finanzierungsanteil der Gebühren bei den *ARD*-Anstalten bei 71 Prozent und beim *ZDF* betrug er rund 57 Prozent.

Die Gebührenhöhe und die Gebührenlaufzeit werden in einem hoheitlichen Verfahren bestimmt und über einen Staatsvertrag zwischen allen Bundesländern realisiert. Dieser Vorgang ist allein deshalb aufwendig und kompliziert, weil alle Länderparlamente den Staatsvertrag zu ratifizieren haben. Der Entscheidung geht ein langer Prüfungs-, Diskussions- und Abstimmungsprozeß mit hohem Zeit- und Verwaltungsaufwand voraus.

Die Schritte im einzelnen:
- Die Rundfunkanstalten machen aufgrund ihrer Finanzplanung und nach internen Abstimmungsprozessen einen erhöhten Gebührenbedarf gegenüber den Ministerpräsidenten der Länder geltend.
- Die Staats- und Senatskanzleien prüfen die Bedarfsanmeldung, unter Umständen unter Rückgriff auf Daten der KEF.
- Die Ministerpräsidenten der Länder verhandeln (Rundfunkreferenten, Chefs der Staatskanzleien, Rundfunkkommission der Länder) über Termine und die endgültige Höhe der Gebühren. Unter Umständen wird die KEF um Stellungnahme oder besondere Auswertungen gebeten.
- Auf Grundlage der staatlichen Vorgaben („Eckwerte") erarbeiten die Landesrundfunkanstalten einen Vorschlag zur Regelung des Finanzausgleichs.
- Entspricht auch dieser Vorschlag den Länderregierungen, werden die entsprechenden Staatsverträge formuliert und von den Ministerpräsidenten unterzeichnet.
- Nach der Ratifizierung durch alle Landesparlamente tritt der neue Staatsvertrag in Kraft.

Wiederholt gelang es einzelnen Fraktionsspitzen von Mehrheitsfraktionen in einem einzigen Parlament, über diese Verhandlungen Partialinteressen vorzutragen - und durchzusetzen.

Grundsätzlich sind aber der politischen Steuerung durch Finanzierung Grenzen gesetzt, weil sich alle Bundesländer auf eine Einheitsgebühr, die seit 1969 existiert, verständigen müssen (vgl. KOPPER 1991). Die Basis dafür bildet der 1968 erstmalig geschlossene „Staatsvertrag der Länder über die Regelung des Rundfunkgebührenwesens". Diesem Staatsvertrag waren höchstrichterliche Urteile über die Rechtsnatur der Rundfunkgebühren vorausgegangen. Die Bundespost verlor ihr „Hoheitsrecht" zur Gebührenfestsetzung und zum Gebühreneinzug. Ihr Aufgabenspektrum wurde auf eine der Rundfunkfreiheit dienende Funktion (Dienstleistungsverhältnis gegenüber dem Rundfunk) reduziert und die Stellung der Länder gestärkt. Weitere Staatsverträge, in denen Finanzfragen berücksichtigt sind, wurden seitdem von den Bundesländern abgeschlossen. Es existiert ein komplexes „Regelungswerk" durch Staatsverträge und Vereinbarungen. Eine politische Gesamtsteuerung des öffentlichrechtlichen Rundfunks ist unter diesen Bedingungen ausgeschlossen.

Zudem ist die Materie selbst höchst komplex, und das Gebührenermittlungs- und -festsetzungsverfahren verläuft über verschiedene Etappen: Der Festsetzung von Gebühren geht ein vielfältiger horizontaler und vertikaler Planungs- und Abstimmungsprozeß zwischen zahlreichen Akteuren voraus, in dem
- Kriterien für eine funktionsgerechte Finanzausstattung (u.a. Anerkennung von Bedarfen im Programmbereich: z.B. Verbreitung neuer Programme per Satellit oder Ausbau der III. Fernsehprogramme),
- Finanzierungsgrundsätze (u.a. Verhältnis von Werbeerlösen zu Gebühreneinnahmen),
- Kriterien und Methoden für die Ermittlung des Finanzbedarfs (z.B. liquiditätsorientierte oder betriebswirtschaftliche Finanzplanungsmethode) und
- Grundsätze für den internen Finanzausgleich zwischen den einzelnen Landesrundfunkanstalten festzulegen sind.

Medien- und Kommunikationspolitik in Deutschland

Auf der bundesstaatlichen Ebene müssen also zwischen den Ländern immer wieder Kompromisse ausgehandelt werden. Eine „gespaltene Gebühr", mit der in einigen Entscheidungsprozessen einzelne Länder gedroht haben, birgt für die Länder so große verfassungsrechtliche und politische Risiken (Einheitlichkeit der Lebensverhältnisse, Einflüsse durch den Bund), daß letztlich doch immer Konsense gefunden wurden.

Die Steuerungsversuche durch das paS auf der Länderebene sind damit vorrangig auf Teilbereiche der oder auf Einzelmaßnahmen in den einzelnen Landesrundfunkanstalten angelegt, also zum Beispiel auf
- Finanzierungsvorgaben (z.b. für einzelne Projekte wie für Regionalisierungsvorhaben),
- Finanzierungsauflagen (z.b. bei der Programmbeschaffung),
- Finanzverknappung (z.b. durch Nicht-Bewilligung von Mitteln) oder auf
- Finanzkontrollen (z.B. durch die Landesrechnungshöfe: Vergleich der Personalkosten zwischen öffentlichem Dienst und Landesrundfunkangestellten, beispielsweise Pensionsansprüche).

Diese Auflistung zeigt den erheblichen Spielraum der Akteure auf der Landesebene. Landesspezifische Möglichkeiten lassen sie sich durch Protokollerklärungen zu Staatsverträgen zudem durch „Bedingungen", „Ersuchen" oder „Verwahrungen" absichern.

Doch alle Einzelmaßnahmen müssen von den Entscheidern im Zusammenhang mit Entwicklungen in der gesamten Rundfunkpolitik getroffen und verantwortet werden. So kann durch Landesregelung natürlich die Werbezeit für ein öffentlich-rechtliches Programm ausgeweitet werden, doch hätte dies Rückwirkungen auf den Finanzausgleich zwischen den Anstalten, und eine solche Entscheidung beeinflußt unter Umständen das „rundfunkpolitische Klima" zwischen den Ländern. Der Erfolg und die Reichweite von derartigen Steuerungsversuchen hängt also von einer Vielzahl von Faktoren ab. Landesspezifische Regelungsbemühungen haben mehr und mehr den föderalen Aspekt zu berücksichtigen. So nimmt die Regelungsdichte, bezogen auf föderale und - neuerdings sogar - übernationale Ziele, deutlich zu. Dies zeigt der Staatsvertrag von 1991, in dem es im ersten Absatz der Präambel heißt: „Dieser Staatsvertrag enthält grundlegende Regelungen für den öffentlich-rechtlichen und den privaten Rundfunk in einem dualen Rundfunksystem der Länder des vereinten Deutschlands. Es trägt der europäischen Entwicklung des Rundfunks Rechnung".

Die Gebührenfinanzierung war und ist dennoch ein Politikum ersten Ranges allein deshalb, weil über die Finanzierungsfrage staatliche Akteure einen Einfluß auf die Verfaßtheit des - der Idee nach staatsunabhängigen - öffentlich-rechtlichen Rundfunksystems und auf sein programmliches Leistungsspektrum erhalten. 1967/68 trugen die bundesdeutschen Rundfunkanstalten erstmalig Wünsche nach Erhöhung der Gebühren vor, und sie gerieten dabei in die Position von „Bittstellern": Erst nach langen Beratungen waren die Ministerpräsidenten Ende 1968 bereit, die Rundfunkgebühr zu erhöhen. Die Gebührenerhöhung selbst erfolgte erst 1970. Zudem waren an die Gebührenerhöhung eine Reihe von Auflagen geknüpft worden. Das Thema „Gebührenerhöhung" wurde öffentlich diskutiert, und die Anstalten wurden wegen ihrer Ausgabenpolitik in den Zeitungen vielfach gerügt und kritisiert. Innerhalb kurzer Zeit entstanden bei den Anstalten, unter anderem bedingt durch die Einführung des Farb-Fernsehens, finanzielle Defizite, so daß bereits 1973 neue Forderungen nach einer Gebührenerhöhung vorgebracht wurden. Zur Prüfung des Anliegens der Anstalten setzten die Ministerpräsidenten 1973 eine „Arbeitsgruppe Rundfunkgebühren" ein. Sie bestand aus elf Ländervertretern (Staats- und Senatskanzleien) sowie vier Repräsentanten aus Landesrechnungshöfen, und an der Kommissionsarbeit wurden Vertreter von *ARD* und *ZDF* beteiligt. Die Zusammensetzung der Kommission, vor allem die Dominanz staatlicher Vertreter in ihr, führte zu einer generellen Kritik.

Die Ministerpräsidenten beauftragten daraufhin ihre Rundfunkreferenten, neue Verfahrensvorschläge zu entwickeln. In diesem Zusammenhang wurden unterschiedliche Modelle diskutiert: So schlug das Bundesland Nordrhein-Westfalen die Bildung einer unabhängigen Kommission vor, deren Mitglieder vom Bundespräsidenten berufen werden sollten. Auch Hessen plädierte für eine unabhängige, staatsferne Kommission. Die Rundfunkanstalten lehnten zentrale „Bundeskommissionen" jedoch ab, da sie den Rundfunk-Föderalismus durch solche Einrichtungen gefährdet sahen. Zudem forderten sie das Recht zur Gebührenfestsetzung durch die Anstalten selbst. Als alternative Variante wurde die Bildung einer Kommission aus Vertretern der Aufsichtsgremien der Landesrundfunkanstalten ins Gespräch gebracht.

Die Ministerpräsidenten lehnten - und lehnen - eine Festsetzung der Gebühren durch die Rundfunkanstalten selbst unter Hinweis auf deren Monopolstellung ab. Ebenso sprachen sie sich gegen Kommissionen mit Gremienvertretern aus, da sie diese als zu anstaltsnah ansahen.

Stattdessen gründeten die Ministerpräsidenten 1974 eine „Rundfunkgebührenkommission" auf Dauer, die wenig später die Bezeichnung „Kommission zur Ermittlung des Finanzbedarfs der Rundfunkanstalten" (KEF) bekam. Diese Kommission, mit Geschäftsstelle in der rheinland-pfälzischen Staatskanzlei, setzte sich bis Mai 1988 aus vier Staatskanzleivertretern, vier Vertretern aus Landesrechnungshöfen, vier unabhängigen Sachverständigen und einem Vorsitzenden (ohne Stimmrecht) zusammen. Das heißt, bis 1988 war der Anteil an leitenden - zum Teil sogar weisungsgebundenen - (Landes-)Beamten in der Kommission außerordentlich hoch (Zweidrittel-Mehrheit). Seit 1988 arbeiten zwei weitere Sachverständige in der KEF mit. Die Ministerpräsidenten forderten ferner die KEF auf, bei ihren Beratungen Experten auch aus dem Bereich Rundfunktechnik zu berücksichtigen. Vertreter der Rundfunkanstalten können von der KEF bei Beratungsbedarf herangezogen werden. Dies geschieht vor allem im Rahmen von Arbeitsgruppen innerhalb der KEF, die sich mit den Erträgen, dem Personalaufwand, dem Programmaufwand sowie den Investitionen und Krediten befassen.

Die KEF arbeitet der „Rundfunkkommission der Länder" und somit den Ministerpräsidenten direkt zu (Vorschläge und Empfehlungen), und sie hat konkret den Auftrag, den Finanzbedarf der Rundfunkanstalten fortlaufend zu ermitteln und alle zwei Jahren einen Bericht darüber vorzulegen. In ihren Berichten - sieben hat die KEF bislang vorgelegt - hat sie zur Frage der Notwendigkeit einer Erhöhung der Gebühren Stellung zu nehmen. Bei ihren Vorschlägen hat die KEF die Programmautonomie der Rundfunkanstalten zu wahren und - im Sinne des Staatsvertrages - für die wettbewerbsfähige Weiterentwicklung der bestehenden Hörfunk- und Fernsehprogramme zu sorgen. Das schließt auch ein, daß den öffentlich-rechtlichen Anstal-

Medien- und Kommunikationspolitik in Deutschland

ten der Zugang zu neuen Produktions- und Verbreitungstechniken ermöglicht werden muß.

An den von der KEF verwandten Berechnungs- und Prognoseverfahren wurde wiederholt, vor allem von den Rundfunkanstalten, Kritik geübt. Die methodischen Probleme ergeben sich zum einen daraus, daß für die Rundfunkanstalten keine klaren Aufgabenkataloge vorliegen bzw. festgelegt werden können. So hat das Bundesverfassungsgericht 1988 bestimmt, daß die Rundfunkgebühr nicht Gegenleistung für eine konkrete (Programm-)Leistung sei, sondern das von den Bundesländern eingeführte Mittel zur Finanzierung der Gesamtveranstaltung öffentlich-rechtlicher Rundfunk. Zum anderen konnten bislang weder Kriterien noch Verfahren zur Ermittlung des Finanzbedarfs verbindlich fixiert werden (vgl. dazu zusammenfassend: PRODOEHL 1990).

Abgesehen von der immanenten Kritik an der Kommissionsarbeit ist das Kardinalproblem der „gespaltenen Verantwortung" nicht zu übersehen: Während die Organe der Rundfunkanstalten nur einen geringen Einfluß auf die Einnahmeseite und damit auf den Finanzrahmen und die Wirtschaftsplanung ihrer Anstalt haben, verfügen die über das Gebührenaufkommen entscheidenden Instanzen (KEF, Länderparlamente) über keinen direkten Einfluß auf die Wirtschaftsführung und somit über die Ausgabenseite der Anstalten (vgl. dazu auch RÜHL 1984). Mit der Einrichtung der KEF haben die in Gebührenangelegenheiten zuständigen Ministerpräsidenten und Länderparlamente das eigentliche Problem, nämlich für eine funktions- und sachgerechte Haushaltsplanung der Anstalten Sorge zu tragen, nicht gelöst. Mit dem Verfahren „Gebührenfeststellung" durch die KEF wurde das Finanzierungsproblem nur auf eine andere Ebene gehoben bzw. verschoben, um sich damit vor der Kritik eines ungerechtfertigten staatlichen Eingriffs in die Rundfunkautonomie zu schützen. Die Sachverständigenkommission KEF und ihr Votum verleiht der Gebührenanpassung eine zusätzliche Legitimität. Dies dürfte auch der Grund dafür sein, daß die Ministerpräsidenten in der Regel den KEF-Empfehlungen weitgehend gefolgt sind, wobei anzumerken ist, daß die KEF regelmäßig weit unter den Forderungen der Rundfunkanstalten blieb.

Die engmaschigen personellen Verflechtungen zwischen paS und KEF und die an staatlichen Mustern (Finanz- und Haushaltsplanung) orientierte Arbeitsweise der KEF mag zweifellos kritikwürdig sein, aber unabhängig davon ist zu berücksichtigen, daß wohl jedes politische Abstimmungsverfahren zur Festsetzung von Gebühren der Kritik unterliegen dürfte. Die Länder haben ihre Gebührenkompetenz nicht auf die KEF übertragen, aber als gemeinsame Einrichtung aller Länder ist sie ein relativ eigenständiger Akteur, der natürlich dem politischen Gesamtinteresse der Länder verpflichtet ist. Die KEF kann sich aber zugleich auch auf rechtliche Vorgaben berufen: Die im Staatsvertrag festgeschriebene „Bestands- und Entwicklungsgarantie" für den öffentlich-rechtlichen Rundfunk hat sie durch Finanzierungsvorschläge zu sichern. Sie agiert damit im gesamten Handlungsrahmen des dualen Rundfunksystems. Aufgrund dieser Position muß sie ihre Handlungsspielräume immer wieder neu finden und damit ihre Autonomie definieren. Durch die vorgenommene Erweiterung der „Experten-Bank" könnte sich ein neues Selbstverständnis in der KEF entwickeln.

Abgesehen von spezifisch methodischen Reformüberlegungen zur Objektivierung einzelner Maßnahmen im Rahmen des üblichen Gebührenermittlungsverfahrens

wurde in jüngster Zeit wiederholt der Vorschlag unterbreitet, die Rundfunkgebühren an einen Index zu binden (allgemeine Kostenentwicklung und besondere Kostenentwicklung im Medienbereich) und entsprechend ansteigen zu lassen. Dieser Vorschlag wurde 1982 erstmalig vom *ZDF*-Intendanten gemacht, und er hat zwischenzeitlich zahlreiche Modifikationen erfahren. Im Grundsatz sehen auch die Ministerpräsidenten der Länder in der Bildung von Indices einen Neuansatz zur Rundfunkgebührenermittlung und -festsetzung. Doch auch dieses Modell weist eine Reihe von Schwächen auf, unter anderem
- Problem der Bestimmung eines medien- bzw. rundfunkspezifischen „Warenkorbs";
- Problem der Festlegung von Indices;
- Befürchtung einer „Inflationsmentalität" durch automatische Steigerungsraten;
- Problem der Festlegung von Innovationszuschlägen für künftige Aufgaben;
- geringes Auswirkungspotential auf die konkrete Haushaltsführung in den Anstalten.

So sind einige Landesrundfunkanstalten nicht an „automatisch" steigenden Gebühren interessiert, da sie befürchten, für diese Steigerungen durch das Publikum allein verantwortlich gemacht zu werden. Darüber hinaus wären die Vorgaben des Bundesverfassungsgerichts zu berücksichtigen: Eine genuine Entscheidung über das Gebührenfestsetzungsverfahren steht (seit 1988) allerdings noch aus. Den Karlsruher Richtern liegt aber ein Urteil des Bayerischen Verfassungsgerichtshofs vor, in dem dieser den Rundfunkanstalten das alleinige Recht auf Erlaß von Gebührensatzungen zuerkennt.

Seit 1985 liegt schließlich ein Vorschlag der Gremienvorsitzenden aus den *ARD*-Anstalten vor: Die KEF soll durch eine unabhängige Sachverständigen-Kommission, bestehend aus Länder-Vertretern und Vertretern aus den Rundfunkräten der einzelnen Anstalten, ersetzt werden. Für ihre Wahl bedürfen die Vertreter eine Zweidrittel-Mehrheit von den sie entsendenden Gremien (vgl. z.B. BÜHRINGER 1985). Ferner sollen dieser Kommission die Präsidenten der Landesrechnungshöfe als „geborene Mitglieder" angehören. Die Länderparlamente sollen - auf Zeit - ihre Kompetenzen zur Gebührenfestsetzung auf diese Kommission übertragen. Gegen diesen Vorschlag haben die Länder vor allem verfassungsrechtliche Bedenken (unzulässige Delegation von Kompetenzen) geltend gemacht.

Immerhin haben aber auch die Ministerpräsidenten der Länder einen Reformbedarf ausgemacht. In einer Protokollerklärung zum Rundfunkstaatsvertrag von 1987 heißt es: „Das Verfahren zur Ermittlung des Finanzbedarfs der Rundfunkanstalten durch die KEF soll überprüft werden; etwaige Änderungsvorschläge sollen vorgelegt werden. Die in der KEF vertretenen vier Staatskanzleien werden beauftragt, insbesondere Vorschläge zur Zusammensetzung der KEF vorzubereiten; dabei sollen vor allem die Möglichkeiten einer verstärkten Beteiligung aus dem Bereich der Betriebswirtschaft und einer Einschaltung von Wirtschaftsprüfern untersucht werden".

Das „Problemfeld Rundfunkgebühren" zeigt die Vorteile und Schwächen von Kommissionen außerordentlich deutlich. In allen Reformvorschlägen bleibt das „Instrument Kommission" im Kern erhalten. Der Handlungsspielraum für jedwede Kommission wird jedoch unter den Bedingungen einer „dualen Rundfunkordnung" immer kleiner werden, auch weil der Regelungsgegenstand komplexer wird: Wirkungen und Rückwirkungen von Einzelentscheidungen lassen sich unter den Bedin-

Medien- und Kommunikationspolitik in Deutschland 127

gungen dynamischer Marktprozesse nicht zuverlässig abschätzen und hinreichend prognostizieren, zumal dann, wenn der Kommissions-Auftrag sich nur auf einen Sektor (öffentlich-rechtliche Säule) bezieht. Erschwerend kommt hinzu, daß durch Entscheidungen der Länderparlamente der Ordnungsrahmen für öffentlich-rechtliche Rundfunkveranstalter verändert wurde. Sie finanzieren sich nicht nur aus Gebühren, Werbegeldern und sonstigen Einnahmen, sondern neuerdings auch durch Sponsoren-Gelder. Im neuen Staatsvertrag sind dazu aber keine speziellen Regelungen getroffen worden. Die ordnungspolitischen Probleme im Rundfunkbereich dürften damit größer werden.

Selbstkontrollfrage 4:
Stellen Sie die einzelnen Schritte im Prozeß zur Feststellung der Rundfunkgebühr dar.

3.2.4. Das Problemfeld „Neue Medien" -
Kommissionen und ihre Rolle auf dem Weg zum dualen Rundfunksystem

Allen begrifflichen Unschärfen zum Trotz: Mit dem Terminus „Neue Medien" wird die technische, ökonomische und politische Umbruchsituation im Medienbereich zutreffend bezeichnet. Während aber die einen unter den „Neuen Medien" lediglich die Verbreitung von Hörfunk- und Fernsehprogrammen mittels Verkabelung sowie Rundfunk- und Fernsehsatelliten verstehen, bezeichnen andere mit „Neuen Medien" generell den Prozeß der Technisierung von Information und Kommunikation (Digitalisierung der Datenverarbeitung, neue Formen der Informationsübertragung) und das Entstehen „Neuer Informations- und Kommunikationstechniken" (IuK-Techniken): Anwendungsbereiche der Massen- und der Individualkommunikation fallen hier zusammen. Auch wenn der Bereich der klassischen Massenkommunikation von den IuK-Techniken noch unterschieden und getrennt betrachtet werden kann, so sind technische und ökonomischen Tendenzen zur Integration beider Bereiche nicht mehr zu übersehen.

Das sich entwickelnde Feld der Telekommunikation findet zum einen aus wirtschafts- und zum anderen aus medienpolitischen Gründen die besondere Aufmerksamkeit der politischen Akteure. Bereits in den siebziger Jahren war erkennbar, daß Massenkommunikation, EDV und Telekommunikation eine Schlüsselrolle für die Weiterentwicklung der Volkswirtschaft zukommen wird (Schlagworte: „Postindustrielle Gesellschaft", „Informationsgesellschaft"). Die Verbindung der beiden Bereiche Massen- und Telekommunikation in einem Regelungsbereich ist aber nicht möglich, da unterschiedliche Kompetenzen zwischen Bund und Ländern berührt sind, und die Akteure zudem versuchen müssen, Elemente aus unterschiedlichen Politikbereichen miteinander zu koordinieren. An einer solchen Koordination lag der SPD/FDP-Koalitionsregierung eher aus industriepolitischen Gründen, aber auch die - damalige - CDU/CSU-Opposition konnte sich mit den Modernisierungsprojekten grundsätzlich einverstanden erklären, wenngleich sie die neuen Techniken auch unter medienpolitischen Aspekten (Privatfunk) sah.

Beispiel 1: Kommission als innovatives Forum (KtK)

Die Verwobenheit zwischen klassischer Medien- und neu entstehender Telekommunikationspolitik zeigte sich 1976 erstmals deutlich: In diesem Jahr legte die „Kommission für den Ausbau des technischen Kommunikationssystems" (KtK) ihren Abschlußbericht vor. 1974 wurde die KtK als Regierungskommission eingesetzt. Sie erhielt den Auftrag, „Vorschläge für ein wirtschaftlich vernünftiges und gesellschaftlich wünschenswertes technisches Kommunikationssystem der Zukunft" zu erarbeiten. Die sozialdemokratisch geführte Bundesregierung sah in den neuen Telekommunikationsformen vorrangig ein Mittel zur Modernisierung der Volkswirtschaft. Sie verfolgte mit der Einsetzung der KtK vorrangig technologie- und wirtschaftspolitische Ziele (vgl. METTLER-MEIBOM 1983 a).

Der 1976 vorgelegte „Telekommunikationsbericht" wurde von 22 Repräsentanten aus Wirtschaft, Parteien, Gewerkschaften, Medien, Kommunen, Ländern und Wissenschaft erstellt. Die Kommission plädierte vor allem für den Ausbau des bestehenden (schmalbandigen) Telefonnetzes, die Weiterentwicklung von Dienstleistungen im Bereich der Individualkommunikation und die Entwicklung neuer Telekommunikationsangebote in bestehenden Netzen. Zugleich entwickelte sie erste Vorschläge für Dienste in Breitbandvermittlungsnetzen, und sie machte sich für Forschungs- und Entwicklungsvorhaben stark (vgl. dazu LANGENBUCHER 1976).

Der KtK gelang eine Bündelung der unterschiedlichen Probleme und Interessen, und sie trug wesentlich zur Entwicklung einer konsensfähigen und umsetzungstauglichen Industrie- und Telekommunikationspolitik des Bundes bei. Ihr Vorschlag, in Form von „Pilotprojekten" neue Formen der Rundfunkkommunikation unter Nutzung von breitbandigen Kupferkoaxialkabeln zu erproben, wurde hingegen zunächst nicht realisiert. Der Regierungspartei SPD wurde deutlich, daß eine forcierte Telekommunikationspolitik nicht ohne Einfluß auf die bestehende Rundfunkstruktur und generell auf die Medienpolitik bleiben würde, und sie entschied sich für eine Art „Doppelstrategie": „Zur 'guten' Telekommunikation, weil strukturpolitisch begründbar, technologisch zukunftsweisend und ökonomisch sinnvoll, avancierte die Glasfaserübertragung mit digitaler Vermittlung im Sternnetz; zur 'bösen' Telekommunikation geriet die Kupferkoaxialtechnik, weil sie medienpolitisch begründet, technologisch rückständig und ökonomisch nicht sonderlich sinnvoll erschien" (VOWE 1991: 450).

Gesellschaftspolitisch unternahm die SPD den Versuch, zu einem breiten Konsens gegen den Privatfunk und für eine Selbstbeschränkung beim Fernsehkonsum zu gelangen. So forderte der damalige Bundeskanzler Helmut Schmidt zu einem „fernsehfreien Tag" in der Woche auf. Die sozialdemokratischen Ministerpräsidenten gingen zur gleichen Zeit pragmatisch und machtbewußt vor: Zum einen wurden die öffentlich-rechtlichen Rundfunkanstalten zur Regionalisierung ihrer Programme ermuntert, zum anderen wurden Konzepte für die Erprobung lokaler Hörfunk- und Fernsehangebote vorgelegt. Die Regionalisierung und Subregionalisierung wurde von vielen Rundfunkanstalten mit erheblichem Mittelaufwand betrieben; lokale Programmangebote wurden mit Rücksicht auf die Interessen der (Lokal-) Zeitungsverlage und unter Hinweis auf die von der KtK empfohlenen Kabelpilotprojekte nicht realisiert (vgl. REICHARDT 1980). Die SPD-Rundfunkpolitik war darauf ausgerichtet, den öffentlich-rechtlichen Anstalten vor dem Hintergrund erwartbarer

Medien- und Kommunikationspolitik in Deutschland 129

(privater) Konkurrenz Startvorteile zu verschaffen. Auf der Länderebene wurde „auf Zeit gespielt" und folglich lange über die Durchführung der „Pilotprojekte" gestritten, und der Bund betrieb über die Bundespost eine äußerst restriktive Strukturpolitik („Verkabelungsstop"). Die SPD-Strategie ging allerdings nicht auf, sondern sie führte letztlich zu einer zunehmend größer werdenden medienpolitischen Handlungsunfähigkeit dieser Partei. Die CDU/CSU auf der anderen Seite erkannte mehr und mehr in der Telekommunikationspolitik ein wirksames Instrument, um auch Ziele in der Medienpolitik, etwa die Einführung privaten Rundfunks, durchsetzen zu können (vgl. METTLER-MEIBOM 1983 a).

Der durch die KtK erzielte Kompromiß zwischen unterschiedlichen ökonomischen und politischen Interessen hatte nicht lange Bestand: Während die CDU/CSU zunächst auf die Durchführung der geplanten Kabelpilotprojekte drang, versuchte die SPD in Bund und Ländern den Status quo im Rundfunksektor zu bewahren, verlangte die „Rückholbarkeit" der technischen Experimente und bestand auf einer Entscheidung über private Rundfunkanbieter erst nach Abschluß der Versuche. Mittels der Bundespost konnte der Bund auf die Entwicklung der Projekte Einfluß nehmen, und die SPD-geführten Bundesländer stützten diese Politik ab. Die CDU-geführten Bundesländer, insbesondere Baden-Württemberg und Niedersachsen, ließen sich auf ein „Stillhalteabkommen" jedoch nicht ein, sondern betrieben eine offensive Medienpolitik, indem sie den Druck auf den öffentlich-rechtlichen Rundfunk erhöhten (u.a. Aufkündigung von Staatsverträgen) und Landesmediengesetze zur Zulassung privater Rundfunkveranstalter verabschiedeten. Die verfassungsrechtlichen Voraussetzungen für eine solche Gesetzgebung hatten sich durch das dritte Rundfunkurteil des Bundesverfassungsgerichts von 1981 gebessert.

In der angespannten innenpolitischen Situation der ausgehenden 70er Jahre avancierte die Medienpolitik zu einem relevanten politischen Thema, und das Instrument „Kommissionen" wurde in der Folgezeit von den Akteuren verstärkt aus machtpolitischen Überlegungen heraus eingesetzt - und damit für die jeweiligen Zwecke instrumentalisiert.

Beispiel 2: Kommission als Alibi und zur Realisierung von Sonderinteressen (EKM)

Die baden-württembergische Landesregierung setzte 1980 mit Zustimmung des Landtages die aus 32 Personen bestehende „Expertenkommission Neue Medien - Baden-Württemberg" (EKM) ein. In ihr arbeiteten - neben einigen Wissenschaftlern - vorrangig Industrie- und Interessenvertreter mit. An dieser Kommission war der damalige *SDR*-Intendant Hans Bausch maßgeblich beteiligt. Er war es auch, der zunächst eine „Bund-Länder-Kommission" über Wirkungsfragen im Zusammenhang mit den „Neuen Medien" gefordert hatte. Gegen eine Bundeskommission in Medienangelegenheiten sprachen sich aber die Länder aus. Der ehemalige baden-württembergische Ministerpräsident Lothar Späth griff die Initiative von Bausch allerdings auf, um sie für seine politischen Zwecke zu nutzen: Mit der Einsetzung der EKM war - und das ist für den Verlauf der Kommissionsarbeit und für die Verwendung der Ergebnisse durch das paS von Bedeutung - der Ausstieg des Landes Baden-Württemberg aus dem Kompromiß der Ministerpräsidenten über die Durchführung der Kabelpilotprojekte verbunden. So sollte Baden-Württemberg gemeinsam mit Rheinland-Pfalz in Mannheim-Ludwigshafen eines von vier Pilotprojekten durchführen. Mit der EKM begab sich das Land Baden-Württemberg auf einen regionalen Sonderweg (vgl. dazu HOFFMANN-RIEM 1981).

Die EKM sollte für das Bundesland Baden-Württemberg kommunikations- und medienrelevante Basismaterialien zusammenstellen und medienpolitische Leitlinien für landespolitische Maßnahmen entwickeln. In vier Arbeitskreisen leistete die EKM eine beachtenswerte Arbeit, und innerhalb eines Jahres konnte sie einen umfangreichen und detaillierten Abschlußbericht vorlegen. In 99 Leitsätzen wurden der Landesregierung Empfehlungen gegeben. So stellte die EKM fest, daß für ein vermehrtes Programmangebot kein ausgeprägter und dringender Bedarf vorhanden sei. Die Kommission empfahl der Landesregierung die stufenweise Errichtung regionaler Informations- und Kommunikationsnetze („Drei-Phasen-Modell"), in der neue Formen der Nachrichtenübermittlung erprobt werden sollten.

Die „inhaltlich" erfolgreiche Kommissionsarbeit fand jedoch auf Seiten des Auftraggebers alsbald kein Interesse mehr: Die Landesregierung traf struktur- und medienpolitische Entscheidungen, während die Kommission noch tagte. Kurz vor Abschluß der Kommissionsarbeit traten die ersten Mitglieder zurück, und bei der Abstimmung über den Schlußbericht waren nur noch die Hälfte der verbliebenen Kommissionsmitglieder anwesend. Die Landesregierung ließ den EKM-Bericht dennoch - und in einer sehr aufwendigen Form - veröffentlichen (vgl. PÄTZOLD 1981).

Das Scheitern der Kommission ist im engen Zusammenhang mit ihrer Entstehung selbst zu sehen: Die baden-württembergische Landesregierung wollte den im Anschluß an die KtK zwischen den Ministerpräsidenten gefundenen rundfunkpolitischen Kompromiß verlassen. Die Einsetzung einer Sachverständigenkommission war hilfreich, um den „Alleingang" zu legitimieren. Die EKM hat den Weg für landespolitische Initiativen ermöglicht, ohne daß auf ihre Ergebnisse Bezug genommen werden mußte.

Beispiel 3: Kommissionsarbeit im politsch-parlamentarischen Machtkampf (EKIK)

Die Enquete-Kommission „Neue Informations- und Kommunikationstechniken" (EKIK) des Deutschen Bundestages hatte - zum Teil in Fortsetzung der Arbeiten der KtK - den Auftrag, eine Bestandsaufnahme auf dem Gebiet der Telekommunikation in den beiden Anwendungsgebieten Massenkommunikation und Individualkommunikation zu leisten, Vorschläge für die Technologiefolgenabschätzung im Zusammenhang mit zukünftigen Entwicklungen zu machen und Empfehlungen für weitere Maßnahmen von Bundestag und Bundesregierung zu geben. Der Auftrag an die EKIK war, der Komplexität der Problemstellung entsprechend, sehr weit gespannt. Durch die Einbeziehung von Kabel- und Satellitenrundfunk in die Kommissionsarbeit ergab sich die Notwendigkeit, auch die Länder an der EKIK zu beteiligen. Die Ministerpräsidentenkonferenz lehnte jedoch eine Mitwirkung an einer Kommission des Bundes ab (vgl. dazu zusammenfassend HOFFMANN-RIEM 1987).

Die 1981 eingesetzte EKIK setzte sich aus Parlamentariern, Wissenschaftlern und Vertretern der Medienpraxis zusammen; sie sollte bereits bis zum Frühherbst 1982 ihre Beratungen abgeschlossen haben. Das Arbeitspensum in der EKIK war beachtlich: Die Mitglieder trafen sich zu insgesamt 70 gemeinsamen Sitzungen.

Ferner wurde in vier Arbeitsgruppen gearbeitet, zu denen Sachverständige eingeladen wurden. Zudem wurden zahlreiche Expertisen und Gutachten in Auftrag gegeben. 1983 legte die EKIK einen „Zwischenbericht" vor - der zugleich der Endbericht geblieben ist. Innerhalb der Kommission konnte man sich vielfach zwar auf „Feststellungen" noch verständigen, aber zu „Empfehlungen" hat kein hinreichender Konsens mehr bestanden (vgl. METTLER-MEIBOM 1983 b).

Die Kommissionsarbeit litt von Beginn an unter ihren Entstehungsbedingungen und Arbeitsmöglichkeiten, auf die hier nicht weiter eingegangen werden kann (vgl. HOFFMANN-RIEM 1988 b; VOWE 1991). Im machtpolitischen Spiel der Parteien wurde die EKIK vielfältig instrumentalisiert: Zunächst nutzte die oppositionelle CDU/CSU die EKIK zur Kritik an der SPD/FDP-Telekommunikationspolitik. Dann, nach dem Regierungswechsel und den neuen Mehrheiten im Deutschen Bundestag, konnte die CDU/CSU über die zuständigen Ressorts (vor allem: Bundespostministerium) die gewünschten medien- und technologiepolitischen Veränderungen einleiten. Die Kommission war nicht mehr notwendig, zumal auch die Länder an ihr von Beginn an kein Interesse gezeigt hatten und nicht beteiligt waren. Die neue Bundesregierung sorgte mit Hilfe der Bundespost umgehend für den Ausbau des Kabelnetzes, stellte Satellitenkapazitäten für die Verbreitung weiterer (privater) Rundfunkprogramme bereit. Ab 1985 wurden zudem, um schneller eine flächendeckende Verbreitung privater Rundfunkprogrammangebote zu ermöglichen, zahlreiche terrestrische Frequenzen zur Verfügung gestellt (zur Entwicklung vgl. HOFFMANN-RIEM 1988 a).

Beispiel 4: Kommission ohne Funktion („Medienkommission der Bundesländer")

Die im KtK-Bericht von 1976 empfohlenen Kabelpilotprojekte wurden, nach langen Verhandlungen zwischen den SPD- und CDU-geführten Ländern, erst ab 1984 realisiert (Ludwigshafen, München, Berlin und Dortmund). Ihre Funktion als ergebnisoffene Modellversuche, in denen auch der Bedarf nach weiteren Fernsehprogrammen empirisch geprüft werden sollte, hatten sie verloren, denn die Bundesregierung hatte sich für eine Verkabelung entschieden (vgl. dazu SCHMIDT 1983; LANGE 1986 sowie STORLL 1986). Die ersten CDU/CSU-geführten Bundesländer waren dabei, „Landesmediengesetze" zur Zulassung privaten Rundfunks zu erarbeiten. Die im März 1983 von den Ministerpräsidenten eingerichtete „Medienkommission der Länder" sollte die Pilotprojekte vorbereiten und an der wissenschaftlichen Auswertung mitwirken. Nur: Erst Wochen nach dem Start des ersten Pilotprojekts wurden die von den Bundesländern in die Kommission entsandten Mitglieder zur konstituierenden Sitzung eingeladen. Die Medienkommission hatte also keinen Einfluß auf die Ausgestaltung der Projekte mehr. Mit Hilfe von drei Ausschüssen wurde von der Kommission zwar noch der Versuch unternommen, eine Reihe von - vor allem vergleichend angelegten - wissenschaftlichen Begleitstudien in Auftrag zu geben, aber nur einzelne Projekte konnten abgeschlossen werden. Ende 1985 trat das erste SPD-geführte Bundesland (NRW) aus der Kommission aus; weitere Länder folgten (vgl. LANGE 1986). Anfang 1986 beschlossen die Ministerpräsidenten dann die Beendigung der Arbeit der Medienkommission. Die Länder mit Kabelpilotprojekten organisierten eine - zum Teil aufwendige (NRW) - eigenständige Begleitforschung und begannen parallel mit der Errichtung von „Landesmedienanstalten" zur Zulassung privater Rundfunkveranstalter (vgl. zur Begleitforschung: HASEBRINK 1988 sowie die Beiträge in JÄCKEL/SCHENK 1991). Die Ergebnisse aus den Pilotprojekten waren für die weiteren politischen Entscheidungsprozesse ohne Belang (vgl. dazu: TEICHERT 1988).

3.3. Gescheiterte Kommissionen - ein gescheitertes Modell?

Hier ist nicht der Platz, eine ausführliche Darstellung und differenzierte Bewertung der einzelnen Kommissionen vorzunehmen. Zusammenfassend ist festzustellen, daß die in den sechziger und siebziger Jahren eingesetzten Kommissionen, nämlich die Michel- und die Günther-Kommission sowie die KtK, dem politisch-administrativen System vor allem zur Informationsbeschaffung gedient haben. Zugleich haben die Kommissionen für einen gewissen Interessenausgleich gesorgt und somit eine Konfliktschlichtungsaufgabe - zumindest auf Zeit - wahrgenommen. Die in der Folgezeit eingesetzten Kommissionen erfüllten zwar noch eine Forumsfunktion für die Akteure, aber ihre Bindungskraft war geringer, und sie konnten nur noch einen vergleichsweise kleinen Beitrag zum Interessenausgleich, zur Konfliktschlichtung und allgemein zur Politikkoordination erbringen. EKIK, EKM und die Medienkommission der Länder waren nicht zwingend notwendig, um offene Fragen zu klären oder neue Formen der Politikkoordination zu realisieren, sondern sie wurden vorrangig aus taktischen Gründen eingesetzt. So kann die Einsetzung der EKM als „Täuschungsmanöver" bezeichnet und die Einrichtung der EKIK oder der Medienkommission der Länder als „Verschleppungs- und Verzögerungstaktik" interpretiert werden. Es wäre jedoch verfehlt, aus diesen Ergebnissen und Eindrücken die Schlußfolgerung zu ziehen, daß sich das Instrument „Kommission" im Politikfeld Medienpolitik überlebt hat oder nicht leistungsfähig sei.

Die Ursachen für das Scheitern der Kommissionen müssen im allgemeinpolitischen Umfeld gesucht werden: Die medienpolitischen Kommissionen wurden in einer relativ offenen Phase der Medienentwicklung (erhebliche technische Veränderungen und beachtliche ökonomische Herausforderungen national und international) eingesetzt, die mit einer Phase heftiger innenpolitischer Kontroversen in der Bundesrepublik zusammenfiel. Der innenpolitische Kampf um die parlamentarische Macht schloß die Medien ein. Kurz nach dem Regierungswechsel 1982 verloren die Debatten an Heftigkeit und die Ministerpräsidenten der Länder wurden in medienpolitischen Angelegenheiten wieder gemeinsam aktiv: Sie verständigten sich über den Bildschirmtext-Staatsvertrag und entwickelten Vorgaben für die Belegung von Rundfunksatelliten. Nachdem 1983 die CDU/CSU-FDP-Koalititon bestätigt war, konnten sich die Ministerpräsidenten zwar nicht sofort auf einen Ordnungsrahmen für den privaten Rundfunk verständigen, doch die SPD-geführten Länder signalisierten Kompromißbereitschaft. Anfang 1984 gab die SPD ihre Bedenken gegen die Einführung des Privatfunks auch programmatisch auf, und Mitte 1984 verständigten sich die Ministerpräsidenten auf Grundsätze für einen neuen Staatsvertrag. Der „Staatsvertrag zur Neuordnung des Rundfunkwesens" wurde Ende des gleichen Jahres geschlossen, und mit dem Staatsvertrag wurde 1987 das „duale Rundfunksystem" begründet.

Im medienpolitischen Handeln vor und nach der „Wende" zeigt sich eines deutlich: Mit Hilfe der Postverwaltung determiniert die Bundesregierung den medienpolitischen Handlungsrahmen der Bundesländer. So wurden, um nur ein Beispiel anzuführen, auch nicht lizenzierte Privatfunkprogramme im Rahmen sogenannter „Betriebsversuche" in Kabelanlagen eingespeist und verbreitet.

Selbstkontrollfrage 5:
Aus welchen Politikfeldern sind Ihnen noch „Kommissionen" bekannt?

4. Zukünftige Medienpolitik: Neue Formen der Politikkoordination?

Trotz der Rückkehr zum üblichen und gewohnten medienpolitischen Alltagsgeschäft und der eingetretenen relativen politischen Ruhe in diesem Politikfeld darf nicht übersehen werden, was in den achtziger Jahren nicht geleistet wurde: Ein ordnungspolitischer Rahmen für den Bereich der „Neuen Medien" steht bislang aus, und über eine mögliche Neuordnung der Kompetenzen zwischen dem Bund und den Ländern wurde nicht verhandelt. Der „kooperative Föderalismus" muß sich unter den Bedingungen einer zunehmenden Internationalisierung im Medienbereich behaupten bzw. weiterentwickeln (vgl. dazu HOFFMANN-RIEM 1988 b). Insbesondere die Umsetzung von Vorgaben der EG („Grünbuch: Fernsehen ohne Grenzen") für die Veranstaltung von Rundfunk in der europäischen Gemeinschaft wird ein Prüfstein dafür sein, ob die praktizierten Formen der Zusammenarbeit und Selbstkoordination auf Länderebene hinreichen.

Diese praktizierten Formen der Zusammenarbeit der Länder in medienpolitischen Angelegenheiten bedingen, daß die traditionelle Medienpolitik weitgehend der parlamentarischen Diskussion und Kontrolle entzogen ist. Auf der Länderebene „ressortiert" die Medienpolitik bei den Ministerpräsidenten, die relevanten Beratungen werden von Ministerialbeamten geführt und Beschlüsse werden auf der „Chefebene" ausgehandelt und gefaßt. Die Tendenz zu einem Exekutivföderalismus ist nicht zu übersehen: Hochspezialisierte Fachbeamte arbeiten auf horizontaler und vertikaler Ebene zusammen. „Fachleute" und „Experten" aus der Medienwirtschaft oder von sonstigen Interessengruppen liefern - gefragt und ungefragt - Stellungnahmen, Expertisen und Gutachten zu. Dieser Willensbildungs- und Entscheidungsprozeß entzieht sich weitgehend der Öffentlichkeit. Der Einfluß der Parlamentarier auf diese Prozesse ist gering, obgleich die Parlamente die geschlossenen Verträge zu ratifizieren haben. Andererseits nehmen die politischen Parteien, zum Beispiel über die medienpolitischen Stäbe in den Bundesgeschäftsstellen und ihre „Medienkommissionen", in größerem Umfang Einfluß auf die Aushandlungsprozesse. Die mangelnde Transparenz bei der Politikformulierung und -durchführung verschafft den politischen Parteien und organisierten Interessen eine privilegierte Stellung: Bei der „bürokratischen Politiksteuerung" (Klatt) können sie auf die Vorlagen und Vorarbeiten der Fachbürokratie Einfluß nehmen.

Die verfassungsrechtlich gebotene Zurückhaltung in der Medienpolitik wird von den Parteien (aus-)genutzt: Die politischen Parteien besitzen nicht nur einen dominanten Einfluß auf den öffentlich-rechtlichen Rundfunk, sondern sie sind in gleicher Weise in den Aufsichtsgremien und Vorständen bzw. Geschäftsleitungen der für die Kontrolle des privaten Rundfunks zuständigen „Landesmedienanstalten" vertreten - auch hier bestimmen sie die „Richtlinien der Politik". Beispielhaft für die Verquikkung von Partei- und Staatskanzlei-Interessen ist die Besetzung der Direktorenpositionen in den Landesmedienanstalten: Vielerorts wechselten die Rundfunkreferenten aus dem politischen Machtzentrum Staatskanzlei unmittelbar in das Direktorenamt der - formal staatsunabhängigen - Medienanstalten. Dort realisieren sie nun das Gesetz, an dessen Entstehung sie maßgeblich beteiligt waren.

Auf Seiten des Bundes existiert bekanntlich keine klare und eindeutige Kompetenz. Der Bundestag ist somit für medienpolitische Fragestellungen nicht zuständig, und er muß zudem in medienrelevanten Teilbereichen das Handeln der Exekutive überlassen: Die Bundesregierung betreibt natürlich mittels der Bundespost Medienpolitik. Die Unternehmenspolitik der Post ist wiederum weitgehend der parlamentarischen Steuerung und Kontrolle entzogen.

Die Frage bleibt: Ist eine stärker zentralisierte, institutionell fest verankerte und ausdifferenzierte sowie stärker parlamentarisch kontrollierte Medienpolitik verfassungspolitisch erstrebenswert und aus politisch-pragmatischen Überlegungen heraus als sinnvoll anzusehen? Die Einrichtung eines „Bundeskommunikationsministeriums" würde die im Medienbereich existierenden Steuerungsprobleme nur partiell lösen können, zugleich jedoch den Bund in eine starke und möglicherweise dominante Stellung bringen. Die jeweiligen Regierungsparteien könnten auf diesem Weg ihren Einflußbereich in den Medien sogar noch ausweiten (vgl. JARREN 1991). Der freiheitsfördernde Charakter des Föderalismus hat sich in der bundesdeutschen Medienpolitik im Grundsatz gezeigt: Die föderalistische „Zersplitterung" hat den Parteieneinfluß zumindest in gewissen Grenzen gehalten, ohne jedoch den Aufbau übergreifender Medienstrukturen (z.B. *ARD*) oder Medienmärkte zu behindern.

Selbstkontrollfrage 6:
Welche Gründe sprechen für eine Zentralisierung in der Medienpolitik (Schaffung eines „Bundeskommunikationsministeriums") - und welche sprechen dagegen?

Unsere Darstellung hat gezeigt, daß es unterschiedliche Modelle von „Kommissionen" gibt, und die Analyse hat deutlich gemacht, daß Kommissionen durchaus geeignete Foren und Instrumente bei der Zusammenarbeit und Selbstkoordination der Länder in Medienfragen sein können. Das Instrument „Kommission" ist grundsätzlich, wie die Erfahrungen aus anderen Politikfeldern, etwa der Bildungspolitik, zeigen, ausbaubar und somit entwicklungsfähig. Kommissionen sind auch geeignet, um in der Kommunikationspolitik neue Formen der Bund-Länder-Kooperation zu erproben. So sind institutionalisierte Koordinationsformen durch Besprechungs-, Beratungs- und Planungsgremien vorstellbar, die wiederum für temporäre oder auf Dauer angelegte Formen der wissenschaftlichen Politikberatung genutzt werden können.

5. Anhang

5.1. Zentrale im Text verwandte Begriffe

Duales Rundfunksystem Nebeneinander von öffentlich-rechtlich verfaßten, auf gemeinwirtschaftliche Ziele verpflichteten Rundfunkanstalten (*ARD* und *ZDF*) und privatrechtlich verfaßten, kommerziell ausgerichteten Rundfunkanbietern (z.B. *RTL plus, SAT 1*).

Kommission Verhandlungssystem, zumeist zusammengesetzt aus Akteuren (z.B. Politiker, Ministerialbeamte, Wissenschaftler, Interessenvertreter) aus unterschiedlichen sozialen und fachlichen Bereichen, mit einem sachlich (z.B. Entwicklung von Vorschlägen zur Medienkonzentration) und zeitlich (z.B. innerhalb einer Legislaturperiode) begrenzten Auftrag.

Kommunikationspolitik Kommunikationspolitik umfaßt die Gesamtheit von Maßnahmen aus dem politisch-administrativen System sowie ökonomischen, politischen und gesellschaftlichen Gruppierungen zur Ausgestaltung und Beeinflussung der gesellschaftlichen Kommunikation (Strukturen und Prozesse); sie umfaßt damit auch den nicht-medialen Bereich (z.B. unvermittelte Kommunikation; z.B. Informationspolitik).

Kooperativer Föderalismus Im Politikfeld „Medienpolitik" vorherrschende Form der Problembearbeitung durch das politisch-administrative System: Kooperation auf vertikaler Ebene (Bund - Länder; EG - Bund - Länder) als auch auf horizontaler Ebene (zwischen einzelnen Bundesländern, z.B. über Staatsverträge). Notwendigkeit zu multilateralen Abstimmungs- und Entscheidungsprozessen (Beispiel: Verfahren zur Verabschiedung eines Gebührenstaatsvertrags für die Rundfunkgebühr). Das Politikfeld ist durch einen hohen Grad an Politikverflechtung gekennzeichnet.

Medienpolitik Medienpolitik umfaßt die Gesamtheit der Maßnahmen des politisch-administrativen Systems, die sich direkt (z.B. Ausgestaltung eines „dualen Rundfunksystems" oder Festlegung von Organisationsformen) oder indirekt (z.B. Festsetzung von Gebühren oder Erhebung von Steuern) auf die Struktur des Mediensystems, die Rechtsstellung von Medien und Handlungssystemen, der

	Organisation und der Funktionsweise einzelner Medien bezieht. Zum Instrumentarium der direkten und indirekten Medienpolitik gehören: Ordnungspolitik, Infrastrukturpolitik, Medien-Organisationspolitik und Personalpolitik.
Politikfeld Medienpolitik	Analyse institutioneller Zuständigkeiten, sachlicher Zusammenhänge und politischer Prozesse bei der Bearbeitung von Problemen aus dem Medienbereich durch das politisch-administrative System. Das Politikfeld ist gekennzeichnet durch ein hohes Maß an Gewaltenteilung, gering formalisierten Formen der horizontalen und vertikalen Politikverflechtung, geringer Grad an institutioneller Ausdifferenzierung und geringer Grad an Professionalisierung im politisch-administrativen Bereich sowie starke Einflüsse aus dem juristischen Bereich, insbesondere durch höchstrichterliche Urteile.

5.2. Literaturverzeichnis

5.2.1. Berichte der Kommissionen

MICHEL-Kommission
Bericht der Kommission zur Untersuchung der Wettbewerbsgleichheit von Presse, Funk/Fernsehen und Film. Deutscher Bundestag, 5. Wahlperiode, Drucksache V/2120

GÜNTHER-Kommission
Schlußbericht der Kommission zur Untersuchung der Gefährdung der wirtschaftlichen Existenz von Presseunternehmen und der Folgen der Konzentration für die Meinungsfreiheit in der Bundesrepublik (Pressekommission). Deutscher Bundestag, 5. Wahlperiode, Drucksache V/3122

KEF
Kommission zur Ermittlung des Finanzbedarfs der Rundfunkanstalten. Mainz 1977ff

KtK
Kommission für den Ausbau des technischen Kommunikationssystems (KtK): Telekommunikationsbericht. Bonn 1976 (9 Bde.)

EKM
Expertenkommission Neue Medien Baden-Württemberg (EKM): Abschlußbericht. Stuttgart 1981 (3 Bde.)

EKIK
Zwischenbericht der Enquete-Kommission "Neue Informations- und Kommunikationstechniken" gemäß Beschluß des Deutschen Bundestages vom 9. April 1981. Deutscher Bundestag, 9. Wahlperiode, Drucksache 9/2442

Medienkommission der Länder
Das Ende der Medienkommission der Länder. Stellungnahme der Kommission. In: epd/Kirche und Rundfunk, 21, 1986, S. 21-23

5.2.2. Beiträge in Lexika und Handbüchern zu Medienpolitik und Kommunikationspolitik (Auswahl)

Kommunikationspolitik (Definition)
In: RONNEBERGER, Franz (1978), Kommunikationspolitik. Teil I: Institutionen, Prozesse, Ziele. Mainz: Von Hase & Koehler Verlag, S. 7ff

Medienpolitik (Definition)
In: RONNEBERGER, Franz (1978), Kommunikationspolitik. Teil I: Institutionen, Prozesse, Ziele. Mainz: Von Hase & Koehler Verlag, S. 87

Kommunikationspolitik (Definition)
In: FABRIS, Hans Heinz (1979), Journalismus und bürgernahe Medienarbeit. Salzburg: Verlag Wolfgang Neugebauer, S. 32

Kommunikationspolitik (Stichwort)
In: KOSZYK, Kurt/Karl Hugo PRUYS (1981), Handbuch der Massenkommunikation. München: dtv, S. 117-121

Massenmedien und Massenkommunikation (Stichwort)
In: MICKEL, Wolfgang (Hrsg.) (1986), Handlexikon zur Politikwissenschaft, Bonn: Bundeszentrale für politische Bildung, S. 285-289

Kommunikationspolitik (Stichwort)
In: NOELLE-NEUMANN, Elisabeth/Winfried SCHULZ/Jürgen WILKE (Hrsg.) (1989), Fischer Lexikon Publizistik - Massenkommunikation. Frankfurt a.M.: Fischer, S. 84-98

Medienpolitik (Stichwort)
In: SCHIWY, Peter/Walter J. SCHÜTZ (Hrsg.) (1990), Medienrecht. Lexikon für Wissenschaft und Praxis. Neuwied/Frankfurt a.M.: Hermann Luchterhand Verlag, S. 179-185

Medienpolitik (Stichwort)
In: NOHLEN, Dieter (Hrsg.) (1991) Wörterbuch Staat und Politik. Bonn: Bundeszentrale für politische Bildung, S. 371-377

5.2.3. Zitierte Literatur

BAUSCH, Hans (1980), Rundfunkpolitik nach 1945. 2 Bde. München: dtv

BAUSCH, Hans (1979), Rundfunkanstalten und Zeitungsverleger. Eine medienpolitische Chronik. In: Media Perspektiven, H. 9, S. 593-600

BAUSCH, Hans/Hansjörg BESSLER (1971), Ein Bundeskommissionsamt für Massenmedien? In: Media Perspektiven, H. 10, S.286- 297

BERG, Klaus/Marie-Luise KIEFER (Hrsg.) (1987), Massenkommunikation III. Eine Langzeitstudie zur Mediennutzung und Medienbewertung 1964-1985. Frankfurt a.M.: Alfred Metzner Verlag

BEYME, Klaus von (1990), Politikfeldanalyse in der Bundesrepublik. In: BEYME, Klaus von/Manfred G. SCHMIDT (Hrsg.), Politik in der Bundesrepublik Deutschland. Opladen: Westdeutscher Verlag, S. 18-35

BÜHRINGER, Heinz (1985), Gründe für ein neues Verfahren zur Festsetzung der Rundfunkgebühren. In: Media Perspektiven, H. 1, S. 1-4

ELLWEIN, Thomas (1974), Kommunikationspolitik ohne Konzept. In: ZOLL, Ralf (Hrsg.), Manipulation der Meinungsbildung. Zum Problem hergestellter Öffentlichkeit. Opladen: Westdeutscher Verlag, S. 135-163

HASEBRINK, Uwe (1988), Begleitforschung zu den Kabelpilotprojekten. In: HANS-BREDOW-INSTITUT (Hrsg.), Internationales Jahrbuch für Rundfunk und Fernsehen. Baden-Baden: Nomos Verlag, S. B167-B187

HOFFMANN-RIEM, Wolfgang (1981), Ein Anlauf zum privaten Rundfunk. Analyse der Vorschläge der baden-württembergischen "Expertenkommission Neue Medien". In: Zeitschrift für Rechtspolitik, 14, S. 177-185

HOFFMANN-RIEM, Wolfgang (1987), Schwierigkeiten interner Politikberatung. Eine Bilanz wissenschaftlicher Politikberatung in der Enquete-Kommission "Neue Informations- und Kommunikationstechniken". In: Kritische Vierteljahresschrift für Gesetzgebung und Rechtswissenschaft, 2, S. 331-350

HOFFMANN-RIEM, Wolfgang (1988a), Schleichwege zur Nicht - Entscheidung. Fallanalyse zum Scheitern der Enquete- Kommission "Neue Informations- und Kommunikationstechniken". In: Politische Vierteljahresschrift, 29, S. 58-84

HOFFMANN-RIEM, Wolfgang (1988b), Europäisierung des Rundfunks - aber ohne Kommunikationsverfassung? In: Rundfunk und Fernsehen, 36, S. 5-24

JÄCKEL, Michael/Michael SCHENK (Hrsg.) (1991), Kabelfernsehen in Deutschland. Pilotprojekte, Programmvermehrung, private Konkurrenz. Ergebnisse und Perspektiven. München: Verlag Reinhard Fischer

JANN, Werner (1983), Der Policy-Ansatz. Ein Überblick über Entwicklungen in der Bundesrepublik Deutschland und in den USA. Speyer: Arbeitshefte der Hochschule für Verwaltung Speyer

JARREN, Otfried (1991), Kommunikationswissenschaftliche Politikberatung: Legitimationsbeschaffung statt Aufklärung? In: ROSS, Dieter/Jürgen WILKE (Hrsg.), Umbruch in der Medienlandschaft. München: Ölschläger Verlag, S. 101-108

KIESLICH, Günter (1968), Wettbewerb der Massenmedien und Konzentration im Pressewesen. Dokumentation der drei Untersuchungskommissionen. In: Publizistik, 13, S. 180-196

KLATT, Hartmut (1987), Medienpolitik in einer sich wandelnden Mediengesellschaft. In: LANDESZENTRALE FÜR POLITISCHE BILDUNG BADEN-WÜRTTEMBERG (Hrsg.), Medienpolitik. Stuttgart u.a.: Verlag W. Kohlhammer, S. 11-37

KOPPER, Gerd G. (1991), Gebührenfinanzierung als Steuerungsfeld der Rundfunkpolitik. In: Rundfunk und Fernsehen, 39, S. 55-69

LANGE, Bernd-Peter (1986), Die Medienkommission der Bundesländer - ein gescheitertes Unternehmen? In: Media Perspektiven, H. 7, S. 428-432

LANGENBUCHER, Wolfgang R. (1975), Möglichkeiten und Grenzen der staatlichen Reformpolitik im Medienbereich. In: Politische Vierteljahresschrift, 16, Sonderheft 6. Opladen: Westdeutscher Verlag, S. 453-460

LANGENBUCHER, Wolfgang R. (1976), Kommunikationspolitische Probleme der Anwendung neuer Kommunikationstechnologien - Erfahrungen aus der Arbeit der KtK. In: Media Perspektiven, H. 6, S. 245-262

MEDIENBERICHT '85. Presse- und Informationsamt der Bundesregierung (Hrsg.) (1985), Bericht der Bundesregierung über die Lage der Medien in der Bundesrepublik Deutschland 1985. Medienbericht '85. Deutscher Bundestag, 10. Wahlperiode, Drucksache 10/5663

MEINECKE, Rolf/Uwe KESSLER (1970), Das Ringen um ein Gesamtkonzept. Der Bund hat in der Medienpolitik vieles nachzuholen. In: HUFEN, Fritz (Hrsg.), Politik und Massenmedien. Mainz: Von Hase & Koehler Verlag, S. 29-56

METTLER-MEIBOM, Barbara (1983a), Versuche zur Steuerung des technischen Fortschritts. Die technologiepolitischen Entscheidungen der Kommission für den Ausbau des technischen Kommunikationssystems, KtK. In: Rundfunk und Fernsehen, 31, S. 24-40

METTLER-MEIBOM, Barbara (1983b), Wer will, kann sich kundig machen. Zur Arbeit der "Enquete-Kommission Neue Informationstechniken" (EKIK). In: Medium, 13, S. 11-18

PÄTZOLD, Ulrich (1981), Was Experten sagen. Zum Bericht der baden-württembergischen Medienkommission EKM. In: Medium, 11, S. 19-23

PRODOEHL, Hans Gerd (1990), Das Verfahren zur Festlegung der Rundfunkgebühr - Probleme und Perspektiven. In: Media Perspektiven, H. 6, S. 378-389

REICHARDT, Hartmut (1980), Das trostlose Ende einer brillianten Idee. Eine politische Analyse der KtK. In: Medium, 10, S. 10-14

RÖPER, Horst (1991), Daten zur Konzentration der Tagespresse in der Bundesrepublik Deutschland im I. Quartal 1991. In: Media Perspektiven, H. 7, S. 431-444

RONNEBERGER, Franz (1989), Die Rolle der Verfassungsgerichtsbarkeit beim Wandel des Rundfunksystems. In: KAASE, Max/Winfried SCHULZ (Hrsg.), Massenkommunikation. Theorien, Methoden, Befunde. Opladen: Westdeutscher Verlag, S. 72-84

RÜHL, Manfred (1984), Die Rundfunkgebühr - ein wohlfahrtsstaatlicher Preis. In: Media Perspektiven, H. 8, S. 589-605

SAXER, Ulrich (1981), Medienpolitik zwischen Selbständigkeit und Überfremdung. In: Media Perspektiven, H. 2, S. 77-90

SCHERER, Joachim (1985a), Telekommunikationsrecht und Telekommunikationspolitik. Baden-Baden: Nomos Verlag

SCHERER, Joachim (1985b), Fernmeldepolitik als Medienpolitik? In: Media Perspektiven, H. 3, S. 165-174

SCHMIDT, Hendrik (1983), Kabelpilotprojekte und die Medienkommission der Länder. In: Media Perspektiven, H. 12, S. 843-848

SCHÜTZ, Walter J. (1979), Kaum noch Objekte für die Pressekonzentration? In: Media Perspektiven, H. 9, S. 600-612

SCHÜTZ, Walter J. (1984), Statistik zum Marktzutritt von Tageszeitungen in der Bundesrepublik Deutschland seit 1954. In: KOPPER, Gerd G. (Hrsg.), Marktzutritt bei Tageszeitungen - zur Sicherung von Meinungsvielfalt durch Wettbewerb. München u.a.: Saur, S. 64-74

STORLL, Dieter (1987), Die medienpolitische Relevanz der Sozialwissenschaften. Erfahrungen aus der Begleitforschung. In: Sozialwissenschaften und Berufspraxis, 10, S. 37-55

TEICHERT, Will (1988), Wider die Folgenlosigkeit. Bestandsaufnahme der sozialwissenschaftlichen Begleitforschung zu den Kabelpilotprojekten. In: Aus Politik und Zeitgeschichte, B46-B47, S. 14-29

VOWE, Gerhard (1991), Technik im parlamentarischen Diskurs. Die Enquete-Kommissionen des Deutschen Bundestages zum Verhältnis von Technik und Politik. Darmstadt/Berlin: Habilitationsschrift (Manuskript)

WILHELM, Bernhard (1990), Medienpolitik. In: SCHIWY, Peter/Walter J. SCHÜTZ (Hrsg.), Medienrecht. Lexikon für Wissenschaft und Praxis. Neuwied/Frankfurt a.M.: Hermann Luchterhand Verlag, S. 179-185

WILKE, Jürgen (1985), Bedeutung und Gegenstand der Medienpolitik. In: Aus Politik und Zeitgeschichte, B9, S. 3-16

5.2.4. Weiterführende Literatur

FREI, Norbert (1983), Presse, Hörfunk und Fernsehen. In: BENZ, Wolfgang (Hrsg.), Die Bundesrepublik Deutschland. Geschichte in drei Bänden. Bd. 3: Kultur. Frankfurt a.M.: Fischer, S. 275-318/S. 319-357

GELLNER, Winand (1990), Ordnungspolitik im Fernsehwesen: Bundesrepublik Deutschland und Großbritannien. Frankfurt a.M. u.a.: Peter Lang Verlag

GELLNER, Winand (Hrsg.) (1991), An der Schwelle zu einer neuen deutschen Rundfunkordnung. Berlin: Vistas Verlag

GLOTZ, Peter (1966), Demokratische Kommunikationspolitik in der entwickelten Industriegesellschaft. In: HERETH, Michael (Hrsg.), Junge Republik. Beiträge zur Mobilisierung der Demokratie. München/Wien: Günter Olzog Verlag, S. 75-104

GLOTZ, Peter/Reinhold KOPP (Hrsg.)(1987), Das Ringen um den Medienstaatsvertrag der Länder. Berlin: Verlag Volker Spiess

HEINRICH, Herbert (1991), Deutsche Medienpolitik. Nauheim: Verlag R. Koch

HOFFMANN-RIEM, Wolfgang (1991), Rundfunk in neuen Ländern mit alten Schwächen: Der ungenierte Parteienzugriff. In: Archiv für Presserecht, 22, S. 606-611

JARRAS, Hans D. (1978), Die Freiheit der Massenmedien. Zur staatlichen Einwirkung auf Presse, Rundfunk, Film und andere Medien. Baden-Baden: Nomos Verlag

JARREN, Otfried/Helmut VÖLKEL (1984), Kommunikationspolitik. In: MODELLVERSUCH JOURNALISTEN-WEITERBILDUNG (Hrsg.), Fernstudium Kommunikationswissenschaft. Teil I. München: Ölschläger Verlag, S. 135-268

KEPPLINGER, Hans Mathias (1982), Massenkommunikation. Rechtsgrundlagen, Medienstrukturen, Kommunikationspolitik. Stuttgart: B.G.Teubner

KLEINSTEUBER, Hans J. (1989), Massenmedien und Medienpolitik: Presse und Rundfunk als Thema der Politischen Wissenschaft. In: BANDEMER, Stephan von/Göttrik WEWER (Hrsg.), Regierungssystem und Regierungslehre. Opladen: Leske + Budrich Verlag, S. 169-179

KLEINSTEUBER, Hans J./Volkert WIESNER/Peter WILKE (Hrsg.) (1990), EG-Medienpolitik. Fernsehen in Europa zwischen Kultur und Kommerz. Berlin: Vistas Verlag

KOPPER, Gerd G. (1982), Massenmedien. Wirtschaftliche Grundlagen und Strukturen. Analytische Bestandsaufnahme der Forschung 1968-1981. Konstanz: Universitätsverlag Konstanz

KÜBLER, Friedrich (1982), Neue Medien: Neue Aufgaben des Rechts? In: Media Perspektiven, H. 9, S. 556-563

LADEUR, Karl-Heinz (1986), Rundfunkverfassung für die "Informationsgesellschaft"? In: Publizistik, 31, S. 147-164

LANGE, Bernd-Peter (1979), Zum Monopolbegriff in der Medienpolitik. In: Media Perspektiven, H. 9, S. 581-591

PRODOEHL, Hans Gerd (1989), Modell und Wirklichkeit. Legitimationsprobleme des öffentlich-rechtlichen Rundfunks in der Bundesrepublik Deutschland. In: Politische Vierteljah-resschrift, 30, S. 273-291

ROEGELE, Otto B. (1973), Medienpolitik - und wie man sie macht. Osnabrück: Edition Interfromm

ROEGELE, Otto B./Peter GLOTZ (Hrsg.) (1965), Pressereform und Fernsehstreit. Texte zur Kommunikationspolitik 1832 bis heute. Gütersloh: Bertelsmann

RONNEBERGER, Franz (1978), Kommunikationspolitik. Teil I: Institutionen, Prozesse, Ziele. Mainz: Von Hase & Koehler Verlag

RONNEBERGER, Franz (1980), Kommunikationspolitik. Teil II: Kommunikationspolitik als Gesellschaftspolitik. Mainz: Von Hase & Koehler Verlag

RONNEBERGER, Franz (1986), Kommunikationspolitik. Teil III: Kommunikationspolitik als Medienpolitik. Mainz: Von Hase & Koehler Verlag

RÜHL, Manfred (1973), Politik und öffentliche Kommunikation. Auf dem Weg zu einer Theorie der Kommunikationspolitik. In: Publizistik, 18, S. 5-25

RÜHL, Manfred (1980), Kommunikationspolitik in der Entwicklung zu einem wissenschaftlichen Speizalgebiet. In: SCHREIBER, Erhard/Wolfgang R. LANGENBUCHER/Walter HÖMBERG (Hrsg.), Kommunikation im Wandel der Gesellschaft. Düsseldorf: Universitätsverlag, S. 303-312

SAXER, Ulrich (1982), Unternehmen Medien-Gesamtkonzeption. In: SCHWEIZERISCHES JAHRBUCH FÜR POLITISCHE WISSENSCHAFT. Bern: Forschungszentrum für schweizerische Politik, S. 121-146

SAXER, Ulrich (1983), Systematische Kommunikationspolitik. Strukturen einer kommunikationswissenschaftlichen Teildisziplin. In: RÜHL, Manfred/Heinz-Werner STUIBER (Hrsg.), Kommunikationspolitik in Forschung und Anwendung. Düsseldorf: Universitätsverlag, S. 33-45

SCHATZ, Heribert/Christofer HABIG/Nikolaus IMMER (1990), Medienpolitik. In: BEYME, Klaus von/Manfred G. SCHMIDT (Hrsg.), Politik in der Bundesrepublik Deutschland. Opladen: Westdeutscher Verlag, S. 331-359

SCHATZ, Heribert/Klaus LANGE (Hrsg.) (1982), Massenkommunikation und Politik. Aktuelle Probleme und Entwicklungen im Massenkommunikationssystem der Bundesrepublik Deutschland. Frankfurt a.M.: Haag + Herchen Verlag

SCHATZ-BERGFELD, Marianne (1974), Massenkommunikation und Herrschaft. Zur Rolle von Massenkommunikation als Steuerungselement moderner demokratischer Gesellschaften. Meisenheim am Glan: Verlag Anton Hain

SCHIWY, Peter/Walter J. SCHÜTZ (Hrsg.) (1990), Medienrecht. Lexikon für Wissenschaft und Praxis. Neuwied/Frankfurt a.M.: Hermann Luchterhand Verlag

STEININGER, Rolf (1976), Rundfunk zwischen Bund und Ländern 1953-1961. In: Politische Vierteljahresschrift, 17, S. 474-519

STOCK, Martin (1986), Labyrinthe und Irrwege. Kooperativer Föderalismus im Medienbereich.In: epd/Kirche und Rundfunk, 21, H. 61 S. 3-5; H. 62 S. 3-7; H. 63 S. 3-7; H. 64 S. 3-6

WITTE, Eberhard (1982), Ziele deutscher Medienpolitik. München/Wien: Oldenbourg

5.3. Antworten zu Selbstkontrollfragen

SKF 1:
Vergleichen Sie die Angaben im Text. Hinweise zu Stichwortbeiträgen Medienpolitik bzw. Kommunikationspolitik finden Sie im Literaturverzeichnis zu diesem Beitrag.

SKF 2:
Politische Konflikte um die Organisation des Rundfunks wurden vielfach vor dem Bundesverfassungsgericht ausgetragen. Das Gericht bekam damit einen erheblichen Einfluß auf die Ausgestaltung des Rundfunkwesens in der Bundesrepublik Deutschland. Vgl. Sie dazu z.B. den Beitrag von Franz Ronneberger (1989 - s. Literaturverzeichnis).

SKF 3:
Hier sind generelle Probleme des „kooperativen Föderalismus" angesprochen. Ziehen Sie zum Stichwort „Föderalismus" ein politikwissenschaftliches Fachlexikon heran oder nutzen Sie für Ihre Weiterarbeit die „Fernstudieneinheit Politik".

SKF 4:
Vergleichen Sie dazu die Angaben im Text.

SKF 5:
Zum Beispiel Gesundheitspolitik, Kulturpolitik, Bildungspolitik. Zum Thema „Kommissionen" in der Medienpolitik wird auf den Aufsatz von Otfried Jarren (1991 - s. Literaturverzeichnis) hingewiesen. Dort finden Sie auch weitere Hinweise über Literatur zu dieser Form der „Politikberatung". - Sehen Sie sich zu diesem Thema auch Beiträge in politikwissenschaftlichen Lexika unter dem Stichwort „Politikberatung" an.

SKF 6:
Vergleichen Sie dazu die Darstellung im Text.

Hinweis: Ich danke Wolfgang Hoffmann-Riem (Hamburg) und Gerhard Vowe (Berlin) für kritische Anmerkungen zum Text; Thorsten Grothe (Hamburg) danke ich für die Manuskriptdurchsicht. Fehler und Fehleinschätzungen hat jedoch allein der Autor zu verantworten.

Johannes Ludwig

Medienökonomie -
Eine Einführung in die ökonomischen Strukturen und Probleme von Medienunternehmen

Inhalt

1.	Ökonomie der Medien: Wissenschaft oder (nur) „weites Feld"?	147
2.	**Untersuchungsfelder, Vorgehensweisen, Blickwinkel**	148
2.1.	Anbieter, Nachfrager, Staat	149
2.2.	Mikro- versus Makrobetrachtung	149
3.	**Medienmärkte: Daten zur deutschen Medienlandschaft**	149
3.1.	Abgrenzungsprobleme	149
3.2.	Wirtschaftskreislauf und Bruttosozialprodukt	150
3.3.	Das BSP unter drei Blickwinkeln	153
3.4.	Wertschöpfung versus Gewinn- und Verlustrechnung	154
3.5.	Unternehmensdaten, Publizität und Rechtsformen	158
3.6.	Sozialbilanzen	159
3.7.	Unternehmenssicherung und Mitarbeiterbeteiligung	159
4.	**Besonderheiten der Medienmärkte**	160
4.1.	Rahmenbedingungen	161
4.2.	Marktmechanismus und Marktversagen: Zur „Markt"-Fähigkeit von Information und Unterhaltung	161
4.3.	Werbung und Mischkalkulation: Medien als Mehrproduktunternehmen	163
4.4.	Ökonomische Probleme auf der Angebotsseite	165
4.4.1.	Erlös- und Kostenstrukturen	165
4.4.2.	Anzeigen-Auflagen-Spirale	169
4.5.	Ökonomische Probleme auf der Nachfrageseite	171
4.5.1.	Werbemärkte und Werbenachfrage	171
4.5.1.1.	Größe und Strukturen des Werbemarktes	171
4.5.1.2.	Wachstumsdeterminanten	173
4.5.1.3.	Nachfragedeterminanten	175
4.5.2.	Rezipienten als Nachfrager	176
4.5.2.1.	Angebotssteuerung via Nachfrage?	176
4.5.2.2.	Nachfragedeterminanten	178
5.	**Ökonomie der Tageszeitung**	182
5.1.	Informationen und Daten zur Marktstruktur der Tagespresse	182
5.2.	Wirtschaftliche Erfolgsrechnung	183
5.2.1.	Kostenmanagement	184
5.2.1.1.	Kostenstrukturen	184
5.2.1.2.	Anpassungsstrategien und aktuelle Kostenprobleme	188

5.2.2.	Ertragsmanagement	190
5.2.2.1.	Ertragsstrukturen	190
5.2.2.2.	Stabilisierungsstrategien	191
5.2.3.	Gewinn- und Verlustsituation	195
5.3.	Marktverhalten und Marktstrategien	197
5.3.1.	Innovationen auf dem Zeitungsmarkt	198
5.3.2.	Wachstums- und Fusionsstrategien	200
5.4.	Marktergebnisse: Marktzutrittsschranken und Konzentration	201
6.	**Anhang**	**204**
6.1.	Zentrale im Text verwandte Begriffe	204
6.2.	Literaturverzeichnis	204
6.2.1.	Zitierte Literatur	204
6.2.2.	Weiterführende Literatur	208
6.3.	Antworten zu Selbstkontrollfragen	209

1. Ökonomie der Medien: Wissenschaft oder (nur) „weites Feld"?

*„Von Erfolg ist nur der rasche
Zugriff in des andern Tasche."*
Wilhelm Busch

Eines der tragenden Geschäftsprinzipien von Unternehmen der Medienbranche zu skizzieren, hatte der bekannte Humorist sicherlich nicht im Sinn. Gleichwohl hat er mit seinem satirischen Vers eines der Grundprobleme der Medienökonomie angesprochen: Medienprodukte lassen sich zumeist nur über zwei verschiedene Einnahmenquellen finanzieren. Wobei die zweite, selbst wenn sie bedeutender als die andere ausfällt, letzten Endes doch wieder von der ersten Quelle finanziell getragen wird: Die Erlöse aus dem Anzeigengeschäft, ohne die die wenigsten Medienunternehmen auskommen, werden im Endeffekt immer noch von denen bezahlt, die sich mit ihrem Copypreis oder ihrer Rundfunkgebühr vermeintlich nur zu einem Teil an den Kosten des Medienprodukts finanziell beteiligen.

So gesehen ist die Medienfinanzierung über zwei Märkte, Rezipienten und Werbungstreibende, immer eine 100%-Finanzierung aus einer Quelle. Allerdings: Die Mechanismen laufen vielschichtig ab und sind deshalb für die betroffenen Rezipienten *unmerklich*. Hätte Wilhelm Busch seinen Vers auf die Medienökonomie münzen wollen, wäre das Zitat um ein Wörtchen länger ausgefallen:

*„Von Erfolg ist nur der rasche
unbemerkte Zugriff in des andern Tasche."*

Die „Unmerklichkeit", oder allgemeiner formuliert, die unterschiedlichen Grade von „Merklichkeit" (Fühlbarkeit) bestimmter Prozesse spielen in der Ökonomie eine zentrale Rolle. Beispiel Steuerpolitik: Wenn es dem Finanzminister gelingt, sich mittels weitgehend unmerklicher Steuern Geld zu beschaffen, kommt kaum Unwille (darüber) auf und keiner auf die Idee, sich der Belastung zu entziehen, etwa via Steuerflucht.

In der Finanzwissenschaft, die man auch als „Ökonomie der öffentlichen Finanzen" bezeichnen könnte, ist das Phänomen Unmerklichkeit weitgehend erforscht, ebenso wie die möglichen Überwälzungsmethoden finanzieller Belastungen auf andere („Zugriff in des anderen Tasche") - in der „Medienökonomie" (noch) nicht. Dies gilt für viele andere wirtschaftlichen Zusammenhänge auch, die zwar in anderen wirtschaftswissenschaftlichen Teildisziplinen diskutiert werden, nicht aber für die Medienbranche. Somit fällt ein erster Widerspruch auf: Die Bedeutung der Medien und ihrer ökonomischen Mechanismen steht in krassem Gegensatz zum (bisherigen) Wissensstand.

Die Gründe sind vielfältig. Der wichtigste liegt darin, daß die Medienökonomie eine recht junge wissenschaftliche Teildisziplin darstellt. Was alles darunter fällt, ist vielfach (noch) umstritten. Für die einen geht es z.B. um „mehr als nur die Ökonomie von Medien" (KOPPER 1982: 102), für andere handelt es sich exakt um die Schnittstelle zwischen Wirtschafts- und Kommunikationswissenschaft, soweit es ökonomisch relevante Fragestellungen betrifft (vgl. EICHHORN 1983). Konsens besteht wohl darin, daß die Medienökonomie wirtschaftliche Zusammenhänge und

Abläufe zu erklären versucht (Beispiel: Anzeigen-Auflagen-Spirale; vgl. Kapitel 4.4.2.), deren Ergebnisse dann (Beispiel: ökonomische und publizistische Konzentration) von anderen kommunikationswissenschaftlichen (Teil-)Disziplinen aufgegriffen, weiter untersucht und ggfs. mit medienpolitischen Empfehlungen versehen werden (Kommunikationspolitik; vgl. Beitrag JARREN in diesem Band).

Ursprünglich hatte auch die ebenfalls noch junge, aber vergleichsweise ältere Kommunikationswissenschaft Probleme, als eigenständiger Wissenschaftszweig akzeptiert zu werden - so sprach etwa der US-Medienforscher Wilbur Schramm zunächst nur von einem „weiten Feld", das sich in seiner wissenschaftlichen Tragfähigkeit erst noch bewähren müsse. Dies kann von Vorteil sein: Während viele „klassische" Wissenschaftsbereiche weitgehend in ihren tradierten Denkmustern perpetuieren, ist eine junge Wissenschaft noch offen nach allen Seiten hin - sowohl, was das Erkenntnisobjekt anbelangt, als auch hinsichtlich der Untersuchungsmethoden. Innovationen aber pflegen sich auch im Wissenschaftlichen positiv auszuwirken.

2. Untersuchungsfelder, Vorgehensweisen, Blickwinkel

Ökonomie bedeutet zum einen Teil Psychologie - es geht um wirtschaftliche Verhaltensweisen von Personen, Unternehmen und Politikern. Zum anderen handelt Ökonomie von technischen Prozessen, etwa bei der Produktion, die z.B. bestimmte Kostenstrukturen implizieren und dadurch die (Verkaufs-)Preisgestaltung beeinflussen. Nichts von alledem ist statisch, d.h. auf Ewigkeit festgeschrieben. Wirtschaften stellt vielmehr einen dynamischen und permanenten Anpassungsprozess auf sich ständig ändernde Rahmenbedingungen wie z.B. Nachfrageverhalten, Kostenentwicklung, Stand der Produktionstechnik usw. dar.

Die wissenschaftliche Analyse von „Wirtschaften" - gemeint ist der Umgang mit grundsätzlich knappen Ressourcen wie Produktionsfaktoren, Geld usw. - läßt sich daher im Kern auf vier Fragestellungen reduzieren, aus denen sich einzelne Untersuchungsfelder für die wissenschaftliche Forschung ableiten lassen:
- Wer hat welche (wirtschaftlichen) Interessen? Dabei geht es, konkreter gesprochen, um Bedürfnisse, Motive und (ökonomische) Ziele.
- Wer kann welche Interessen wie und in welchem Umfang realisieren? Dies betrifft Fragen nach Instrumenten, mittels derer sich bestimmte Ziele erreichen lassen, Strategien, aber auch die Frage nach der wirtschaftlichen Machtverteilung.
- Wie sehen die Rahmenbedingungen aus, unter denen sich das alles (nur) erreichen läßt? Hier können politische Vorgaben, juristische Restriktionen, technische Gegebenheiten, das soziale und demographische Umfeld, Kaufkraft (Einkommensverteilung), aber auch die Konkurrenzsituation auf bestimmten Märkten eine Rolle mitspielen.
- Wie lassen sich die gesetzten Ziele effizient, d.h. mit möglichst geringem Aufwand, realisieren?

2.1. Anbieter, Nachfrager, Staat

Für die Beantwortung ist es sinnvoll, die auf den Märkten agierenden Wirtschaftssubjekte nach ihren unterschiedlichen Interessen in drei Gruppen zu unterscheiden: Anbieter, Nachfrager und Staat.

Als Anbieter werden die Produzenten bezeichnet, zu denen z.B. die Verleger, Fernsehunternehmen, aber auch die Kommunikatoren zählen. Nachfrager sind z.B. die privaten Haushalte, soweit sie kaufen, also etwa die Mediennutzer (Rezipienten). Analog dazu unterscheidet man die Märkte in Angebots- und Nachfrageseite.

Der Staat taucht in mehrfacher Gestalt auf. In erster Linie setzt er Rahmenbedingungen: als Gesetzgeber und regulierende Instanz (z.B. Altpapierverordnung), Kontrolleur bestimmter Spielregeln (z.B. Bundeskartellamt) oder als Subventionsgeber im Rahmen seiner finanz- und/oder medienpolitischen Zielvorstellungen. Auf der anderen Seite kann der Staat auch Unternehmer sein, also entweder Geschäftspartner oder Konkurrent von Medienunternehmen, Beispiel Postzeitungsdienst. Die diversen Beziehungen zwischen allen Gruppen werden in Kapitel 3.1. näher dargestellt.

2.2. Mikro- versus Makrobetrachtung

Will man untersuchen, wie sich ein einzelnes Wirtschaftssubjekt verhält und agiert, nennt man dies eine Betrachtung auf Mikroebene - sozusagen der Blick in den ökonomischen Mikrokosmos. Typische Untersuchungsbereiche auf der Anbieterseite sind z.B. die Erlös- und Kostenstrukturen (vgl. Kapitel 4.4.1.), auf Seiten der Nachfrager etwa die Mediennutzungsprofile (vgl. Kapitel 4.5.2.).

Von der Makroebene spricht man, wenn man größere Einheiten zusammen betrachtet, die Mikrobetrachtung also horizontal und/oder nach oben hin, sozusagen vertikal, erweitert bzw. *globalisiert*. Ein Makro-Blickwinkel kann sich z.B. aus der Addition aller Mikrokosmen einer einzigen Ebene, etwa einer gesamten Branche, ergeben (z.B. Zeitungen). Oder aber man betrachtet die Wirtschaftssubjekte von einer höheren Stufe aus, in der noch andere, artverwandte Einheiten oder Branchen (z.B. Zeitschriften) mitberücksichtigt sind. Tages- und Wochenzeitungsverlage lassen sich etwa im Aggregat „Zeitungsverlage" zusammenfassen. Der Fachterminus lautet *aggregieren*. Ebenso kann man die Produzenten von Aktuellen Illustrierten, Nachrichtenmagazinen usw. in „Zeitschriftenverlage" aggregieren. Noch weiter (nach oben hin) aggregiert lassen sich Zeitungs- und Zeitschriftenverlage sowie Buchverlage zusammenfassen im „Verlagsgewerbe".

Den umgekehrten Weg, von der Makrobetrachtung zu immer detaillierten Mikroeinheiten zu gelangen, nennt man *disaggregieren*.

3. Medienmärkte: Daten zur deutschen Medienlandschaft

3.1. Abgrenzungsprobleme

Die Größe bzw. ökonomische Bedeutung der Medienmärkte hängt davon ab, wie eng man den Bereich Kommunikation bzw. Medien faßt.

In einem engeren Sinn könnte man den Mediensektor auf die *klassischen* Bereiche Buch, Zeitung, Zeitschriften (Wort und Bild in gedruckter Form), Hörfunk und

Fernsehen (Wort bzw. Bild in bewegter und via Kabel, Satellit und/oder terrestrisch verbreiteter Weise) begrenzen. Definiert man die Grenzen weiter, würde man Theater, Bibliotheken, Museen, Datenbanken usw. miteinbeziehen. Aber auch das Unternehmen „Post", bestehend u.a. aus Gelber Post und TeleKom, ist ein Kommunikationsunternehmen: Zustellung, Vermittlung und Übertragung von Informationen, Ton und Bild etc. stellen technische Voraussetzungen für Kommunikation dar.

Die Institutionen der Post, egal ob staatlich oder privatwirtschaftlich organisiert, zählen in allen Industrieländern zu den größten Unternehmen überhaupt - ein Indiz dafür, daß ohne Informationsaustausch in hochentwickelten Volkswirtschaften nichts mehr läuft. Einige Kommunikationsforscher gehen daher weiter und sprechen gleich von einer „Informationsgesellschaft": Informations-Produzenten, -Verteiler, -Verarbeiter und Infrastrukturberufe der Information. So betrachtet entfielen nach einer Berechnung der OECD für das Jahr 1980 bereits 38% des deutschen Bruttosozialproduktes auf den Informationssektor (vgl. SCHENK 1990: 179).

3.2. Wirtschaftskreislauf und Bruttosozialprodukt

Die Abbildung 1 skizziert, stark vereinfacht, das finanzielle Beziehungsgeflecht zwischen Anbietern (Unternehmenssektor), Nachfragern (private Haushalte) und dem staatlichen Sektor. All diese Ströme werden vom Statistischen Bundesamt in Wiesbaden in der sog. Volkswirtschaftlichen Gesamtrechnung erfaßt.

Abbildung 1: Wirtschaftskreislauf

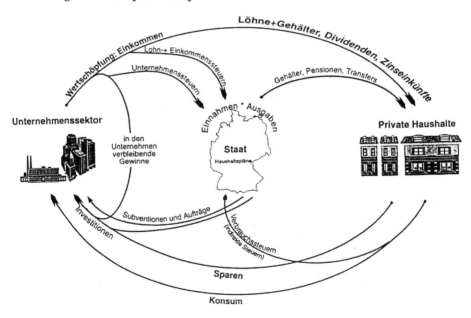

(Quelle: Eigene Zusammenstellung)

Medienökonomie - Eine Einführung

Eine der zentralen Rechengrößen dieser gesamtwirtschaftlichen *Buchhaltung* ist das *Bruttosozialprodukt (BSP)*.
Das (nationale) Bruttosozialprodukt gilt als wirtschaftlicher Leistungsindikator. Es stellt die Summe aller Waren und Dienstleistungen dar, die im Laufe eines Jahres produziert wurden. Bewertungsgrößen sind die am Markt erzielten Preise oder (Selbst-)Kosten (Beispiel Staatsausgaben).
1990 hatte das bundesdeutsche BSP (alte Länder) eine Größenordnung von rund 2,4 Billionen DM (2.440 Mrd.). 1992 waren es für Gesamtdeutschland rund 3 Billionen DM.
Vergleicht man das aggregierte Umsatzvolumen der in Tab. 1 aufgelisteten Medienbranchen mit ihrem Anteil am BSP, so wird deren Wert dort geringer ausgewiesen. Grund: Da (End-)Produkte mehrere Fertigungsstufen durchlaufen, käme es zu Doppel- und Mehrfachzählungen, wenn man zum Zwecke der tatsächlichen Leistungsmessung die gegenseitigen Vorleistungen (Bezüge von Vorlieferanten) nicht herausrechnen würde. Beispiel (vgl. Tabelle 1): Das Produktionsvolumen der Filmwirtschaft betrug 1990 rund 4,4 Mrd. DM. 0,9 Mrd. DM davon waren Umsätze (Erlöse) aus Lieferungen und Leistungen für *ARD* und *ZDF*. Bei den Öffentlich-Rechtlichen tauchen diese Gelder ebenfalls im Umsatz (Budget) auf - hier als Vorleistungsfaktor Auftragsproduktionen an die Filmwirtschaft.

Werden bei dieser Art von Berechnung Fremdleistungen eliminiert, so zählt man für eine Branche bzw. Produktionsstufe nur den jeweils entstandenen Wert, um den das Produkt durch weitere Be- oder Verarbeitung mehr „wert" wird. Diesen *Mehrwert* nennt man auch *Wertschöpfung*, im folgenden abgekürzt mit WS. Ökonomisch bedeutet das: In gleicher Höhe entstehen *Einkommen* - Löhne und Gehälter sowie Unternehmergewinne.

Somit entspricht das nationale BSP durch Herausrechnen aller gegenseitigen Vorlieferbeziehungen den aggregierten Einkommen auf allen wirtschaftlichen Stufen in allen Branchen. Das BSP, dividiert durch die Anzahl der betroffenen Köpfe, gibt daher einen ersten und groben Anhaltswert für das Durchschnittseinkommen ab. Zwei Rechenbeispiele:

1) BSP- bzw. WS-Rechnung für die BRD 1990:

$$\frac{2.400 \text{ Mrd. DM}}{60 \text{ Mio. Einwohner}} = 40.000 \text{ DM pro Einwohner}$$

2) WS-Rechnung für *ARD* und *ZDF* 1990:

9 Mrd. Umsatz - 6 Mrd. Vorleistungen = 3 Mrd. WS

$$\frac{3 \text{ Mrd. WS}}{24.000 \text{ Angestellte}^*} = 125.000 \text{ DM pro Angestelltem}$$

*(ohne Freie)

Tabelle 1: Medienmärkte in Deutschland (1990)

	Umsatz in Mrd. DM	Beschäftigte (ohne Vertrieb)
PRESSE	**36,6**	**235.000**
PRODUKTION		
- Zeitungen (Aufl.: 27 Mill.)	16,5	147.000
- Zeitschriften (Aufl.: 134 Mill.)	13,5	88.000
- Anzeigenblätter(Aufl.: 70 Mill.)	2,0	
VERTRIEB (nur Grosso)	4,6	
BUCH	**15,3**	**18.000**
PRODUKTION		
- Verlage, Autoren (61.000 Neuerscheinungen, 580.000 lieferbare Titel)	9,7	
VERTRIEB		
- Buchhandel (nur 60% des Buchvertriebs)	5,6	
FILMWIRTSCHAFT	**6,9**	**ca. 25.000**
PRODUKTION	4,4	23.000
- Auftragsproduktion für ARD + ZDF	0,9	
- Kinofilme	0,1	
- sonstige Produktionen (Eigenproduktion v. ARD/ZDF, Werbefilme)	3,4	
VERLEIH/VERTRIEB	0,4	
AUFFÜHRUNG (Kinos)	0,8	
Videokassettenverkauf, Videokassettenverleih	0,3	
	1,0	
HÖRFUNK + FERNSEHEN	**9,9**	**ca. 35.000**
PRODUKTION + AUSSTRAHLUNG		nur Planstellen:
- ARD, DLF, DW, RIAS, Degeto	6,3	24.100
- ZDF	1,9	4.000
- PRIVAT TV	1,3	1.500
- PRIVAT HF	0,4	
WERBUNG	**39,5**	**ca. 120.000**
PRODUKTION	15,0	118.000
- Prov., Hon./Agenturen	1,7	9.800
VERTRIEB		
- Einn. d. Werbeträger	24,5	

(Quellen: Stat. Bundesamt; Angaben der Verbände. Differenzen zu Zahlen des Stat. Bundesamtes erklären sich aufgrund unterschiedlicher Abgrenzungskriterien der einzelnen Medienmärkte)

3.3. Das BSP unter drei Blickwinkeln

Das BSP, allgemeiner auch als Sozialprodukt umschrieben, läßt sich unter drei Gesichtspunkten betrachten und berechnen (vgl. Abbildung 2).
1. Listet man die Beiträge der einzelnen Wirtschaftsbereiche zum BSP bzw. zur nationalen WS auf, so handelt es sich um eine *Entstehungs*rechnung (vgl. Abbildung 2). So verteilen sich z.B. die am Produkt Zeitung beteiligten Branchen auf mehrere Bereiche: a) der Holzgewinnung in der Position Land- und Forstwirtschaft, b) Papiererzeugung und Druck auf der Ebene des Produzierenden und Verarbeitenden Gewerbes, c) Groß- und Einzelhandel sowie Deutsche Bundespost (Postzeitungsdienste) unter Handel und Verkehr, d) Verlage unter Dienstleistungsunternehmen.
2. Will man wissen, wie sich die beim Produktionsprozess entstehenden Einkommen (WS) verteilen, so spricht man von der *Verteilungs*rechnung. Sie ist allerdings recht grob, denn sie unterscheidet nur nach zwei Kriterien, nämlich a) nach brutto versus netto und b) nach Einkommen aus „unselbständiger Tätigkeit" (Faktor Arbeit) versus „Einkommen aus Unternehmertätigkeit und Vermögen" (Faktor Kapital).

Abbildung 2a: Bruttosozialprodukt dreidimensional (1990)

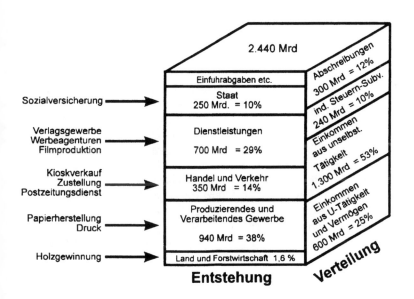

Abbildung 2b: Bruttosozialprodukt dreidimensional (1990)

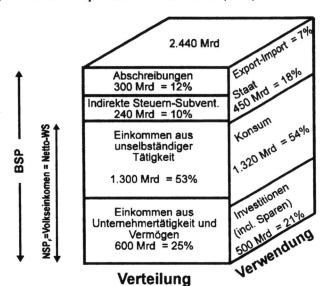

(Quelle: Zusammengestellt nach Zahlen der volkswirtschaftlichen Gesamtrechnung)

- Der Unterschied zwischen *Brutto-* versus *Nettosozialprodukt* liegt in zwei Positionen, die nicht als „Einkommen" angesehen werden: *Abschreibungen* und der *Saldo aus indirekten Steuern* (Beispiel Gewerbesteuern) *und* (bereits verrechneten) *Subventionen*.
- Das verbleibende *Nettosozialprodukt* bezeichnet man auch als *Volkseinkommen* bzw. *Netto-WS* - unterteilt nach Einkommen aus unselbständiger bzw. Unternehmertätigkeit. In welchem Umfang etwa der Staat über Einkommen- und Gewinnsteuern daran profitiert, wird in der hochaggregierten Sozialproduktsberechnung nicht weiter ausgewiesen. Auf Mikro-Ebene machen das einige Firmen, wenn sie sog. Sozialbilanzen veröffentlichen (vgl. Kapitel 3.6.).
3. Wie das Einkommen dann verausgabt wird, läßt sich aus der *Verwendungs*rechnung ersehen: Privater Konsum, Investitionen, Staatsausgaben (Steuern!), Exportüberschuß.

3.4. Wertschöpfung versus Gewinn- und Verlustrechnung

Aussagekräftiger wird es, wenn man die (nationale) Wertschöpfung mehr auf Mikro-Ebene betrachtet, etwa am Beispiel „Verlagsgewerbe". Darunter fallen nach der Abgrenzung des Statistischen Bundesamtes alle Verlagsunternehmen (Zeitungs-, Zeitschriften-, Buch-, Musik- und alle sonstigen Verlage) mit rund 190.000 Beschäftigten.Allerdings werden präzisere Daten über die Wertschöpfung in diesem Wirtschaftszweig nicht veröffentlicht. Die Abbildung 3 basiert daher auf einer

Medienökonomie - Eine Einführung 155

Schätzung. In einem zweiten Schritt kann der hochgerechneten WS-Betrachtung nun die betriebliche *Gewinn- und Verlustrechnung (G+V)* gegenübergestellt werden (Abbildung 4). Deren Daten sind der Presse-Statistik entnommen, die die „Verlage" wiederum ganz anders abgrenzt, so daß es zu statistischen Überschneidungen kommt. Der Vergleich leistet dennoch zweierlei: Einerseits zeigt er die Unterschiede zwischen „gesamtwirtschaftlicher" und unternehmensmäßiger Sichtweise auf, andererseits aber auch die Zusammenhänge zwischen WS-Rechnung und G+V.

Zunächst zur WS-Rechnung: Wie bereits beschrieben, müssen dazu vom (Branchen-)Umsatz (Produktionswert, Gesamtleistung) die bezogenen Vorleistungen abgezogen werden, um die Brutto-Wertschöpfung (1990) zu erhalten:

	Umsatz	38,2 Mrd. DM
./.	Vorleistungen	23,5 Mrd. DM
=	(Brutto-)Wertschöpfung	14,7 Mrd. DM

Brutto-Wertschöpfung abzüglich Abschreibungen sowie dem Saldo aus Produktionssteuern und Subventionen ergeben 13,2 Mrd. DM an Nettowertschöpfung bzw. verteilungsfähigem „Einkommen"

Der größte Teil davon geht als „Einkommen aus nichtselbständiger Tätigkeit" an Arbeitnehmer. „Einkommen aus Unternehmertätigkeit und Vermögen" bedeutet z.B. Gewinne, egal ob sie Unternehmergewinne und/oder Dividendenerträge von (Klein-)Aktionären darstellen. Darin sind auch etwaige Gewinnbeteiligungen von Arbeitnehmern enthalten (z.B. *Bertelsmann*-Gruppe, *Spiegel*, vgl. Kap 3.7.).

Abbildung 3: Wertschöpfung im Verlagsgewerbe (1990)

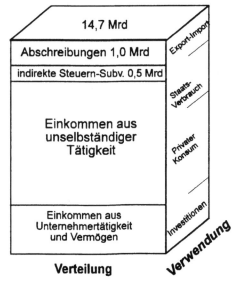

(Quelle: Zusammengestellt nach Angaben der Pressestatistik)

Verwendet, also ausgegeben, wird das Einkommen dann für Investitionen, als Steuerzahlungen (Staatsausgaben), Konsum oder im Ausland (z.B. Kapitalexport via Urlaub).

Aus der Sicht eines Unternehmens sieht die Sache anders aus: Hier interessiert vor allem die Differenz zwischen Umsätzen (synonym: Erlöse) und Kosten (synonym: Aufwand): Gewinn oder Verlust? Aus diesem Grund sind in der G+V sowohl die verschiedensten Vorleistungen als auch die Einkommen der Beschäftigten als Kostenbestandteile ausgewiesen. Eine G+V für die Presse-Branche, zusammengestellt aus den Daten der Pressestatistik (Kostenstrukturstatistik, die allerdings nicht alle Unternehmen erfaßt), sähe aus, wie in Abbildung 4 dargestellt.

Abbildung 4: G+V der Presseunternehmen (für 1990, in Mrd. DM)

AUFWAND (KOSTEN)		ERTRAG (ERLÖSE)	
Papierverbrauch	3,7		
Fremdleistung der technischen Herstellung	5,2	Umsatzerlöse aus Vertrieb	15,2
Honorare, Vergütungen für Informationen, davon - Freie Mitarbeiter - Presse- und Nachrichtendienste - bezogene red. Teile	1,2 0,9 0,1 0,2		
Personalkosten, davon - Löhne und Gehälter - Sozialaufwand	10,3 8,6 1,7	Umsatzerlöse aus Werbung/Anzeigen	15,8
Vertriebskosten, dar.: - PZD - Zusteller - Vertriebswerbung	3,1 0,6 0,4 0,8		
restl. Kosten wie z.B. - Post- u. Fernmeldedienste - steuerliche Abschreibungen - Fremdkapitalzinsen - Mieten - Lizenzen - sonstige Kosten	9,7	sonstige Umsätze	4,5
Überschuß	2,3		
Summe	35,5	Summe	35,5

(Quelle: Zusammengestellt nach Angaben der Pressestatistik)

Den Branchengewinn kann man mit Fug und Recht als „überdurchschnittlich" bezeichnen (vgl. KNOCHE/ZERDICK 1991a: 62): 2,3 Mrd. DM bezogen auf den Umsatz entspricht einer durchschnittlichen Umsatzrendite vor Steuern von 6%. Es gibt (sehr) wenig Branchen oder Firmen, denen es grosso modo so gut geht (zum Vergleich: Durchschnittliche Umsatzrendite vor Steuern über alle Wirtschaftszweige 1990: 3,5%, Beispiel Siemens AG: 2,6%). So gehört der *Spiegel*-Verlag, der rund 100 Mio DM Jahresgewinn vor Steuern erwirtschaftet, was einer Rendite von 20% entspricht, zu den profitabelsten Unternehmen der Republik. Zum Vergleich: Umsatzrendite: *Gruner + Jahr* 8,4%, *Burda-Verlag* 5,7%, *Springer-Konzern* 2,6% (Quelle: Geschäftsberichte für 1992).

Medienökonomie - Eine Einführung

Anzumerken bleibt, daß in der branchenmäßigen/betrieblichen G+V einige Positionen in anderer Höhe ausgewiesen sind als in der WS-Rechnung, so etwa die Abschreibungen. Die Gründe liegen in unterschiedlichen Bewertungsmaßstäben, auf die hier nicht weiter eingegangen werden kann (vgl. dazu WÖHE 1990: 1036 ff).
Auf zwei weitere Besonderheiten sei hingewiesen. In Geschäftsberichten von Unternehmen wird die G+V meist tabellarisch und vertikal ausgewiesen, wie z.B. die weltweite G+V der Unternehmensgruppe *Gruner + Jahr*. Außerdem wird die Erfolgsgröße *Gewinn* in verschiedenen Stufen differenziert betrachtet. Dies sei an eben dieser G+V erläutert:

Tabelle 2: *Welt-G+V von Gruner + Jahr (1.7.90 bis 30.6.91) in Mio DM*

	Umsatzerlöse	3.284
+	sonst.betriebl.Ergebnisse	78
=	**Gesamtleistung**	**3.362**
./.	Materialaufwand	1.364
=	**Rohertrag**	**1.998**
./.	Personalaufwand	891
./.	Abschreibungen	110
./.	sonst.betriebl.Aufwand	710
=	**Ergebnis der Betriebstätigkeit**	**286**
+	Beteiligungsergebnis	-15
+	Zinsergebnis	5
=	**Ergebnis der gewöhnlichen Geschäftstätigkeit**	**275**
./.	Steuern vom Einkommen u. Ertrag	75
=	**Jahresüberschuß**	**200**

(Quelle: Geschäftsbericht 1990/91)

- Umsatz plus sonst. Erträge (Gesamtleistung) abzüglich des Materialaufwands ergibt den sog. Rohertrag.
- Zieht man davon die Personalkosten, Abschreibungen und alle sonst. betrieblich bedingten Kosten ab, kommt man in einer ersten Gewinnbetrachtungsstufe zum „Ergebnis der Betriebstätigkeit".
- Rechnet man jetzt die anteiligen Gewinne bzw. Verluste von Tochtergesellschaften und/oder die Erträge aus Finanzanlagen (z.B. Wertpapiere) hinzu, erhält man eine erweiterte „Gewinn"-Größe, in die jetzt auch solche Erfolgskomponenten eingehen, die nicht unbedingt mit der speziellen Branchentätigkeit zusammenhängen müssen. Diese Größe heißt *Ergebnis der gewöhnlichen Geschäftstätigkeit*. Im Beispiel von *Gruner + Jahr* verbergen sich in dem insgesamt negativen Saldo „Beteiligungsergebnis" sowohl die positive Gewinnabführung aus der 25%-igen Beteiligung am *Spiegel-Verlag* (ca. 25 Mio DM) als auch andere negative Beteiligungsergebnisse.
- „Ergebnis der gewöhnlichen Geschäftstätigkeit" abzüglich der Einkommens- bzw. Gewinnsteuern des Unternehmens ergeben den *Jahresüberschuß*, der als betriebswirtschaftliche Schlüsselgröße für den Unternehmenserfolg gilt. Je nach

Verwendung dieses Gewinns (z.B. für Rücklagenbildung) geht der verbleibende Rest als *Bilanzgewinn* in den *Jahresabschluß* ein, der aus zwei Teilen besteht: der Bilanz (Aufstellung aller Vermögenswerte und Schulden) sowie der G+V.

3.5. Unternehmensdaten, Publizität und Rechtsformen

Die Datenlage über die Medienbranche ist nicht eben überwältigend. In der „amtlichen" Statistik des Statistischen Bundesamtes beginnen die Informationsprobleme bereits mit unterschiedlichen Erhebungsgrundlagen und Abgrenzungskriterien. Auf betrieblicher Ebene verstecken viele Firmen ihre Zahlen hinter dem Geschäftsgeheimnis - mit ein Grund, weshalb der Wissensstand in der Medienökonomie teilweise recht mager ausfällt (vgl. KOPPER 1982: 104). So bleibt es nicht aus, daß viele relevante Informationen nicht greifbar sind.

So ist etwa völlig unbekannt, wieviel freie Journalisten und/oder Mitarbeiter für die Medien tätig sind und erst recht, was sie verdienen. Das Statistische Bundesamt zählte 1990 zwar 2.541 „selbstständige Schriftsteller", kennt aber nur deren „steuerbaren Umsätze" in Höhe von 338 Mio DM. Diese Daten, mithilfe derer die BSP-Entstehungsrechnung ermittelt wird, entstammen der Umsatzsteuerstatistik. Umsatzsteuerpflichtig ist aber nicht jeder, der schreibt. Allerdings kennt man aus einer weiteren Quelle, der Pressestatistik, die Höhe der im „Verlagsgewerbe" an „freie Mitarbeiter" gezahlten Honorare: 905 Mio DM. Ein Teilbetrag dieser beiden Einkommenssummen dürfte sich überschneiden, der größere Teil nicht.

Ähnlich verhält es sich mit Zahlen über Kosten- und Erlösstrukturen. In der Pressestatistik (Verlagsgewerbe) sind viele Daten entweder nicht in der benötigten Form differenziert und/oder unvollständig erhoben.

Die Quelle G+V hilft ebenfalls nur selten weiter - derartige Zahlen werden von den wenigsten Unternehmen publiziert, stellen also ein Problem der Öffentlichkeit solcher Informationen dar. Zwei Interessen liegen dabei im Widerstreit. Unternehmen möchten wenig Einblick in ihre internen Strukturen geben, inbesondere nicht der Konkurrenz. Andererseits tangieren die Betriebe auch wirtschaftliche Interessen anderer, wie von Lieferanten und Kunden, Gläubigern oder Arbeitnehmern, aber auch von „Vater Staat", von dem Unternehmen häufig Unterstützung erwarten (z.B. Subventionen, geeignete Firmengrundstücke). Berechtigte Interessen an relevanten Informationen auf der anderen Seite sind daher nicht von der Hand zu weisen, von den Wissenschaften einmal ganz abgesehen.

Derzeit regelt sich die *Publizität* des Jahresabschlusses nach sehr unterschiedlichen Kriterien: Aktiengesellschaften müssen grundsätzlich einen Jahresabschluß vorlegen. Bei Unternehmen in der Rechtsform einer GmbH hängt der Umfang der Berichtspflicht von der Firmengröße ab (vgl. §§ 325-329 Handelsgesetzbuch). Personengesellschaften, insbesondere auch sog. GmbH & Co KG's, sind derzeit nicht bilanzierungspflichtig, soweit sie nicht die Größenmerkmale des Publizitätsgesetzes erfüllen (mindestens zwei von drei Kriterien: Bilanzsumme größer 125 Mio DM, Jahresumsatz größer als 250 Mio DM, mehr als 5.000 Arbeitnehmer).

Der *Spiegel-Verlag Rudolf Augstein GmbH & CO.KG*, bekannt auch durch Veröffentlichungen über das ökonomische Innenleben anderer, hält sich beispielsweise selbst bedeckt: das Unternehmen *Spiegel* gibt seine stolzen Gewinnzahlen

Medienökonomie - Eine Einführung

nicht preis. Der *Heinrich Bauer-Verlag*, Hamburg, gehört ebenfalls zu den schweigsamen Riesen. Er mußte 1980 gerichtlich gezwungen werden, dem gesetzlich vorgeschriebenen Minimum an Firmenpublizität Genüge zu tun. Die privaten Fernsehgiganten *RTL* und *SAT 1* sind bis heute ebensowenig ihren Veröffentlichungspflichten nachgekommen wie etwa das Firmenimperium von Leo Kirch. 1995 soll die Umsetzung von EG-Recht Abhilfe schaffen.

3.6. Sozialbilanzen

Ab und an veröffentlichen Firmen (z.B. *Bertelsmann, Springer*) über ihren regulären Jahresabschluß hinaus *Sozialbilanzen*, die eine etwas detailliertere Wertschöpfungsrechnung der im Unternehmen entstandenen „Einkommen" darstellen. Während in einer G+V vor allem das verteilungsfähige Einkommen der Kapitaleigner ausgewiesen wird, will eine Sozialbilanz, für die es keinerlei Publizitätsregeln gibt, die Entstehung und Verteilung aller Einkommen auf Mitarbeiter (Löhne und Gehälter, Arbeitgeberbeiträge zur Sozialversicherung), Staat (Steuern), Kreditgeber (Zinsen), Aktionäre (Dividenden) und Unternehmen (Rücklagen) aufzeigen.

3.7. Unternehmenssicherung und Mitarbeiterbeteiligung

Der klassische Gegensatz zwischen „Arbeit" und „Kapital" hat sich schon lange aufzulösen begonnen - der Angestellte hat den Arbeiter verdrängt, Arbeitnehmer besitzen Aktien und/oder Sparguthaben und sind (via Bank) auch Kreditgeber. Nicht oft, aber immer öfter beteiligen Firmen ihre Beschäftigten am Unternehmen. Die Spannbreite der Möglichkeiten reicht von der bloßen Kapital- bzw. Gewinnbeteiligung bis hin zur Mitbestimmung oder auch Mitunternehmerschaft. In unserem Kontext sollen zwei Modelle kurz vorgestellt werden: ein Konzept zur Gewinnbeteiligung (*Bertelsmann-Gruppe*) und ein Mitunternehmermodell (*Spiegel-Verlag*).

Für die *Bertelsmann-Gruppe*, Europas größten und weltweit zweitgrößten Medienmulti, zu dem in Deutschland u.a. das Unternehmen *Gruner + Jahr* sowie darüber hinaus eine 25%-ige *Spiegel*-Beteiligung gehören, hat „das Kapital seinen Führungsanspruch verloren". So Reinhard Mohn, Aufsichtsratschef bis 1991, der bereits 1969 eine finanzielle Mitarbeiterbeteiligung in seinem Unternehmen einführte. Ziel: die langfristige Sicherung der *Bertelsmann AG*. Instrument: „die Gestaltung einer gerechten und motivierenden Arbeitswelt". Neben tariflicher Entlohnung und individuellen leistungsbezogenen Zulagen gilt die Gewinnbeteiligung als „dritter Baustein materieller Gerechtigkeit", die als leistungsmotivierend angesehen wird und damit den langfristigen Unternehmenserfolg sichern hilft.

Realiter wird die WS im Unternehmen (neben Staat, Kreditgebern usw.) so verteilt: Die Entlohnung des Faktors „Arbeit" ist tarifvertraglich festgelegt, das „Kapital" erhält eine Art Mindestverzinsung. Was darüber hinaus an WS bzw. Gewinnen übrig bleibt („Gemeinsam erwirtschafteter Mehrertrag"), wird hälftig auf die Mitarbeiter und die Kapitalgeber ausgeschüttet. Die Beschäftigten haben darüber hinaus die Möglichkeit, zum Vorzugspreis Kapitalanteile (Genußscheine) zu erwerben.

Das *Spiegel*-Modell geht noch weiter. Die Beschäftigten sind als (stille) Gesellschafter mit 50% direkt am Unternehmen beteiligt. Je 25% halten Rudolf Augstein sowie *Gruner + Jahr*. Die Gewinnbeteiligung richtet sich nach einem ausgeklügelten Punktesystem, in das die Dauer der Betriebszugehörigkeit als auch die individuelle Stellung in der Einkommenshierarchie Eingang finden. So erhielt z.b. 1987 ein Redakteur, zehn Jahre dabei mit 100.000 DM Jahresbrutto, rund 50.000 DM Gewinnanteil (vgl. ausführlich: RADTKE 1988: 26 f). Allerdings gibt es feste Regeln, wie dieser Gewinn ausgegeben werden darf: Ein Teil muß z.b. für die „Altersversorgung" angelegt, ein kleinerer Betrag als langfristiges Darlehen an den Verlag gewährt werden.

Die 50%-Mitarbeiterbeteiligung am Unternehmen bedeutet auch hälftiges Stimmrecht in der Gesellschafterversammlung - die *Spiegel*-Beschäftigten sind Mitunternehmer. Dies hat nicht nur Auswirkungen auf Leistungsbereitschaft und Identität der Mitarbeiter/Mitunternehmer: Als 1991 der lukrative *Spiegel*-Druckauftrag in Höhe von rund 60 Mio DM von einer Druckerei des *Springer-Konzerns* zu *Gruner + Jahr-Druck* wechselte, waren es die Mitarbeiter, die bei den langwierigen Vertragsverhandlungen die Preise drückten - zu Gunsten höherer Gewinne.

Selbstkontrollfrage 1:
Versuchen Sie, die Vorleistungen und die WS in Ihrem Betrieb (grob) abzuschätzen.
Wenn Sie eine Umsatzzahl haben, können Sie sich anhand der G+V im Verlagsgewerbe orientieren und dort genannte Aufwands- und Ertragspositionen prozentual auf Ihr Unternehmen übertragen. Ist Ihnen keine Umsatzzahl bekannt, so können Sie sich mit Kennziffern behelfen, die man als Durchschnittswerte aus der Branchen-G+V ableiten kann: Man dividiert alle Werte jeweils durch die Anzahl der Beschäftigten und erhält 'typische' Zahlen pro Beschäftigtem. Beispiel: 35,5 Mrd. Branchenumsatz : 253.000 Mitarbeiter ergibt einen durchschnittlichen Umsatz von rund 140.000 DM pro Kopf. So können Sie mit allen anderen Werten verfahren.
Wenn Ihr Betrieb bilanzieren sollte, vergleichen Sie die dortigen Zahlen mit dem Branchendurchschnitt und versuchen Sie, auffällige Abweichungen mit der individuellen Situation Ihres Unternehmens zu erklären.
Achten Sie in allen Fällen darauf, wo in der G+V die Vorleistungen und die WS-Bestandtteile stehen.

---

4. Besonderheiten der Medienmärkte

Im Gegensatz zu den Märkten für Äpfel oder Zahncreme zeichnen sich Medienmärkte durch eine ganze Reihe von Besonderheiten aus. Im folgenden stehen zunächst die Rahmenbedingungen im Vordergrund, unter denen sich die wirtschaftlichen Aktivitäten vollziehen. Im Anschluß daran werden die wichtigsten ökonomischen Eigenarten von Medienmärkten charakterisiert.

4.1. Rahmenbedingungen

Ohne auf die Gründe näher einzugehen, die Besonderheiten bedingen, lassen sich u.a. folgende institutionelle und rechtlichen Unterschiede zu anderen „Märkten" konstatieren:
- Auf den Printmärkten wurde, historisch bedingt, der Marktzutritt nach 1945 zunächst durch alliierte Lizenzvergabe reguliert. Viele der neuen Produkte konnten sich so auf dem bis dahin völlig konkurrenzlosen Markt sehr schnell zum Verkaufsschlager etablieren (*stern, Der Spiegel, Hörzu*). Dies erklärt die starke Marktstellung solcher Produkte bis heute.
- Im Gegensatz zum privatwirtschaftlich organisierten Zeitungs- und Zeitschriftenmarkt, war der Rundfunk über Jahrzehnte öffentlich-rechtlich institutionalisiert. Folge: Gedruckte Medienprodukte müssen sich via Preis und Qualität auf dem Markt behaupten. Der öffentlich-rechtliche Rundfunk wird hingegen über einheitliche Gebühren finanziert und unterliegt nur geringem Kostendruck.
- Während beim Anzeigengeschäft den Print-Medien keine mengenmäßigen Begrenzungen auferlegt wurden, unterliegt die Werbung im Rundfunk, egal ob öffentlich-rechtlich oder privat, bis heute bestimmten Restriktionen. Dies hat Auswirkungen auf die Einnahmensituation.
- In einer Marktwirtschaft gibt es für einzelne Branchen (z.B. Textil, Stahl) keine Überlebensgarantie. Den Massenmedien indes wird ganz allgemein eine „öffentliche Aufgabe" zugesprochen, die verfassungsrechtlich abgesichert ist (vgl. BRANAHL 1992: 20 f). Im Fall des öffentlich-rechtlichen Rundfunks reicht dies - via Rechtsprechung des Bundesverfassungsgerichts - bis hin zu einer Bestandsschutzgarantie.
- Um den Konzentrationsprozess auf den Medienmärkten zu kontrollieren, sind die Eingreifkriterien des Bundeskartellamtes wesentlich niedriger angesetzt als in allen anderen Branchen. Dies verdeutlicht auch die politische Sensibilität ökonomischer Vorgänge auf diesen Märkten. Hier steht nicht nur der *ökonomische Wettbewerb*, sondern vor allem die *publizistische Vielfalt* im Visier (vgl. Kapitel 4.5.2.).

4.2. Marktmechanismus und Marktversagen: Zur „Markt"-Fähigkeit von Information und Unterhaltung

Die besondere Obhut der Medien seitens Politik, Gesellschaft und Rechtsprechung erklärt sich aus den spezifischen Funktionen von Massenmedien in einem demokratisch verfaßten Staat. Sie berücksichtigt dabei spezielle ökonomische Probleme dieser Branchen. Diese liegen in einem Wirtschafts- und Gesellschaftssystem, das sich vor allem marktwirtschaftlich konstituiert, in der Frage nach der „Markt"fähigkeit der „*öffentlichen Aufgabe*".

Die „öffentliche Aufgabe" konkretisiert Zohlnhöfer in drei Funktionen: Informationsfunktion (Nachrichten, Allgemeinzugänglichkeit), Artikulationsfunktion (öffentlicher Meinungsmarkt), Kritik- bzw. Kontrollfunktion (*vierte Gewalt*) (vgl. ZOHLNHÖFER 1989: 40 f, RÖPKE 1970: 98 ff sowie LÖFFLER/RICKER 1986: 18 f).

Marktfähig ist ein Gut dann, wenn es dem Produzenten möglich ist, einen (mindestens kostendeckenden) Preis auf dem freien Markt dafür zu erlangen. Gelingt dies grundsätzlich, so kann man die Angebotsbereitstellung dem sog. freien Spiel der Kräfte überlassen. Funktioniert das nur eingeschränkt oder gar nicht, sprechen Ökonomen von Marktversagen (vgl. BLANKART 1991: 47 ff). Dann gibt es mehrere Alternativen zur marktwirtschaftlichen Organisation. Was sich eine Gesellschaft in solchen Fällen an Spielregeln setzt, hängt davon ab, als wie wichtig die Bereitstellung des fraglichen Angebots empfunden wird. Lösung 1: Der Staat sorgt selbst für die Bereitstellung des Angebots (Beispiel Schule/Hochschule). Lösung 2: Man überläßt das Angebot grundsätzlich dem privaten Sektor, gewährt aber z.B. finanzielle Hilfestellung (Beispiel Subventionen). Lösung 3: Die Unternehmen suchen sich selber einen praktikablen Weg, z.b. mittels Verkauf eines zweiten Produkts (Beispiel Werbeplätze).

In der Abbildung 5 rangiert die Marktfähigkeit des Gutes „Information" zwischen 0 und 100%: Für allgemeinzugängliches Wissen oder Nachrichten wird man schwerlich zahlende Abnehmer finden. Je *exklusiver* hingegen die Ware ist, d.h. je einfacher es ist, Nichtzahler von der Nutzung auszuschließen (sog. Ausschluß-Kriterium), umso perfekter funktioniert die Marktfähigkeit.

Abbildung 5: Marktfähigkeit des Gutes „Information"

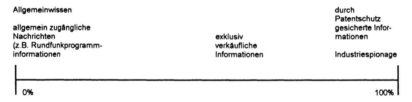

Mit der Ware *Unterhaltung* verhält es sich ähnlich. Allerdings ist es einfacher, Kurzweil zu verkaufen - auf seiten der Nachfrager existiert dafür eine größere Zahlungsbereitschaft.

Realiter sind deshalb reine Informationsgüter seltener auszumachen als Medienprodukte, die sich eher als Mix aus Information und Unterhaltung zusammensetzen und die auf mehrere Bedürfnisse der Nachfrager gleichzeitig abzielen. So stellt etwa die Tageszeitung eine verkäufliche Kombination aus allgemeiner Nachrichtenvermittlung (Politik, Sport), individuell verwertbaren Informationen (Service-Teile, Annoncen), Unterhaltung (Fortsetzungsroman) usw. dar. Die *Bertelsmann-Gruppe* z.B. charakterisiert ihre Produktpalette ähnlich und spricht von „Information, Bildung und Unterhaltung".

Betrachtet man die einzelnen Märkte in der Tabelle 3, wird deutlich, daß die Anbieter nicht für alle Produkte einen kostendeckenden Preis auf dem eigentlichen Produktmarkt durchsetzen können. In vielen Fällen verkaufen die Medienunternehmen ihren Nachfragern ein zweites Produkt im Huckepackverfahren mit: Werbung für Dritte.

Medienökonomie - Eine Einführung

Tabelle 3: Medien zwischen Markt und Staat

	Angebotsbereitstellung/Finanzierung (überwiegend)		
	via Staat (beeinflußt)	via Markt durch Verkauf/Produkte	Werbung für Dritte
Zeitungen		X	X
Zeitschriften		X	X
Rundfunk:			
öffentl.-rechtl.	(X)		X
privat			X
Bücher		X	
Bibliotheken	X		
Museen	X		X (Sponsoring)
Datenbanken	X	X	
Kinofilm	(X)	X	X
Tonträger		X	

4.3. Werbung und Mischkalkulation: Medien als Mehrproduktunternehmen

Vom Zeitungswissenschaftler Karl Bücher stammt die vielzitierte Beschreibung, daß die Zeitung „den Charakter einer Unternehmung hat, welche Anzeigenraum als Ware produziert, die nur durch einen redaktionellen Teil absetzbar wird" (BÜCHER 1926: 21). Das kann man auch genau andersherum sehen.

Tabelle 4: Unterschiedliche Grade von Mischkalkulation/Querfinanzierung

	Erlöse aus Verkauf	Erlöse aus Werbung	Umfang der Werbung am Produkt
	in Prozent		
Buch	100	0	0
Pay-TV	100	0	0
konfessionelle Zeitschriften	90 (inkl. Subv.)	10	gering
taz	85	15	5
Publikumszeitschriften	60	40	20-40
Wissenschaftliche Zeitschriften.	55	45	5-20
Die Zeit	50	50	48
Der Spiegel	42	58	50
Tageszeitungen	36	64	37
stern	35	65	40
Anzeigenblätter	0	100	90-100
Privat TV	0	100	max. 20

(Quelle: Eigene Zusammenstellung)

Egal wie, die Medienprodukte finanzieren sich in sehr unterschiedlichem Umfang über Werbung und Annoncen (im folgenden abgekürzt mit W/A bzw. W/A-Erlöse; Verkaufspreis-Erlöse mit VP-E), wie aus der Tabelle 4 ersichtlich ist: Die 'Huckepackfinanzierung' reicht von 0 bis 100%.

Wenn Produktkosten über zwei oder auch mehrere Quellen finanziert werden, konkret: wenn der Preis eines Produktes zur (anteiligen) Finanzierung eines anderen herangezogen wird, spricht man von *Mischkalkulation*. Synonym dazu sind auch Begriffe wie *interne Subventionierung* bzw. *Finanzierung, Quersubventionierung* bzw. *Querfinanzierung* gebräuchlich.

Ob Mischkalkulation aus ökonomischer Sicht „gut" oder „schlecht" ist, wie es aus der Bezeichnung *interne Subventionierung* anklingen mag, läßt sich von vorneherein weder bejahen noch verneinen - es hängt von der Zielsetzung ab. Im Regelfall wird jedes Unternehmen bemüht sein, wenn es ein bestimmtes Produkt produzieren und verkaufen möchte, dafür einen mindestens kostendeckenden Preis zu bekommen. Dies funktioniert allerdings nicht immer. Die interne Verrechnung von ungedeckten Kostenanteilen eines Produktes mit einem anderen, dessen Preis (sehr viel) mehr als dessen (Produktions-) Kosten abdeckt, ist zumindest eine funktionierende und daher geeignete Lösung. Es sei denn, man hat sich bei jedem einzelnen Produkt die 100%-ige Kostendeckung zum Ziel deklariert und verzichtet ggfs. lieber aufs Produzieren.

Mischkalkulation kann aber auch ganz anders funktionieren. Statt ein Produkt über den Preis eines anderen mitzufinanzieren, kann auch der Versuch eine Lösung sein, über unterschiedlich hohe Preise für ein und dasselbe Produkt insgesamt eine Kostendeckung zu realisieren: Der Hochpreiszahler „subventioniert" dann den Niedrigpreisnachfrager.

Realiter und über alle Wirtschaftszweige besehen, wird beides gemacht. In der Medienbranche ist die Querfinanzierung allerdings häufiger zu beobachten, oft sogar über unterschiedliche Märkte hinweg. Beispiele: Helmut Kindler hatte seinen gleichnamigen Buchverlag aus Erträgen seiner Zeitschriften *Bravo* und *Twen* aufgebaut. *Zeit*-Verleger Gerd Bucerius konnte seine Wochenzeitung bis Mitte der siebziger Jahre nur mittels seiner *stern*-Beteiligung etablieren (vgl. LUDWIG 1994). Freie Journalisten finanzieren ihre schlecht bezahlten Zeitungszeilen oft nur mittels besser bezahlter Rundfunkbeiträge.

Im folgenden soll daher nur noch von *Mischkalkulation* und *Querfinanzierung* die Rede sein, um deutlich zu machen, daß es sich hierbei um ein adäquates ökonomisches Prinzip handelt. Die Funktionstüchtigkeit hängt allerdings von der Voraussetzung ab, daß man (mindestens) zwei Produkte in der Angebotspalette hat. Medienunternehmen sind *Mehrproduktunternehmen*: Sie verkaufen auf zwei verschiedenen Absatzmärkten - auf der einen Seite Information, Bildung, Unterhaltung an die Rezipienten, auf der anderen Werbeplätze bzw. Annoncenraum an die werbetreibende Wirtschaft. Entsprechend setzen sich die Erlöse (Umsätze) aus mindestens zwei Quellen zusammen, den Verkaufs(preis-)erlösen des Medienprodukts (nachfolgend abgekürzt mit VP-E) und den Erlösen aus dem Werbe-/Anzeigengeschäft (W/A-E).

4.4. Ökonomische Probleme auf der Angebotsseite

4.4.1. Erlös- und Kostenstrukturen

So sehr die Querfinanzierung ein geeignetes Geschäftsprinzip darstellen kann, so schnell können dabei Probleme auftreten, wenn eine der Finanzierungsquellen nicht mehr so sprudelt oder gänzlich versiegt. Der Problemdruck ergibt sich dabei aus dem bisherigen Grad bzw. der Abhängigkeit von der Querfinanzierung. Tangiert sind sowohl die Erlös- als auch die Kostenstrukturen in der G+V-Rechnung.

Am Beispiel zweier Extreme, der Erlösstruktur des *Spiegel*, der mit durchschnittlich 137 Anzeigenseiten pro Heft (7.136 im Jahre 1992) weltweit die anzeigenstärkste Zeitschrift ist, und der Tageszeitung *taz*, die sich (bisher) nur in sehr geringem Maße über W/A-Erlöse finanzierte, seien die Unterschiede skizziert.

Abbildung 6: Erlösstrukturen 1992: Spiegel versus taz

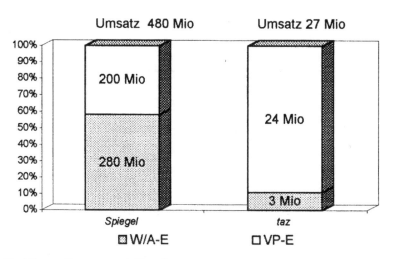

(Quelle: Eigene Zusammenstellung)

Die Unterschiede liegen auf der Hand. Rechnet man die W/A-Erlöse pro Mitarbeiter und Jahr um, so erwirtschaftet *Der Spiegel* (850 Mitarbeiter) 330.000 DM, die *taz* (160 Mitarbeiter) kommt auf 25.000 DM pro Kopf. Eine solche Betrachtung kann eine erste Vorstellung über die Größenordnung des finanziellen, d.h. auch redaktionellen Spielraums, aber auch dessen Abhängigkeit vom W/A-Geschäft vermitteln.

Aussagekräftiger ist der Blick sowohl auf die Ertrags- als auch die Kostenseite, dargestellt anhand der groben G+V-Vergleiche.

Abbildung 7: G+V - Vergleich 1992: Spiegel versus taz

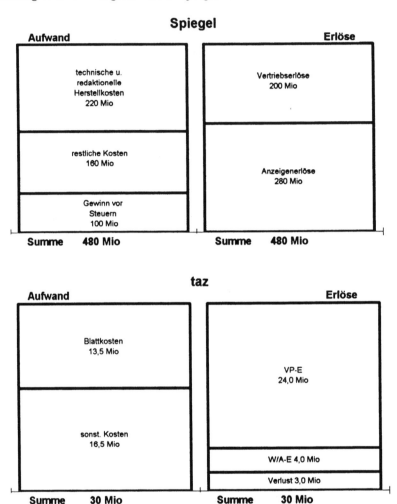

(Quelle: Eigene Zusammenstellung)

Es ergeben sich folgende Hauptunterschiede: (1) Ungeachtet der Unternehmensgrößen machte *Der Spiegel* 1992 rund 100 Mio DM Gewinn, die *taz* 3 Mio DM Verlust. Der hohe *Spiegel*-Überschuß ist vor allem Ergebnis seiner starken Stellung auf dem W/A-Markt. (2) Betrachtet man nur die Kosten von Redaktion (Löhne und Gehälter) plus technischer Herstellung (Papier und Druck), so decken im Fall des *Spiegel* die VP-E die Heftkosten (Redaktion, Papier, Druck) nur zum Teil. Anders bei der *taz*: Die VP-E sind größer als die Blattkosten. *Der Spiegel* gilt damit als eher *anzeigenorientiert*, die *taz* ist *vertriebsorientiert*. Diese Unterscheidung vermittelt einen ersten Eindruck davon, ob die bedeutendsten Produktkosten durch den Verkauf

Medienökonomie - Eine Einführung

eben dieses Produktes gedeckt werden können oder nicht. Gleichzeitig ist damit ein Hinweis auf die Abhängigkeit von der Querfinanzierung getan.

Die Vertriebsorientierung der *taz* gilt übrigens selbst dann, wenn man das unterschiedliche Lohnniveau berücksichtigt: Rechnet man die *taz*-Gehälter (durchschnittlich 41.000 DM p.a.) auf *Spiegel*-Niveau um (durchschnittlich 130.000 DM p.a.), so würden die Vertriebserlöse immer bzw. gerade noch die Blattkosten (23,7 Mio) abdecken.

Unterschiedliche Ertrags- und Kostenstrukturen machen unterschiedliche Unternehmensstrategien notwendig. Dem *Spiegel* geht es wirtschaftlich glänzend, die *taz* kämpft ums Überleben. Ganz allgemein gibt es mehrere Ansatzpunkte. Da sich ein Gewinn immer als (Jahres-)Überschuß der Erlöse über die Kosten ergibt, kann man bei beiden strategischen Größen anknüpfen, wie in der formalisierten Schreibweise angedeutet ist:

Gewinn (Verlust)	=	**Erlöse** (Preis x Menge)	-	**Kosten** (Redaktion, Herstellung, Vertrieb, usw.)

Strategie 1: Verbesserung der Erlöse. Zwei Märkte bieten sich an: der eigentliche Produkt- und der W/A-Markt. Hier sei zunächst der Produktmarkt thematisiert (W/A-Markt: vgl. Kapitel 4.5.1.).

Zwischen Verkaufspreis und verkäuflicher Menge (z.B. Auflage) gibt es einen ökonomischen Zusammenhang, den man mit *Preiselastizität der Nachfrage* bezeichnet. Das bedeutet: Im Normalfall geht mit steigenden Verkaufspreisen auch die Nachfrage, sprich der Absatz bzw. die verkaufte Menge zurück, und umgekehrt. Die Preiselastizität gibt dabei die Stärke der Mengenreaktion an. Beispiel: Ist die Preiselastizität hoch, reagieren die Nachfrager/Käufer empfindlich. Ist sie gering, so führen Preiserhöhungen nur zu geringen Umsatzeinbußen.

Verdeutlicht sei dieser Zusammenhang an einer fiktiven Preis-Absatz-Statistik, von der unterstellt wird, sie sähe so aus bzw. die Daten hätten sich so beobachten lassen:

Tabelle 5: Fiktive Preis-Absatz-Statistik der taz

Preis	2,-	1,70	1,50	1,30	1,-
Nachfrage: Auflage	42.000	50.000	55.000	61.000	68.000
VP-E in Mio DM bei 300 Ausgaben p.a.:	25,2	25,5	24,75	23,79	20,4

Überträgt man diese Werte in eine Abbildung, so kommt das folgende Schaubild für eine Nachfrage-Kurve zustande, die nichts anderes als das Nachfrageverhalten bei Preisänderungen widerspiegelt. Umgekehrt zur N-Kurve verläuft die Angebots-Kurve von Unternehmen: Je höher der Verkaufspreis, umso größer der Anreiz, mehr zu produzieren:

Abbildung 8: Fiktive Angebots- und Nachfragekurve der taz

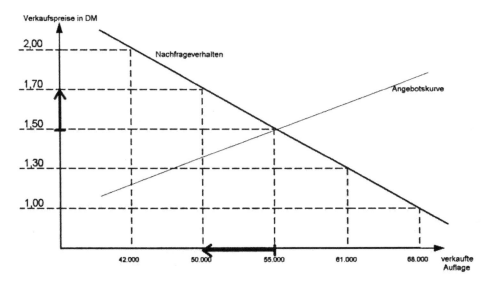

Problem Nr. 1 einer Preiserhöhungsstrategie: Bereits aus den Preis-Absatz-Daten wird deutlich, daß das Heraufsetzen des Preises allein nicht immer eine Lösung darstellt - die Auflage würde weiter schrumpfen. Im unterstellten Fall bei einer Preiserhöhung von 1,50 auf 1,70 von 55.000 auf 50.000 Exemplaren (siehe Abbildung 8). Allerdings: Reduzierte Menge mal höherer Preis gerechnet, steigen die VP-E um 0,75 Mio DM - der positive Preiseffekt ist damit stärker als der negative Mengeneffekt. Problem Nr. 2 ergibt sich aus dem ersten: Gesunkene Auflage bedeutet geringere W/A-Preise. Was unterm Strich verbleibt, d.h. konkret, welcher der Effekte dominiert, hängt vom Einzelfall ab.

Vor eben dieser Situation stand die *taz* 1992. Die Tageszeitung packte die Lösung anders an: Sie setzte, erstens, den Preis herauf. Zweitens versuchte sie den absehbaren Effekt eines Absatzrückgangs aufzufangen: Dadurch, indem sie an ihre Kunden appellierte, die *taz* dennoch weiterhin zu kaufen, konkret bei ihren Lesern eine höhere Zahlungsbereitschaft als bisher für das Produkt *taz* einforderte. Die Rechnung ging in diesem Fall auf, was wohl auf das spezielle Produkt („alternativ") als auch auf die Struktur der Leserschaft (starkes emotionales Engagement in das Projekt *taz*) zurückzuführen ist. Es gelang der *taz* sogar, trotz Preiserhöhung zusätzliche Abonnenten hinzuzugewinnen.

Ganz anders die Preisgestaltung des *Spiegel*: Auf dem schwer abgrenzbaren Markt zwischen Nachrichtenmagazin, aktueller Illustrierter, Wochenzeitung, also konkret zwischen *Spiegel, stern, Zeit* usw. (vgl. BRÜNE/HAMMANN/KLEIN-ALTENKAMP 1987: 62), ist das Hamburger Magazin schon immer Preisführer gewesen: In fünfzehn Jahren, von 1977 bis 1992, lag der (Copy-)Preisvorsprung des *Spiegel* gegenüber dem nächstbilligeren Produkt *stern* zwischen 12,5% und 25%. Erklärlich wird dieses mit seiner bisher unangefochtenen Monopolstellung. Lediglich mit dem lapidaren Hinweis auf allgemeine Kostensteigerungen konnte der Verlag (bisher) jeweils als erster und am kräftigsten den Copy-Preis erhöhen (allerdings nicht bei den W/A-Preisen).

Zwischen diesen beiden Extremen liegt die Realität der meisten Medienunternehmen: Erlösverbesserungsstrategien auf den Rezipientenmärkten müssen sich am absehbaren Nachfrageverhalten orientieren, das man ökonomisch mit der Preiselastizität umschreibt. In diese gehen Nachfragedeterminanten wie Zahlungsbereitschaft, Zahlungsfähigkeit und Leser-Blatt-Bindung ein (vgl. Kapitel 4.5.2.).

Fazit: Erlösverbesserungen sind grundsätzlich über Preiserhöhung und/oder Mengensteigerung (Auflage, Reichweite) möglich. Während größere Verkaufszahlen, so sie sich realisieren lassen, ein größeres Erlösvolumen sicher erwarten lassen, ist eine Erlösmaximierung über den Preis problematischer. Analoges gilt für Preiserhöhungen, um Kostensteigerungen an die Nachfrager weiterzugeben.

Zusätzlich gilt für beide Fälle: Mehr Umsatz muß nicht automatisch mehr Gewinn bedeuten. Wenn mit zunehmenden Verkaufszahlen die zusätzlichen Kosten stärker als die Erlöse steigen, macht diese Strategie keinen Sinn.

Strategie 2: Kostensenkungen stellen weitere Lösungen dar, die G+V-Rechnung zu verbessern. Dabei gibt es mehrere Ansatzmöglichkeiten, die in einzelnen Kostenarten liegen. Da sich Kostenstrukturen von Branche zu Branche bzw. von Produkt zu Produkt unterscheiden, wird diese Strategie im Zusammenhang mit der spezifischen Kostensituation bei Tageszeitungen näher beschrieben (vgl. Kapitel 5.2.1.1.).

Strategie 3: Diversifikation. Damit ist Risikominderung durch Verringerung der Abhängigkeit von der bisherigen Produktpalette gemeint. Die Lösung besteht in der Erweiterung des Produktangebots und/oder in zusätzlichen Ertragsquellen. Diese können in artverwandten, aber auch in ganz andersartigen Märkten liegen. Häufig genanntes Beispiel ist die Siemens AG, die bereits die Hälfte ihrer Gewinne durch Finanzanlagen (Aktien, Wertpapiere) macht und sich dafür den Spitznamen „Siemensbank mit angeschlossener Elektroabteilung" zugezogen hat. Zeitungsverlage mit eigener Druckerei sichern sich eine weitere (dritte) Einnahmequelle durch Hereinnahme fremder Druckaufträge. Die großen deutschen Verlagshäuser suchen zumindest eine Risikostreuung auf verschiedenen Medienmärkten (*Burda*, *Bertelsmann* und *G+J*: Print, Hörfunk, TV, Druck; *Springer*, *Bauer* zusätzlich mit Buchverlagen).

Selbstkontrollfrage 2:
Überlegen Sie, welche der genannten Strategien in Ihrem Unternehmen vornehmlich „gefahren" wurden und ob bzw. wie Ihr Betrieb diversifiziert (hat)!

4.4.2. Anzeigen-Auflagen-Spirale

Ein Medienunternehmen, das sich zwei Nachfragergruppen gegenübersieht, den Rezipienten (N 1) und den W/A-Auftraggebern (N 2), muß beide Märkte im Zusammenhang sehen. Art als auch Umfang der Nachfrage N 2 nach Werbeplätzen bzw. Annoncenraum beim Medienunternehmen richten sich nach der von den Nachfragern N 2 selbst anvisierten Zielgruppe, die aus der Sicht des Medienproduzenten dessen Nachfrage N 1 darstellt. So gesehen ist der Medienanbieter nur

Vermittler. Zwischen N 2 und N 1 besteht daher eine Art von indirekter Marktbeziehung, die in einzelnen Fällen zur direkten Marktbeziehung ausgebaut wurde, wie etwa im Fall der Anzeigenblätter. Dieses neue Produkt zeichnet sich im Gegensatz zu Büchers Interpretation von 1926 dadurch aus, daß es auch *ohne* „redaktionellen Teil absetzbar wird".

Abbildung 9: Beziehungsgeflecht auf Medienmärkten

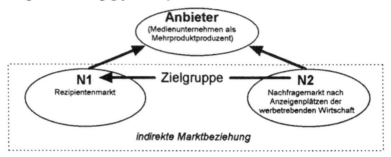

Aus diesem Beziehungsgeflecht ergeben sich eine ganze Reihe von Problemen, die dadurch verstärkt werden, daß das Medienunternehmen die Zahlungsbereitschaft bzw. -fähigkeit von N 2 zum finanziellen Ausgleich der geringeren Zahlungswilligkeit von N 1 benötigt. Stichworte wären etwa Interessenskonflikte zwischen Redaktion und W/A-Abteilung, Werbung bestimmt via Zielgruppe die redaktionellen Konzepte, W/A-Räume geben bei Printmedien den redaktionellen Umfang und/oder Aufwand vor usw...

Hier interessiert ein ökonomischer Mechanismus, der in der wissenschaftlichen Literatur unter dem Begriff *Anzeigen-Auflagen-Spirale*, aber auch in umgekehrter Reihenfolge diskutiert wird: *Auflagen-Anzeigen-Spirale* (analog: Lohn-Preis-Spirale versus Preis-Lohn-Spirale). Folgende eigendynamische Mechanik wird dabei unterstellt - so bereits im Jahre 1910 von Max Weber vermutet:

(1) Mehr Auflage = mehr Rezipienten, (2) mehr Rezipienten = mehr Anzeigen, (3) mehr Anzeigen = mehr und bessere redaktionelle Inhalte, (4) mehr und bessere redaktionelle Inhalte = mehr Auflage, (5) mehr Auflage = mehr Rezipienten (6) usw. und so fort.

Diese sich aus gegenseitiger Wechselwirkung ergebende „Dynamik" (NUSSBERGER 1961: 15ff) klingt theoretisch plausibel, empirisch getestet indes wurde sie bisher nicht. Insbesondere nicht, was zuerst da sein muß, Huhn oder Ei, und ob dies alles immer zwangsläufig so funktioniert.

So führt etwa die *Süddeutsche Zeitung*, die ursprünglich eine landesweite Regionalzeitung war und heute zu den großen überregionalen Tageszeitungen zählt, ihr Auflagenwachstum 1962-1992 um fast 100% (von 207.000 auf 397.000 verk. Ex.; zum Vergleich *FAZ*: + 68%, *Welt*: - 6%) durchaus auf konsequente Qualitätsverbesserung zurück. Die Anzeigenseiten stiegen im gleichen Zeitraum um 155% (von 4.999 auf 12.768) und ebenso wurde der Umfang kontinuierlich ausgebaut, ja schließlich verdoppelt. Allerdings: Die steigenden Anzeigenerlöse gehen vor allem auf steile Zuwachsraten gerade bei den überregionalen Stellenannoncen, beim Kfz-

Medienökonomie - Eine Einführung 171

Markt und dem bundesweiten Immobilienteil zurück, was überhaupt erst durch die zunehmende Überregionalisierung der *SZ* möglich wurde. Hier könnte man als Ursache für die behauptete Mechanik eher eine Produktdifferenzierung des Blattes vermuten - dergestalt, daß für einen Nicht-Süddeutschen weniger der 'süddeutsche' Teil von Interesse war als vielmehr die überregionalen Produktbestandteile (politischer Teil, bundesweite Annoncen usw.), die mit zunehmender Produkterweiterung einen eigenen, zusätzlichen Markt fanden.

Für diese Sicht und gleichzeitig die Dynamik-These abschwächend spricht auch die dann 1992 in letzter Konsequenz umgesetzte Produktdifferenzierung der *SZ* („Konzept 2000"): Sie erscheint seither auf dem Münchner und bayerischen Markt als Lokal- und Regionalzeitung, auf dem überregionalen Markt wird sie, auf die dortigen Nachfragebedürfnisse zugeschnitten, in veränderter Struktur angeboten. Für eine reine Lokalzeitung, die ihr Marktpotential längst ausgeschöpft hat, ist die wechselseitige Wirkung von Auflagen- und Anzeigensteigerung zumindest fraglich. Zusätzlich fällt im Fall der *SZ* auf, daß zwar der redaktionelle Teil in ähnlichem Tempo absolut mitgewachsen ist, prozentual am Gesamtumfang jedoch von knapp 49% auf 41% zurückgefallen ist.

Differenzierter sieht diesen Zusammenhang auch Noll: „Niemand gibt zusätzliche Kfz-Inserate, Immobilien- oder Stellenangebote auf, wenn die Auflage der Zeitung steigt" (sog. Anzeigen mit Selektionswirkung, NOLL 1977: 69 ff). Ähnlich bei Anzeigen mit Massenwirkung. Noll erklärt den Zusammenhang vielmehr über eine dritte Größe, die Einwohnerzahl: Je größer das Verbreitungsgebiet, desto größer auch die Auflage - in einem größeren Verbreitungsgebiet werden aber auch mehr Anzeigen aufgegeben.

Beobachten läßt sich allerdings, daß in Gebieten mit zwei oder mehr Zeitungen, meist die auflagenstärkere auch das größere Rubrikanzeigenvolumen auf sich ziehen kann. Einer Spiralwirkung in negativem Sinn (NUSSBERGER: weniger Auflage - weniger Anzeigen - noch weniger Auflage usw.) widersprechen Witte/Senn: „Die Spirale des Niedergangs folgt keiner zwangsläufigen Mechanik" (WITTE/SENN 1984: 75).

4.5. Ökonomische Probleme auf der Nachfrageseite

4.5.1. Werbemärkte und Werbenachfrage

Je nachdem, in welchem Umfang das Werbe- und Anzeigengeschäft zur (Kosten)Finanzierung bzw. zum Absatz der eigentlichen Produkte benötigt wird, interessieren Medienunternehmen drei Fragen: 1) Wie groß ist das Volumen dieses Marktes? 2) Welche Wachstumsdeterminanten prägen diesen Markt? 3) Von welchen Einflußgrößen hängt die konkrete Nachfrage nach Werbeplätzen ab?

4.5.1.1. Größe und Strukturen des Werbemarktes

Um Größe und Struktur zu konkretisieren, bedarf es einiger Definitionen und Zahlen. Zunächst sei darauf hingewiesen, daß es keine amtliche Statistik dazu gibt. Zahlen zum Werbevolumen stammen vor allem aus zwei Quellen:

- Die Fa. Nielsen Werbeforschung S+P GmbH (früher Schmidt + Pohlmann), Hamburg, wertet bundesweit sämtliche „klassischen" Medien nach Werbebotschaften der werbetreibenden Wirtschaft aus und listet diese Daten (wer, wann, wo) nach Branchen, Unternehmen und ihren beworbenen Produkten aus. Zusätzlich werden die *Streukosten* (synonym *Schaltkosten*) dieser Anzeigen hochgerechnet: Anzeigenumfang (Größe, Plazierung, Sendedauer usw.) multipliziert mit den aktuellen Anzeigenpreisen der Medienunternehmen. Derlei Informationen haben längst ihren eigenen Absatzmarkt: Firmen orientieren sich über die Marketingstrategien der Konkurrenz - das sind Informationen mit einer „Marktfähigkeit" von 100% (vgl. 4.2.).
  Da S+P bei den so erhobenen/berechneten Anzeigenaufwendungen der werbetreibenden Firmen weder die Vermittlerprovisionen (Agenturen) noch die gewährten Rabatte der Medienunternehmen kennt, werden diese Daten von S+P selbst als *Brutto-Werbeaufwendungen* bezeichnet.
- Der Zentralverband der deutschen Werbewirtschaft (ZAW), Bonn, veröffentlicht eine Statistik, die auf Meldungen der ihm angeschlossenen Mitglieder beruht: Dies sind Originaldaten zu den Ausgaben der werbetreibenden Wirtschaft auf der einen Seite bzw. solche zu den Einnahmen der Werbeträgerverbände (z.B. BDZV, VDZ usw.) auf der anderen Seite. Die ZAW-Statistik erhebt damit flächen- und branchendeckend zwei relevante Größen: Die *Werbeinvestitionen* umfassen die gesamten Ausgaben der Wirtschaft in die Werbung. Darin sind enthalten a) die Ausgaben für die technische Herstellung der Werbeprodukte (Anzeigenvorlagen, Produktionskosten) sowie Honorare und Provisionen (Agenturen) und b) die *Einnahmen der Werbeträger*, also der Medienunternehmen (hier abgekürzt mit W/A-E). Im Gegensatz zur S+P-Statistik stellen die vom ZAW ausgewiesenen Daten die tatsächlichen Umsätze der Medienunternehmen aus dem W/A-Geschäft dar, sind also Netto-Zahlen (nach Abzug von Vermittlerprovisionen, Rabatten usw.). Häufig liest man dafür auch den Begriff *Netto-Werbeeinnahmen*.
  Die ZAW erhält von ihren Mitgliedsverbänden die Daten nur in hochaggregierter Form und kann deshalb die W/A-E nur nach Werbeträger-Branchen ausweisen (Zeitung, Zeitschriften, TV usw.), nicht etwa nach beworbenen Produkten oder auftraggebenden Firmen. Im Unterschied zu S+P führt die ZAW-Statistik aber auch Zahlen zu Rubrikanzeigen (vgl. Kapitel 5.), für Supplements, Anzeigenblätter, Adreßbuchwerbung, Plakatwerbung u.a.m.:

Tabelle 6: Werbeinvestitionen in Deutschland in Mrd. DM

	1984	1986	1988	1990	1991	1992
Honorare, Prov., Werbemittelproduktion	14,0	13,6	14,0	15,0	15,3	15,9
+ Netto-Einnahmen der Werbeträger	15,6	18,5	20,7	24,5	28,1	31,1
= Werbeinvestitionen	29,6	32,1	34,7	39,5	43,4	47,0

(Quelle: Zentralverband der deutschen Werbewirtschaft (ZAW))

Medienökonomie - Eine Einführung

> **Selbstkontrollfrage 3:**
> Wenn das Statistische Bundesamt im BSP Zahlen zum Werbevolumen erheben wollte: In welchen Wirtschaftszweigen sind solche Größen verborgen? Wie läuft die Vorleistungskette bzw. wo überall käme es zu Doppel- und Mehrfachzählungen, wenn man die gegenseitigen Vorleistungen nicht herausrechnen würde? Orientieren Sie sich an der Abbildung 2 im Kapitel 3.3..

4.5.1.2. Wachstumsdeterminanten

Wie sich diese Ausgaben auf die einzelnen Branchen und Unternehmen der werbetreibenden Wirtschaft verteilen, läßt sich den S+P-Statistiken entnehmen (dort: Brutto-Werbeaufwendungen bzw. Brutto-Streukosten). Damit sind erste Hinweise auf die Wachstumsdeterminanten des Werbemarktes gegeben:

Tabelle 7: Die größten 15 werbetreibenden Branchen

Rang 1992	1991	Branche	Brutto-Werbeaufwendungen in Mio DM 1992	1991
1	(1)	Auto-Markt	1.833	1.548
2	(2)	Handelsorganisationen	1.564	1.176
3	(3)	Massenmedien	1.039	878
4	(4)	Schokolade + Süßwaren	743	661
5	(5)	Pharmazie: Publikums-Werbung	687	603
6	(6)	Banken + Sparkassen	662	589
7	(8)	Bier	511	452
8	(7)	EDV: Hard- u. Software	503	497
9	(9)	Körperschaften	484	404
10	(10)	Konserven: Fleisch, Fisch	460	395
11	(12)	Kaffee, Tee, Kakao	443	360
12	(14)	Waschmittel	442	334
13	(11)	Spezialversender	407	369
14	(15)	Milchprodukte	373	299
15	(13)	Alkoholfreie Getränke	366	342

(Quelle: Nielsen Werbeforschung S+P)

Aus den Daten der Tabelle 7 wird deutlich, daß in der S+P-Abgrenzung die Autobranche mit 1,8 Mrd. DM größter Werbenachfrager ist. Faßt man allerdings die Nahrungs- und Genußmittelbranche zusammen, die hier in mehrere Produktgattungen aufgeteilt ist, kommt man für 1992 auf ein Werbevolumen von knapp 3,3 Mrd. DM. Auch in früheren Jahren wäre diese Branche größter Werbekunde gewesen.

Im Gegensatz zur Autoindustrie gilt die Nahrungs- und Genußmittelbranche als relativ konjunkturunabhängig. Der Kfz-Absatz sowie die Werbung unterliegen dafür starken Schwankungen. Von der Konjunkturstabilität und den stetigen Wachstumsraten der Ernährungsbranche profitieren nicht alle Medienbranchen gleich: Fast

60% der Streukosten gehen in die TV-Werbung. Bei den Fernsehsendern wiederum macht deren Werbeplätzenachfrage rund 50% der gesamten Netto-Einnahmen aus. In Tabelle 8 fällt auf, daß die Werbebudgets einzelner Firmen, unabhängig von der Branchenkonjunktur, stark schwanken können (vgl. Jacobs-Suchard, Volkswagenwerk, Mercedes-Benz, Karstadt). Die Gründe liegen in unterschiedlichem Marketingverhalten der Werbekunden.

Tabelle 8: Die 15 größten werbetreibenden Unternehmen

Rang		Unternehmen	Brutto-Werbeaufwendungen in Mio DM	
1992	1991		1992	1991
1	(2)	Procter & Gamble	345	211
2	(1)	C&A Brenninkmeyer	317	227
3	(3)	Springer-Verlag	200	180
4	(5)	Ferrero	196	158
5	(8)	Adam Opel	191	151
6	(9)	Jacobs-Suchard	180	149
7	(6)	sonst. Anzeigen	175	156
8	(7)	Union Dt. Lebensmittelwerke	162	155
9	(16)	Karstadt	160	96
10	(17)	Volkswagen	159	93
11	(7)	Mercedes-Benz	158	153
12	(10)	Ford-Werke	145	128
13	(14)	Effem	145	109
14	(13)	Beiersdorf	136	122
15	(15)	Richardson	133	109

(Quelle: Nielsen Werbeforschung S+P)

Ganz allgemein haben empirische Untersuchungen ergeben, daß die Werbenachfrage, konkret die allgemeinen Wachstumsraten dieses Marktes, sehr eng mit der volkswirtschaftlichen Gesamtleistung zusammenhängen (vgl. WITTE/SENN 1984: 37ff): Mit wachsendem (Volks)Einkommen und Konsum nehmen auch die Werbeinvestitionen der verkaufswilligen Wirtschaft zu, mit sinkendem oder stagnierendem nehmen sie ab. Bundesweit macht der Anteil der Werbeinvestitionen am BSP zwischen 1,5 und 1,6% aus. Setzt man die Netto-Werbeeinnahmen ins Verhältnis zum BSP, ergibt sich ein Wert von knapp 1%.

Im internationalen Vergleich gesehen, liegt Deutschland damit im Mittelfeld. In Italien machen die Einnahmen der Werbeträger, bezogen auf das BSP, 0,6% aus, in Frankreich 0,7%, in Japan 0,9%, in England 1,1%, in den USA 1,3% und in Spanien 1,4% (INTERNATIONAL ADVERTISEMENT ASSOCIATION 1992: 49). Werbestrategen schließen daraus auf einen großen Nachholbedarf bzw. unausgeschöpfte Marktpotentiale. Allein in den Jahren 1990-1992 war der Markt von durchschnittlichen (nominalen) Zuwachsraten in Höhe von 10% gekennzeichnet, und alle Prognosen sind - trotz sich abzeichnender konjunktureller Abschwächung der allgemeinen Wirtschaftsentwicklung seit Ende 1992 - eher optimistisch.

Medienökonomie - Eine Einführung 175

Dafür, daß es sich um eine Ausnahme von der bisherigen Erfahrungsregel handelt, wonach die Werbenachfrage eine Funktion der Konjunktur- und Wachstumsentwicklung ist, lassen sich mehrere Sonderfaktoren anführen:
- Mit der deutschen Wiedervereinigung haben sich die einzelnen Absatzmärkte schlagartig vergrößert. Um Marktanteile zu ergattern, müssen die Firmen aber um die neuen Kunden buhlen.
- Die kontinuierliche Zunahme der Reichweite der privaten Fernsehanbieter durch Ausbau der Verkabelung usw. hat einen größeren Nachfrageschub nach Werbeplätzen in diesen Medien ausgelöst. Zuwachsrate 1992 z.B.: + 50% (entspricht 1,02 Mrd. DM). Mit 3,04 Mrd. DM Netto-Werbeeinnahmen 1992 haben *RTL, SAT 1, PRO 7, Tele 5* und *Kabelkanal* die öffentlich-rechtlichen Fernsehanbieter *ARD* und *ZDF* längst überholt (1,3 Mrd. DM).

Diese Entwicklung (Aufholeffekt) dürfte sich inzwischen weitgehend konsolidiert haben. Sie wird zum großen Teil auch nicht als Widerspruch zur bisher weitgehend akzeptierten Einschätzung empfunden, nach der neue Werbeträger nicht automatisch mehr Werbevolumen bedeuten (vgl. GÜNTHER-KOMMISSION 1968 sowie WITTE/SENN 1984: 35 ff). Der ZAW-Verband z.B. geht davon aus, daß sich der Wettbewerb der Werbeträger um den Werbekuchen vor allem *intramediär*, also innerhalb einer Mediengattung abspielt, und weniger *intermediär*, z.B. zwischen Zeitschriften und Fernsehen (vgl. ZAW 1991: 5). Entschieden anderer Meinung ist indes der *BDZV*: Die Zeitungsverleger sehen sich in direktem Wettbewerb mit Hörfunk und Fernsehen (zuletzt BDZV 1992: 94; vgl. Kapitel 5.3.).
- Der Wegfall der letzten Handelsbeschränkungen im Europäischen Binnenmarkt läßt ein vermehrtes Angebot auch ausländischer Waren und Dienstleistungen erwarten. Da der bundesdeutsche Inlandsmarkt mit 80 Mill. Einwohnern das größte einsprachige Verbraucherpotential in Europa darstellt, dürfte die Konkurrenz um Marktanteile intensivere Werbeaktivitäten freisetzen.

4.5.1.3. Nachfragedeterminanten

Die konkrete Nachfrage nach Werbeplätzen hängt von mehreren Faktoren ab, die mit der konjunkturellen Entwicklung, der Stellung auf den jeweiligen Produktmärkten und dem Marketingkonzept der werbetreibenden Unternehmen zusammenhängen. Was ein Medienunternehmen als Anbieter von Werbeplätzen an Nachfrage auf sich ziehen kann, ergibt sich daraus, was es den Nachfragern an Zielgruppen und Zielgenauigkeit bieten kann (vgl. Abbildung 9).

Wissenschaftlich werden diese Zusammenhänge von der *Media*- und der *Werbewirkungsforschung* untersucht. In unserem Kontext werden nur einige relevante Determinanten angesprochen, soweit sie für die ökonomische Betrachtung von Bedeutung sind.

Dies betrifft vor allem *Kosten-Nutzen-Überlegungen* auf Seiten der werbetreibenden Wirtschaft hinsichtlich Werbemitteleinsatz und wirtschaftlichem (Mehr-)Ergebnis. Das Nutzenkalkül wird primär von zwei Determinanten bestimmt: *Reichweite* und *Kontaktqualität* eines Mediums, das die Werbebotschaft transportieren soll (vgl. dazu die Beiträge von SCHROTT/SCHULZ, HASEBRINK und PAWLOWS-KY-FLODELL in Band II).

Für die Kostendimension bzw. die Kalkulation des Preis-Leistungsverhältnisses von (Werbe-)Kosten und (Werbe-)Nutzen stellt insbesondere der *Tausender-Preis* eine relevante Rechengröße dar. Dies ist der Preis für 1.000 Kontakte. Der Tausender-Preis errechnet sich ganz allgemein nach folgender Formel:

$$\frac{W/A - Preis\ in\ DM}{Reichweite\ in\ absoluten\ Zahlen} \times 1.000$$

Beispiel: Tausend-Leser-Preis für Inserenten des *Spiegel* (Anzeigenpreis 1992 für 1/1 Seite, vierfarbig):

$$\frac{83.385\ DM}{6.020.000\ Leser} \times 1.000 = 13,85\ DM\ pro\ Leser$$

Der Tausender-Preis läßt sich differenzieren, je nachdem, wie die Reichweite definiert ist: als Tausender-Preis bezogen auf die verkaufte Auflage oder auch als *Tausend-Leser-Preis* (TV: *Tausender-Kontakt-Preis*), wie gerade im Rechenbeispiel vorgeführt (vgl. Kapitel 5.2.2.2.).

4.5.2. Rezipienten als Nachfrager

4.5.2.1. Angebotssteuerung via Nachfrage?

Die vielzitierte Beschreibung „Der Kunde ist König", steht - wirtschaftswissenschaftlich ausgedrückt - für *Konsumentensouveränität*. Soll bedeuten: Auf funktionierenden Märkten mit funktionsfähigem Wettbewerb (vgl. KANTZENBACH 1967 sowie KANTZENBACH/GREIFFENBERG 1980: 189 ff) ist das, was ein Unternehmen produziert, nicht in dessen Belieben gestellt, sondern das marktwirtschaftliche Angebot wird durch die Nachfrage von „Kunde König" gesteuert - dadurch, daß der Produzent nur verkaufen kann, was der Nachfrager auch möchte. Will man diese These, die für güterwirtschaftliche Märkte formuliert wurde, auf den Bereich der Medien übertragen, muß man z.B. die vielfach beklagte „Verflachung" des Privatfernsehens klaglos akzeptieren - der Kunde weiß am besten, was er will.

Gegen diese Sicht lassen sich mehrere Einwendungen machen:
- Im Fall der privaten Fernsehanbieter kann man schon auf rein modelltheoretischer Basis so argumentieren: Der Nachfrager zahlt gar keinen Preis, in dem seine Nutzenpräferenzen zum Ausdruck kommen könnten, zumindest zahlt er nicht direkt. Logische Folge: Je geringer der Preis, umso größer der Konsum. Daß der Preis nur vermeintlich gleich Null ist, wird später noch analysiert.
- Auf einigen Medienmärkten, z.B. den Märkten vieler regionaler Tageszeitungen, existiert keine Konkurrenz (sog. Einzeitungs-Kreise; vgl. Kapitel 5.4.), also zumindest kein ökonomischer Wettbewerb - das publizistische Angebot wird, öko-

nomisch betrachtet, vom lokalen Monopolisten bestimmt. Der Kunde kann allenfalls reagieren, indem er nicht kauft und nicht liest. Die Angebotssteuerung via Nachfrage ist zumindest fraglich. Ähnlich war es lange Zeit beim öffentlichrechtlichen Rundfunk: Wem das Programmangebot nicht gefiel, der konnte nur ausschalten. Heute soll bekanntlich private Konkurrenz zur „Programmvielfalt" beitragen.
Just diese Frage, ob und inwieweit „publizistischer Wettbewerb" bzw. das politische Ziel „publizistische Vielfalt" auch ökonomischen Wettbewerb voraussetzt bzw. ob ökonomischer Wettbewerb automatisch zu publizistischer Vielfalt führt, ist umstritten (vgl. dazu: HEINRICH 1992: 338 ff, LANGE 1984: 96 ff sowie RAGER/WEBER 1992: 357 ff).

- Zieht man Erkenntnisse der Psychologie heran, so kommt das Phänomen *selektiver Wahrnehmung* in die Diskussion, die individuelle (Nachfrage-)Präferenzen verzerren kann: Zwischen subjektiver Einschätzung und realen Gegebenheiten liegen oft Welten. So unterscheidet etwa die Steuerpsychologie zwischen subjektivem Belastungsgefühl und objektiver Steuerlast. Die Steuerpolitik kann davon profitieren, wenn sie jene, die sich vermeintlich nur gering belastet fühlen, in besonders starkem Maß zur Steuer bittet (Details: vgl. LUDWIG 1991: 70 ff). Den Effekt derartiger Wahrnehmungsfilter macht sich aber auch die Werbepsychologie zunutze: Anzeigen dienen nicht nur dazu, zu einer Kaufentscheidung anzuregen, sondern einen bereits getätigten Kauf nachträglich zu bestätigen. Dabei geht es darum, den psychischen Spannungszustand eines Käufers abzubauen, der sich aus der nachträglichen Unsicherheit über die 'Richtigkeit' seiner Entscheidung ergeben kann (*kognitive Dissonanz*): Allgemein neigt ein Käufer in solchen Fällen dazu, Widersprüche bzw. contra-Argumente zu verdrängen und nur Gründe *für* die Entscheidung wahrzunehmen. Genau an diesem letzteren Prozeß setzt die Werbung an: Durch Herausstellen von positiven Informationen versucht sie Dissonanzen kognitiver Art zu reduzieren (Details: vgl. WÖHE 1990: 697 sowie TROMMSDORF/SCHUSTER 1981: 754 ff). Folgen ganz allgemein: Individuelle Kaufentscheidungen fallen zwar „souverän", aber nicht immer ökonomisch rational.
- In der Finanzwissenschaft geht man noch weiter: Die Theorie der öffentlichen Güter (Kollektivgüter) diskutiert unter dem Begriff „meritorische Güter" einen Sonderfall, bei dem der Konsument nicht immer weiß, was für ihn schlecht bzw. gut ist. Negative Beispiele: Alkoholrisiko - deshalb staatlicher Versuch, via hoher Besteuerung den Konsum zu reduzieren. Oder Drogensucht - deshalb Drogenverbot. Positive Fälle: Bildung - deshalb nicht kostendeckende, sondern subventionierte Eintrittspreise im Museum, um zum Besuch anzuregen. Oder Schulpflicht (vgl. BLANKART 1991: 58 ff). Die Konsumentensouveränität wird hier durch staatliches Handeln zumindest beeinflußt oder sogar durch direkte Eingriffe ersetzt.

Diesen Beispielen vergleichbar ist die Bestandsschutzgarantie für den öffentlichrechtlichen Rundfunk, die das Bundesverfassungsgericht ausgesprochen hatte: Die gegenüber der Politik eingeklagte „Grundversorgung" läßt sich offenbar nicht über das freie Spiel von Angebotssteuerung via Nachfrage erreichen.

Für eine ausführliche Diskussion bleibt hier nicht genügend Raum. Deshalb sollen die angeschnittenen Stichworte einen Rekurs auf die vielfältigen Besonderheiten

von Medienmärkten darstellen, wie sie im Kapitel 4 skizziert wurden. Unterstrichen sei, daß wettbewerbliche Mechanismen auf den Medienmärkten vielfach anders funktionieren als auf homogenen Gütermärkten. Insbesondere kann nicht a priori von einer Angebotssteuerung via Nachfrage die Rede sein:
- Der Umstand, daß Medienprodukte eine Kombination aus Information, Unterhaltung usw. darstellen, die auf unterschiedliche Bedürfnisse abzielen (heterogene Güter), hat Auswirkungen auf den Wettbewerbsparameter „Qualität". Die selektive Wahrnehmung kann diesen Prozeß verstärken.
- Als ebenfalls durch die selektive Wahrnehmung beeinträchtigt kann der Wettbewerbsparameter „Preis" vermutet werden. Hierbei spielt das Phänomen Unmerklichkeit eine Rolle.

4.5.2.2. Nachfragedeterminanten

Aus der Sicht der Anbieter, in diesen Fällen von Medienunternehmen, stellen diese Besonderheiten Determinanten der Nachfrage dar, die sich nicht ohne weiteres verändern lassen. Im folgenden sei daher die Nachfragestruktur näher analysiert. Zwei Determinanten stehen im Blickpunkt: die Konsumgewohnheiten (Mediennutzungsprofile) und die Zahlungsbereitschaft (Preis-Elastizität, Unmerklichkeit) der Rezipienten.

Die *Konsumgewohnheiten* von Mediennutzern sind hinreichend erforscht und werden ständig beobachtet. Die Langzeitstudie von Berg/Kiefer versucht, die *Mediennutzungsprofile* im Zeitablauf nachzuzeichnen (vgl. BERG/KIEFER 1992, sowie den Beitrag HASEBRINK in Band II). Während bei der Nutzung des Mediums Tageszeitung in den beiden letzten Jahrzehnten eine rückläufige Tendenz zu beobachten ist, läuft der Trend beim Fernsehen in die entgegengesetzte Richtung. Von einer Verdrängung des Mediums Tageszeitung durch Hörfunk und Fernsehen, wie man dies aus den abnehmenden Nutzungswerten zunächst entnehmen könnte, kann jedoch keine Rede sein - die Auflagenzahlen von Tageszeitungen haben sich über den Zeitraum bislang als stabil erwiesen. Allerdings kommt es zwischen Rundfunk und Zeitung zu veränderten *Nutzungsqualitäten* (vgl. Kapitel 5.1.).

So wie die publizistische Akzeptanz bestimmter Medien und ihrer Produkte die Nachfrage determinieren, so gibt es noch weitere bewußte oder auch unbewußte Verbrauchsgewohnheiten, die aus der Sicht der Anbieter die Nachfrage stabilisieren, z.B. der Umstand, daß der Mensch ein „Gewohnheitstier" ist. Beispiele: Viele Rezipienten dürften (auch) deshalb Zeitungsnutzer sein, „weil man eine Zeitung eben hat". Zeitschriften etwa werden zu 60-70% am Erscheinungstag gekauft, ein geringerer Anteil am Tag danach, aber kaum noch später. Aus diesem Grund erklären sich etwa die logistischen Anstrengungen von *Spiegel* oder *stern* (Auslieferung per Hubschrauber bei Schnee/Glatteis), pünktlich an den für die Konsumenten gewohnten Tagen an den Kiosken präsent zu sein - einen Tag später wären die Produkte so gut wie nichts mehr wert. Sehr behutsam und für alle kaum merklich wird auch das Relaunch praktiziert.

Die Nachfragedeterminanten sind nicht immer unabänderliche Größen. Bestimmte Nachfragegewohnheiten versuchen Anbieter bewußt zu stabilisieren - ein

Medienökonomie - Eine Einführung

Beispiel ist die von Printmedien beabsichtigte *Leser-Blatt-Bindung* durch spezielle Produktpolitik (vgl. Kapitel 5.3.1.).

Ist die Wahl eines Kaufs oder einer Nutzung getroffen, spielt der Preis bzw. das Preis-Leistungsverhältnis eine entscheidende Größe. Konkret geht es um die *Zahlungsbereitschaft* der Rezipienten, wie sie sich z.B. grafisch in einer Nachfrage-Kurve abbilden läßt (vgl. Abbildung 8). Die aktuelle Zahlungsbereitschaft in Mark und Pfennig läßt sich z.B. mittels Ausgabenbudgets darstellen, wie sie vom Statistischen Bundesamt in den „Laufenden Wirtschaftsrechnungen" jährlich erhoben werden (vgl. Tabelle 9).

Tabelle 9: Monatliches Ausgabenbudget für Mediennutzung (1991, in DM)

	4-Personen-Arbeitnehmerhaushalt mit mittlerem Einkommen (1)		4-Personen-Haushalt von Beamten und Angestellten mit höherem Einkommen (2)	
	WEST	OST	WEST	OST
Fernsehgeräte	11,34	12,59	13,72	20,31
Hörfunkgeräte	10,68	11,49	14,96	15,71
Rundfunkgebühren	21,87	23,13	17,82	18,58
Phonogeräte (inkl. Video)	13,65	13,54	23,84	27,16
Zubehör (Lautsprecher, Schallplatten, Ton- u. Videobänder etc.)	17,74	17,39	27,05	21,57
Bücher und Broschüren	23,12	21,74	55,09	37,54
Tages- u. Wochenzeitungen	18,53	15,60	25,52	17,61
Zeitschriften	13,73	8,93	20,92	11,18
Kino, Theater, Konzert	6,31	2,28	14,93	4,20
Summe	**136,97**	**126,69**	**213,85**	**173,86**
Legende: Angaben in DM Durchschnittl. monatl. Haushaltsnettoeinkommen 1991: für (1) WEST: 4.580,65 DM, OST: 3.007,39 DM für (2) WEST: 7.255,41 DM, OST: 4.016,51 DM				

(Quelle: Statistisches Bundesamt (laufende Wirtschaftsrechnungen))

Ein 4-Personen-Arbeitnehmerhaushalt in den alten Ländern mit mittlerem Einkommen (Haushalts-Nettoeinkommen pro Monat: 4.580 DM) gab 1991 monatlich 18,53 DM für Zeitungen aus, 13,73 DM für Zeitschriften und 43,89 DM für Hörfunk und Fernsehen (Geräte und Gebühren). Monatlich macht das insgesamt knapp 137 DM. Sehr viel größer ist das Budget von besserverdienenden Haushalten: 214 DM.

Um Preiserhöhungsspielräume zu nutzen, muß ein Unternehmen über Informationen verfügen oder zumindest Vorstellungen davon haben, wie sich die Nachfrager verhalten. Konkrete empirische Daten zu Preiselastizitäten (vgl. Kapitel 4.4.1.) auf den Medienmärkten sind rar. Qualitative Analysen haben zumindest das potentielle Nachfrageverhalten von Abonnenten bei Printmedien abgefragt. Danach hängt die *Preiserhöhungsakzeptanz* von der Unkenntnis des aktuellen Produktpreises, dem spezifischen Produkttyp (bei Fachzeitschriften sehr hoch, sehr gering bei Programmzeitschriften), der Leser-Blatt-Bindung, der Abo-Dauer (je länger, desto größer) usw. ab (vgl. auch KNOCHE/ZERDICK 1991: 33 ff).

Alle bisherigen Überlegungen hinsichtlich der Zahlungsbereitschaft bezogen sich ausschließlich auf den unmittelbar zu zahlenden Preis bzw. die direkte Zahlungsbereitschaft, so wie es sich aus der Sicht der Rezipienten, aber auch aus dem Blickwinkel von Medienunternehmen darstellt. Für Anbieter stellt der eigentliche Produktpreis (Copypreis, Rundfunkgebühr) jedoch meist nur eine Quelle bei der Querfinanzierung dar. In ihrer Kalkulation sind die W/A-Erlöse Ergebnis einer Preisstellung auf einem ganz anderen Markt.

Tatsächlich hängen diese beiden Märkte enger zusammen, als den Medienunternehmen und erst recht den Rezipienten bewußt ist. Für die werbetreibende Wirtschaft sind die Werbeinvestitionen Bestandteil ihrer eigenen Preisgestaltung. Konkret gehen die Werbeinvestitionen über die Kostenkalkulation in die (End-)Produktpreise ein. Getragen werden sie von den Verbrauchern. Soweit die Medienrezipienten auch Verbraucher sind, kommen sie auch für die vollen Kosten ihrer Mediennutzung auf - direkt über den eigentlichen Produktpreis plus indirekt über alle anderen Verbraucherpreise für beworbene Konsumgüter.

Das ökonomische Prinzip der Querfinanzierung stellt damit einen gut funktionierenden Mechanismus der indirekten Kostenüberwälzung dar. Während direkte Kostenüberwälzung in Form höherer Preise ein Problem der Preiserhöhungsakzeptanz auf seiten der Nachfrager werden kann, läuft die indirekte Kostenüberwälzung für die Betroffenen unmerklich. Damit wird die bereits eingangs angesprochene *Unmerklichkeit* zu einer wesentlichen Finanzierungsdeterminante auf vielen Medienmärkten.

Der Begriff *Unmerklichkeit*, der aus der Finanzpsychologie stammt, läßt sich auch neutraler formulieren: Merklichkeit von 0 bis 100%. Faktoren, die die Merklichkeit beeinträchtigen, sind Unkenntnis, Kompliziertheit und mangelnde Transparenz. (Persönliche) Betroffenheit kann Merklichkeit steigern (vgl. LUDWIG 1991: 28 ff).

Die beschriebene Querfinanzierung und der indirekte Kostenüberwälzungsmechanismus kann als hochgradig unmerklich angesehen werden. Empirische Untersuchungen über die genauen Verrechnungswege und zur Verteilung der überwälzten zusätzlichen Kostenbelastungen (sog. Inzidenzanalysen) gibt es nicht. Allerdings kann man sich die Größenordnung anhand einiger Zahlen vor Augen führen.

Betrachtet man die Netto-Einnahmen der Medienunternehmen aus dem W/A-Geschäft, die von der werbetreibenden Wirtschaft in deren Produktpreisen an die Endverbraucher weitergereicht werden - immerhin 24,5 Mrd. DM in 1990 - und setzt diese zum BSP ins Verhältnis, so ergab sich ein Wert von 1%. Der so ermittelte Prozentwert sagt nicht allzuviel aus, selbst wenn man die Zahl in Bezug zur WS, also zum entstandenen Volkseinkommen setzt (1,3%) oder gleich auf den gesamtwirtschaftlichen Konsum bezieht, in dessen Preisen sich diese Kosten letztendlich wiederfinden (1,9%; vgl. dazu Abbildung 1).

Medienökonomie - Eine Einführung 181

Deutlicher wird die Größenordnung, wenn man das W/A-Volumen in einer groben Rechnung auf die Anzahl der Haushalte umlegt: 24,5 Mrd. DM dividiert durch 28 Mill. Haushalte (alte Länder) bedeuteten 1990 rund 875 DM im Jahr bzw. rund 73 DM im Monat. Dies sind im Durchschnitt die indirekt überwälzten Kosten, die dem Ausgabenbudget für Mediennutzungen hinzugerechnet werden müßten. Zieht man in die Rechnung die gesamten Werbeinvestitionen ein, so wurden pro Haushalt durchschnittlich 1.403 DM im Jahr bzw. 117 DM im Monat über die Verbraucherpreise von beworbenen Konsumgütern verrechnet. Wollte man den gesamten Zahlungsaufwand von Rezipienten errechnen, müßte man diese Beträge dem monatlichen Ausgabenbudget für Mediennutzung in Tabelle 9 hinzuaddieren.

Die stille Verrechnung wird durch einen wesentlichen Umstand erleichtert: Das Werbebudget von werbetreibenden Firmen verteilt sich letztendlich auf viele Produkte bzw. große Mengen. Der anteilige Kostenfaktor in der Produktpreisgestaltung kann daher recht gering ausfallen. Am Beispiel eines der großen werbetreibenden Unternehmen, der Firma Jacobs-Suchard sei dies beispielhaft demonstriert (vgl. Tabelle 8).

Bei einem Gesamtumsatz von 3,3 Mrd. DM 1990 betrug das Werbebudget 140 Mio DM. 77 Mio DM flossen in die Werbung für Kaffee (Jacobs Krönung, Day & Night), der Rest auf Schokolade (z.B. milka). Erste Rechnung: Bei einem durchschnittlichen Absatzpreis von 7,23 DM pro Pfund Röstkaffee machen die Ausgaben für Werbung gerade mal 28 Pfennig aus (vgl. Abbildung 10). Zweite Rechnung: 28 Pfennig mal 275 Mio verkaufter Kaffeepäckchen im Jahr ergibt summa summarum 77 Mio DM.

Abbildung 10: Jacobs-Kaffee: Produktpreiskalkulation in DM

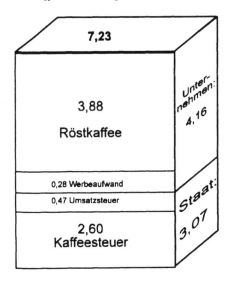

(Quelle: Eigene Zusammenstellung)

Die 28 Pfennig haben zweierlei Funktion: Die Kaffeefirma stabilisiert via Werbung ihre Absatzmärkte, und das Medienunternehmen benötigt sie zur Querfinanzierung, um sich damit wegen mangelnder direkter Zahlungsbereitschaft indirekt beim Rezipienten schadlos zu halten.

So schließt sich der (Finanzierungs-)Kreis(Lauf) zum eingangs zitierten Vers von Wilhelm Busch, der, wollte er seinerzeit den ökonomischen Mikrokosmos von Medienunternehmen beschreiben, seinen Zweizeiler um ein relevantes Wörtchen verlängert hätte:

„Von Erfolg ist nur der rasche
indirekte *Zugriff in des andern Tasche."*

5. Ökonomie der Tageszeitung

5.1. Informationen und Daten zur Marktstruktur der Tagespresse

Der Absatzmarkt der Zeitung, gemessen im verkauften Auflagenvolumen, hat sich bisher als sehr stabil erwiesen - 1972: 21,8 Mill. Exemplare, 1982: 24,6 Mill., 1989: 24,1 Mill, 1992: 29,4 Mill. (IVW, jeweils 1. Quartal). Dennoch ist die tägliche Nutzungsdauer dieses Mediums über die Jahre stetig gesunken (vgl. den Beitrag HASEBRINK in diesem Band). Umgekehrt ist die Reichweite gestiegen. Beides sind Indizien für verändertes Nutzungsverhalten seitens der Rezipienten - während Hörfunk und Fernsehen „flüchtige" Medien darstellen, zeichnet sich die Zeitung durch mehrere Charakteristika aus, die so auch genutzt werden:
- *Disponibilität*: Das gedruckte Wort läßt sich, wie es Goethe auch im Fernsehzeitalter vermutlich nicht anders auf den Punkt gebracht hätte, „getrost nach Hause tragen" - es ist ständig verfügbar, läßt sich mehrmals lesen, egal ob zum Vergnügen oder des besseren Verstehens wegen, und dies alles zur selbstbestimmten, günstigsten Zeit (oder auch in Raten).
- Die *selbstbestimmbare Nutzungsdauer und Nutzungsintensität* auf Seiten der Nachfrager haben Auswirkungen auf die angebotenen Produktinhalte: Detailliertere und/oder ausführlichere Informationen, Zusammenhänge, Hintergründiges und meinungsbildende Kommentierung sind die Domäne der Zeitung, die deshalb auch in der Ära der elektronischen Medien „überleben" wird (vgl. NOELLE-NEUMANN 1979).
- Was man liest, ob nur bestimmte Seiten oder Artikel, nur die Überschriften und/oder den Vorspann, alles ganz, auszugsweise oder diagonal - diese *Selektionsmöglichkeiten* (*Auswahlfreiheit*) sind ein weiterer Vorzug von Printmedien.
- *Kapazitätsvorteil*: Da man erheblich schneller lesen als dieselbe Menge „Wort" vortragen/hören kann, läßt sich Gedrucktes schneller konsumieren - bei 30 Minuten intensivem Lesen läßt sich mehr Informationsmenge aufnehmen als beim Hören oder Fernsehen.
- *Regionaler Bezug der Kommunikation*: Elektronische Medien transportieren internationale, nationale und überregionale Informationen. Lokales und/oder Regionales findet sich fast ausschließlich in der Tageszeitung, egal ob Nachrich-

ten oder Anzeigen. Mit zunehmender Funktions- bzw. Marktaufteilung innerhalb der Medienlandschaft (elektronische Medien: überregional und via Satellit hochaktuell, dafür knapp; Tageszeitung: regional/lokal und nicht ganz so aktuell, dafür ausführlicher) haben die Zeitungsverleger diesen „Standort"- bzw. Wettbewerbsvorteil strategisch ausgebaut: Die Märkte des Produktes Tageszeitung liegen heute vor allem in der lokalen/regionalen Kommunikation.

Damit liegt Deutschland auch im internationalen Trend: Der größte Teil aller Tageszeitungen sind lokale/regionale Titel. Allerdings: Kaum irgendwo ist dies so ausgeprägt wie in der Bundesrepublik. Anders ausgedrückt: Das Angebot überregionaler Tageszeitungen ist mit *Bild, SZ, FAZ, FR, Welt* und *taz* hierzulande vergleichsweise gering.

Betrachtet man die *Zeitungsdichte* (Auflagenhöhe pro 1000 Einwohner), so liegt die Bundesrepublik im oberen Drittel, aber nicht an der Spitze. Vielmehr gibt es - im europäischen Vergleich gesehen - ein ausgesprochenes Nord-Süd-Gefälle: Die skandinavischen Länder und England an der Spitze, Spanien und Portugal am unteren Ende der Skala. Ebenso verhält es sich mit den Reichweiten.

Tabelle 10: Zeitungsdichte im internationalen Vergleich 1990/1991

	Anzahl Tageszeitungen	tägliche Aufl. in 1000 Ex.	Ex. pro 1000 Einwohner	Trend
Norwegen	81	2.521	600	steigend
Schweden	107	4.382	515	sinkend
Finnland	62	2.678	547	sinkend
Schweiz	127	2.752	411	stabil
Großbritannien	103	20.932	376	sinkend
Dänemark	43	1.759	345	sinkend
Deutschland	356	21.387	341	stabil
Österreich	15	2.560	337	sinkend
Luxemburg	4	0.120	317	steigend
Niederlande	45	4.575	307	stabil
Frankreich	105	8.729	155	stabil
Italien	84	6.820	119	steigend
Griechenland	22	0.917	116	sinkend
Spanien	131	3.150	83	steigend
Portugal	24	0.400	39	n.v.
USA	1.586	60.688	259	stabil
Japan	124	72.536	604	stabil

(Quellen: FIEJ World Press Trends/BDZV/NAA)

5.2. Wirtschaftliche Erfolgsrechnung

Der deutschen Zeitung geht es ökonomisch - grosso modo - gut. Anderes ist in einem Land, das wirtschaftlich zu den stärksten der Erde zählt, auch nicht zu erwarten. Dennoch müssen Zeitungsverlage sich ständig verändernden Rahmenbedingungen anpassen. Wie Zeitungsunternehmen Kosten- und Ertragsprobleme in den Griff bekommen können, soll im folgenden skizziert werden.

5.2.1. Kostenmanagement

5.2.1.1. Kostenstrukturen

Die Kosten- und die Erlösstruktur läßt sich folgendem Schaubild entnehmen. Allerdings beziehen sich die dort genannten Prozentwerte jeweils auf die Gesamtheit aller Kosten bzw. Erlöse. Beide Summen sind gleich 100% gesetzt.

Abbildung 11: Kosten- und Erlösstruktur: Durchschnittswerte der Abonnementzeitungen in der BRD 1991 (alte Länder) in Prozent

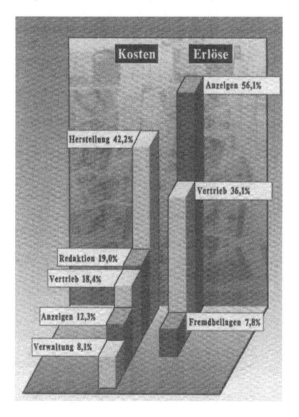

(Quelle: BDZV 1992:93)

Ob es zwischen beiden Größen absolut gesehen einen Unterschied gibt, etwa einen Überschuß der Erlöse über die Kosten (Gewinn), geht aus dieser Abbildung und der dazugehörigen Tabelle des *BDZV* (1992: 113) nicht hervor. Reale Durchschnittswerte zu Kosten, Erlösen und Gewinnen (absolut und prozentual) werden daher in Kapitel 5.2.3. vorgestellt.

Will man eine gegebene Kostensituation analysieren, um sie dann womöglich zu verändern, so werden zwei Fragen relevant: 1) Wie sieht der Trend bestimmter Kostenarten aus und wie die zukünftige Kostenstruktur? 2) Wie verhalten sich die Kostenfunktionen im einzelnen?

Tabelle 11: Kosten- und Erlösentwicklung seit 1981

	1981	1985	1990	1991
KOSTEN				
Herstellung (*)	100	107,9	135,8	144,6
Redaktion	100	127,5	167,2	180,8
Vertrieb (*)	100	117,4	118,6	124,1
Anzeigen	100	119,5	152,7	159,9
Verwaltung	100	130,3	155,5	161,6
GESAMTKOSTEN	**100**	**116,2**	**139,9**	**148,3**
ERLÖSE:				
Verkauf	100	125,2	153,2	161,5
Anzeigen	100	108,9	123,2	130,2
Fremdbeilagen	100	156,1	2.640,0	2.786,1
GESAMTERLÖSE	**100**	**116,2**	**138,8**	**146,5**

Legende: (*) 1985 Einsteckkosten unter Vertrieb, ab 1990 unter Herstellkosten

(Quelle: BDZV 1992: 112)

Zu 1): Verfolgt man die Kostenentwicklung des letzten Jahrzehnts, so hat sich an der grundsätzlichen Kostenstruktur wenig verändert. Setzt man alle Kosten des Jahres 1981 gleich 100 und verfolgt die weitere Entwicklung, so machen die Indexzahlen deutlich, daß der Herstellungsaufwand langsamer gewachsen ist (von 100 auf 144,6) als alle Kosten zusammengenommen (von 100 auf 148,3). Am schnellsten gestiegen sind die Kosten der Redaktion, Kostenfaktor Nr. 2. Der Indexwert 180,8 besagt, daß sich der Redaktionsaufwand um 80,8 % erhöht hat. Da die Redaktionskosten jedoch nur rund 20% der Gesamtkosten ausmachen, haben sich aber die Strukturanteile nur wenig verschoben - trotz des Tempos der redaktionellen Kostensteigerungen.

Zu 2): Kosten werden nicht nur davon bestimmt, wie sich die Preiskomponenten entwickeln, also um wieviel DM oder % etwa die Papierpreise steigen. Nicht minder von Bedeutung ist der technische Kostenverlauf bei steigender Produktion (Auflage). Man spricht auch von *Kostenfunktion* und unterscheidet variable, fixe und sprungfixe Kosten(funktionen).

- Papierkosten verhalten sich z.B. proportional zur gedruckten Auflage: Mit wachsender Produktionsmenge nimmt zwangsläufig der Papierverbrauch zu. Die Fachbegriffe lauten *variable* bzw. *lineare Kosten*.
- Die Höhe der monatlichen Miete (oder Abschreibung) für das Verlags- oder Druckgebäude, aber auch die Kosten für Fahrstuhl oder Pförtner z.B. werden von der Produktionsmenge, sprich Druckauflage, erst einmal nicht tangiert - sie stellen *fixe Kosten* dar.
- Die Kosten der Redaktion sind von der Auflagenhöhe ebenfalls zunächst unabhängig, also fix. Allerdings kann es sein, daß sich die Auflage entweder nur mittels verbesserter Berichterstattung und/oder via größeren redaktionellen Umfangs steigern läßt - der redaktionelle Kostenaufwand nimmt dann zu, so daß die-

se Kosten nur über eine gewisse Produktionsmenge hinweg gesehen konstant bleiben und bei Überschreiten eines bestimmten Produktionsintervalls dann steigen können. In solchen Fällen spricht man von *sprungfixen Kosten*.

Abbildung 12: Fixkostendegression (Tabelle und Grafik)

KOSTENARTEN	Beispiel	Kosten in Millionen DM bei einer Auflagenhöhe von			
		40.000 Ex.	45.000 Ex.	50.000 Ex.	60.000 Ex.
VARIABLE KOSTEN	Papier Vertrieb	2,3 3,8	2,6 4,3	2,9 4,8	3,5 5,7
FIXE + SPRUNGFIXE KOSTEN	Redaktion Satz + Druck	4,0 7,0	4,0 7,0	4,0 7,0	4,5 10,0
GESAMTKOSTEN		17,1	17,9	18,7	23,7
KOSTEN PRO EX. in DM bei 300 Ausg. im Jahr		1,42	1,32	1,25	1,31

(Quelle: Eigene Zusammenstellung)

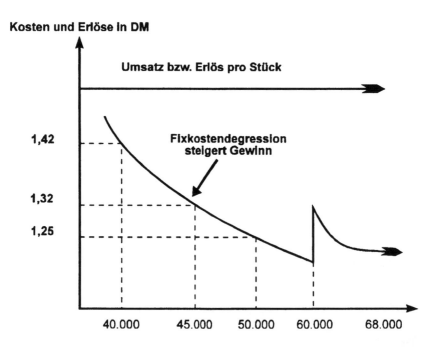

(Quelle: Eigene Zusammenstellung)

Fixe bzw. sprungfixe Kosten zeichnen sich durch einen besonderen Effekt aus, den man *Kostendegression* (Degressionseffekt, Regressionseffekt) nennt: Da fixe Kosten unabhängig von der produzierten Menge anfallen, sinkt der Fixkostenanteil pro produziertem Stück, wenn die Produktionsmenge größer wird - die (sprung)fixen Redaktionskosten z.B. verteilen sich dann auf mehr verkaufte Exemplare. Ebenso verhält es sich mit den Satz- und dem größten Teil der Druckkosten: Investitionsausgaben und maschinelle Abschreibungen sind fix - mit größerer Auflagenherstellung nehmen lediglich der Stromverbrauch und ggfs. bei schnellerem Verschleiß die Wartungskosten zu.

Denkt man diesen Kostendegressionseffekt weiter, so kommt man zwangsläufig zu der Überlegung, daß von zwei Zeitungsverlagen auf demselben Markt jener kostengünstiger produzieren, also billiger verkaufen kann, der größer als der andere ist: Das kleinere Konkurrenzunternehmen ist dann im Nachteil und droht pleite zu gehen. Das Großunternehmen übernimmt dann auch dessen Marktanteil, wenn es den Konkurrenten nicht schon längst vorher geschluckt hat.

Diese Kostendegressionsmechanik hat man lange als eine der wesentlichen Ursachen für die Konzentration im Pressebereich angesehen (insbesondere betont von NUSSBERGER 1971: 97 ff, aber auch KANTZENBACH/GREIFFENBERG 1980: 200). Heute sieht man diese Zusammenhänge, ähnlich wie bei der „Dynamik" der Anzeigen-Auflagen-Spirale, differenzierter. Eine empirische Querschnittsuntersuchung von WITTE/SENN hat ergeben, daß man diese „Mechanik" offenbar überschätzt hat: Großbetriebe haben nicht die günstigste Aufwandsstruktur (vgl. WITTE/SENN 1984: 14 ff). Auch läßt sich keine Mindestbetriebsgröße ausmachen (wie etwa in der Stahlindustrie oder der Mineralölherstellung), ab deren Erreichen erst wirtschaftlich produziert werden kann. Vielmehr sind „Zeitungsbetriebe unterschiedlicher Größenordnung nebeneinander lebensfähig" (vgl. WITTE/SENN 1984: 2; sowie Kapitel 5.3.2.).

Die Kostenstruktur der Zeitungsbranche ist von verschiedenen Besonderheiten geprägt, die sich in niedrigerem Aufwand niederschlagen.

- Dazu gehören die rund 120.000 Zusteller, die zu 77% nebenberuflich diesen Job erledigen. Sie versteuern ihre Einkünfte (max. 530 DM im Monat) pauschal und sind nicht sozialversicherungspflichtig. Kostenvorteil für die Verleger: Sie sparen die anteiligen Arbeitgeberbeiträge. Nach Einschätzung des *BDZV* würden die Zusteller „ihre Tätigkeit sofort beenden, wenn ihre Einkünfte nochmals mit Sozialabgaben belegt würden" (BDZV 1992: 71). Die Alternative bestünde in höheren Vergütungen, mittels derer sich die Zusteller netto wie vorher stellen würden.

- Kostensparend wirken sich auch freie Mitarbeiter aus. Im Durchschnitt kommen auf einen festangestellten Redakteur zwei „Freie", egal ob nebenberuflich schreibende Lehrer, Pensionäre oder Journalisten. Tabelle 12 macht deutlich, daß insbesondere Zeitungsverlage mittlerer Größe dies als Kostenvorteil nutzen. Bei der Wochenzeitung *Die Zeit* als sog. Autorenblatt z.B. füllen Nichtredaktionsmitglieder gut zur Hälfte die Seiten: Die Kosteneffekte sind erheblich (vgl. LUDWIG 1994).

Tabelle 12: *Redakteure und „Freie" in Zeitungsverlagen nach Betriebsgröße (1990)*

Jahresumsatz in Mio DM	10-25	25-50	50-100	> 100
entspricht verkaufter Auflage-Höhe in Tausend Ex.	16-42	42-80	80-170	> 170
durchschnittlich beschäftigte				
* Redakteure	19	43	73	250
* Volontäre	2-3	5-6	8	15
* freie Mitarbeiter	20	62	225	263

(Quelle: Pressestatistik, eigene Berechnungen)

- Für die Preiskalkulation von Bedeutung ist auch der ermäßigte Umsatzsteuersatz von 7% (normaler Satz: 15%), der für alle Verlagsprodukte gilt. Fast alle Länder gewähren Presseerzeugnissen solche Vergünstigungen. In einigen Staaten unterliegen Zeitungen einem Mehrwert- bzw. Umsatzsteuersatz von 0% (z.b. Schweden, England, Schweiz, einige Bundesstaaten der USA).

5.2.1.2. Anpassungsstrategien und aktuelle Kostenprobleme

Unabhängig von den kostenwirksamen Vergünstigungen (vgl. Kapitel 4.1.) versuchen Zeitungsunternehmen, sonstige Kostenbelastungen zu reduzieren und/oder Kostensteigerungen aufzufangen. Soweit dies mittels Ersatz der menschlichen Arbeitskraft durch Maschinen geschieht, spricht man von *Rationalisierung*.

Den wohl größten Rationalisierungsschub auf absehbare Zeit hat die Zeitungsbranche hinter sich: Die Einführung der Elektronik in der Herstellung, beim Informationsbezug und bei der redaktionellen Arbeit (erst Satz, inzwischen teilweise auch Layout). Genaue Zahlen zum Einspareffekt dieser Maßnahmen, die nur unter erheblichen sozialen und personalpolitischen Spannungen durchzusetzen waren, gibt es nicht. Experten taxieren ihn jedoch auf etwa 20% der früheren Kosten.

Kleinere, aber nicht minder wirksame Kostensenkungsstrategien stellen Mantelbezug, gemeinsame Korrespondenten (z.B. Sportberichterstattung), Anzeigenkooperationen usw. dar.

Neue Kostenprobleme ergeben sich derzeit aus zwei gesellschaftspolitischen Veränderungen: 1) der Altpapierverordnung (Hintergrund: Umweltpolitik) und 2) dem Postzeitungsdienst, abgekürzt PZD (Deregulierungspolitik).

Zu 1): Die Einbindung in die Rücknahme- und Verwertungspflicht aller, die an der „Papierkette" beteiligt sind, hat Auswirkungen auf die Verlagshäuser:
- Die Erhöhung der Recyclingquoten auf 60% bis 1997 stellt für die Zeitungsbranche das geringste Problem dar - Zeitungspapier läßt sich sechs- bis achtmal wiederverwerten und kann sogar zu 100% aus Recycling-Ware produziert werden. Die dabei notwendige Druckfarbenentfernung (De-Inkingschlämme machen 10-15% der Altpapiermenge aus) gilt als „umweltfreundliche Technologie" (vgl. TIEDEMANN 1992: 57). Zeitschriftenpapiere haben einen wesentlichen geringeren Recyclinganteil: Die Verlage machen Bedenken geltend, daß veränderte Papierqualitäten (Graustufen) den Ansprüchen der Werbekunden (4c-Anzeigen)

Medienökonomie - Eine Einführung 189

nicht (mehr) genügen würden. Dem läßt sich entgegenhalten, daß „überhöhte Qualitätsansprüche im Interesse der Umwelt auf ein vertretbares Maß reduziert werden können" (TIEDEMANN 1992: 56).
- Noch völlig offen ist die Organisation der Rücknahmepflicht und deren Finanzierung. Die Fachpresse z.B. wehrt sich gegen die Bezeichnung „Altpapier", da ihre Produkte häufig archiviert würden. Die Zeitungsverleger fürchten vor allem einen neuen Kostenschub.
- Ungeachtet der aktuellen Probleme weisen Witte/Senn auf die „Verletzbarkeit" des Mediums Zeitung „unter dem Aspekt wachsenden ökologischen Bewußtseins" hin (WITTE/SENN 1984: 16). Wenn man Informationen, die ein unkörperliches Gut darstellen, körperlich auf einen Datenträger wie Papier aufträgt und nicht die Informationen, sondern das Papier vertreibt, muß dies ganz zwangsläufig zu hohen Kosten führen: Rechnet man die „Aufwendungen für die körperliche Herstellung der Zeitung und ihre Übertragung zum Leser zusammen", sind dies nach Abbildung 11 (BDZV) immerhin rund 60% aller Kosten. Jene der Umweltbeschädigung sind dabei nicht mit eingerechnet.

Zu 2): Der PZD arbeitet in Deutschland (ebenso z.B. in Dänemark, Finnland, Frankreich, Österreich, Schweiz, Japan) nicht kostendeckend. Die staatliche Subventionierung ergibt sich vielmehr nach ständiger Rechtsprechung aus der historischen Aufgabe der Post und hinsichtlich des PZD noch besonders aus der in Art. 5 Abs. 1 Satz 2 GG gewährleisteten Pressefreiheit (BVerwGE 28, 36, 50, ähnlich BVerfGE 80, 124). Diese Vertriebsregelung, von der rund 10.000 Titel, darunter ca. 1.200 Tageszeitungen profitieren, wird inzwischen durch die Postreform in Frage gestellt: Aufgrund der neuen Unternehmensverfassung der DBP Postdienst („Gelbe Post") soll auch der PZD ab 1997 einen Kostendeckungsgrad von 100% erzielen.

Mit entsprechenden Gebührenerhöhungen hat die Post 1992 begonnen: durchschnittlich +16% pro Jahr. Gleichzeitig soll die Tarifstruktur verändert werden: Bisher haben auflagenstarke und umfangreiche Publikumszeitschriften wie etwa *Spiegel* oder *stern*, aber auch schwergewichtige und umfangreiche überregionale Tageszeitungen wie etwa die *SZ*, den bundesweiten Vertrieb von auflagenschwachen Tageszeitungen und leichtgewichtigen Fachzeitschriften „alimentiert" (vgl. KÜBLER 1992: 27 f). Zukünftig sollen sich die jeweiligen Gebühren ausschließlich an den individuell verursachten Vertriebsaufwendungen orientieren.

Zwei Probleme sind mit diesem Vorhaben verbunden.

- Zum ersten kommt es häufiger vor, daß Unternehmen eine 100%-ige Individualkostenkalkulation gar nicht machen: Entweder ist eine präzise Kostenerfassung und/oder -zurechnung zu aufwendig. Oder man verzichtet aus anderen Gründen darauf. Beispiel: Ein Pfund Jacobs-Kaffee aus Berlin kostet auf Amrum genausoviel wie in Berlin oder auf der Zugspitze, obwohl jeweils unterschiedliche Transportaufwendungen damit verbunden sind - der Berliner Käufer 'subventioniert' daher alle anderen Kaffeegenießer. (Transport-)kostengerechtere und deshalb unterschiedliche Verkaufspreise wären machbar, würden es der Kaffeefirma aber unmöglich machen, bundesweit etwa mit einheitlichen Sonderangeboten zu werben. Ähnlich verhält es sich bei vielen staatlichen Tarifen: Für den

Versand eines Briefes oder einer Zeitschrift wird bundesweit dieselbe Gebühr erhoben: die „Tarifeinheit über den Raum", die zwangsläufig „Quersubventionen" bedeutet, ist in diesem Fall politisch gewollt. Aus derlei Überlegungen wird deutlich, daß es bei der geplanten Tarifstrukturreform allenfalls darum gehen kann, die Querfinanzierung zwischen unterschiedlichen Produkten und ihren Herstellern abzubauen.
- Problem Nr. 2 der angestrebten Kostendeckung liegt in der Kostenabgrenzung. Nach Angaben der Post decken die PZD-Gebühren die variablen Kosten (z.b. Löhne) vollständig ab. Die Unterdeckung bestehe nur darin, daß der PZD keine anteiligen Deckungsbeiträge zur Finanzierung des fixen „Netzes" leiste (z.b. Postämter, Fuhrpark usw.). Das bedeutet: Würde beispielsweise der PZD vollständig entfallen oder durch private Anbieter übernommen, wären die Verluste der Gelben Post nicht geringer. Eine „Wegfall-Kostenanalyse" habe vielmehr ergeben, daß der PZD solange wirtschaftlich vorteilhaft bleibt, „wie durch eine Einstellung des PZD auf lange Sicht mehr Erlöse als Kosten wegfallen würden" (vgl. KÜBLER 1992: 29). Daraus und im Hinblick auf die „öffentlichen Aufgabe" der Presse schlußfolgert der Verfassungsrechtler Kübler, daß „kein hinreichender Anlaß ersichtlich ist, das bewährte System in Frage zu stellen" (KÜBLER 1992: 58).

5.2.2. Ertragsmanagement

5.2.2.1. Ertragsstrukturen

Die durchschnittlichen Erlösrelationen 1991 sind aus der Abbildung 11 zu ersehen: Vertrieb 36%, Zeitungsanzeigen 56% und Fremdbeilagen knapp 8%, so daß sich grosso modo ein Verhältnis von Vertriebs- zu W/A-Erlösen von in etwa einem Drittel zu zwei Dritteln ergibt. Innerhalb der regionalen Abonnement-Tageszeitungen streuen diese Werte nicht allzu stark: zwischen 62% und 69% (vgl. BDZV 1992: 110). Anders sieht es bei sog. Straßenverkaufszeitungen aus: Bei *Bild* halten sich VP-E und W/A-E die Waage.

Viele Zeitungsverlage verfügen über eine eigene Druckerei, was mehrere Vorteile hat: Durch Hereinnahme fremder Druckaufträge lassen sich die Fixkosten (maschinelle Ausstattung, Gebäude, z.T. auch Löhne) auf eine größere Produktionsmenge verteilen - der Druckkostenanteil pro Stück sinkt mit zunehmender Auslastung und erhöht bei unveränderten Druckpreisen den Gewinn. Gleichzeitig verbessern die Fremdaufträge als zusätzliche Einnahmen die Erträge. Die Unabhängigkeit von fremden Druckfirmen erhöht darüber hinaus die eigene organisatorische Flexibilität, was längerfristig wiederum Auswirkungen auf die Erlössituation haben kann (Beispiel: späterer Redaktionsschluß macht die Zeitung attraktiver und zieht neue Leser an). Wie sich dadurch die Erlösrelationen verschieben, dazu gibt es keine Zahlen: Die Presse-Statistik weist nur „Verlage insgesamt mit eigener Druckerei" aus, der *BDZV* erhebt solche Daten nicht.

Das vielfach beschworene, aber auch ebenso häufig beklagte Verhältnis zwischen Vertriebs- und Anzeigenerlösen hat sich im Lauf der Epochen mehrmals völlig verschoben: Im Jahre 1850 z.B. verhielt sich die Relation genau umgekehrt zu 1991, ebenso Anfang der zwanziger Jahre oder 1938. Seither hat sich dieses Verhältnis wieder umgekehrt (vgl. REUMANN 1968).

5.2.2.2. Stabilisierungsstrategien

Relevanter als prozentuale Relationen sind für das Unternehmen Zeitung Höhe und Stabilität der Einnahmen. Zahlen dazu lassen sich unter vier Aspekten diskutieren: der absoluten Einnahmenhöhe, dem (prozentualen) Anteil an den gesamten Netto-Werbeeinnahmen, den bisherigen Wachstumsraten und im Hinblick auf einen internationalen Vergleich.

Die absolute Höhe der W/A-E der deutschen Tageszeitungen sind in der Tabelle 13 enthalten: Nach wie vor kann dieses Medium aufgrund seiner spezifischen Charakteristika (vgl. Kapitel 5.1.) den größten Anteil der Werbeaufwendungen auf sich ziehen, auch wenn sich der prozentuale Marktanteil verringert hat. Ursache für den relativen Rückgang ist der Aufholeffekt des privaten Fernsehens.

Die absoluten Jahreswerte in prozentuale Wachstumsraten umgerechnet besagen, daß die Tageszeitung in den letzten Jahren nach privatem Hörfunk und Fernsehen sowie den Anzeigenblättern die drittgrößten Zuwachsraten für sich verbuchen konnte - jeweils knapp über der Inflationsrate gelegen, stellen sie zwar geringe, aber reale Zuwächse dar.

Tabelle 13: Netto-Werbeeinnahmen (bis 1991 alte Länder, ab 1992 Deutschland): Marktanteile in Mio DM

	1976	1980	1984	1988	1989	1990	1991	1992
Tageszeitungen	3.554	5.289	6.008	7.148	7.757	8.063	8.381	10.025
Fernsehen	861	1.119	1.356	1.834	2.257	2.858	3.705	4.328
(Direkt)Werbung per Post	989	1.320	1.759	2.235	2.506	2.994	3.515	4.111
Publikumszeitschriften	1.283	2.403	2.678	2.818	2.956	3.061	3.034	3.378
Anzeigenblätter	n.v.	n.v.	n.v.	1.644	1.808	1.965	2.176	2.411
Fachzeitschriften	n.v.	n.v.	1.238	1.696	1.772	1.861	1.991	2.110
Adreßbücher	307	474	738	1.199	1.282	1.372	1.643	1.904
Hörfunk	207	398	534	793	845	909	948	981
Außenwerbung	289	422	455	587	621	682	773	843
Wochen- und Sonntagszeitungen	125	205	201	337	340	354	404	465
Filmtheater	63	102	117	187	203	215	226	241
Supplements	n.v.	68	n.v.	211	209	217	209	263
Summe	**7.677**	**11.800**	**15.084**	**20.690**	**22.555**	**24.549**	**27.004**	**31.060**

(Quelle: ZAW; (n.v.: nicht verfügbar))

EG-weit dominiert die Zeitungswerbung auch in den meisten anderen Ländern. Ausnahmen sind die Südstaaten Portugal, Griechenland und Italien, in denen die TV-Werbung das Bild bestimmt. Ein durchgehender Zusammenhang mit der dortigen geringen Zeitungsdichte (ebenso Reichweite) läßt sich jedoch nicht konstatieren: In Spanien mit der zweitgeringsten Zeitungsdichte rangiert die Zeitungswerbung an erster Stelle.

Für die Stabilität der Erträge bedeutsam ist die Struktur der W/A-E (vgl. Tabelle 14): Bei regionalen/lokalen Tageszeitungen dominieren die *Rubrikanzeigen*, also *Anzeigen mit Selektionswirkung*, wie z.b. Stellenmarkt, Kfz-Anzeigen, Immobilien, Veranstaltungs- oder Familienannoncen, mit 60%. Um *Anzeigen mit Massenwirkung* (Begriffsbildung: vgl. NOLL 1977: 51 ff), wie überregionale oder nationale Marken-Werbung hingegen, konkurrieren auch die anderen Medien (Zeitschriften, Hörfunk, Fernsehen). Was die Entwicklung der Anzeigenumfänge anbelangt, so fällt der starke Anstieg der Stellenanzeigen auf, die 1991 immerhin 21% des gesamten W/A-Umfangs einnehmen und einem bundesweiten Einnahmevolumen von rund 2 Mrd. DM entsprechen. So bedeutsam diese Art von Annoncen in wirtschaftlich guten Zeiten sind, so erweisen sie sich im Abschwung als ausgesprochen konjunkturanfällig.

Tabelle 14: *Struktur der Anzeigen in Regionalpressetiteln in Prozent*

	1982	1986	1991
Markenartikel/überregional	6	7	7
Lokale Geschäftsanzeigen	48	41	33
Stellenannoncen	7	11	21
Immobilien	12	11	10
Familienanzeigen	8	8	7
Kfz-Markt	8	10	9
Veranstaltungen	3	3	3
Reiseangebote	-	3	3
sonstige	9	8	8
SUMME	100	100	100
Anzahl der meldenden Zeitungen	43	39	29

(Quelle: Regionalpresse/BDZV 1992: 59)

Um die verschiedenartigen W/A-Märkte auszuschöpfen, d.h. um unterschiedlichen Preiselastizitäten (vgl. Kapitel 4.4.1.) auf Seiten der Leser und der gewerblichen Wirtschaft Rechnung zu tragen, praktizieren Zeitungsverlage *Preisdifferenzierung*: Rubrizierte Privatannoncen sind billiger als Geschäftsanzeigen. Letztere werden zudem in „Grundpreise" und „Ortspreise" gesplittet: Die billigeren Ortspreise der regionalen Blätter sollen für den lokalen Einzelhandel einen Anreiz darstellen, nicht über Agenturen zu schalten, was für die Verlage 15% Provisionsaufwand bedeutet, sondern direkt Anzeigenplätze einzukaufen.

Ein Element aktiver Preisgestaltungspolitik sind auch die Tausenderpreise (vgl. Kapitel 4.5.1.3.). Bei gleichem Anzeigenpreis zweier konkurrierender Zeitungen wäre für W/A-Kunden jene Schaltung kostengünstiger, die die größere Reichweite

Medienökonomie - Eine Einführung

erzielt: Die (fixen) Anzeigenkosten würden sich auf mehr Leserkontakte verteilen. Die Zeitungsbranche trägt diesem Umstand folgendermaßen Rechnung:
- Zum einen hängt die Höhe der W/A-Preise von der Auflagenhöhe ab: Je größer die Auflage, umso höher sind auch die Anzeigenpreise.
- Allerdings steigen die W/A-Preise nicht linear mit zunehmender Auflagenhöhe, sondern unterproportional: Die Zeitungsunternehmen geben einen Teil ihrer Fixkostendegressions-Vorteile in Form nicht ganz so stark ansteigender W/A-Preise an ihre Anzeigenkunden weiter.

Bei den W/A-Kunden wiederum schlägt sich dies ebenfalls als eine Art von Kostendegression nieder: Zwar steigen die W/A-Kosten absolut gesehen, sinken aber pro tausend Käufer oder Leser, wie der nachfolgenden Zusammenstellung der Zeitungen aus dem mittel- und südbadischen Raum zu entnehmen ist.

Tabelle 15: Auflagenhöhe und Tausenderpreise: Gesamtausgaben der Tagespresse in Mittel- und Südbaden in DM

Zeitung Erscheinungsort	verk.Aufl. 1/92, IVW	Anzeigen-Grundpreis	Tausender-preis
Badisches Tagblatt Baden-Baden	41.172	8.568	208,10
Pforzheimer Zeitung Pforzheim	43.953	7.686	174,86
Mittelbadische Presse Offenburg	113.960	21.168	185,75
Schwarzwälder Bote Oberndorf	135.890	29.696	218,53
Badische Neueste Nachrichten (*BNN*) Karlsruhe	169.646	27.614	162,78
Badische Zeitung Freiburg	176.391	20.790	117,86

Zum Vergleich:

FR	177.925	30.576	171,85
SZ	364.590	47.731	130,92
FAZ	368.778	42.432	115,06
Bild	4.450.770	87.000	19,55

(Quelle: Eigene Zusammenstellung)

Differenziert man die W/A- bzw. Tausenderpreise nach den Regionalausgaben und deren Verbreitungsgebieten, so verfeinert sich die Betrachtung: Die Preise differieren nach jeweiliger Marktstellung - je nach Auflagendominanz bzw. Reichweite steigt oder sinkt der Tausenderpreis bzw. liegt über oder unter dem der Konkurrenz.
Beispiel (vgl. dazu Tabelle 16): In dem Schwarzwaldstädtchen Baden-Baden ist das *Badische Tagblatt* (*BT*) mit über 15.000 verkauften Exemplaren Marktführer: Sowohl Grund- als auch Tausenderpreis liegen deutlich über dem Konkurrenz-Preis der Regionalausgabe der Karlsruher *Badischen Neuesten Nachrichten* (*BNN*), die in

Baden-Baden selbst nur auf rund 2.000 Auflage kommt. Allerdings ist für die Regionalausgabe (A3/04) der *BNN* Baden-Baden nur ein Teil ihres dortigen Einzugsgebietes: Die regionale *BNN*-Ausgabe bezieht sich gleichzeitig auf das Verbreitungsgebiet Rastatt-Gaggenau, in dem das *BT* wiederum mit einer gesonderten Ausgabe erscheint. Zwar ist auch dort das *BT* die auflagenstärkste Regionalzeitung, die Marktführerschaft ist aber längst nicht mehr so stark wie im Erscheinungsort: Der *BT*-Grundpreis ist höher, der Tausenderpreis aber geringer als bei der *BNN*.

Tabelle 16: Auflagenhöhe und Tausenderpreise: Konkurrenz der Regionalausgaben

Stadt (EW-Zahl): Regionalzeitungen	verk.Aufl. 1/92, IVW	Anzeigen- Grundpreis	Tausender- preis
KARLSRUHE (260.600): * *BNN*/Ausgabe A/01	140.467	19.698	140,23
RASTATT (39.700) und GAGGENAU (28.100): * *BNN*/Ausgabe A3/04 * *Badisches Tagblatt*, Ausgabe Rastatt-Murgtal	13.093 24.412	2.889 3.502	220,65 143,45
BADEN-BADEN (50.100): * *BNN*/Ausgabe A3/04 * *Badisches Tagblatt*	13.093 15.073	2.889 3.880	220,65 257,41

(Quelle: Eigene Zusammenstellung)

Die Tausenderpreise beziehen sich auf den Anzeigenpreis einer ganzen Seite. Für W/A-Kunden, die ganzseitig werben, ist die „Wirkung einer ganzen Seite" gleich 1/1 Seite, unabhängig von Zeitungsformat. Dieser Effekt gilt nicht mehr für kleinere Annoncen: Hier rechnet man genauer mit *Tausenderpreisen bezogen auf 100-mm-Anzeigenpreise (Tausenderpreis/100 mm)*. Dies sei am Beispiel des *BT* und der *BNN* demonstriert:

Tabelle 17: Auflagenhöhe und Tausenderpreise bezogen auf 100-mm-Preise in DM

Regionen (EW-Zahl): Regionalausgaben	verk.Aufl. 1/92, IVW	100-mm Preis	Tausenderpreis/ 100 mm
KARLSRUHE (260.600): * *BNN*/Ausgabe A/01	140.467	5,25	3,73
RASTATT (39.700) und GAGGENAU (28.100): * *BNN*/Ausgabe A3/04 * *Badisches Tagblatt* Ausgabe Rastatt-Murgtal	13.093 24.412	1,31 1,64	10,00 6,72
BADEN-BADEN (50.100): * *BNN*/Ausgabe A3/04 (s.o.) * *Badisches Tagblatt*	13.093 15.073	s.o. 1,54	s.o. 10,21

(Quelle: Eigene Zusammenstellung)

Die W/A-Preisgestaltung richtet sich nicht nur nach externen Marktdaten, sondern auch nach der internen wirtschaftlichen Situation. Da die W/A-E rund 2/3 der Gesamterlöse einspielen, kommt ihnen im gleichen Maße die Funktion der (Kosten-)Deckungsbeiträge zu: Die W/A-Preise werden nach der jeweiligen Kostensituation kalkuliert. So ist z.B. das Anzeigenpreisniveau von Regional-/Lokalausgaben oft höher als das der Hauptausgabe, weil der Unterhalt von vielen kleineren Lokalredaktionen größer ist als der einer großen Zentralredaktion. In solchen Fällen wäre aber auch eine Mischkalkulation denkbar, wenn sich höhere Preise aufgrund einer schlechteren Marktsituation nicht durchsetzen lassen: Mit dem Preisniveau der kostengünstigeren Hauptausgabe werden die personalkosten-intensiveren Lokalausgaben finanziell unterstützt.

Unabhängig davon läßt sich bei den W/A-Preisen bundesweit ein Nord-Süd-Gefälle konstatieren: Ähnlich wie beim Lohn- und Gehaltsniveau, bei Mieten und bei Bodenpreisen steigt das Preisniveau von Nord nach Süd (umgekehrt dazu z.B. die Arbeitslosenquoten). Um W/A-Preise, überschneidende Verbreitungsgebiete und Reichweiten für die werbungstreibende Wirtschaft zu optimieren, haben sich zahlreiche Tageszeitungen in der in Frankfurt/M. ansässigen *TAPP* (Tageszeitungs-Planungs-Programm) zusammengeschlossen. *TAPP*-Planungsdaten basieren auf der Media- und der Verbreitungsanalyse, werden aber gerade für kleinere und präziser abgegrenzte Einzugsgebiete errechnet.

5.2.3. Gewinn- und Verlustsituation

Rechnet man die prozentualen Kosten- und Erlösstrukturdaten der *BDZV*-Abbildung 11 für das Jahr 1990 mit Hilfe von Zahlen aus der amtlichen Pressestatistik 1990 in absolute Werte um, so ergibt sich im Durchschnitt, über alle Auflagen- bzw. Umsatzgrößenklassen hinweg, folgendes Bild der Gewinn- und Verlustrechnung der Tageszeitungsbranche, dargestellt am *Monatsstück*: Bruttoumsatz pro Monatsstück 1990: 52,83 DM, Nettoumsatz, also ohne MwSt: 49,37 DM, monatlicher Verkaufspreis: 17,10 DM (vgl. Abb. 13).

Da die Zahlen auch die Gewinnsituation berücksichtigen, fallen die prozentualen Zahlen zur Kostenstruktur, diesesmal bezogen auf den Umsatz und nicht nur auf die Kosten, etwas geringer als in der *BDZV*-Darstellung aus. Bei der Frage nach der „Gewinn"-Situation müssen im übrigen folgende Aspekte berücksichtigt werden:

- Druckereien als zusätzliche Ertragsquelle existieren meist als eigenständiges Unternehmen (z.B. Tochterfirma oder direkt im Besitz des Verlegers). Analoges gilt für Supplement - Beteiligungen (vgl. Kapitel 5.3.1.).
- Ist der Verleger selbst im Verlag aktiv, so bezieht er ein Einkommen aus zwei Quellen, dem Geschäftsführergehalt („kalkulierter Unternehmerlohn", vgl. G+V) plus dem Unternehmensgewinn.
- „Einkommen" läßt sich nach monetären und nichtmonetären Bestandteilen unterscheiden. Zum nichtmonetären Einkommen zählen zum einen Dienstwagen, Geschäftsessen usw., die einerseits die Lebensqualität erhöhen, andererseits als *Betriebsausgabe* aber den Gewinn (und die Steuer) mindern (vgl. LUDWIG 1991: 56 ff). Zum zweiten stellen auch Prestige und gesellschaftliches „standing" nichtmonetäres Einkommen dar. Gerade solche Erfolgsgrößen dürften insbeson-

dere bei regionalen/lokalen Zeitungsinhabern und ihren unternehmerischen Zielsetzungen ganz wesentlich sein.

Abbildung 13: G+V - Rechnung einer Tageszeitung anhand eines Monatsstücks im Jahre 1990 (Umsatz pro Monat: 49,37 DM+7% MwSt = 52,82 DM)

Aufwand

Techn. Herstellung (39%)	19,45
davon:	
*Papierverbrauch (10%)	4,86
*Satz und Druck (30%)	14,59

Redaktion (17%)	8,61
Anzeigenverwaltung (12%)	5,74
Vertriebskosten (17%)	8,61
Verwaltungskosten, kalk. Unternehmerlohn (8%)	3,88
Gewinn (6%)	3,08

Summe (100%)	49,37

Erlöse

VP - E (35%)	17,10
W/A - E (65%)	32,27

Summe (100%)	49,37

(Quelle: Eigene Berechnungen nach BDZV u. Pressestatistik)

Witte/Senn haben für das Jahr 1980 wirtschaftliche Daten von Zeitungsunternehmen in anonymisierter Form sehr detailliert untersuchen können und die Erfolgskomponenten der nach Größe und wirtschaftlicher Situation doch recht unterschiedlichen Tageszeitungslandschaft herausgearbeitet. Die Ergebnisse sind so detailliert, daß sie hier aus Platzgründen nicht näher vorgestellt werden können. Das Resumee der Autoren läßt sich aber in drei Thesen zusammenfassen (WITTE/SENN 1984: 2), die bis heute nichts an Gültigkeit verloren haben:

Medienökonomie - Eine Einführung

(1) Zeitungsverlage sind eine „erfolgreiche Branche" (durchschnittlicher Jahresüberschuß 1980: 10,6%). Grundsätzlich sind Zeitungsbetriebe unterschiedlicher Größenordnung nebeneinander lebensfähig.
(2) Die Unterschiede im wirtschaftlichen Erfolg lassen sich auf a) die Betriebsgröße und b) die Marktposition (Alleinanbieter, Erstanbieter, nachrangiger Anbieter) zurückführen.
(3) Besonders erfolgsträchtig sind Mittel- und Großbetriebe, die als Alleinanbieter oder Erstanbieter verkaufen können. Eine schlechte Ertragslage läßt sich vor allem bei den nachrangig angebotenen Zeitungen und bei Kleinbetrieben beobachten.

Selbstkontrollfrage 4:
Erstellen Sie für Ihren Zeitungsbetrieb die individuelle Gewinn- und Verlust-Rechnung mithilfe der Daten aus der obigen G+V bzw. für einen Verlag mit 100.000 Auflage!

5.3. Marktverhalten und Marktstrategien

Zu Anfang des Kapitels 5 wurde der Zeitungsmarkt aus der Perspektive der Nachfrager beschrieben: Die dort genannten Nutzungsqualitäten der Rezipienten sind für die Anbieter eine Vorgabe, auf die sie - grundsätzlich - mit ihrem publizistischen Angebot reagieren müssen. Von der Anbieterseite her gesehen läßt sich das Marktgeschehen mittels verschiedener Theorien der Unternehmung deuten (Überblick: vgl. OBERENDER/VÄTH 1989: 1 ff). Einer dieser Ansätze versucht die unternehmerischen Aktivitäten mit dem Ziel der Einkommenssicherheit bzw. der Verringerung von Einkommensunsicherheiten zu erklären (vgl. SCHNEIDER 1987: 7 f, 518 ff). Dazu und auch zur unternehmerischen Zielhierarchie (z.B. Stabilität, Prestige, Einkommen, Gewinnmaximierung), der sogenannten „corporate identity", gibt es Untersuchungen (vgl. HEINEN 1982), nicht jedoch für die spezielle Branche der Zeitungsverleger.

Ein Blick in die Realität macht aber deutlich, daß die Zeitungslandschaft von sehr unterschiedlichen Verlegertypen und ihren individuellen Zielsetzungen geprägt ist (Beispiele: vgl. THOMAS 1980). So hatte z.B. Axel C. Springer seine politischen Vorstellungen in seinem Unternehmensstatut verankert. Gleichzeitig ließ er sich seine Überzeugung etwas kosten: Die politische Grundlinie seiner *Welt*, die nicht genügend zahlende Leser fand, hatte er jahrelang mit Gewinnen aus anderen Produkten seines Hauses querfinanziert. Auch der Gründer der Wochenzeitung *Die Zeit*, Gerd Bucerius, hatte sein Blatt lange Zeit „subventioniert" (vgl. Kapitel 4.3.), jedoch ohne dabei seine Meinung zu vermarkten. Mehr auf der monetären Ebene dürften die unternehmerischen Absichten der *WAZ*-Verleger liegen, die Zeitungen mit recht unterschiedlicher Grundtendenz verkaufen. Interessanterweise wird just dieser Verlegertypus häufig als Beleg dafür angeführt, daß auch bei monopolistischer Konzentration publizistische Meinungsvielfalt gegeben sein kann (vgl. MESTMÄCKER 1978: 45 ff): Durch Produktdifferenzierung (z.B. ein Blatt regierungsfreundlich, eines regierungskritisch) wird jetzt der gesamte Lesermarkt abgeschöpft, was sich in entsprechend größerem wirtschaftlichen Erfolg niederschlägt.

Mit dem Einkommenssicherheitsansatz (vgl. SCHNEIDER 1987) lassen sich Marktverhalten und Marktstrategien hinreichend erklären - auch bei neuen Herausforderungen und/oder Konkurrenzen. Auffällig ist das regelmäßige Klagen dieser Branche in aller Öffentlichkeit, das zur unternehmerischen Taktik gehört und sich an einer alten „Kaufmannsregel" orientiert: Lerne klagen, ohne zu leiden. Die Zeitungsverleger waren sehr wohl anpassungsfähig genug, die beschworenen Negativentwicklungen zu meistern. So reagierte die Branche z.B. auf die Einführung des Werbefernsehens 1956 erst mit der Forderung nach einem totalem Verbot, dann mit einer Kampagne. Die beklagte Wettbewerbsverzerrung zwischen privatem Zeitungsgewerbe und öffentlich-rechtlichem Rundfunk wurde indes 1968 durch den Bericht der Michel-Kommission widerlegt (vgl. differenzierter dazu: WITTE/SENN 1984: 42). Heute gibt es auch auf dem W/A-Markt eine Art komplementärer Marktaufteilung (vgl. Kapitel 5.1.). „Die Antwort der Zeitung auf das Fernsehen" (NOELLE-NEUMANN 1986) jedenfalls führte dazu, daß das Medium Tageszeitung seinen Platz auf dem Medienmarkt behaupten konnte.

5.3.1. Innovationen auf dem Zeitungsmarkt

Zwei Innovationen seien in diesem Zusammenhang näher betrachtet: die Anzeigenblätter und die Supplements.

Anzeigenblätter (vgl. KOPPER 1991) sind keine neue „Erfindung" - es gab sie bereits im vorigen Jahrhundert. Anfang der siebziger Jahre kommt es indes zu einer Welle von Neugründungen, was letztlich zwei Gründe hat: Zum einen ist das W/A-Geschäft lukrativ. Nach gängiger Wettbewerbstheorie fordern hohe Gewinnspannen neue Konkurrenz heraus. Zum andern machten findige Newcomer eine Marktlücke aus: Während Anzeigen und Anzeigenpreise in regionalen Zeitungen auf das gesamte Verbreitungsgebiet hin ausgerichtet sind, bieten lokale Anzeigenblätter mit begrenztem Einzugsgebiet (z.B. Stadtviertel) bei höherer Reichweite geringere Streuverluste. Diesen Vorteil, der insbesondere für den (lokalen) Einzelhandel von Bedeutung ist, machen sich Anzeigenblätter zunutze.

Die Zeitungsbranche reagierte in gewohnter Manier und versuchte dagegen rechtlich vorzugehen. Der BGH sah im kostenlosen Verteilen von Anzeigenblättern kein „wettbewerbswidriges Verhalten". Neue Strategie der Zeitungsunternehmer: Sie gründeten selbst Anzeigenblätter oder kauften sich in die angebliche Konkurrenz mit ein.

Eine echte Konkurrenz sind die Anzeigenblätter nicht, denn sie „stehen nicht in direktem Wettbewerb mit den Abo-Zeitungen, da sich die Kommunikationsfunktion ... wesentlich von der einer großen regionalen Tageszeitung unterscheidet" (BKartA 1980: 96). Allerdings kann es zu einer Konkurrenzsituation „am Rand" kommen, wo sich die beiden Märkte überschneiden können, wenn die Streuverluste bei der Zeitung potentiellen Inserenten zu hoch sind. In dem Maße, wie sich die Zeitungen auch in diesen Markt eingekauft haben, sind sie „an dem florierenden Geschäft einer Ausschöpfung des lokalen Anzeigenmarktes damit wesentlich selbst beteiligt" (WILKE 1989: 277).

Insgesamt ist der Markt noch recht intransparent, erst recht, was die einzelnen Querverbindungen anbelangt. Für NRW liegen inzwischen erste flächendeckende

Medienökonomie - Eine Einführung

Daten vor (vgl. PÄTZOLD/RÖPER 1992: 646 ff): Von 52 Zeitungsverlagen sind 31 durch direkte oder indirekte Beteiligungen in diesem Markt aktiv (Marktanteil 65%), wobei sie peinlichst darauf achten, daß dies nach außen hin nicht allzu offensichtlich wird (via Tochter- oder Gemeinschaftsunternehmen).

Besonders attraktiv sind Ballungsräume mit hoher Bevölkerungsdichte: Hier lassen sich mit vergleichsweise geringem Vertriebsaufwand flächendeckende Reichweiten realisieren. Aus diesem Grund sind Anzeigenblätter auf dem flachen Land weit weniger verbreitet.

1992 ermittelte der *Bundesverband Deutscher Anzeigenblätter (BDVA)* 489 Verlage mit 1.228 Titeln. Die großen Zeitungs- und Medienkonzerne sind dabei ebenso vertreten (z.B. *WAZ* mit *WVW* im Westen und *AVW* im Osten; ebenso *Gruner+Jahr* in Ostdeutschland; *SZ* mit *Münchner Wochenblatt*; *Gong*-Gruppe in Bayern usw.) wie kleinere und größere unabhängige Verlage. Der Gesamtauflage von 70,5 Mill. Exemplaren (mehr als doppelt so viel wie auf dem Tageszeitungsmarkt mit 30,5 Mill.) entsprachen W/A-E in Höhe von 2 Mrd. DM.

Die Phase des steilen Auflagenwachstum ist inzwischen zu Ende, die Märkte sind weitgehend gesättigt. Branchenintern sind Strukturveränderungen absehbar: Einzelne größere Handelsketten überlegen bereits, ob sie nicht selbst mit eigenen Gemeinschaftsblättern in diesen lukrativen Markt einsteigen sollten.

Das erste Supplement *rtv*, was einer deutschen Zeitung beigelegt wurde, war nicht die Idee von Zeitungsverlagen, sondern 1961 die Initiative des Photohändlers Porst, der Supplements in den USA kennengelernt hatte. Da er über eine Druckerei verfügte, war die Idee schnell in die Tat umgesetzt und begann sich via kleinerer Zeitungsverlage zu verbreiten, die darin eine erfolgversprechende Marktstrategie sahen, ihre Auflagen auf beiden Märkten zu verbessern: Auf Seiten der Rezipienten sollte mittels eines zusätzlichen Angebots, einer wöchentlichen Fernseh-Programmzeitschrift, eine engere Leser-Blatt-Bindung erreicht werden. Den „4c-Kunden" sollte es die Möglichkeit bieten, nicht nur in den „bunten" Publikumszeitschriften, sondern auch in einer Zeitung vierfarbig werben zu können.

Springer und *Burda*, die um ihre eigenen Anzeigenmärkte fürchteten, versuchten dieses Konzept zunächst zu torpedieren, indem sie selbst anderen interessierten Zeitungen kostenlos Beilagen „spendierten". Diese gezielte Marktverdrängungsaktion indes ließ sich nicht lange durchhalten - immer mehr Tageszeitungen sahen darin eine eigene Marktchance und zweitens eine wirksame Gegenstrategie zur *Bild*-Zeitung: Springer schickte sich nämlich gerade an, bundesweit ein logistisch durchdachtes und modernes Offset-Drucknetz aufzubauen, um Markenartikelherstellern flächendeckend drucktechnisch erstklassigen Anzeigenraum anbieten zu können. Ohne Gegenreaktion wäre dieses spezielle Marktsegment für die Tageszeitungen zum großen Teil verloren gegangen. Zugleich gedachten die Zeitungsverleger, den großen Publikumszeitschriften Paroli zu bieten: Aufgrund ihrer hohen W/A-Preise und vergleichsweise hoher Streuverluste bei nationaler Belegung waren die ersten Magazine und Programmzeitschriften dazu übergegangen, ihren Kunden auch regionale Teilbelegung anzubieten. Die Supplements boten dazu eine Alternative (vgl. JARREN/LEUDTS 1984). Heute liegt das Auflagenvolumen allein von Programmsupplements bei rund 15 Mill. Exemplaren.

Kalkuliert sind Supplements so, daß sie sich nicht nur aus den W/A-E selbstfinanzieren, sondern darüber hinaus einen Gewinn abwerfen. Dies ist allerdings nur bei großen Stückzahlen möglich (Fixkostendegression). Je nach Umfang des redaktionellen Teils über das Rundfunkprogramm hinaus (Informationsbezug kostenlos!), liegt der W/A-Erlös eines im Durchschnitt 44-seitigen Supplements bei etwa 14 Pfennig pro Exemplar, die Herstellungskosten bei ca. 12 Pfg. Allerdings kommt es bei größeren Auflagen und größeren Reichweiten zu einem gegenläufigen Effekt: Lassen sich bei steigender Auflage höhere W/A-Preise am Markt nicht mehr durchsetzen (Streuverluste lokaler/regionaler Inserenten nehmen zu), steigen die variablen Kosten bzw. deren Anteil an den Gesamtkosten schneller als die erzielbaren Erlöse. Einen Ausweg aus diesem Kostendilemma bieten Teilbelegungsmöglichkeiten, die Kunden mit regionalem Einzugsgebiet entgegenkommen (z.B. Brauereien).

Heute beherrschen vier Supplements bzw. vier Verlage den bundesdeutschen Zeitungsmarkt. Auflagenführer mit 4,2 Mill. Ex. ist die *rtv* inkl. *rtv-Ost* (nur Rundfunkprogramm), die nach dem *Beziehermodell* funktioniert: Der Deutscher Supplement Verlag in Nürnberg, der, von Hans Heinz Porst gegründet, inzwischen zum Bertelsmann-Konzern gehört, produziert und verkauft das Magazin für seine in ganz Deutschland sitzenden rund 200 Abnehmer zu einem festen Preis. Die Supplements *prisma* (Aufl.: knapp 3 Mill., beigelegt 43 Zeitungen in NRW), *iwz* (Aufl.: 1,8 Mill, ca. 15 Zeitungen in Nielsen III) sowie *BWZ* (Aufl.: 1,3 Mill., Zeitungen des *WAZ*-Konzern) arbeiten nach dem *Verlegermodell*: Die Abnehmer gründen ein Gemeinschaftsunternehmen, das in deren Auftrag produziert. Die beteiligten Verlage partizipieren in zweierlei Form: Zu einem Teil wird bereits der Rohertrag (W/A-E abzüglich Herstellungskosten; vgl. Kapitel 3.4.) als Bonus (z.B. gestaffelt nach Auflagenhöhe) zurückvergütet. Was unterm Strich als Jahresüberschuß verbleibt, wird dann als Gewinn ausgeschüttet.

Selbstkontrollfrage 5:
Welches sind die beiden wesentlichen ökonomischen Vorteile der Supplements?

5.3.2. Wachstums- und Fusionsstrategien

Konzentrationsprozesse sind in einer marktwirtschaftlichen Ordnung gang und gäbe, gleichwohl sie dem idealtypischen Bild von „Markt" (viele Anbieter, viele Nachfrager) und Wettbewerb (viel Konkurrenz) widersprechen. Die Zeitungsbranche macht da keine Ausnahme. Die Gründe sind über alle Wirtschaftszweige vielfältig: Sie reichen vom Drang bis zum Zwang zur Größe.

Strategien, sich auf dem eigenen Markt zu behaupten, den Marktanteil zu erweitern und die Konkurrenz „in die Zange" zu nehmen, unterliegen bestimmten Spielregeln, die sich eine demokratisch organisierte Gesellschaft selbst setzt. Dazu gehören in Deutschland z.B. das Kartellverbot, Fusionskontrolle, Regeln über unlauteres Verhalten u.a.m. Die Grenzziehung zwischen erwünschter Konkurrenz, die das „Geschäft belebt" und unerlaubten Wettbewerbspraktiken ist oft schwierig und noch öfters umstritten (Abgrenzungen versuchen z.B.: ULMER 1977: 85 ff; MÖSCHEL 1978: 101 ff; SCHOPP 1979: 61 ff).

Nach Wilke haben sich „zwei typische Fälle" der Beseitigung lokaler Konkurrenz herausgebildet: 1) Von zwei Zeitungen mit gleichem Verbreitungsgebiet muß die kleinere bzw. wirtschaftlich schwächere mit der größeren fusionieren. 2) Zwei Zeitungen, die miteinander konkurrieren, treffen eine Absprache und teilen sich das bisherige Wettbewerbsgebiet untereinander auf (vgl. WILKE 1979: 271).

Greiffenberg/Zohlnhöfer betonen die Strategie *externen Wachstums*, das sich im Gegensatz zum internen Wachstum nicht aus steigender Nachfrage nach dem (besseren) Produkt ergibt, sondern über *Aufkäufe* und *Fusionen* bis hin zum *Verdrängungswettbewerb* forciert wird (vgl. GREIFFENBERG/ZOHLNHÖFER 1984: 609 ff). Für diese Art von wirtschaftlichem Erstarken analysieren sie als „typisches" Beispiel den Pressemarkt des Ruhrgebiets. Dort hatte sich der *WAZ*-Konzern durch „aggressives Marktverhalten" eine führende Position erkämpft: Durch „ungewöhnlich niedrige Erhöhung der Bezugspreise" (im Gegensatz zur noch vorhandenen Konkurrenz) und „aggressiver Politik im Anzeigengeschäft", die sich als ein Mix aus drei Taktiken ergab:

1) Die regionale Preisdifferenzierung richtete sich nach der eigenen Marktstellung bzw. der Konkurrenzsituation. Dort, wo der *WAZ*-Konzern Marktführer war, wurden die W/A-Preise heraufgesetzt. In umkämpften Gebieten unterbot der *WAZ*-Konzern die Konkurrenz (Querfinanzierung!).

2) Auf einzelne Anzeigenarten (Stellenannoncen, Immobilien) wurden besonders hohe Preisnachlässe gewährt, insbesondere bei Schaltung in mehreren Teilausgaben (sachliche Preisdifferenzierung).

3) Mittels einer Zwangskombination bei der Belegung einzelner Zeitungen wurde ein „Absorptionseffekt" bei den W/A-Kunden erreicht: Da nur eine Gesamtbelegung aller Zeitungen (einer Tarifgemeinschaft) möglich war und keine Schaltung in einzelnen Ausgaben, waren die Anzeigenkunden gezwungen, mehr Geld dafür auszugeben, als eigentlich vorgesehen, so daß deren Werbeetats weitgehend durch die größere(n) Schaltung(en) in *WAZ*-Zeitungen absorbiert wurden. Gleichzeitig steigerten die dadurch größeren, weil zum Teil zwangsgeschalteten Anzeigenteile in den bis dahin noch nachrangigen *WAZ*-Blättern deren Attraktivität, so daß sich auch auf diesen Märkten längerfristig eine Marktführerposition einstellte (vgl. Kapitel 4.4.2.) - sei es durch internes Wachstum oder Übernahme der Konkurrenz, also externes Wachstum.

Diese erfolgreichen Strategien (vgl. ULMER 1977: 23 ff sowie JAKOBS/MÜLLER 1990: 151 ff), denen die Kartellbehörden machtlos zusehen mußten (oder wollten), praktiziert die WAZ derzeit auf den ostdeutschen Zeitungsmärkten (vgl. SCHNEIDER 1992: 434 sowie MONOPOLKOMMISSION 1990/91: Tz. 710f) mit den Anzeigenblättern (vgl. BVDA 1992: 8f). Die Zusammenhänge zwischen ökonomischer Konzentration und publizistischem Wettbewerb (Meinungsvielfalt) wurden bereits an anderer Stelle diskutiert (vgl. Kapitel 4.5.2.1. und Kapitel 5.3.).

5.4. Marktergebnisse: Marktzutrittsschranken und Konzentration

Wurden bisher die Marktstrukturen (Nachfrage- u. Anbieterseite, Kosten u. Erlöse etc.) sowie das unternehmerische Marktverhalten analysiert, so geht es abschließend um die daraus resultierenden Ergebnisse auf diesem Markt. Diese sind nicht für alle Zeiten fixiert, sondern können ihrerseits ökonomische (Anpassungs-)Reaktionen auslösen.

Eines der Ergebnisse ist die besondere Art des sich abspielenden ökonomischen Wettbewerbs und die daraus resultierende Konzentration.

Funktionierender Wettbewerb setzt die Möglichkeit von *Marktzutritt* potentieller Konkurrenten voraus. Dem können *Marktzutrittsschranken* gegenüberstehen. Was in hochtechnisierten Branchen (Mineralölverarbeitung, Chemie) die Höhe des dazu notwendigen Kapitals, in sog. Blau-Pausen-Branchen das erforderliche Know-how darstellt, ist im Bereich der Zeitung ein „Teufelskreis" (vgl. KOPPER 1983: 150): Da sich die Zeitung ökonomisch zu zwei Dritteln aus W/A-E „ernährt", ist ein entsprechendes Anzeigenaufkommen unerläßlich. Anzeigen aber lassen sich erst akquirieren, wenn man Abonnenten vorweisen kann. Die wiederum lassen sich erst gewinnen, wenn man über ausreichende W/A-E verfügt.

Die Realität bestätigt diese Überlegungen: Seit 1954 hat es nur sehr wenig Versuche von Newcomern auf dem Tageszeitungsmarkt gegeben, noch weniger haben überlebt (vgl. KOPPER 1983: 146 f): Die Münchner *tz* hat es über die Mutter *Münchner Merkur*, der *Express* über den *Kölner Stadtanzeiger* geschafft, die *taz* hat bisher nur via Selbstausbeutung der menschlichen Arbeitskraft durchhalten können.

Auf der anderen Seite hält der Konzentrationsprozess weiter an. Zwar hat sich das Tempo der sechziger Jahre verringert, nicht aber die Stetigkeit dieses Trends. Ein Beispiel für die geringe Sensibilität der hohen Politik diesem Phänomen gegenüber ist der ostdeutsche Pressemarkt (vgl. SCHNEIDER 1992: 428 ff). „Was der Markt in Westdeutschland in mehr als 20 Jahren nicht schaffte, der Treuhand gelang es in einem Jahr: 85 Prozent der Gesamtauflage sind in den Händen von 10 (westlichen, Anm.d.Verf.) Verlagen" (RAGER/WEBER 1992: 365).

In den beiden nachfolgenden Tabellen läßt sich die Entwicklung nachvollziehen: Die Anzahl der „publizistischen Einheiten" in den „alten Ländern" hat sich von 1954 bis 1989 von 225 auf 119 verringert und ist erst durch die Wiedervereinigung auf 158 gestiegen (SCHÜTZ 1992 a, b). Die fortschreitende Konzentration bringt es mit sich, daß es in immer weniger Regionen und Städten konkurrierende Zeitungsangebote gibt - die Anzahl der *Ein-Zeitungs-Kreise* hat sich dadurch zwangsläufig erhöht: Gab es 1973 in 38% aller Kreise und kreisfreien Städten nur noch eine einzige Zeitung, wovon 28% der Bevölkerung betroffen waren, so waren es 1989 bereits 49%, in denen 37% aller bundesdeutschen Leser leben. Auch dieses Phänomen muß man im Auge haben, wenn man bei einem internationalen Vergleich von der Bundesrepublik als einem Land mit vergleichsweise hoher Zeitungsdichte spricht.

Tabelle 18: Zeitungsstatistik nach Schütz

Jahr	Auflage in Mill.	reaktionelle Ausgaben	Anzahl Verlage	„publizistische Einheiten"
1954	13,4	1.500	624	225
1964	17,3	1.495	573	183
1976	18,0	1.229	403	121
1981	20,4	1.258	392	124
1985	20,9	1.273	382	126
1989	20,3	1.344	358	119
1991	27,3	1.673	410	158

(Quelle: SCHÜTZ 1992 a,b)

Tabelle 19: Ein-Zeitungs-Kreise nach Bundesländern

	1973 Ein-Zeitungs-Kreise in %	1973 betrifft Bev. des Landes in %	1983 Ein-Zeitungs-Kreise in %	1983 betrifft Bev. des Landes in %	1989 Ein-Zeitungs-Kreise in %	1989 betrifft Bev. des Landes in %
Baden-Württ.	36	32	48	48	48	52
Bayern	62	51	52	45	54	46
Berlin	-	-	-	-	-	-
Bremen	50	19	50	20	50	19
Hamburg	-	-	-	-	-	-
Hessen	24	20	31	28	39	32
Niedersachsen	44	42	64	62	66	64
NRW	7	3	6	5	9	7
Rheinl.-Pfalz	61	65	78	79	72	71
Saarland	63	65	83	91	83	91
Schlesw.-Holst.	13	20	53	56	60	59
BRD	**38**	**28**	**47**	**35**	**49**	**37**

(Quelle: SCHÜTZ 1989: 771)

Was die Zukunft der Tageszeitung anbelangt, so ist man sich darüber einig, daß sie in der Medienlandschaft ihren festen Platz behalten wird. Allerdings wird sich dieses Printmedium in einer zunehmenden Fernseh- und Computergesellschaft den sich wandelnden Nutzungsgewohnheiten der Rezipienten weiter anpassen müssen. Insbesondere muß das Medium Zeitung den strategischen Blick daraufhin konzentrieren, daß immer weniger jüngere Mediennutzer zur Zeitung greifen. Dies mag auch mit den vielerorts immer geringer werdenden lokalen/regionalen Auswahlmöglichkeiten zusammenhängen.

6. Anhang

6.1. Zentrale im Text verwandte Begriffe

Bruttosozialprodukt — Gilt als eine der zentralen Bewertungsgrößen für die Leistungsfähigkeit einer Volkswirtschaft. Die Meßgröße stellt die Summe aller produzierten Waren und Dienstleistungen innerhalb eines Jahres dar. Bewertungsmaßstab sind die am Markt erzielten Preise.

Gewinn- und Verlustrechnung (G+V), Bilanz, Jahresabschluß — Die Gewinn- und Verlustrechnung (G+V) ist Bestandteil des jährlich (Kalender- oder Geschäftsjahr) zu erstellenden Jahresabschlusses von Unternehmen. Er besteht aus zwei Teilen:
1. Die G+V ist eine Gegenüberstellung aller Aufwendungen (Kosten) und Erträge innerhalb eines Jahres.
2. In der Bilanz stehen sich Vermögenswerte (z.B. maschinelles oder finanzielles Anlagevermögen) und finanzielle Verpflichtungen (z.B. Eigenkapital der Gesellschafter, Bankverbindlichkeiten etc.) gegenüber.
Der wirtschaftliche Zusammenhang zwischen beiden besteht in folgender Verrechnung:
Die G+V weist den wirtschaftlichen Erfolg eines Jahres aus. Dieser kann in einem positiven Überschuß (der Erträge über die Aufwendungen) bestehen und stellt dann einen Gewinn dar („Jahresüberschuß"), aber auch negativ sein („Jahresfehlbetrag"). Je nachdem, wie diese „Erfolgsgröße" in der G+V ausfällt, erhöht oder vermindert sie dann in der Bilanz den Vermögensstatus des Unternehmens - als „Bilanzgewinn" bzw. „Bilanzverlust".

Einkommen — Umfaßt Löhne und Gehälter (z.B. Arbeitnehmer), Gewinne (z.B. Selbständige, Unternehmen), Mieteinnahmen, Zinsen, aber auch Renten und Pensionen.

6.2. Literaturverzeichnis

6.2.1. Zitierte Literatur

BERG, Klaus/Marie-Luise KIEFER, (Hrsg.) (1992), Massenkommunikation IV. Eine Langzeitstudie zur Mediennutzung und Medienbewertung 1964-1990. Frankfurt a.M.: Alfred Metzner Verlag

BLANKART, Charles B. (1991), Öffentliche Finanzen in der Demokratie. München: Vahlen

BRANAHL, Udo (1992), Medienrecht. Eine Einführung. Opladen: Westdeutscher Verlag

BRÜNE, Gerd/Peter HAMMANN/Michael KLEINALTENKAMP (1987), Der Relevante Markt der Wochenzeitung DIE ZEIT. Bochum: Ruhr-Universität und Stuttgart: Poeschel

BÜCHER, Karl (1926), Gesammelte Aufsätze zur Zeitungskunde. Tübingen: Verlag der Laupp'schen Buchhandlung

BUNDESVERBAND DEUTSCHER ANZEIGENBLÄTTER, (BVDA) (1992), das anzeigenblatt, 2, 1992. Bonn

BUNDESVERBAND DEUTSCHER ZEITUNGSVERLEGER, (BDZV) (1992), Zeitungen '92. Bonn

BUNDESKARTELLAMT, BKartA (1980), Tätigkeitsbericht 1980. BT-Drucksache 9/565, S. 95f

EICHHORN, Peter (1981), Nachrichtenökonomie als Gegenstand der Betriebs- und Volkswirtschaftslehre. In: Nachrichtenökonomie. Wirtschaftliche Aspekte der neuen Telekommunikationsdienste der Deutschen Bundespost. In: Zeitschrift für öffentliche und gemeinwirtschaftliche Unternehmen, 4, Beiheft 4, S. 1ff

GREIFFENBERG, Horst/Werner ZOHLNHÖFER (1984), Pressewesen. In: OBERENDER, Peter (Hrsg.), Marktstruktur und Wettbewerb in der Bundesrepublik Deutschland: Branchenstudien zur deutschen Volkswirtschaft. München: Vahlen, S. 577-627

GÜNTHER-KOMMISSION (1968), Schlußbericht von der Kommission zur Untersuchung der Gefährdung der wirtschaftlichen Existenz von Presseunternehmen und der Folgen der Konzentration für die Meinungsfreiheit in der Bundesrepublik Deutschland (Pressekommission). Deutscher Bundestag, 5. Wahlperiode, Drucksache V/3122

HEINEN, Edmund (1982), Ziele und Zielsystem in der Unternehmung. In: Handwörterbuch der Wirtschaftswissenschaften (HdWW), Bd.9. Stuttgart: G. Fischer, Tübingen: J.C.B. Mohr, Göttingen: Vandenhoeck & Ruprecht, S. 616-623

HEINRICH, Jürgen (1992), Ökonomische und publizistische Konzentration im deutschen Fernsehsektor. In: Media Perspektiven, H. 6, S. 338-356

INTERNATIONAL ADVERTISEMENT ASSOCIATION (1992), European Advertising & Media Forecast. London

JAKOBS, Hans-Jürgen/Uwe MÜLLER (1990), Augstein, Springer & Co. Zürich/Wiesbaden: Orell Füssli

JARREN, Otfried/Peter LEUDTS (1984), Tageszeitungen und ihre lokalen Konkurrenten. In: Medium, 14, S. 19-25

KANTZENBACH, Erhard (1967), Die Funktionsfähigkeit des Wettbewerbs. Göttingen: Vandenhoeck & Ruprecht (2.durchges. Aufl.)

KANTZENBACH, Erhard/Horst GREIFFENBERG (1980), Die Übertragbarkeit des Modells des "funktionsfähigen Wettbewerbs" auf die Presse. In: KLAUE, Siegfried/Manfred KNOCHE/Axel ZERDICK (Hrsg.), Probleme der Pressekonzentrationsforschung. Baden-Baden: Nomos Verlag, S. 189-202

KIEFER, Marie-Luise (1989), Medienkomplementarität und Medienkonkurrenz. In: KAASE, Max/Winfried SCHULZ (Hrsg.), Massenkommunikation. Theorien, Methoden, Befunde. Opladen: Westdeutscher Verlag, S.337-350

KNOCHE, Manfred/Axel ZERDICK (1991a), Die Wirtschaftlichkeit der Verlage und der Postzeitungsdienst. Bad Honnef: Wissenschaftliches Institut für Kommunikationsdienste

KNOCHE, Manfred/Axel ZERDICK (1991b), Bedeutung des Postzeitungsdienstes und Preiserhöhungsakzeptanz in der Bevölkerung. Bad Honnef: Wissenschaftliches Institut für Kommunikationsdienste

KOPPER, Gerd G. (1982), Medienökonomie - mehr als "Ökonomie der Medien". In: Media Perspektiven, H. 2, S. 102-115

KOPPER, Gerd G. (1983), Marktzutritt - Grundlage funktionierenden Wettbewerbs. Schlußfolgerungen aus Expertenmeinungen, Pressestatistik und empirischer Forschung. In: Media Perspektiven, H. 3, S. 145-154

KOPPER, Gerd G. (Hrsg.) (1984), Marktzutritt bei Tageszeitungen - zur Sicherung von Meinungsvielfalt und Wettbewerb, München u.a.: Saur

KOPPER Gerd G. (1991), Anzeigenblätter als Wettbewerbsmedien. München u.a.: Saur

KÜBLER, Friedrich (1992), Postzeitungsdienst und Verfassung. Berlin: Duncker & Humblot

LANGE, Bernd-Peter (1984), Vielfaltstheorien und funktionaler Wettbewerb im Zeitungsmarkt: Realistisches Leitbild oder Ideologie? In: KOPPER, Gerd G. (Hrsg.), Marktzutritt bei Tageszeitungen - zur Sicherung von Meinungsvielfalt durch Wettbewerb. München u.a.: Saur, S. 96-107

LÖFFLER, Martin/Reinhart RICKER (1986), Handbuch des Presserechts. München: Beck (2.neubearb. Aufl.)

LUDWIG, Johannes (1991), Steuern ohne Ende. Frankfurt a.M.: Eichborn

LUDWIG, Johannes (1994), Wie sich publizistische Hochkultur 'rechnet'. Ein medienökonomisches Portrait der ZEIT. In: HALLER, Michael (Hrsg.) (1994), Bucerius - Ein Verlegerleben. Remagen: Rommerskirchen

MESTMÄCKER, Ernst-Joachim (1978), Medienkonzentration und Meinungsvielfalt. Baden-Baden: Nomos Verlag

MÖSCHEL, Wernhard (1978), Pressekonzentration und Wettbewerbsgesetz. Tübingen: J.C.B. Mohr

MONOPOLKOMMISSION (1990/91), Neuntes Hauptgutachten, Kap. V: Konzentration und Wettbewerb im Medienbereich. Tz. 627-810. Köln

NOELLE-NEUMANN, Elisabeth (1979), Öffentlichkeit als Bedrohung. Beiträge zur empirischen Kommunikationsforschung. Freiburg/München: Alber

NOELLE-NEUMANN, Elisabeth (1986), Die Antwort der Zeitung auf das Fernsehen. Konstanz: Universitätsverlag Konstanz

NOLL, Jochen (1977), Die deutsche Tagespresse, Frankfurt a.M./New York: Campus

NUSSBERGER, Ulrich (1961), Dynamik der Zeitung. Stuttgart: Daco

NUSSBERGER, Ulrich (1971), Die Mechanik der Pressekonzentration. Berlin/New York: Walter de Gruyter

OBERENDER, Peter/Andreas VÄTH (1989), Von der Industrieökonomie zur Marktökonomie. In: OBERENDER, Peter (Hrsg.), Marktökonomie: Marktstruktur und Wettbewerb in ausgewählten Branchen der BRD. München: Vahlen, S. 1-27

PÄTZOLD, Ulrich/Horst RÖPER (1992), Probleme des intermedialen Wettbewerbs im Lokalen. In: Media Perspektiven, H. 10, S. 641-655

RAGER, Günther/Bernd WEBER (1992), Publizistische Vielfalt zwischen Markt und Politik. In: Media Perspektiven, H. 6, S. 357-366

RADTKE, Michael (1988), "Kampfblatt" oder Opas "Spiegel"? In: neue medien, 3, S. 10-46

REUMANN, Kurt (1968), Entwicklung der Vertriebs- und Anzeigenerlöse seit dem 19. Jahrhundert. In: Publizistik, 13, S. 226-271

ROEPKE, Jochen (1970), Zur politischen Ökonomie von Hörfunk und Fernsehen. In: Publizistik ,15, S. 98-113

SCHENK, Michael (1990), Informationsgesellschaft: Entwicklung eines theoretischen Konzepts. In: WILKE, Jürgen (Hrsg.), Fortschritte der Publizistikwissenschaft. Freiburg/München: Alber, S. 173-187

SCHNEIDER, Beate (1992), Die ostdeutsche Tagespresse - eine (traurige) Bilanz. In: Media Perspektiven, H. 7, S. 428-441

SCHNEIDER, Dieter (1987), Allgemeine Betriebswirtschaftslehre. München/Wien: Oldenbourg (3.Aufl.)

SCHOPP, Heinrich (1979), Ausprägungen und Auswirkungen des Verdrängungswettbewerbs bei der in begrenzten Bereichen erscheinenden Presse. In: FISCHER, Heinz-Dietrich/Barbara BAERNS (Hrsg.), Wettbewerbswidrige Praktiken auf dem Pressemarkt. Baden-Baden: Nomos Verlag, S. 61ff

SCHÜTZ, Walter J. (1989), Deutsche Tagespresse 1989. In: Media Perspektiven, H. 12, S. 748-775

SCHÜTZ, Walter J. (1992a), Deutsche Tagespresse 1991. In: Media Perspektiven, H. 2, S. 74-107

SCHÜTZ, Walter J. (1992b), Die redaktionelle und verlegerische Struktur der deutschen Tagespresse 1991. In: Media Perspektiven, H. 2, S. 131-152

THOMAS, Michael Wolf (Hrsg.) (1980), Portraits der deutschen Presse. Politik und Profit. Berlin: Verlag Volker Spiess

TIEDEMANN, Albrecht (1992), Umweltargumente zum Recyclingpapier. Berlin: Umweltbundesamt

TROMMSDORF, Volker/Helmut SCHUSTER (1981), Die Einstellungsforschung für die Werbung. In: TIETZ, Bruno (Hrsg.), Die Werbung. Handbuch der Kommunikations- und Werbewirtschaft. Bd. 1. Landsberg am Lech: Verlag Moderne Industrie, S. 717-765

ULMER, Peter (1977), Schranken zulässigen Wettbewerbs marktbeherrschender Unternehmen. Baden-Baden: Nomos Verlag

WEIGAND, Karl Heinz (1988), Aspekte einer Medienökonomie. In: LANGENBUCHER, Wolfgang R. (Hrsg.), Publizistik- und Kommunikationswissenschaft: ein Textbuch zur Einführung in ihre Teildisziplinen. Wien: Braunmüller, S. 164-178 (2., geänd. Aufl.)

WILKE, Jürgen (1989), Presse. In: NOELLE-NEUMANN, Elisabeth/Winfried SCHULZ/Jürgen WILKE (Hrsg.), Fischer Lexikon Publizistik - Massenkommunikation. Frankfurt a.M.: Fischer, S. 266-286

WITTE, Eberhard/Joachim SENN (1984), Zeitungen im Medienmarkt der Zukunft. Eine betriebswirtschaftliche Untersuchung. Stuttgart: Poeschel

WÖHE, Günter (1990), Einführung in die Allgemeine Betriebswirtschaftslehre. München: Vahlen (17. überarb. Aufl.)

ZENTRALVERBAND DER DEUTSCHEN WERBEWIRTSCHAFT, ZAW (1993), Werbung in Deutschland. Bonn

ZOHLNHÖFER, Werner (1989), Zur Ökonomie des Pressewesens in der Bundesrepublik Deutschland. In: SCHENK, Michael/Joachim DONNERSTAG (Hrsg.), Medienökonomie - Einführung in die Ökonomie der Informations- und Mediensysteme. München: Fischer, S. 35-75

6.2.2. Weiterführende Literatur

Aktuelles zum Thema Wettbewerb und Pressekonzentration findet sich in:

BUNDESKARTELLAMT, Berlin, Tätigkeitsberichte, div. Jg

MONOPOLKOMMISSION, Köln, Hauptgutachten, div. Jg. (z.B. 9. Hauptgutachten von 1990/91)

RÖPER, Horst, Formationen deutscher Medienmultis 19.. In: Media Perspektiven, div. Jg

SCHÜTZ, Walter J., Deutsche Tagespresse 19. In: Media Perspektiven, div. Jg.

Über die Medienmultis geben Auskunft:

BREPOHL, Klaus (1992), Medien - Fakten und Zahlen. Köln: Deutscher Instituts-Verlag

HOLZER, Horst (1990), Die Privaten. Köln

PROKOP, Dieter (Hrsg.) (1989), Medienforschung. Bd. 1: Konzerne, Macher, Kontrolleure. Frankfurt a.M.: Fischer

Über (wichtige) Veröffentlichungen und (ältere) Forschungsergebnisse informieren:

SCHENK, Michael/Matthias HENSEL (1986), Medienwirtschaft - Eine kommentierte Auswahlbibliographie. Baden-Baden: Nomos Verlag
WDR - Bibliothek: Hörfunk und Fernsehen. Aufsatznachweis aus Zeitschriften und Sammelwerken. Jahresband 19.., Köln, div. Jg.

6.3. Antworten zu Selbstkontrollfragen

SKF 1:
In der G+V sind zwei WS-Bestandteile der Unternehmung ausgewiesen: Löhne und Gehälter sowie der Überschuß (ggfs. auch Verlust). Alles andere stellt Vorleistung anderer dar. Allerdings stellen die Vorleistungen anderer dort wiederum a) WS und b) Vorleistung dar, usw..

SKF 2:
Wie Diversifizierung gefahren wird, hängt vom Einzelfall ab. Häufig kommt es aber auch bei Verlagen mit eigener Druckerei vor, daß nicht nur Fremdaufträge hereingenommen werden, sondern daß der Druckbetrieb als rechtlich selbständiges Unternehmen ausgegliedert ist. Bei identischen Inhaberverhältnissen erzielen die Besitzer ein weiteres 'Einkommen', dessen Höhe auch davon abhängt, zu welchen Preisen das Unternehmen 'Verlag' drucken lassen kann.

SKF 3:
Werbegelder sind in fast allen Wirtschaftszweigen und in unterschiedlichsten Arten enthalten: So z.B. in den Endprodukten, in deren Preise sämtliche Werbeaufwendungen (bzw. Brutto-Werbeinvestitionen) einkalkuliert sind. Soweit es sich um Netto-Einnahmen der Werbeträger handelt, stecken diese in den jeweiligen Branchenwerten (z.B. Verlagsgewerbe). Die Honorare und Provisionen der Werbeagenturen sind z.B. im Bereich Dienstleistung(sfirmen) verborgen. Ausgaben für die Werbemittelproduktion sind sowohl bei den Dienstleistungen (Fotografen, Ateliers usw.) als auch im Produzierenden Gewerbe (Filmmaterialherstellung usw.) enthalten.

SKF 4:
Sie können folgendermaßen rechnen: Da sich die einzelnen Kosten- und Ertragswerte auf ein sog. Monatsstück beziehen, also die durchschnittlichen Daten für den Monatsumsatz z.B. eines Abonnements darstellen, müssen Sie a) die Werte aufs Jahr umrechnen (x12) und b) mit der individuellen Auflagenhöhe multiplizieren.

SKF 5:
Der erste Vorteil besteht in der Stabilisierung der Leser-Blatt-Bindung, der sich nur schwer quantifizieren läßt (z.B. als geschätzter verhinderter Erlösrückgang). Der zweite Vorzug besteht in einer zusätzlichen Diversifikation, die Gewinn einspielt.

II.
Reflexionswissen

Esther-Beate Körber/Rudolf Stöber

Geschichte des journalistischen Berufs

Inhalt

1. **Vom „Zeitunger" zum Publizisten** 214
2. **Der „Verlegerpublizist" des 18. und 19. Jahrhunderts** 216
3. **Journalisten und Verleger seit dem Ende des 19. Jahrhunderts** 218
4. **Anhang** 224
4.1. Zentrale im Text verwandte Begriffe 224
4.2. Literaturverzeichnis 225
4.3. Antworten zu Selbstkontrollfragen 225

Autorennachweis:
Esther-Beate Körber: Kapitel 2. und 3.
Rudolf Stöber: Kapitel 1.
Beide gemeinsam: Kapitel 4.

1. Vom „Zeitunger" zum Publizisten

In der gesamten Frühen Neuzeit (d.h. von etwa 1450 bis etwa 1800) galt „öffentliche Kommunikation" als Gewerbe, und zwar meist als Nebengewerbe oder Teil der Gewerbetätigkeit. Die ersten geschriebenen „Zeitungen" wurden von Kaufleuten - seltener von Diplomaten - verfaßt, in Korrespondentenbüros der Kaufleute oder in Kanzleien von eigens dafür bezahlten Schreibern vervielfältigt und verschickt. Der „Hersteller" einer Zeitung empfing die Meldung daher immer aus zweiter Hand. Er konnte die Information nicht nachprüfen, wurde aber vom Publikum und schlimmstenfalls auch von der Obrigkeit haftbar gemacht, wenn die Meldung nicht stimmte. Entsprechend niedrig war das Ansehen der „Zeitunger". Ihre Tätigkeit galt als nebensächlich, ihr Anteil an der Formulierung der Meldungen war meist gering. Daher blieben die „Zeitunger", die Journalisten der frühen Zeit, auch meist anonym.

Dennoch bildeten sich in dieser Anonymität einige der journalistischen Handwerksregeln heraus, die noch heute gelten: Schon bei den unperiodischen geschriebenen „Zeitungen" war es üblich, Herkunftsort und Datum einer Meldung zu nennen, um ihre Zuverlässigkeit und Aktualität zu kennzeichnen. Um eine Meldung zu beglaubigen oder sich abzusichern, gab der „Zeitunger" Zeugen des Geschehens oder Informanten an, aber nicht immer - es gab also einen allerdings formlosen „Informantenschutz". Die Angaben über Ort, Zeit und nähere Umstände des gemeldeten Geschehens hatten möglichst genau zu sein. „Hintergrund"-Informationen konnten die „Zeitunger" allerdings nur selten bieten, zum Beispiel, wenn sie Vertrauensleute in den Entscheidungszentren hatten, den Höfen, geistlichen Residenzen, Stadträten oder anderen Korporationen. Ein unbekannter Korrespondent aus der kaiserlichen Residenzstadt Prag schrieb am 28. September 1609 eine Mitteilung, die im *Aviso* Nr. 39 (Stichtag 11. Oktober) abgedruckt wurde:

> „Verschienen [letzten] Sambstag in der Nacht/ hat man aus I[hrer] Keys[erlichen] May[estät] Befehlich im Schloß/ vnter dem mitlern Thor/ nechst vor dem Keller/ das Pflaster auffheben vnd tief außgraben mussen/[...] das gemeine Volck wird beredt/ solches sey zur notturft der Brunnenröhren geschehen/ Aber wie mich ein furnehme Person bey Hoff/ welche täglich vmb I[hre] M[ajestät] ist/ bericht/ so sollen I. M. gar schwerlich [=schwer] zu Bett schwach [=krank] liegen/ vnnd das gepolter von fahren vnnd reiten nicht gedulden konnen/ es wird aber gar in geheim gehalten/"

Eine schwere Krankheit des Kaisers machte eine „Regierungskrise" wahrscheinlich, weil Rudolf II. (Kaiser 1576 - 1612) keinen Sohn hatte. Die zunächst harmlos klingende Meldung enthielt also eine politisch äußerst „brisante" Nachricht. Zu den Handwerksregeln des Journalismus gehörte es ferner, daß der „Zeitunger" den empfangenen Meldungen nichts hinzufügte, auch nicht einen Kommentar. Im Extremfall führte das dazu, daß ganze Briefe oder Auszüge aus Flugschriften wörtlich abgeschrieben wurden. Die persönliche Färbung von Nachrichtenmeldungen war verpönt, die „Objektivität" hatte vorzuherrschen.

Neben dem „Zeitunger" gab es auch in der Frühen Neuzeit den „Publizisten", der nicht Information, sondern Meinungen und Argumente weitergab und damit die öffentliche Debatte zu beeinflussen suchte. Soweit namentlich bekannt, waren diese

Schreiber im 16. und 17. Jahrhundert hochangesehene Leute: Politiker, Juristen und Theologen. Die Flugschriften des 17. Jahrhunderts erschienen meist anonym, waren aber weitaus weniger „volkstümlich" in Stil und Inhalt als die der Reformationszeit. So ist zu vermuten, daß im 17. Jahrhundert Leser und Schreiber von Flugschriften aus denselben Kreisen stammten: denen der Politiker, Theologen und Juristen. Die Verfasser mußten auch ökonomisch abgesichert sein, denn sie konnten durch ihre Verfasserschaft nur „Ehre", aber kein Geld verdienen.

Für die Abfassung von Flugschriften gab es einige selbstverständlich befolgte Regeln, etwa die, die Flugschrift sorgfältig zu gliedern, Gegenmeinungen zuzulassen - wenn nötig, sie sogar wörtlich zu zitieren - und sich mit ihnen ernsthaft auseinanderzusetzen. In diesen Regeln wurde etwas wie das Gebot der Fairness und Sachlichkeit verwirklicht. Sie stützten sich auf alte traditionelle Regeln der akademischen Diskussion. Diese Regeln wurden aber in den Flugschriften sofort durchbrochen, wenn es um gefühlsbetonte Themen oder gar um persönliche Angriffe ging. Gerade das 16. Jahrhundert ist für seine derben bis obszönen Beleidigungen bekannt. Obrigkeitliche Mandate, etwa das Strafgesetzbuch Kaiser Karls V. (Cautio criminalis Carolina, 1532), drohten zwar für Beleidigungen harte Strafen an, konnten aber gegen das Übermaß an Schmähschriften nicht aufkommen. Auch im Bereich der politischen Publizistik wurden nicht immer lautere Mittel angewandt. Gefälschte Briefe wurden in Umlauf gesetzt, um einen politischen Gegner zu kompromittieren; Verfasser von Flugschriften gaben sich als Anhänger der Gegenpartei aus, um verdeckt für ihre Ziele zu werben; und das Weitergeben falscher oder übertriebener Nachrichten war aus politischen und gelegentlich auch aus geschäftlichen Gründen an der Tagesordnung.

Verzerrungen und Falschmeldungen schadeten dem Ansehen des gedruckten Wortes erheblich. Oft mußte die Meldung eines Flugblatts durch ein nachfolgendes widerrufen oder korrigiert werden. Den „Reitenden Boten", wie die besonders aktuellen Flugblätter gerne genannt wurden, folgte als Parodie und Richtigstellung der „Hinkende Bote" - das Flugblatt, das nach eigenem Bekunden zwar weniger aktuell, dafür aber zutreffend berichtete. So galten die „Zeitunger" als Leute, die mit der Wahrheit eher lässig umgingen und oft auch unverbürgte Nachrichten verbreiteten.

Eine besondere Gruppe unter den Publizisten der Frühen Neuzeit waren die Gelehrten. Wissenschaftliche Publizistik ist teilweise bis heute eine Nebenbeschäftigung von Wissenschaftlern geblieben; und bis ins 19. Jahrhundert wurden Berichte über wissenschaftliche Themen - meist in Zeitschriften - ausschließlich von Gelehrten verfaßt. Ihnen schrieb die Wissenschaft die formalen und inhaltlichen Anforderungen vor, denen ihre Schriften - auch ihre journalistischen Produkte - zu genügen hatten. Eine Differenzierung zwischen Wissenschaft und ihrer publizistischen Vermittlung gab es noch nicht.

Stellung und Ansehen der Publizisten und Journalisten waren also in der Frühen Neuzeit durch ihren „Hauptberuf" definiert. Während die „Publizisten" angesehene Berufe ausübten, waren die „Zeitunger" wegen ihrer abhängigen Stellung nicht hoch geachtet. Beide Berufsgruppen haben jedoch je in ihrer Art den Grund der Normen gelegt, auf denen die Publizistik des 18. und 19. Jahrhunderts aufbaute.

> **Selbstkontrollfrage 1:**
> Welche journalistischen Handwerksregeln von heute stammen aus der Frühen Neuzeit?

2. Der „Verlegerpublizist" des 18. und 19. Jahrhunderts

Gegenüber der früheren Auffassung von öffentlicher Kommunikation als Gewerbe setzte sich seit dem frühen 18. Jahrhundert bei den Publizisten eine andere Auffassung durch, zuerst bei den Schreibern von Zeitschriften. Der Hamburger Herausgeber des *Patriot*, einer der Moralischen Wochenschriften, formulierte 1724 seine Idealvorstellung vom Publizisten und seinen Aufgaben, indem er ein fiktives Selbstportrait entwarf:

> „Ich bin ein Mensch, der zwar in Ober=Sachsen gebohren, und in Hamburg erzogen worden; der aber die gantze Welt als sein Vaterland, ja als eine einzige Stadt, und sich selber als einen Verwandten oder Mit-Bürger aller andern Menschen ansiehet. Es hindert mich weder Stand, noch Geschlecht, noch Alter, daß ich nicht iedermann für meinesgleichen, und ohne den geringsten Unterschied, für meinen Freund halte. Mein Lebens=Lauff hat viel Fremdes [...] Ich habe nicht nur sieben Jahre lang unter den bekanntesten Völckern unsers Europäischen Welt=Theils gelebet, sondern mein Eifer führte mich so gar auch zu den fast unbekannten Lappländern, Grönländern, Tartarn, Molucken, Indianern, Sinesen, Japanern, Moren, ja selbst den Hottentotten und Cannibalen. Diese weitläufftigen Reisen haben mir etliche [= ungefähr] zwanzig Jahre gekostet [...] Durch verschiedene Erb=Fälle, und besonders angestellte Nutzung meiner nicht weit von Mannsfeld belegenen Land-Güter habe ich einige Tonnen Goldes beysammen: und, weil ich beständig in ledigem Stande gelebet, meine nächsten Bluts=Freunde aber wol versorget sind; so freue ich mich allein, die jährlichen Einkünfte davon, bey meiner Zufriedenheit, zu anderer und dem gemeinen Besten anzuwenden. [...] Der Tugend=Weg ist nicht so beschwerlich und rauh, als viele sich denselben vorstellen. Daher werde ich auch meine Leser auf keine verdrießliche, sondern angenehme Art durch denselben führen, ja was noch mehr, ihnen Ansehen, Reichthum und gute Tage dabey zu verschaffen suchen." (zitiert nach MARTENS 1968: 38 f)

Nach der Auffassung des Herausgebers des *Patrioten* sollte der Publizist sein Publikum auf unterhaltsame Weise über Leben und Gesellschaft belehren und im weitesten Sinne „erziehen". Dazu brauchte er geistige Unabhängigkeit: er sollte lebenserfahren und in den Auseinandersetzungen der Zeit Partei sein. Zweitens sollte er auch finanziell unabhängig sein, um sich nicht einer Partei andienen zu müssen. Diese Idealvorstellung traf auf nicht viele Journalisten des 18.und 19. Jahrhunderts zu, auch wenn sie meist dem Bürgertum entstammten und über ein gewisses eigenes Kapital verfügten.

Ihre „Erziehungsaufgabe" nahmen die Publizisten des Zeitalters der Aufklärung sehr ernst. Autoren moralischer Wochenschriften wollten besonders den gesellschaftlichen Umgang ihrer Mitbürger bilden und damit einen Ersatz für die fraglich werdenden kirchlichen Moralvorschriften bieten. Zahlreiche „kritische Journale" (z. B. die *Critica musica* des Komponisten und Diplomaten Johann Mattheson) setzten sich zum Ziel, Maßstäbe des Geschmacks und des künstlerischen Urteils zu vermitteln. Seit der Französischen Revolution gab es auch Zeitschriften mit politischen Betrachtungen (z. B. *Berlinische Monatsschrift*, 1798).

Für diese neue Art des „kritischen" Journalismus gab es keine festen Handwerksregeln. Die Sprache der Moralischen Wochenschriften sollte einfach, eingängig und „gefällig", d. h. unterhaltsam sein; die Themen mußten dem täglichen Leben der Leser nahestehen. Bürgerliche Frauen wurden damals als neue „Zielgruppe" des Journalismus entdeckt. Sie sollten einerseits „gebildet" und zu geachteten „Gefährtinnen" ihrer Ehemänner erzogen werden, andererseits galten sie auch als maßgebend in Fragen des Geschmacks. „Kritische" kulturelle und politische Zeitschriften waren dagegen auf ein männliches bürgerliches Lesepublikum abgestimmt. Sie pflegten einen anspruchsvolleren, oft wissenschaftlichen Stil.

Ein nach den Maßstäben der Zeit „aktueller" kritischer politischer Journalismus in Zeitschriften und Zeitungen konnte sich in Deutschland nur in Ausnahmesituationen ausbilden: in der relativen Pressefreiheit einiger Reichsstädte am Ende des 18. Jahrhunderts (Schubart, *Deutsche Chronik*, Augsburg 1774 - 1778), unter liberaler Preßgesetzgebung zu Beginn des 19. Jahrhunderts (*Allgemeine Zeitung* im zu Bayern gehörenden Augsburg) oder unter besonderem Schutz der Behörden (Görres, *Rheinischer Merkur*, Koblenz 1814 - 1816). Unter diesen Ausnahmebedingungen aber meldeten sich die Zeitungsjournalisten nicht nur informierend, sondern auch kommentierend zu Wort. Die unkommentierte sachliche Meldung der früheren Zeit galt jetzt als fade, ja sogar als Zeichen dafür, daß der Journalist die ihm gewährte Pressefreiheit nicht für seine „erzieherische" und kritische Aufgabe nutze. Journalisten stellten den Anspruch an sich selbst, Nachrichten nicht nur weiterzugeben, sondern auch einzuordnen und zu bewerten. Die Vermischung von Nachricht und Kommentar wurde selbstverständlich, ja sie galt sogar als Ideal des journalistischen Stils.

Das Einordnen und Bewerten von Informationen war den Journalisten aus zwei Gründen wichtig: Einmal sollten die Leser Orientierung in einer sich rasch und tiefgreifend verändernden Welt bekommen und zu politisch bewußten Staatsbürgern „erzogen" werden. Zum anderen sahen sich die Journalisten auch als „Sprachrohr" der „öffentlichen Meinung" an. Das heißt, sie nahmen für sich in Anspruch, deutlich zu formulieren, was ihren Mitbürgern nur dunkel und verschwommen bewußt sei. Journalisten wie Joseph Görres und Ludwig Börne (*Die Waage*, 1818) sahen ihren Auftrag auch als unmittelbar politisch an. Sie wollten „die öffentliche Meinung" vor den Regierenden darstellen, solange es ein parlamentarisches Leben noch nicht gab. Diese Funktion blieb dem Journalismus bis zur Revolution von 1848. Denn erst 1847 gab es im größten deutschen Land, Preußen, ein Parlament. Inzwischen aber konnte man nicht mehr von einer einzigen, ungeteilten „öffentlichen Meinung" sprechen. Die politischen Meinungen hatten sich differenziert; und aus lockeren Gesinnungsvereinigungen waren Parteien geworden. Die Zeitungsgründungen nach der Revolution gingen meistens von Parteien oder Landtagsfraktionen aus. Von einem Journalisten wurde verlangt, daß er im Interesse der jeweiligen Partei schrieb. Von der Parteizeitung forderten Publikum und Journalisten weniger die sachliche Berichterstattung als die kommentierte Mitteilung oder sogar direkte Beeinflussung im Sinne der Partei. Der Journalist sollte sich nicht nur für die Richtigkeit seiner Tatsachenmitteilung verbürgen, sondern auch mit seiner „Gesinnung" zu der Partei und ihrer Zeitung stehen. Das 19. Jahrhundert heißt deshalb das Zeitalter der Gesinnungspublizistik.

Aber die Pressebestimmungen erlaubten Kritik an öffentlichen Institutionen und Personen weiterhin nur in engen Grenzen, und die Gerichte verhängten strenge Strafen für „Verleumdung" oder „Beleidigung" öffentlicher Institutionen und Personen (Bundes-Pressebestimmungen 1851). Gefängnisstrafen gehörten in den fünfziger und sechziger Jahren fast zu den Alltagserfahrungen liberaler und demokratischer Journalisten. Einige von ihnen umgingen die Pressebestimmungen durch Publikation im Ausland, vor allem von Straßburg aus und aus der Schweiz. Sozialdemokratische Journalisten wurden bis zur Aufhebung des Sozialistengesetzes 1890 verfolgt - wenn auch nicht in allen deutschen Bundesstaaten mit gleicher Konsequenz und Härte. Für die „Gesinnung", die er aussprach, mußte der Journalist des 19. Jahrhunderts einzustehen und zu bezahlen bereit sein.

Neben den „Gesinnungsjournalisten" gab es allerdings schon im 19. Jahrhundert die Journalisten „unpolitischer" Zeitschriften wie der Familienblätter. An diese Journalisten wurden die Anforderungen der Gesinnungspresse nicht gestellt. Sie waren nicht durch politische Ziele an das Blatt gebunden, bei dem sie arbeiteten, und wechselten leicht den Arbeitsplatz, auch aus wirtschaftlichen Gründen.

3. Journalisten und Verleger seit dem Ende des 19. Jahrhunderts

Der Journalismus war beruflich bis zur Mitte des 19. Jahrhundert noch nicht eigenständig, häufig war er nur Durchgangsstadium zu akademischen Berufen. Eine Untersuchung über den nordwestdeutschen Journalismus im 19. Jahrhundert stellte fest, daß vor der Revolution der typische Journalist promoviert, aber ohne Habilitation war, während nach 1848 Studienabbrecher, die ihre Promotion nicht vollendet hatten, vorherrschten. Cottas durchgehend akademisierte Augsburger *Allgemeine Zeitung (AZ)*, als Weltblatt des 19. Jahrhunderts nicht repräsentativ, ist das extremste Beispiel für die zahllosen Doktoren und Privatdozenten, die zur journalistischen Feder griffen. Die *AZ* war dabei die erste deutsche Zeitung, die festangestellte Redakteure - im eigentlichen Wortsinn - beschäftigte. Viele von ihnen schrieben nebenamtlich, andere hauptamtlich für eine gewisse Zeit, manche wurden endgültig zum Berufsjournalisten. Der Mitarbeiterstab der *AZ* verdeutlicht diese Dreiteilung. Die Festangestellten arbeiteten entweder nur kurze Zeit an der Zeitung, oder sie blieben sehr lange: entweder war die Zeitung nur Durchgang oder die Mitarbeiter waren schon Berufsjournalisten. Von den 45,8%, deren Verweildauer in der *AZ* bekannt ist, blieben knapp 40% unter fünf Jahren in der Redaktion, während 20% der Zeitung zwischen 10 und 20 Jahren und weitere 23% der Zeitung über 20 Jahre verbunden blieben. Die kurzzeitig in der *AZ* tätigen Journalisten wechselten in der Regel in Berufe außerhalb der Presse. Die gesamte Mitarbeiterschaft bestand zur Hälfte aus Beamten - inklusive Professoren -, zur anderen aus berufsmäßigen Journalisten oder

Schriftstellern. Von allen Korrespondenten, Mitarbeitern und Redakteuren der *AZ* im 19. Jahrhundert waren 26,2% promoviert und weitere 24,4% habilitiert. Betrachtet man allein die Redakteure und Chefredakteure, so waren 46,7% promoviert und 10% habilitiert. Nach Heycks Monographie über die *AZ* war jeder zweite Chefredakteur der liberalen oder demokratischen Opposition zugetan. Mit Vorsicht auf die Situation der deutschen Presse des 19. Jahrhunderts übertragen: Die akademisch gebildeten Journalisten der Qualitätsblätter rekrutierten sich nicht selten aus den Kreisen derer, die als engagierte Demokraten oder Liberale keine universitäre Anstellung zu erwarten hatten. Carl Volkhausen, einer der wichtigsten Redakteure der *Frankfurter Zeitung*, war das Beispiel eines engagierten 48ers, der seine politischen Vorstellungen auch im Kaiserreich publizistisch einbrachte. Zustatten kam ihm dabei die kollegiale Redaktionsverfassung der *Frankfurter Zeitung* und der Einfluß, nicht aber Dirigismus des Verlegers Leopold Sonnemann. Bei den kleineren Blättern der Gründungswelle ab den 1860er Jahren stellte sich die Frage nach journalistischer Abhängigkeit gar nicht, denn viele „Journalisten" waren ihre eigenen Verleger - oder besser umgekehrt -, andere wieder waren hauptsächlich Drucker; oder Journalist, Drucker und Verleger verbanden sich in einer Person. Der „Verlegerpublizist" des 19. Jahrhundert trat langsam ab, der angestellte Redakteur, der im 20. dominiert, war noch die seltene Ausnahme. Hinzu kam, daß sich die rechtliche Stellung des Journalisten Ende des 19. Jahrhundert änderte. Das herrschende Kautionswesen war an den Journalisten gebunden gewesen. Damit war der Journalist, in den Augen der Gerichte der eigentliche „Herausgeber", einerseits dem Staat gegenüber stark gebunden. Andererseits war er seinem Verleger gegenüber unabhängiger, denn der Verleger bedurfte des Journalisten, auf den die Kaution ausgestellt war, um die Zeitung zu verlegen. Das Reichspressegesetz von 1874, das die Kaution abschaffte, schuf so eine wesentliche Voraussetzung für den vom Verleger angestellten Berufsjournalisten.

Von großer Bedeutung für die Entwicklung eines journalistischen Berufsbildes war Ende des 19. Jahrhunderts die Entwicklung der Massenpresse, zunächst der Generalanzeiger. Diese hatte eine Vergrößerung der Redaktionen zur Folge. Der Kampf um den Leser, auch auf dem Felde des Leistungsausbaus geführt, war Motor redaktioneller Ausweitung und Aufsplitterung. Im Zuge quantitativer Ausdehnung war eine fortschreitende Spezialisierung und Ausdifferenzierung der journalistischen Tätigkeiten zu beobachten. In der Weimarer Zeit hatte sich die Aufteilung der Redaktionen in das politische und lokale Ressort durchgesetzt, die größeren Zeitungen wiesen zumindest einen politischen, einen lokalen, einen Unterhaltungs- und einen Handelsteil auf. Nur kleinste Zeitungen, wo die Journalisten noch „mit Schere und Leimtopf" hantierten, bildeten die Ausnahme.

So entwickelte sich die journalistische Profession erst allmählich. Zunächst fehlten eine ausreichende Anzahl von Berufsjournalisten und ein geregelter bzw. sogar reglementierter Berufszugang. Auch die Reputation ließ zu wünschen übrig: Freytag prägte den „Schmock", Bismarck das Diktum von den Leuten, die ihren Beruf verfehlt hätten. Zu guter Letzt fehlte der Profession aber auch eine Berufsvertretung.

Die früheste Vorform journalistischer Selbstorganisation waren die Journalistentage. 1842 wurde in Leipzig ein Literatenverein gegründet. Der erste allgemeine „Deutsche Journalistentag" fand 1864 in Eisenach statt. In Heidelberg wurde 1895 der Dachverband *Verband deutscher Journalisten und Schriftstellervereine* gegründet. In den folgenden Jahren verstärkten sich die Versuche, eine reine Redakteursorganisation zu gründen, die bessere Antworten auf berufsspezifische Fragen geben sollte, auch in den Mischformen der Parteipresse. Der erste Versuch einer reinen Redakteursorganisation wurde 1902 mit der Gründung des *Vereins Deutscher Redakteure* gemacht. Dessen Nachfolgeverband schloß sich 1910 mit dem *Verband deutscher Schriftsteller- und Journalistenvereine* zum *Reichsverband der deutschen Presse (RDP)* zusammen. Der Zweck des Reichsverbands war zunächst ausschließlich auf presseinterne Arbeit gerichtet - der Reichsverband sollte weniger den „Standesinteressen" als den Berufsinteressen dienen.

Selbstkontrollfrage 2:
Welches Verständnis vom Beruf des Journalisten war für das 19. Jahrhundert charakteristisch?

Verleger politischer Zeitungen gründeten 1894 den *Verein Deutscher Zeitungs-Verleger (VDZV)*. Drei Jahrzehnte später waren in ihm Zwergzeitungen mit Auflagen unter 1.000 wie auch Massenblätter mit Auflagen über 500.000 vertreten. Manche Zeitungen erschienen 13 mal pro Woche und waren bis zum Rundfunk das aktuellste Medium, andere erschienen nur zweimal.

Die kleinsten Zeitungen behalfen sich mit dem Bezug von präfabriziertem Material - z.B. in Form von Matern -, um zumindest dem Anschein nach die publizistischen Defizite gegenüber der Massenpresse zu reduzieren. Die Zeitungsvielfalt - 3.405 Zeitungen 1897, 3.723 Zeitungen 1932 - war demnach nur eine scheinbare. Eine Vielfalt, die dem Leser überdies nichts nutzte, verstärkte die wirtschaftlichen Schwierigkeiten der Presse in der Inflationszeit und der Weltwirtschaftskrise. Im Ersten Weltkrieg und in der Inflation starben insgesamt mehr als 1.000 Zeitungen. Die meisten der Opfer waren kleine Blätter, doch selbst große Zeitungen wie die *Tägliche Rundschau* kämpften erfolglos ums Überleben. In der Weltwirtschaftskrise gerieten selbst riesige Konzerne wie der Mosse-Verlag ins Trudeln. Dabei traf die Inflation das Zeitungsgewerbe - und damit auch die Journalisten - noch härter als der Auflagenschwund der Weltwirtschaftskrise: Das journalistische Einkommen sank dramatisch.

Tabelle 1: Einkommen 1927

	Monatseinkommen/RM
Alleinredakteure	429
Ressortleiter	579
Chefredakteure	757
alle Journalisten	590

(Quelle: DP 1928, Nr. 27: S. 396)

Der durchschnittliche Reallohn eines Redakteurs betrug nur noch 20-25% seines Vorkriegseinkommens. Ein freier Journalist verdiente gerade noch ein Achtel. Nach der Inflation stabilisierte sich das journalistische Einkommen wieder.

Im statistischen Mittel nahm das Einkommen bis zum Lebensalter von 50 Jahren zu, danach aber wieder schnell ab. Neben Spitzenverdienstmöglichkeiten, die die Großstadtpresse bot, waren auch Monatseinkünfte unter 200 RM nicht selten. Hinzu kam eine Arbeitslosigkeit, die sich aber erst für die Weimarer Zeit exakter bemessen läßt. Der „Reichsverband der Deutschen Presse" schätzte 1925, jedes zehnte Mitglied sei arbeitslos. Diese Zahlen berücksichtigen aber weder die Berufsaussteiger der Inflationszeit noch die Freien am Rande des Existenzminimums. So war in Krisenzeiten, wie der Weltwirtschaftskrise, infolge steigender Arbeitslosigkeit selbst ein fast vollständiger Redaktionsaustausch nur ein geringes Problem. Beispielhaft zeigt dies der Austausch der Redaktion der *Schlesischen Zeitung* 1930.

Neben den großen Blättern mit ihren personell stark besetzten Redaktionen existierten noch viele Zeitungen mit einem Alleinredakteur. Eine Sozialenquête des RDP von 1927 wies unter insgesamt 3200 Redakteuren 320 „Alleinredakteure" aus - bemerkenswert wenige. Jedoch waren Journalisten kleiner Blätter zu einem wesentlich geringeren Teil als ihre Kollegen von der Großstadtpresse im *RDP* organisiert. Noch schlechter als die Alleinredakteure waren die „Zeitungsfachleute" gestellt. Diese „Journalisten" hatten als „Mädchen für alles" von der Redaktion über Anzeigenakquisition bis zur Expedition alle denkbaren, im Zeitungsverlag anfallenden Arbeiten zu erledigen.

Die Existenzangst festigte den organisatorischen Zusammenhalt. 1918 hatte der *RDP* 1100-1200 Mitglieder, das war jeder vierte Journalist, 1928 hatte sich die Zahl auf 3650 verdreifacht. Jeder zweite Journalist war jetzt organisiert. Im *VDZV* waren dagegen in etwa 70% aller Verleger zusammengeschlossen. Dies war nicht der einzige Vorteil der Verlegerorganisation gegenüber dem *RDP*. Der *VDZV* hatte sich im *Arbeitgeberverband für das deutsche Zeitungsgewerbe* (*AGEZ*) eine schlagkräftige Arbeitgeberorganisation geschaffen. Außerdem waren die meisten Verleger im *Deutschen Buchdrucker-Verein*" (*DBV*) organisiert. Die Journalisten auf der anderen Seite erreichten keine Abstimmung mit den Buchdruckern und den Organisationen der Verlagsangestellten. Nach negativen Erfahrungen mit besetzten Redaktionsräumen votierte der *RDP*, als 1920 das Betriebsrätegesetz anstand, sogar gegen Betriebsräte.

Aufgrund mangelnder Streikbereitschaft und chronischer Finanzschwäche blieb der *RDP* generell unfähig, Arbeitskämpfe zu führen. Trotz dieser Schwächen erreichte der *RDP* epochemachende soziale Sicherungen. Zu Hilfe kam den Journalisten nicht nur, daß in der *VDZV*-Spitze der zwanziger Jahre Verleger wie Kurt Simon von der *Frankfurter Zeitung*, Julius Ferdinand Wolff von den *Dresdner Neuesten Nachrichten* und Martin Carbe von Mosse saßen, die einen wirtschaftsfriedlichen Kurs befürworteten. Den Journalisten half auch, daß sich das Bewußtsein für eine „öffentliche Aufgabe" der Presse schärfte.

Schon das Börsengesetz von 1908 sah Strafen gegen den Mißbrauch der Presse zu Zwecken der Börsenspekulation vor. Einen wichtigen Schritt in der Diskussion nach vorn bedeuteten Ernst Posses Schriften von 1914 und 1917, in denen er forderte, dem Journalisten endlich die Vertretung der „öffentliche Interessen" gesetzlich zuzubilligen. Der entschiedenste Anlauf in diese Richtung war dann ab 1916 das Ringen um ein Journalistengesetz. Im Konflikt um das neue Gesetz verdichteten sich Aspekte der sozialen Sicherung der Journalisten, der Abgrenzung des Verhältnisses von Redakteur und Verleger - heute als „innere Pressefreiheit" bezeichnet - und dessen, was damals ebenfalls unter „innerer Pressefreiheit" verstanden wurde: die Freiheit von wirtschaftlicher Einflußnahme. Um den damaligen Sprachgebrauch vom heutigen abzusetzen, soll im folgenden das Verhältnis Verleger-Redakteur als „redaktionelle Pressefreiheit" bezeichnet werden.

1916 waren erste Forderungen von Seiten der Journalisten formuliert worden. Zu diesem Zeitpunkt war das zivilrechtliche Verleger-Redakteur-Verhältnis zumeist noch mündlich geregelt. Selbst 1927, obschon inzwischen verpflichtend vorgeschrieben, waren noch knappe 63% der Journalisten ohne schriftlichen Anstellungsvertrag. Nach 1918 erhielten die Bemühungen Auftrieb durch das Betriebsrätegesetz und durch die Presse- und Journalistengesetzgebung in Österreich. In die entscheidende Phase traten die Bemühungen dann 1923/24. Das Journalistengesetz trat jedoch nie in Kraft. In einer hartnäckig geführten Auseinandersetzung konnte der *VDZV* dies - um den Preis sozialer Zugeständnisse - verhindern. Während der Inflation hatten für den *RDP* die Bemühungen um soziale Besserungen im Vordergrund gestanden, jetzt hieß es, man müsse verlorenes Terrain wiedergewinnen: Nur durch gesicherte soziale Verhältnisse sei die journalistische Integrität zu erhalten. Die Redakteure suchten so den „Übergang vom Fürsorge- zum Versicherungsprinzip" zu erreichen; die Verlagsfürsorge unternehmensbezogener Hilfskassen war in der Inflation zusammengebrochen. Die Verleger legten diese Verknüpfung mit der Frage der sozialen Sicherung als Verfechtung journalistischer Eigeninteressen aus. Die *RDP*-Funktionäre suchten dagegen, die Interessen des *RDP* mit denen der Allgemeinheit gleichzusetzen. Eine Denkschrift des *VDZV* von 1925 setzte die Festschreibung der Verantwortung der Redakteure für den Zeitungsinhalt mit einer Ausgrenzung aus eigenem Besitz gleich. Entscheidend änderte sich die Debatte um das Journalistengesetz, als ein Sozialpakt zwischen Verlegern und Journalisten als dessen Ersatz in die Diskussion gebracht wurde, der 1926 in ein Vertragswerk mit Reichstarif, Normaldienstvertrag und Versicherungswerk mündete. In dem Paket waren Regelungen der täglichen Arbeitszeit, des Schichtbetriebes, des Urlaubs, der Alters-, Kranken- und Hinterbliebenenversicherung geregelt. Mit Hilfe der Unterstützung der Regierung erreichten sie noch eine weitere Verbesserung der sozialen Abmachungen, denn zunächst hatten sich *RDP* und *VDZV* nur auf den Normaldienstvertrag und einen Reichstarif, nicht aber auf das wichtige Versicherungswesen einigen können. Doch gerade die Alters-, Invaliditäts- und Hinterbliebenenversicherung war den Journalisten wichtig. Nur eine Arbeitslosenversicherung konnte nicht vereinbart werden. So hatten die Reichsverbandsvertreter mit ihrer Forderung nach redaktioneller Pressefreiheit die Verleger zu Verhandlungen über soziale Besserungen gezwungen. Nach Feststellung des Internationalen Arbeitsamts Genf stand das Vertragswerk mit seinen Regelungen beispielhaft in der Welt dar.

Obwohl die Einigung Mitte der zwanziger Jahre gezeigt hatte, daß die Verleger den Redakteuren an Macht und Einfluß überlegen waren, war doch deutlich geworden, wie effizient die Journalisten mittlerweile ihre Interessen zu vertreten imstande waren. Wenn die Journalisten aber gekonnt hätten, wie manche von ihnen gewollt haben, wären noch in der Zeit der Weimarer Demokratie Presseregelungsmechanismen eingeführt worden, die die äußere Freiheit der Presse ernsthaft bedroht hätten. Planspiele über Pressekammern und sogar eine Berufsliste existierten. In Weimar setzten sich dennoch die überlegt handelnden Kräfte in beiden Verbänden durch und arbeiteten bis in die letzten Tage der Republik an einem neuen Pressegesetz, das mit der sogenannten „Machtergreifung" zwar obsolet wurde, das aber für die bundesrepublikanischen Landespressegesetze in manchem Vorbild werden sollte. In ihm wurden schon 1930 Strafandrohungen gegen inhaltliche Einflußnahme durch Dritte formuliert.

In der Zeit der nationalsozialistischen Diktatur war der freie Berufszugang zum Journalismus durch das Schriftleitergesetz von 1933 unmöglich gemacht worden. Die Journalisten hatten allein dem Herrschaftsanspruch der NSDAP zu dienen. Das Schriftleitergesetz zeigte, welcher Pervertierung die Presse unterworfen ist, wenn der Staat die öffentliche Aufgabe definiert. Publizistischen „Widerstand" konnte es unter diesen Umständen nicht geben. Ob das „Schreiben zwischen den Zeilen" mehr nützte - weil Zeitungen wie die *Frankfurter* in bescheidenem Maße ein anderes Deutschland erkennbar machten - oder mehr schadete, weil diese Journalisten bei allem persönlichen Mut Joseph Goebbels doch nur als liberales Feigenblatt dienten, ist Einstellungssache. Innovativen und gut lesbaren Journalismus jedenfalls hat die NS-Zeit nicht hervorgebracht.

Die Situation der Journalisten und Verleger nach 1945 unterscheidet sich nicht grundsätzlich von derjenigen vor 1933, wohl aber in einzelnen Punkten gravierend. Weiterhin ist die Presse privat organisiert, allerdings sind die heutigen Zeitungen im Durchschnitt wesentlich größer und weniger anfällig als damals. Vor 1933 gab es im Vergleich zu heute wesentlich weniger Journalisten (weniger als 7.000; heute über 53.000) und dreimal so viele Zeitungen (ca. 4.000). Die damaligen sozialen Sicherungen waren Vorbild, verglichen mit heutigen Regelungen war die Sicherung der Journalisten aber höchst bescheiden. Das grundsätzliche Verhältnis zwischen Verleger und Redakteur hat sich auch nach 1945 nicht geändert. Die Richtlinienkompetenz liegt weiterhin beim Verleger. Fälle, in denen der Verleger aus ökonomischen Erwägungen von den Redakteuren journalistische Zurückhaltung fordert, sind seit der Weimarer Zeit sicherlich nicht seltener geworden. Die Abgrenzung von Detail- und Richtlinienkompetenz ist immer noch Sache freier Vereinbarung: Redaktionsstatute, soweit vorhanden, geben den Rahmen vor. Eine öffentlich-rechtliche Regelung des Verleger-Redakteur-Verhältnisses ist nicht in Sicht und auch nicht wünschenswert. Es bleibt abzuwarten, ob die einschlägigen Bestimmungen der Pressegesetzentwürfe aus den neuen Ländern alle parlamentarischen und juristischen Hürden zu nehmen imstande sein werden. Die heutige Verengung des Begriffs „Innere Pressefreiheit" auf das Verhältnis von Journalist zu Verleger aber greift zu kurz; der Druck wirtschaftlicher Interessen auf die Presse müßte wieder in das Blickfeld gerückt werden. Eine legislative Initiative im Sinne der RPG-Kommission von 1930 würde hier zumindest ein Zeichen setzen.

Selbstkontrollfrage 3:
Seit wann kann von einem professionalisierten Journalismus gesprochen werden?

4. Anhang

4.1. Zentrale im Text verwandte Begriffe

Herausgeber   Nach dem Verständnis des 19. Jahrhunderts der Journalist, der die redaktionelle Linie des Presseorgans bestimmt. Seit Beginn des 20. Jahrhunderts Sinnverschiebung zum heutigen Sprachgebrauch: Herausgeber als Persönlichkeit des Verlags, die für die Redaktion zuständig ist.

innere Pressefreiheit   Ursprünglich (bis Mitte der zwanziger Jahre) im Unterschied zu äußerer Pressefreiheit, die die Freiheit vom staatlichen Eingriff bezeichnet, die Freiheit von jedem nichtstaatlichen Zwang (gegenüber der Wirtschaft, gegenüber dem Abonnenten, auch Freiheit des Journalisten gegenüber dem Verleger). Seither Einengung auf das Verhältnis Journalist-Verleger.

Kaution   In den Pressegesetzen vieler deutscher Staaten im 19. Jahrhundert festgelegte Sicherheitsleistung, die auf den Namen des Herausgebers bei den Behörden hinterlegt werden mußte und die bei Vergehen verfallen konnte. (Staatliches Zwangsmittel, um die Presse zu Vorsicht und Selbstzensur in ihrer öffentlichen Berichterstattung anzuhalten).

Matern   In Pappe gepreßte Negativvorlage von Artikeln oder ganzen Zeitungsseiten, die nur noch mit Blei ausgegossen werden und auf die Druckplatte bzw. Rotationstrommel gespannt werden mußte.

Profession   Berufsstand, der in hohem Maß spezifische fachliche Qualifikation erfordert, dessen Berufszugang geregelt ist, der über eine Standesorganisation mit Sanktionsgewalt gegenüber seinen Mitgliedern verfügt und der von Alters her Ansehen genießt. Die klassischen Professionen sind: die juristischen, theologischen, medizinischen, soldatischen und die universitären Berufe.

Reichsstadt   Bis 1806 Bezeichnung für eine Stadt, die nur dem Kaiser unterstellt war. Reichsstädte konnten im Gegensatz zu den einem Landesherrn untertanen Städten eine selbständige Außen- und Innenpolitik betreiben und waren zu religiöser Toleranz verpflichtet. Publizisten in Reichsstädten genossen daher häufig größere Freiheiten als Publizisten in Städten, die einem Landesherren unterstanden.

4.2. Literaturverzeichnis

FRAUNHOLZ, Uwe (1990), Die Mitarbeiter der Allgemeinen Zeitung im 19. Jahrhundert. Berlin (Ms.)

FREI, Norbert/Johannes SCHMITZ (1989), Journalismus im Dritten Reich. München: Beck

HEYCK, Eduard (1989), Die Allgemeine Zeitung 1798-1898. Beiträge zur Geschichte der deutschen Presse. München: Verlag Allgemeine Zeitung

HÖMBERG, Walter (1987), Von Kärrnern und Königen. Zur Geschichte journalistischer Berufe. In: BOBROWSKY, Manfred/Wolfgang R. LANGENBUCHER (Hrsg.), Wege zur Kommunikationsgeschichte. München: Ölschläger Verlag, S. 619-629.

MARTENS, Wolfgang (1968), Die Botschaft der Tugend. Die Aufklärung im Spiegel der deutschen Moralischen Wochenschriften. Stuttgart: Metzler

STÖBER, Rudolf (1992), Pressefreiheit und Verbandsinteresse. Die Rechtspolitik des "Reichsverbands der deutschen Presse" und des "Vereins Deutscher Zeitungs-Verleger" während der Weimarer Republik. Berlin: Colloquium-Verlag

4.3. Antworten zu Selbstkontrollfragen

SKF 1:
Angabe von Ort, Zeit und Umständen eines Geschehens, Objektivität der Darstellung, Quellenangabe, „Informantenschutz".

SKF 2:
Gesinnungspublizistik: Der Journalist sollte für eine Partei oder Weltanschauung eintreten und aus Überzeugung für sie wirken. Er verstand sich als Sprachrohr der „öffentlichen Meinung" oder auch als Erzieher im Sinne seiner Überzeugung.

SKF 3:
Seit Ende des 19. und Anfang des 20. Jahrhunderts. Beachten Sie die hauptberufliche Tätigkeit, die Entwicklung der journalistischen Eingangsvoraussetzungen, die redaktionelle Differenzierung, die Verbandsentwicklung. Vgl. Abschnitt 3.1.3.

Siegfried Weischenberg

Konzepte und Ergebnisse der Kommunikatorforschung

Inhalt

1. **Vorbemerkungen** 228
2. **Journalismus als Thema der Kommunikationswissenschaft** 229
2.1. Die Forschung zum Journalismus 229
2.2. Journalismus als soziales System 231
3. **Das Berufsfeld „aktuelle Medienkommunikation"** 233
3.1. Berufsbilder und Tätigkeitsfelder 233
3.2. Exkurs: Psychische Folgen der Berufstätigkeit 235
4. **Die Journalistinnen und Journalisten: Merkmale und Einstellungen** 237
4.1. Demographie und Berufstypologie 237
4.2. Berufszufriedenheit und Berufsprestige 240
4.3. Das journalistische Rollenverständnis 241
4.3.1. Forschungsprobleme: Prägnanz und Forschungsrelevanz 241
4.3.2. Anwälte und Unterhalter 242
4.3.3. Kommunikationsabsichten und Kommunikationserwartungen 243
4.4. Exkurs: Journalisten in den USA 244
5. **Professionalisierung und Sozialisation** 249
5.1. Das Verberuflichungs-Konzept 249
5.2. Rollenlernen im Medienbetrieb 251
6. **Die Zukunft des Journalismus** 252
7. **Anhang** 257
7.1. Zentrale im Text verwandte Begriffe 257
7.2. Literaturverzeichnis 258
7.2.1. Zitierte Literatur 258
7.2.2. Weiterführende Literatur 263
7.3. Antworten zu Selbstkontrollfragen 264

1. Vorbemerkungen

Über den Journalismus in Deutschland gibt es viele Vorstellungen. Gekoppelt sind sie an allgemeine Images von der Gruppe der Journalisten, die sich etwa in Prestige-Rangfolgen im Vergleich zu anderen Berufen niederschlagen. Oder an bestimmte Journalisten, wie z. B. die in der Öffentlichkeit bekannten Reporter und Moderatoren des Fernsehens. Oder aber es wird von Journalismus gesprochen, wenn bestimmte Medienbotschaften, die nicht gefallen, qualifiziert werden sollen. Insofern spielt die Beschäftigung mit den Journalisten bei der immens intensivierten Diskussion über Medienprobleme in der Gesellschaft eine zentrale Rolle.

Alle diese Vorstellungen sind ebenso genau wie unklar. Einerseits glaubt man zwar zu wissen, was mit *Journalismus* gemeint ist. Andererseits beziehen sich Aussagen über diesen Journalismus aber auf ganz unterschiedliche Gegenstandsbereiche, zu denen es außerdem kaum valide Beurteilungsgrundlagen gibt. Diese Unklarheiten überraschen zunächst allein schon deshalb, weil es an der Relevanz des Journalismus in der Gesellschaft heute kaum noch Zweifel gibt. Die Menschen wissen, wie wichtig die Orientierungshilfen sind, welche die Medien durch ihre Journalisten anbieten. Doch sie finden es offenbar nicht beunruhigend, über die Bedingungen, unter denen diese Angebote zustandekommen, gar nicht oder schlecht Bescheid zu wissen.

Dabei spielt aber auch eine Rolle, daß diejenigen, die Öffentlichkeit herstellen sollen, der Öffentlichkeit nur ungern und auf jeden Fall unzureichend Einblick in ihre Arbeit gewähren. Insofern gilt noch immer, was in einer Kommunikatorstudie vor fast 20 Jahren festgestellt wurde: „Tatsächlich zählen die Journalisten zu den vor dem Zugriff der empirischen Sozialwissenschaft am besten „gehüteten" Berufsständen." (FABRIS 1971: 357) Oder, mit den Worten von Günter Kieslich, der zu den Pionieren der empirischen Journalismusforschung in Deutschland gehörte: „Nur wenige Berufsstände wissen so wenig über sich Bescheid, wie der Berufsstand der Journalisten." (KIESLICH 1970: 303)

Doch es kann den Journalisten nicht egal sein, was man über sie weiß und über sie denkt. Und es kann der Bevölkerung nicht egal sein, welche Merkmale und Einstellungen die Journalisten haben. Leser, Hörer und Zuschauer müssen wissen, wer sie unterrichtet, wie kompetent und glaubwürdig die Journalisten sind. Die Journalisten wiederum müssen wissen, daß sie Ziel von Begehrlichkeiten sind, von Beeinflussungs- und Kontrollabsichten - je nach dem Bild, das man sich von ihnen, ihren Absichten und ihren Handlungen macht.

Ziel dieses Beitrages ist es nicht nur, das vorhandene (zweifellos unzureichende) Wissen über die Journalisten und ihre Arbeit zusammenzutragen, sondern auch, möglichst viele der Faktoren zu benennen, welche die Aussagenentstehung beeinflussen. Deshalb wird hier eine Systemkonzeption zugrundegelegt, die erlaubt, Befunde zum Berufsfeld aktuelle Medienkommunikation (Kapitel 3) und zu den darin wirkenden Akteuren (4.) in einen umfassenderen theoretischen Rahmen einzuordnen. Er erlaubt auch die Integration weiterer zentraler Faktoren wie die Beziehung zwischen den *Kommunikationspartnern* (4.3.3.) und z.B. auch der Ethik des Journalismus und der Glaubwürdigkeit der Journalisten, die Gegenstand eigener Beiträge dieses Buches sind. Im Rahmen eines Exkurses werden zudem Vergleiche zum Journalismus in den USA angestellt (4.4.). Ein eigener Abschnitt (5.) ist Aspekten der Integration von Journalisten in das System Journalismus gewidmet. Schließlich soll,

Konzepte und Ergebnisse der Kommunikatorforschung

auf der Grundlage einer Expertenbefragung, die Zukunft des Journalismus eingeschätzt werden (6.). Dabei geht es im einzelnen um die künftigen Funktionen des Journalismus, Formen der Arbeitsorganisation in den Redaktionen und um Differenzierungen, die in den einzelnen Medien und hinsichtlich der unterschiedlichen journalistischen Rollen zu erwarten sind.

2. Journalismus als Thema der Kommunikationswissenschaft

2.1. Die Forschung zum Journalismus

Der Forschungszweig, der sich mit den Journalisten und - allgemeiner - den Bedingungen der Aussagenentstehung beschäftigt, wird in der Kommunikationswissenschaft als *Kommunikatorforschung* bezeichnet. Eine Bestandsaufnahme der Ansätze und Ergebnisse dieser Kommunikatorforschung ergibt ein uneinheitliches Bild.

Gewiß hat es - seit den siebziger Jahren - auch in der Bundesrepublik Deutschland vielfältige Versuche gegeben, Licht in die Prozesse der Aussagenentstehung zu bringen und insbesondere zu ermitteln, welche Faktoren die journalistischen Leistungen beeinflussen. Untersucht wurde in zahlreichen empirischen Studien, „was Journalisten denken und wie sie arbeiten" (vgl. KEPPLINGER 1979).

Dabei ging es in der *subjektiven Dimension* im einzelnen um allgemeine berufliche Bewußtseinsstrukturen von Journalisten (vgl. ZEISS 1981), um spezifische berufliche Einstellungen gegenüber dem Publikum und um die Wahrnehmung der eigenen Berufsrolle, um Autonomie und Sozialisation in Medienbetrieben und um spezifische journalistische Rollen wie Sportredakteur (vgl. WEISCHENBERG 1978) und Lokalredakteur (vgl. MÜHLBERGER 1979) oder Chefredakteur (vgl. JACOBI et al. 1977). Und in der *objektiven Dimension* um Organisationsstrukturen und Arbeitsbedingungen, auch im Kontext von makromedialen Entwicklungen wie Arbeitslosigkeit von Journalisten (vgl. RÜHL 1979, DYGUTSCH-LORENZ 1971, LANGENBUCHER/ROEGELE/SCHUMACHER 1976); zuletzt wurden dazu insbesondere Folgen der Einführung neuer Techniken für die redaktionelle Arbeit untersucht (vgl. z.B. SCHÜTT 1981, PROTT et al. 1983, MAST 1984, HIENZSCH 1990). Mehrere empirische Studien gab es seit Ende der siebziger Jahre auch zur Berufssituation von Frauen im Journalismus (vgl. FREISE/DRAHT 1977, BECKER 1980, NEVERLA/KANZLEITER 1984).

Diverse Anstrengungen im Rahmen der Kommunikatorforschung sind insbesondere seit der „Wende" in Ostdeutschland auszumachen. Dabei handelt es sich zum einen um länderübergreifende bzw. ost-west-vergleichende Studien und zum anderen um Versuche, endlich das schon 1910 von Max Weber angeregte Projekt einer Journalisten-Enquête umzusetzen, also repräsentative Daten zum Journalismus in Deutschland zu ermitteln (vgl. zusammenfassend MAHLE 1993).

Diese Befunde sind notwendig, denn über die Rechte und Pflichten der Journalisten (in Westdeutschland) gibt es seit Jahren eine kontroverse Diskussion. Ausgelöst wurde sie vor allem durch eine sehr weitreichende wissenschaftliche Journalismus- und Journalistenkritik, die nach der Bundestagswahl 1976 wichtige Grundlagen für die Kommunikationspolitik lieferte. Im Zentrum stand die Behauptung, daß die westdeutschen Journalisten eine eigenartige und eigenwillige Gruppe bildeten. Die

Eigenschaften und Einstellungen der Journalisten sowie die allgemeine Medienentwicklung seien Ursache für die Existenz identischer, immer wieder auftretender und überall vorhandener Medieninhalte - „Konsonanz", „Kumulation" und „Ubiquität", die angeblich Selektionsmöglichkeiten und damit selbständiges Kommunikationsverhalten des Publikums verhinderten. Daraus resultierten „Legitimationsprobleme des Journalismus" (DONSBACH 1982), denn die relativ kleine Berufsgruppe der Journalisten, deren „parteipolitische Präferenz stark in das linke Spektrum verschoben" (DONSBACH 1987: 120) sei, übe ohne rechtliche Basis große Macht aus. Es handelt sich bei diesen Argumentationsfiguren also auch um Aussagen über die Wirkungen der Medien.

Im Rahmen dieser Journalismuskritik werden die Journalisten als „entfremdete Elite" (RUST 1986) beschrieben, die sich in ihren Einstellungen stark von der Bevölkerung unterscheide und sich für die Wünsche und Bedürfnisse der Bevölkerung nicht interessiere; dabei wird unterstellt, daß die Journalisten ihre Einstellungen auch tatsächlich in Medienaussagen ummünzen können. Und schließlich wird behauptet, daß sich die Journalisten in der Bundesrepublik in ihren Einstellungen von den Kollegen in vergleichbaren anderen Ländern abhöben (vgl. z.B. KÖCHER 1985).

Diese Annahmen, die im wesentlichen auf Interpretationen von Befunden zum Publikumsbild und zu den Bezugsgruppen der Journalisten sowie auf dem Vergleich demographischer Daten von Journalisten und Rezipienten beruhen (vgl. DONSBACH 1982: 195 ff; NOELLE-NEUMANN 1979: 141), sind wissenschaftlich eher dürftig abgesichert; zum Teil beruhen sie sogar auf Spekulationen und auf eigenwilligen Interpretationen von Befunden (vgl. WEISCHENBERG 1989). Auf die Diskussion über den Journalismus in Deutschland haben sie freilich beträchtliche Auswirkungen gehabt.

Aktuelle empirische Befunde und Einzelbeobachtungen von Medienkritikern setzen das System Journalismus zusätzlichem Druck aus. So machen Daten der Mediennutzungsforschung darauf aufmerksam, daß die Reichweite politischer Informationsangebote zurückgeht und die Glaubwürdigkeit aller Medien sinkt (vgl. BERG/KIEFER 1987). Die Journalisten wirken - diesen Schluß legen jedenfalls die Befunde nahe - durch die Informationslawine und die offenen und geheimen PR-Verführer genauso überfordert wie die Bevölkerung; empirische Untersuchungen zeigen, wie gering die journalistische Verarbeitungsleistung beim Umgang mit PR-Material ausfällt (vgl. BAERNS 1985).

Kritisiert werden auch die Leistungen des Journalismus bei der Umsetzung von Informationsquantität in Informationsqualität. Die Medien und ihre Mitarbeiter haben, so wird vermutet, an der Schwelle zur Informationsgesellschaft, in einer gewandelten Medienlandschaft, in einem neu aufgemischten System politischer Kommunikation Anpassungs- und Orientierungsprobleme. Vielfältige neue Informationsangebote in den elektronisch gesteuerten Kanälen brechen ihr altes Vermittlungsmonopol; gleichzeitig wachsen die Ansprüche des Publikums, das in der Informationsflut nach glaubwürdigen Medienangeboten sucht (vgl. WEISCHENBERG 1985a). Glaubwürdigkeit ist - diesen Schluß legt nicht nur der neue konstruktivistische Ansatz in der Kommunikationswissenschaft nahe (vgl. z.B. WEISCHENBERG 1992b) - zum zentralen Faktor bei der Beurteilung von Kommunikationsleistungen in der Gesellschaft geworden (s. den Beitrag von BENTELE/BECK).

Damit sind zahlreiche Fragen zur Situation des „Journalismus in Deutschland" aufgeworfen, die insbesondere von der gleichnamigen Studie der Forschungsgruppe Journalistik (Universität Münster) beantwortet werden können. Dabei handelt es sich um die erste repräsentative Journalistenstudie in Deutschland, die auf der Basis einer Zufallsstichprobe und mit Hilfe persönlicher Interviews durchgeführt wurde. Der Journalismus wird dabei als „soziales System" behandelt (vgl. WEISCHEN-BERG/LÖFFELHOLZ/SCHOLL 1993, 1994)

2.2. Journalismus als soziales System

Die wissenschaftliche Auseinandersetzung mit den Regeln, die im Journalismus Gültigkeit besitzen, und mit den Journalisten, die diese Regeln anwenden, hat an der Wiege einer empirischen Zeitungs- bzw. Kommunikationswissenschaft gestanden (vgl. KUTSCH 1988). Seither lassen sich kaum verbundene Richtungen der Kommunikatorforschung unterscheiden, die sich von einem unterschiedlichen Verständnis von Journalismus leiten lassen:

- Journalismus als Addition von Personen
- Journalismus als Addition von Berufsrollen
- Journalismus als Ergebnis von Kommunikationsprozessen

Die normativ-ontologische Publizistikwissenschaft konzentrierte sich auf journalistische Persönlichkeiten als geistige Gestalter von Medienbotschaften. Soziologisch inspirierte Ansätze wie die *Professionalisierungstheorie* beschäftigen sich mit Rollen- und Sozialisationsaspekten im Journalismus. Die Gatekeeperforschung schließlich stellt Selektions- und andere redaktionelle Verarbeitungsprozesse ins Zentrum der Analyse. Eine Systematisierung dieser verschiedenen Forschungsperspektiven wurde erstmals im Rahmen einer Sekundäranalyse zum Journalismus in der Bundesrepublik vorgestellt (vgl. WEISS et al. 1977).

Bei einer empirisch-systematischen Beschäftigung mit dem Journalismus im Rahmen der Kommunikatorforschung zeigt sich eine Reihe definitorischer, aber auch wissenschaftstheoretischer Probleme. Sie resultieren zum einen aus der außerordentlichen Vielfalt des Handlungsfeldes und zum anderen aus früheren Problemen der Kommunikationswissenschaft, dieses Handlungsfeld aus angemessener sozialwissenschaftlicher Perspektive zu erfassen.

Die Schwierigkeiten werden auch deutlich, wenn man in den Handbüchern der Publizistikwissenschaft unter den Stichworten „Journalismus" oder auch „Journalist" nachschaut. Als kleinster gemeinsamer Nenner ergibt sich aus dort angebotenen Definitionsversuchen, daß der Journalismus eine berufliche Tätigkeit bei und für Massenmedien ist, wobei in diversen Tätigkeitsbereichen aktuelle Aussagen gestaltet werden (vgl. z. B. KOSZYK/PRUYS 1981). Dies entspricht im wesentlichen dem lange Zeit gültigen Forschungsstand. Ein letztlich personenzentrierter Journalismusbegriff würde aber die Funktionen des Journalismus auf die Handlungen einzelner Journalisten verkürzen und den Blick auf die strukturellen Faktoren verstellen, die dem Journalismus seine Identität verleihen. Diese Faktoren sind jeweils für die Verhältnisse in einem bestimmten sozialen System zu ermitteln. Dabei geht es im einzelnen um die Beantwortung folgender Fragen:

- Welche Gesamtbedingungen schafft das Mediensystem?
- Welche spezifischen Zwänge gehen von den Medieninstitutionen aus?
- In welchem Leistungs- und Wirkungskontext stehen die Medienaussagen ?
- Welche Merkmale und Einstellungen der Medienakteure besitzen bei der Aussagenentstehung eine Bedeutung?

Damit sind Normen, Strukturen, Funktionen und Rollen angesprochen, die definieren, was Journalismus ist. Journalismus wird somit als soziales System verstanden, als komplex strukturiertes und mit anderen gesellschaftlichen Systemen auf vielfältige Weise vernetztes soziales Gebilde. Wirklichkeitsentwürfe der Medien sind in diesem Verständnis nicht primär das Werk einzelner *publizistischer Persönlichkeiten*, sondern vor allem das Ergebnis von Handlungen in einem systemischen Kontext.

Die primären Leistungen dieses Systems Journalismus lassen sich so beschreiben: Der Journalismus stellt Themen für die Medienkommunikation zur Verfügung (vgl. RÜHL 1980), die Neuigkeitswert und Faktizität besitzen und an sozial verbindliche Wirklichkeitsmodelle gebunden sind. Darüber hinaus werden dem Journalismus aber normativ noch weitere Aufgaben zugeordnet, die sich aus allgemeinen gesellschaftlichen Rahmenbedingungen, historischen und rechtlichen Grundlagen sowie professionellen und ethischen Standards ergeben. Ihre Erfüllung ist wiederum abhängig von konkreten ökonomischen, organisatorischen, technischen und anderen Bedingungen, die jeweils für den Journalismus insgesamt oder auch nur für Segmente des Journalismus ausschlaggebend sind. Die Funktion einer „Vierten Gewalt" z. B. wird nur von bestimmten einzelnen Medien wie etwa dem *Spiegel* wahrgenommen.

Der Journalismus unterscheidet sich auf Grund seiner Funktionen auch von anderen sozialen Systemen, die gleichfalls im Bereich der vermittelten Kommunikation wirken, wie z.B. Public Relations. PR erbringt kommunikative Leistungen, die sich von denen des Systems Journalismus funktional unterscheiden; die schätzungsweise ca. 5.000 im Feld der Öffentlichkeitsarbeit tätigen Journalisten gehören deshalb nicht zum System Journalismus, das für aktuelle Medienkommunikation zuständig ist.

Vom „sozialen System Journalismus", das durch vielfältige wechselseitig wirkende Einflußfaktoren geprägt wird, kann seit dem 19. Jahrhundert gesprochen werden, als sich - in Abgrenzung von anderen gesellschaftlichen Systemen - spezifische Handlungs- und Kommunikationszusammenhänge zur Produktion aktueller Medienaussagen herausbildeten. Seine Identität gewann dieses soziale System unter den Bedingungen der wirtschaftlichen Effizienz, großbetrieblichen Produktionsweise und rationellen Technik. Diese materielle Basis beeinflußte sowohl die Aussagen als auch die Einstellungen der Akteure im System Journalismus. Der Untersuchung dieser steuernden und regelnden Variablen kommt im Rahmen der Kommunikatorforschung zentrale Bedeutung zu.

Themen der Kommunikatorforschung lassen sich grob der *objektiven* und der *subjektiven* Dimension zuordnen. Zur objektiven Dimension gehören insbesondere solche Kommunikationsprozesse bei der Aussagenentstehung, die von institutionellen und technologischen Einflüssen geprägt werden; sie sind Gegenstand der *Redaktions*forschung. Zur subjektiven Dimension gehören allgemeine und berufliche Einstellungen der Journalisten, soweit sie für die Aussagenentstehung von Belang sind, aber auch Kommunikationsprozesse, welche diese Einstellungen prägen (*Sozialisation*). Ansätze und Ergebnisse der Kommunikatorforschung, die diese subjektive Dimension betreffen, stehen aus arbeitsteiligen Gründen im Zentrum der folgenden Darstellung; andere Themen der Kommunikatorforschung wie z. B. redaktionelle Organisation, ethische Standards sowie Objektivität und Glaubwürdigkeit werden in speziellen anderen Beiträgen abgehandelt.

> **Selbstkontrollfrage 1:**
> Wodurch unterscheidet sich ein systemisches Journalismuskonzept von anderen Richtungen der Kommunikatorforschung?

3. Das Berufsfeld „aktuelle Medienkommunikation"

3.1. Berufsbilder und Tätigkeitsfelder

Im kommunikationswissenschaftlichen Sprachgebrauch trifft man anstelle von *Journalismus/Journalist* gewöhnlich auf weiter greifende Begriffe wie *Aussagenentstehung* oder *Kommunikator*. Sie werden dem Handlungssystem Journalismus besser gerecht, das durch eine Addition von Berufsrollen oder gar journalistischen Personen nur unzureichend erfaßt würde.

Kommunikator, korrespondierend mit dem angelsächsischen Terminus *communicator*, hat sich eingebürgert für die - im weitesten Sinne - publizistische Institution der Aussagenentstehung. Der Vorteil dieses Begriffs liegt darin, daß damit eine Festlegung auf bestimmte Aspekte publizistischen Handelns vermieden wird. Erfaßt werden nicht nur Personen, die publizistisch tätig sind, also z. B. Journalisten; erfaßt werden auch journalistische Kollektive, Organisationen, also die Redaktionen. Erfaßt wird außerdem nicht nur der Sportredakteur X oder die Sportredaktion Y, sondern auch ganz allgemein das Typische der Rolle des Sportredakteurs oder der Sportredaktion. Alles das wird durch den Terminus *Kommunikator* abgedeckt.

Parallel zum Kommunikator als dem allgemeinsten Begriff haben sich aber noch zahlreiche andere Begriffe gehalten, die mehr oder weniger alle dasselbe ausdrücken sollen, wie z. B. Sender, Produzent, Urheber, Informationsquelle, Übermittler, Vermittler. Zusätzlich gibt es dazu noch die entsprechenden angelsächsischen Termini.

Auch die professionelle Beschäftigung mit „Kommunikation" findet unter vielfältigen Bezeichnungen und in vielfältigen Zusammenhängen statt; Journalismus ist dabei nur der bekannteste von zahlreichen Kommunikationsberufen. Das Lexikon der publizistischen Berufe (vgl. KAESBACH/WORTIG 1967) führt allein etwa 120 publizistische Tätigkeiten auf, und das Statistische Bundesamt, an dessen Systematik sich auch die Arbeitsämter orientieren, hat ca. 80 Bezeichnungen für publizistische Berufe aufgelistet, wovon sich 33 Berufsbezeichnungen eindeutig auf den Journalismus beziehen.

Versuche, das journalistische Berufsfeld hinreichend und differenziert zu beschreiben, zeigen die Schwierigkeit, einen - mit zunehmender Tendenz - vielgestaltigen Beruf auf einfache Formeln zu bringen (vgl. FISCHER 1979). In dem im Jahre

1966 vom Deutschen Journalistenverband herausgegebenen „Berufsbild des Journalisten" wird die berufliche Situation ganz weniger Berufsvertreter für den gesamten Beruf generalisiert. Aber auch das zwölf Jahre später verabschiedete „neue Berufsbild" des DJV wird insbesondere der Technisierung der meisten journalistischen Tätigkeiten nur unzureichend gerecht, die seit Jahren im Zusammenhang mit den medientechnischen und medienstrukturellen Entwicklungen erkennbar sind und zu neuen arbeitsteiligen Formen und Tätigkeitsprofilen führen. Im Tageszeitungsjournalismus läuft die daraus resultierende Differenzierung, die damit US-amerikanischen Verhältnissen nahekommt, auf eine Rollen-Dreiteilung zwischen Reportern, Redakteuren und Redaktionstechnikern hinaus (vgl. WEISCHENBERG 1982).

Arbeitsteilige Produktion im Kontext neuer elektronischer Arbeitsmittel schafft also neu definierte Berufsbilder bei den Printmedien. Und dies gilt analog auch für die Entwicklung beim Fernsehen (vgl. RÖPER 1983). Im technischen Bereich fallen hier einige Funktionen ganz weg; ein Teil der Programm-Mitarbeiter wird dequalifiziert, ein Teil der Techniker erhält höher qualifizierte Aufgaben. Im Bereich der Programm-Mitarbeit (Kameraleute und Cutter) bilden sich als Folge dieser Prozesse aber auch ganz neue Tätigkeitsformen heraus. Es zeigt sich dabei die Tendenz zur Amalgamierung technischer und journalistischer Funktionen - wie im Presse- und Agenturbereich. Gleichzeitig kommen neue Aufgaben bei der Planung und Gestaltung von Beiträgen auf das Redaktionspersonal zu.

In den Rundfunkanstalten steigen damit die Qualifikationsanforderungen an die Journalisten in gleichem Maße, wie durch den Einsatz der Elektronik die Komplexität der Technik und die Zahl der Techniker reduziert wird. Auch die Fernsehjournalisten können damit eine engere Beziehung zu dem von ihnen geschaffenen Produkt entwickeln; ihre kreative Leistung mag im gleichen Maße zunehmen, wie die Abhängigkeit von den Technikern abnimmt.

Der Kommunikationssoziologe Jürgen Prott stellte wegen solcher Perspektiven schon vor Jahren pessimistische Prognosen für den journalistischen Beruf: Aufgrund von Strukturproblemen der Branche, zunehmend industriellen Arbeitsformen und zunehmender Technisierung, sei ein „Prozeß der Entprofessionalisierung und Entintellektualisierung der Berufsrolle" zu erwarten. Seine These lautete, daß der Journalist immer mehr zum „Kommunikationstechniker" werde, zu „einem Rädchen im komplexen Getriebe der Massenkommunikation". Seine Aufgabe bestünde nur noch darin, Nachrichten weiter zu transportieren (vgl. PROTT 1976: 373 f).

Generelles Merkmal beruflicher Prozesse im Journalismus ist die zunehmende Differenzierung der Berufsbilder und Tätigkeitsfelder. Kennzeichnungen wie *„die Journalisten in den Medien"* lassen keine präzisen Aussagen über das System Journalismus mehr zu; Versuche, den Journalismus im „Informationszeitalter [...] neu zu bestimmen" (SPINNER 1988: 238 u. 248 ff), müssen scheitern, wenn sie einen an Kisch orientierten idealistischen und pauschalen Journalismusbegriff zugrundelegen.

Die Forschungsgruppe Journalistik an der Universität Münster hat deshalb auf der Grundlage verschiedener Studien eine mehrstufige Differenzierung journalistischer Berufsrollen (nach Medien und nach horizontalen sowie vertikalen Tätigkeitsfeldern) ausgearbeitet, wodurch ein empirisch erprobtes Modell zur skalaren und funktionalen Differenzierung des journalistischen Berufsfeldes vorliegt. Besonders relevant ist dabei, neben den horizontalen und vertikalen Aufgaben- und Tätigkeitsfeldern auch den Formalisierungsgrad der jeweiligen Arbeitsfelder zu berücksichtigen. Denn damit kann erfaßt werden, in welcher Weise die Arbeitsabläufe einer Regelhaftigkeit im Hinblick auf bestimmte Faktoren unterliegen. Zwei Beispiele: Die Arbeit eines Nachrichtenredakteurs kann als hochformalisiert angesehen werden, da er bestimmte Nachrichten nach bestimmten Regeln auf bestimmte technische Weise produziert; demgegenüber ist die Arbeit eines Reporters weniger formalisiert, da er bei der Produktion kaum festen Regeln unterliegt und im allgemeinen beispielsweise weniger auf technische Bedingungen achten muß (vgl. WEISCHENBERG et al. 1991).

Auf dieser Grundlage entstanden zwei Modelle:
a) zur skalaren und funktionalen Differenzierung journalistischer Berufsrollen und

b) zur Beschreibung journalistischer Berufsrollen in Medienteilsystemen wie Zeitung, Zeitschrift, Fernsehen, Hörfunk und Nachrichtenagentur.

Dieses Rollenmodell hatte eine wichtige forschungsleitende Funktion im Rahmen der Studie „Journalismus in Deutschland" (vgl. WEISCHENBERG/LÖFFELHOLZ/ SCHOLL 1993/1994).

3.2. Exkurs: Psychische Folgen der Berufstätigkeit

So vielgestaltig das Berufsfeld aktuelle Medienkommunikation ist, so eindeutig sind die Stereotypen, die es hervorruft. Dazu gehört das Bild vom ständig gehetzten Journalisten, den sein Job zum Trinker macht. Streß und Flasche sind im Bewußtsein der Öffentlichkeit, aber auch vieler Journalisten selbst, ein Duo, das den beruflichen Alltag begleitet. Hoher Alkoholkonsum gilt dabei - zusammen mit starkem Rauchen und zynischer Betrachtung der eigenen Rolle - sozusagen als typischer individueller Reflex auf die beruflichen Bedingungen. Jeder Praktikant weiß zu berichten: „In Redaktionen wird unheimlich viel gesoffen."

Ob es sich dabei um ein Vorurteil oder doch eine durchaus zutreffende Beobachtung handelt, ist bisher nur in einer Fallstudie (indirekt) untersucht worden (vgl. MANNHEIMS 1981). Dabei wurden insgesamt 33 Volontäre über Erfahrungen und Beobachtungen befragt, die sie während ihrer Ausbildungszeit in punkto Alkoholkonsums in Redaktionen gemacht hatten. Die überwiegende Zahl der Befragten behauptete, daß in der Tat in Redaktionen (von Tageszeitungen) mehr getrunken werde als in anderen ihnen bekannten Büros. Im einzelnen wurde folgender Umgang mit dem Alkohol beschrieben:

- In Redaktionen wird in starkem Maße bei besonderen Anlässen Alkohol getrunken (Geburtstage, Ein- oder Ausstand - dieses „Trinken bei besonderen Gelegenheiten" ist aber wohl generell typisch für Trinkgewohnheiten in Büros).
- Für regelmäßiges bis häufiges Trinken bzw. Alkoholmißbrauch ist von besonderer Bedeutung, ob der direkte Vorgesetzte selbst regelmäßig während der Arbeitszeit trinkt.
- In Ressorts, in denen häufig bis regelmäßig getrunken wird, erfüllt der Alkoholkonsum eine erkennbare Funktion: Streß, Hektik, Ärger und generelle Unzufriedenheit mit dem Beruf zu kompensieren.

- Das Trinkverhalten in bestimmten Ressorts ist prägend für die Sozialisation von Volontären; sie empfinden es aber als Druck, mittrinken und unter Umständen auch mithalten zu müssen.

Im Zusammenhang mit wissenschaftlichen Untersuchungen zum Problem des Alkohols am Arbeitsplatz ist der Begriff des *Opportunitätsbudgets* eingeführt worden. Damit wird ausgedrückt, daß - neben persönlichen Merkmalen - Alkoholgefährdete durch die Bedingungen bestimmter Berufe in besonderem Maße „begünstigt" werden. Darunter fallen insbesondere auch solche Berufe, die den einzelnen nicht gleichmäßig innerhalb eines normierten Arbeitstages fordern und eine relativ autonome Arbeitsgestaltung erlauben. Wichtig ist auch, ob der Alkoholkonsum im allgemeinen nicht diszipliniert wird. Die Untersuchung zeigte, daß ein solches hohes Opportunitätsbudget gegenüber dem Alkohol gerade auch für den Journalismus kennzeichnend ist.

Das Thema „Alkohol im Journalismus" ist mit dieser Studie aber erst angerissen worden. Repräsentativere, methodisch vielfältigere Untersuchungen wären notwendig, um weiterreichende Schlüsse, insbesondere auch über den Alkohol als Streßverarbeitungsmitttel, ziehen zu können. Dabei muß nicht besonders darauf hingewiesen werden, daß die Brisanz des Themas valide empirische Studien außerordentlich erschwert.

Zum Thema „Streß im Journalismus" liegt dagegen eine Reihe von Studien vor (vgl. z.B. PHARMATON SA 1977, BIENER 1979, GREENBERG/TANNENBAUM 1962) - wobei der Begriff „Streß" selbst bisher wissenschaftlich nicht ausreichend geklärt ist (vgl. GREIF/BAMBERG/SEMMER 1991). Zunächst als eine Alarmreaktion verstanden, die bei Überlastung des Körpers auftritt, wird der Begriff heute differenzierter gefaßt. So unterscheidet man zwischen unterschiedlichen psychischen Belastungsarten, die zu unterschiedlichen individuellen Beanspruchungsformen des jeweiligen Organismus führen. Für die gesamte psycho-physische Beanspruchung von Menschen in bestimmten Situationen gibt es freilich bis heute keine eindeutigen Maßstäbe.

Trotz aller (insbesondere methodischen) Einschränkungen lassen sich für den Journalismus aber folgende übereinstimmende Trends aus den bisherigen Ergebnissen ableiten:
- Streß ist eine journalismus-typische Erscheinung;
- Streßauslöser sind ungeregelte, umfangreiche Arbeitszeiten und großer Termindruck (die Belastungskurve steigt vor allem in der Mitte des Berufslebens);
- Streßindikator ist hoher Genußmittelverbrauch (als Streßdämpfer); auf entsprechende Fragen wurde aber zum Teil nur zögernd bzw. lückenhaft reagiert.
- Streß beeinträchtigt keineswegs die Berufszufriedenheit, sondern wirkt sogar eher aktivierend - auch wenn der Gesundheitszustand des einzelnen Journalismus objektiv schlecht ist oder sogar der frühe (Herz-) Tod droht.

Bei weiteren Untersuchungen zum Thema „Streß und Journalismus" wäre insbesondere hinsichtlich der unterschiedlichen Streßbelastung und Gesundheitsgefährdung je nach journalistischer Berufsrolle zu differenzieren. Die stark formalisierte Gatekeeper-Rolle des Nachrichtenredakteurs scheint dabei unter Gesundheitsaspekten besonders gesundheitsgefährdend zu sein: Zeitdruck, Redigier-Akkord, Schichtdienst und dann Alkohol und Zigaretten können sich hier zu einer bedrohlichen

Mischung verbinden. Dies gilt ganz besonders seit der Einführung elektronischer Produktionsverfahren, die den redaktionellen Arbeitsprozeß weiter verdichten (vgl. HIENZSCH 1990).

Die Gesundheitsgefahren des journalistischen Berufs lassen sich im übrigen statistisch belegen. Die durchschnittliche Lebenserwartung der Journalisten, so ermittelte eine Versicherung, beträgt etwa 61 Jahre. Nur Gastwirte liegen mit 58 Jahren noch darunter; evangelische Geistliche kommen als Spitzenreiter auf 77 Jahre (vgl. MARTINI 1984: 318).

> **Selbstkontrollfrage 2:**
> Beschreiben Sie anhand von Beispielen das Modell zur skalaren und funktionalen Differenzierung journalistischer Berufsrollen.

4. Die Journalistinnen und Journalisten: Merkmale und Einstellungen

4.1. Demographie und Berufstypologie

Frühere Schätzungen, daß in Deutschland vor der „Wende" ungefähr 39 000 Journalisten und Journalistinnen in fester Anstellung arbeiteten, entsprechen in etwa den Befunden der Studie „Journalismus in Deutschland", müssen aber auf der Grundlage dieser Ergebnisse erheblich differenziert werden. Denn eine repräsentativ angelegte Studie erlaubt präzisere Berechnungen als Schätzungen, die auf Bundespressestatistiken, Verbandszahlen und Durchschnittsberechnungen beruhten. Solche Zahlen sind schon deshalb ungenau, da entweder nicht einheitlich oder aber zu umfassend (oder zu eng) definiert wurde, wer als Journalist zu bezeichnen ist.

Die Untersuchung der Forschungsgruppe Journalistik ergab, daß in Deutschland rund 54 000 Personen als Journalisten arbeiten, davon knapp 18 000 als „Freie", die regelmäßig mehr als 50% ihres Einkommens aus dem Journalismus beziehen (vgl. WEISCHENBERG/LÖFFELHOLZ/SCHOLL 1993,1994).

Tabelle 1: Festangestellte und freie Journalisten nach Medienbereichen

Medienbereich	Anteil an der Grundgesamtheit in Prozent		
	festangestellt	freiberuflich	gesamt
Zeitungen	31,8	14,7	46,5
Anzeigenblätter	4,7	6,2	10,9
Agenturen/Dienste	3,0	4,6	7,6
Zeitschriften	11,4	3,6	15,0
öffentlich-rechtlicher Rundfunk	11,5	2,4	13,9
privater Rundfunk	4,1	2,0	6,1
Gesamtzahl	35.721	17.938	53.659

© FG Journalistik

Der größte Teil der Redakteure und Redakteurinnen (46,5%) arbeitet bei Tages-, Wochen- und Sonntagszeitungen. Weitere knapp 11% arbeiten bei den kostenlos verteilten Anzeigenblättern. Genau 20% der Journalisten sind im öffentlich-rechtlichen oder im privaten Rundfunk tätig, 15% sind bei Zeitschriften beschäftigt. Den Rest - knapp 8% - machen Journalisten und Journalistinnen bei Nachrichtenagenturen sowie Presse- und Mediendiensten aus (s. Tabelle 1).

Bei den Zeitungen beschäftigen die gut 80 großen Blätter mit einer Auflage von über 100.000 gegenüber den fast 300 kleineren und mittleren Betrieben den bei weitem größten Anteil an Journalisten (fast zwei Drittel). Im Rundfunk fällt der Hauptanteil des festangestellten journalistischen Personals - ebenfalls fast zwei Drittel - an die öffentlich-rechtlichen Anstalten. Dabei sind starke Unterschiede zu verzeichnen zwischen den großen Anstalten (z.B. *WDR, NDR, ZDF*) mit je 600 bis 700, den mittleren Anstalten (z.B. *BR, Deutsche Welle, SWF*) mit je 350 bis 450 und den kleinen Häusern (*SR, RB*) mit je gut 100 festangestellten Journalistinnen und Journalisten.

Die privaten Sender haben deutlich weniger feste Arbeitsplätze anzubieten (rund 2 500). Selbst die beiden personalstärksten Häuser *RTL* und *SAT.1* beschäftigen nur jeweils in etwa soviel Festangestellte wie die kleineren im *ARD*-Verbund. Die Trennlinie verläuft hier - sieht man von diesen beiden großen Sendern ab - zwischen den landesweiten Sendern (z. B. *ffn, FFH*) und dem Lokalfunk, der mit nur wenigen Festangestellten und mit einigen Freien auskommt.

Die Zeitschriften stellen insgesamt ein eher kleineres Arbeitsmarktsegment für Redakteure dar. Die wenigen großen Publikumszeitschriften mit einer Auflage von 500.000 oder mehr Exemplaren beschäftigen dabei nahezu die Hälfte der im Sektor der nicht tagesaktuellen Printmedien Tätigen. Bei den kleineren Special-Interest- und Fachzeitschriften lastet die Hauptarbeit auf Freiberuflern. Das gilt genauso für die mehr oder weniger alternativen Stadtmagazine. Noch kleinere Zeitschriften (mit Auflagen von weniger als 10.000 Exemplaren), die in der Grundgesamtheit deshalb nicht berücksichtigt wurden, dürften vom Arbeitsmarkt her gesehen fast keine Rolle spielen. Es gibt hier einen ähnlichen Zusammenhang zwischen Auflage und Beschäftigtenzahl wie bei den Zeitungen.

Schließlich läßt sich im Bereich der Agenturen und Dienste eine klare Trennungslinie zwischen den klassischen Nachrichtenagenturen (*dpa, Reuters* usw.) und den kleinen Presse- und Mediendiensten erkennen. Die Nachrichtenagenturen beschäftigen mit rund 100 Journalisten jeweils soviel Personal wie eine mittlere Tageszeitung, während die Mediendienste von der Personalstärke in etwa einem kleinen Anzeigenblatt gleichen.

Der Frauenanteil im Journalismus (vgl. auch NEVERLA/KANZLEITER 1984, NEVERLA 1983) liegt den Befunden der Forschungsgruppe Journalistik zufolge im Bundesdurchschnitt inzwischen fast bei einem Drittel (insgesamt 31 Prozent, im Osten Deutschlands sogar bei 39 Prozent). Allerdings muß gerade hier nach Bereichen und nach Positionen im jeweiligen Medienbetrieb differenziert werden. Insbesondere bei den klassischen Medien Zeitung, öffentlich-rechtlicher Rundfunk und Nachrichtenagenturen mit einem Anteil von 30 Prozent oder weniger, aber auch bei den Anzeigenblättern und den Stadtmagazinen sind Frauen mit einem Drittel deutlich unterrepräsentiert, während in Zeitschriften und privaten Fernsehanstalten mit 40 Prozent schon fast gleich viel Frauen wie Männer in fester Anstellung beschäftigt sind. Bei den Zeitschriften ist dies auf die personalstarken Publikumszeitschriften zurückzuführen; beim Privatfernsehen läßt sich der größere Frauenanteil wohl dadurch erklären, daß hier besonderer Wert auf eine auch optisch ansprechende Präsentation gelegt wird. Im Hörfunk, wo dies keine Rolle spielt, sind die Frauen ebenfalls unterrepräsentiert.

Hinsichtlich der Position zeigen sich weiterhin eindeutige Unterschiede: Höherrangige Positionen wie Chefredakteur, aber auch andere Leitungsfunktionen werden in allen Medientypen überdurchschnittlich männlich dominiert. Während im privaten Hörfunk die Journalistinnen auf der obersten Leitungsebene relativ geringfügig unterrepräsentiert sind (jedenfalls nicht oder nur kaum mehr als auf den anderen Ebenen), korreliert in allen anderen Medienbereichen die Variable Geschlecht hoch mit der Position. Bei Stadtmagazinen, den Mediendiensten, den Zeitschriften, den Anzeigenblättern und dem privaten Fernsehen sind die Chefsessel mit einem Fünftel bis zu 30 Prozent mit Frauen besetzt, während bei Nachrichtenagenturen und im öffentlich-rechtlichen Rundfunk Frauen noch wesentlich seltener in solche Positionen gelangen können.

Der „typische" deutsche Journalist entspricht den Befunden zufolge durchaus den häufig geäußerten Vorstellungen: Er ist männlich, verheiratet, verfügt über ein abgeschlossenes Hochschulstudium und ist 37 Jahre alt. Er ist festangestellter Zeitungsredakteur und arbeitet seit zehn Jahren hauptberuflich als Journalist (davon achteinhalb Jahre in fester Anstellung). Er ist in einem der sogenannten klassischen Ressorts tätig, bezieht ein monatliches Nettoeinkommen von knapp 3.900 DM und ist gewerkschaftlich (fast ausschließlich im *Deutschen Journalisten-Verband* oder in der *IG Medien*) organisiert. Vergleicht man diese Merkmale deutscher Journalisten mit der Beschreibung des „typischen" US-amerikanischen Journalisten (s. Abschnitt 4.4), so spricht viel für die These, daß die Berufsgruppe der Journalisten in den Industriegesellschaften westlichen Typs strukturübergreifende Ähnlichkeiten aufweist.

In der von Hans-Jürgen Weiß und seinen Mitarbeitern erstellten Journalismus-Synopse ist seinerzeit versucht worden, die berufstypologischen Charakteristika der westdeutschen Journalisten einer hierarchischen (= vertikalen) und einer funktionalen (= horizontalen) Ebene zuzuordnen. Es ging dabei um die Zuordnung von Variablen (Alter, Einkommen, Tätigkeit, Geschlecht, Schulbildung, akademische Ausbildung) zu den Kategorien *Position* (= hierarchische Ebene) und *Ressort* (= funktionale Ebene). Alter und Einkommen der Journalisten lassen sich danach der hierarchischen Differenzierung zuordnen: sie bilden also einen Zusammenhang mit der Position im Medienbetrieb. Geschlecht, Schul- bzw. Hochschulbildung lassen sich dagegen stärker der funktionalen Differenzierung zuordnen, also der Tätigkeit im Ressort. Gleichermaßen bestimmt von Funktion und Position werden die Tätigkeitsmerkmale (vgl. WEISS et al. 1977).

Dieses Schema kann freilich nur eine grobe Zuordnung verdeutlichen. Im Grunde legen die alten wie die neuen Ergebnisse der Studie „Journalismus in Deutschland" den Schluß nahe, daß es eine Interdependenz der Faktoren gibt. So besteht nicht nur ein Zusammenhang zwischen Geschlecht und einem bestimmten Ressort; es gibt auch einen Zusammenhang zwischen Geschlecht und hierarchischer Differenzierung: Frauen haben wesentlich schlechtere Aufstiegschancen in den Medien als Männer.

4.2. Berufszufriedenheit und Berufsprestige

Die Reaktion der Journalisten auf ihre beruflichen Bedingungen ist in verschiedenen Studien untersucht worden. Dabei wurde insbesondere nach der Berufszufriedenheit bzw. Arbeitszufriedenheit gefragt - zu einem Zeitpunkt, als völlig unregelmäßige Arbeitszeiten, Sonntags- und Nachtarbeit ohne Zuschläge üblich und auf Grund von Pressekonzentration und Konjunkturschwankungen die Arbeitsplätze sehr unsicher waren. Dennoch lautete das übereinstimmende Ergebnis, daß unter den Journalisten eine relativ hohe Berufszufriedenheit verbreitet ist. Darauf laufen auch die ersten Auswertungen der Studie „Journalismus in Deutschland" zum subjektiven Reflex auf die Arbeitsbedingungen hinaus (vgl. WEISCHENBERG/LÖFFELHOLZ/SCHOLL 1994).

Die Kommunikationswissenschaftlerin Irene Neverla kam bei einer Sekundäranalyse der journalistischen Arbeitszufriedenheits-Forschung hingegen zu dem Ergebnis, daß die Arbeitszufriedenheit der Journalisten keineswegs höher ist als die vergleichbarer anderer Berufsgruppen. Befunde einer hohen Berufszufriedenheit von Journalisten erklärten sich daraus, daß diese nur einen Ausschnitt des Gesamtkomplexes Arbeitszufriedenheit ausmache. Zumindest aber müßten die Befunde zur Reaktion der Journalisten auf ihre berufliche Situation differenziert werden; dazu formulierte sie folgende Hypothesen (vgl. NEVERLA 1979: bes. 225 ff):
- Journalisten beim öffentlich-rechtlichen Rundfunk, aber auch bei Nachrichtenagenturen, sind zufriedener als Journalisten bei den Printmedien;
- festangestellte Journalisten sind zufriedener als freiberuflich tätige;
- Journalisten in höheren Positionen sind zufriedener als Normalredakteure;
- Journalisten mit höherem Ausbildungsgrad sind zufriedener als Journalisten mit niedrigerem Ausbildungsgrad.

Zahlreiche literarische Darstellungen (vgl. VON STUDNITZ 1983) sowie sozialwissenschaftliche Erhebungen deuten darauf hin, daß das berufliche Ansehen der Journalisten traditionell nicht besonders hoch ist. Dies läßt vermuten, daß die Arbeit der Kommunikatoren auch heute von der Gesellschaft offenbar nicht besonders gratifiziert wird. Soziale Wertschätzungsskalen zeigen, daß die (Zeitungs-)Journalisten von der Bevölkerung weit unten in der Prestigeskala angesiedelt werden (vgl. WEISCHENBERG 1990: 20).

Hier fehlen freilich differenziertere Befunde zum Faktor „berufliches Ansehen": hinsichtlich der Position, die Journalisten bei ihrem Medium einnehmen, hinsichtlich des Ansehens des Mediums und hinsichtlich bestimmter nichtformaler Autoritäts- und Prestigeunterschiede. Wir wissen hierzu aber nur, welches Ansehen die Journalisten selbst einzelnen Medienbereichen und Ressorts in der Öffentlichkeit unterstellen. Dabei gibt es freilich eine sehr hohe Übereinstimmung zwischen Selbst- und Fremdeinschätzung, also dem Ansehen, das man dem eigenen Medium zuordnet, und dem Ansehen, das Journalisten anderer Medien dem eigenen Medium zuordnen.

Nach den Ergebnissen der AfK-Synopse wurde seinerzeit den Fernseh-Journalisten von den Journalisten das mit Abstand größte Ansehen in der Öffentlichkeit zugeordnet (85% der befragten Journalisten unterstellten „großes Ansehen"). Wochenzeitungs- bzw. Magazin-Journalisten kamen mit einigem Abstand auf den zweiten Platz (60%); sie führten den aktuellen Pressejournalismus an und rangierten

Konzepte und Ergebnisse der Kommunikatorforschung 241

noch vor den Hörfunk-Journalisten (47%). An vierter Stelle folgten die Tageszeitungsjournalisten (35%) (vgl. WEISS et al. 1977).

Selbstkontrollfrage 3:
Welche berufstypologische Charakteristika westdeutscher Journalisten lassen sich eher der hierarchischen und welche eher der funktionalen Ebene zuordnen?

4.3. Das journalistische Rollenverständnis

4.3.1. Forschungsprobleme: Prägnanz und Forschungsrelevanz

Die Frage, wie Journalisten ihre Aufgabe definieren, hat in der Kommunikatorforschung lange Zeit dominiert. Diesem Interesse lag die Überzeugung zugrunde, daß das Rollenselbstverständnis tatsächlich handlungsleitend für die Arbeit von Journalisten ist.

Trotz dieser Forschungstradition existierten auch hierzu lange Zeit keine Erträge, die einheitliche Schlußfolgerungen zulassen. Ursache dafür ist zum einen die Tatsache, daß die verschiedenen Studien zum Rollenselbstverständnis der Journalisten auf unterschiedlicher theoretischer Grundlage entstanden sind. Zum anderen aber liegt es auch daran, daß die Fragestellungen und Untersuchungsziele zum Teil so unterschiedlich waren, daß sich die Ergebnisse nur schwer miteinander vergleichen ließen. So erwies sich bei der Sekundäranalyse der AfK die Tatsache als besonders problematisch, daß in den ausgewerteten Studien den Journalisten keine Statements zur Rolle eines *neutralen Informationsvermittlers* vorgelegt worden waren. Die dann zusammengestellten *Grundstrukturen eines journalistischen Selbstbildes* erfaßten somit eher Selbstdefinitionen von Kommunikatoren, die sich auf sekundäre Rollenvorstellungen beziehen. Auch der Vergleich mit Ergebnissen der nordamerikanischen Kommunikatorforschung ist deshalb nur eingeschränkt möglich.

Diese *Grundstrukturen eines journalistischen Selbstbildes* beruhen auf Untersuchungen von Rundfunk-, Tages- und Wochenzeitungsjournalisten sowie Lokalredakteuren von Tageszeitungen. Dabei waren - und in dieser Hinsicht sind die Ergebnisse nach wie vor wertvoll - den Befragten weitgehend identische Listen von Aussagen über mögliche Aufgaben eines Journalisten vorgelegt worden. Sie lassen sich in drei Kategorien zusammenfassen:
- der Journalist als Kritiker und Kontrolleur politischer und gesellschaftlicher Prozesse;
- der Journalist als Hüter kultureller und gesellschaftlicher Normen und Werte und als Erzieher zu einer gemeinsamen öffentlichen Moral;
- der Journalist als Anwalt gesellschaftlich unterprivilegierter und nicht oder nur ungenügend artikulationsfähiger Bevölkerungsgruppen.

Zentrales Ergebnis dieser Studie war, daß der *Kritiker und Kontrolleur* als Kategorie journalistischer Rollenselbstdeutung deutlich dominierte. Mehr als 80% aller in der Synopse erfaßten Journalisten hielten diese Deutung der Berufsrolle für wichtig. Die allgemeine Akzeptanz dieser Berufsauffassung war altersunabhängig. Auffallend ist, daß leitende Redakteure, aber auch die befragten Mitglieder der Deutschen Journalisten-Union, dieses Selbstbild besonders stark betonen.

Das *Erzieherbild*, die zweite Kategorie, korrelierte mit einer idealistischen Berufsauffassung. Es waren dabei besonders ältere Journalisten, Akademiker und Mitglieder im Deutschen Journalisten-Verband, die sich als Erzieher fühlten. Bezogen auf die Gesamtheit der Befragten, wurde die Erzieherrolle jedoch eher ambivalent bewertet. Eine ähnlich ambivalente, nur zaghaft positive Bewertung erfuhr der Typ des „anwaltschaftlichen Journalisten".

Bei diesen und anderen Kommunikatorstudien wurde das journalistische Rollenselbstbild auf „Entweder-oder"-Kategorien reduziert. Erst in der von Weaver und Wilhoit (1986) durchgeführten repräsentativen Studie über die Journalisten in Nordamerika ist eine solche Polarisierung von journalistischen Rollenselbstbildern mit Hilfe aufwendigerer statistischer Auswertungsverfahren dann überwunden worden. Dabei zeigte sich, daß die beruflichen Selbstdefinitionen von Journalisten eine pluralistische Struktur mit jeweils unterschiedlichen Schwerpunktsetzungen haben.

Auch bei einer eigenen Untersuchung - der Fallstudie in einer nordrheinwestfälischen Großstadt - zeigte sich, daß das journalistische Rollenselbstverständnis (hier: bei Lokalredakteuren) aus verschiedenen Segmenten zusammengesetzt ist, die jeweils unterschiedlich starke Bedeutung haben (vgl. WEISCHENBERG/SCHOLL 1989; WEISCHENBERG et al. 1989; WEISCHENBERG/SCHOLL 1992). Drei Rollenselbstbilder dominierten zwar bei der Gesamtauswertung: der neutrale Berichterstatter, der Wächter der Demokratie und der Kritiker an Mißständen. Doch dies waren Mittelwerte für alle Befragten, so daß unterschiedliche Kommunikationsabsichten der Journalisten nicht deutlich wurden. Mit Hilfe computergestützter Datenanalyse wurden deshalb komplexere Typen journalistischer Rollenselbstbilder entwickelt.

4.3.2. Anwälte und Unterhalter

Bei der Suche nach komplexeren Typen journalistischer Rollenselbstbilder profilierte sich zum einen der *Anwalt*, zum anderen der *Unterhalter*. Damit sind wahrscheinlich die beiden Selbstdefinitionen gefunden worden, die für den heutigen Journalismus zentrale Bedeutung besitzen. Diese beiden Typen haben ein deutliches Eigenprofil, was insbesondere durch ein unterschiedliches journalistisches Aufgabenverständnis deutlich wird:
- Die *Unterhalter* sehen die Sensationsberichterstattung und die Präsentation „netter menschlicher Begebenheiten" am Rande des „grauen Alltags" als durchaus wichtige Aufgaben der Lokalzeitung an. Sie meinen, daß die Tageszeitung bei der Berichterstattung im Vorfeld der Kommunalwahl auch die nicht so stark politisch interessierten Leser berücksichtigen müsse.
- Die *Anwälte* halten das Aufgreifen von Problemen für eine besonders wichtige Aufgabe der Lokalzeitung. Sie verstehen sich eher als Kritiker an Mißständen und als Wächter der Demokratie. Weniger bedeutsam findet diese Gruppe die Aufgabe, dem Leser bei seiner Wahlentscheidung zu helfen.

Die beiden Journalisten-Typen Anwalt und Unterhalter unterscheiden sich durch eine Reihe von Merkmalen. Der Anwalt-Typ gehörte z. B. häufiger einer Partei oder

Gewerkschaft an als der Unterhalter-Typ, und er stufte sich auf der Links-Rechts-Skala relativ weit links ein. Auch die Antworten auf die „Sonntagsfrage" zur Bundestagswahl und Kommunalwahl bestätigen diese Tendenz. Der Anwalt geht auch regelmäßiger zu den Wahlen als der Unterhalter; der Anwalt-Typ betätigt sich häufiger in einem lokalen Verein oder Verband, besucht häufiger Vorträge und spricht öfter mit Personen aus seinem Bekanntenkreis über Politik. Generell sehen Vertreter des Typs Anwalt die Leser (noch) positiver als der Durchschnitt aller befragten Journalisten.

Handlungsrelevanz der Selbstbilder ließ sich in unserer Untersuchung über den Zusammenhang zwischen einem bestimmten Rollentyp und den Redaktionsmitgliedern einer Zeitung und den Inhalten dieser Zeitung nachweisen. Einen solchen Zusammenhang gibt es zwischen dem Unterhalter und einer der drei Lokalzeitungen, deren Redakteure zu rund 75 Prozent dem Unterhalter-Typ zuzurechnen sind. Die Redakteure der beiden anderen untersuchten Zeitungen bevorzugen hingegen ebenso zu etwa drei Viertel das Selbstbild des Anwalts.

Besonders wichtig ist dabei aber, daß die Unterschiede, die zur Bildung der beiden Rollen-Typen führen, vor dem Hintergrund eines Konsenses über die Grundlagen eines allgemeinen journalistischen Rollenselbstverständnisses zu sehen sind. Übereinstimmend bezeichnen Unterhalter wie Anwälte das Selbstbild des *neutralen Berichterstatters* als zentral. Die Informator-Rolle wird also auch von den befragten Lokalredakteuren als Primärrolle angesehen.

Daß sich diese Befunde zum primären journalistischen Rollenselbstbild generalisieren lassen, zeigt nun die repräsentative Studie „Journalismus in Deutschland". Eindeutig dominiert demnach bei den deutschen Journalisten das Selbstbild des „neutralen Vermittlers" (vgl. WEISCHENBERG/LÖFFELHOLZ/SCHOLL 1994). Erst aufgrund weiterer Auswertungen werden sich aber alle Dimensionen journalistischer Rollenselbstbeschreibungen ermitteln lassen.

4.3.3. Kommunikationsabsichten und Kommunikationserwartungen

Bei der Frage, inwieweit sich die Rollenselbstbilder und Kommunikationsabsichten von Journalisten in Medienaussagen umsetzen, also *Handlungsrelevanz* besitzen, sind jeweils die Bedingungen zu beachten, unter denen Journalisten arbeiten. Auf einem Kommunikationsmarkt mit einer Konkurrenzsituation von unterschiedlich ausgerichteten Medien können die Journalisten prinzipiell einen redaktionellen Arbeitsplatz finden, der ihren Einstellungen nahekommt; prinzipiell können sich hier die Rezipienten Medien zuwenden, die ihrer jeweiligen politischen Einstellung entsprechen.

Während sich bei dieser Konstellation die Kommunikationsabsichten der Journalisten in den Wirklichkeitsentwürfen der Medien niederschlagen und somit weniger von den Kommunikationserwartungen der Rezipienten unterscheiden, liegen auf monopolisierten Kommunikationsmärkten womöglich andere Konstellationen vor. Dies gilt auch für die Verhältnisse beim öffentlich-rechtlichen Rundfunk in Deutschland, wo Redakteure mit ganz unterschiedlichen politischen Einstellungen an einem prinzipiell ausgewogenen Programm arbeiten, das jeweils von ihren Überzeugungen erheblich abweichen kann. Gerade von den politischen und beruflichen

Einstellungen der Rundfunkjournalisten kann man deshalb keineswegs von vornherein auf die Medieninhalte schließen, also Handlungsrelevanz zu unterstellen.

Mit Kommunikations*erwartungen* sind auf der Seite des Publikums Vorstellungen von der Qualität der Kommunikation angesprochen, die vermutlich einerseits auf Bedürfnissen der Rezipienten beruhen und andererseits auf Prädispositionen, die im Zusammenhang mit Images der Journalisten, vor allem aber mit Images ihrer Medien stehen. Unsere Ergebnisse zeigen, daß unterschiedliche Gruppen von Rezipienten unterschiedliche Kommunikationserwartungen haben.

Wie weit nun die Kommunikationsabsichten und die Kommunikationserwartungen des Publikums übereinstimmen bzw. wie weit die Kommunikationspartner in ihren Einschätzungen der Kommunikation voneinander entfernt sind, ist in der Kommunikationsforschung immer wieder untersucht worden. Die Befunde laufen durchweg auf eine Publikumsignoranz der Kommunikatoren und eine Inkongruenz zwischen den Einstellungen der Kommunikationspartner hinaus.

Doch in unserem Fall lagen die Verhältnisse anders. Dabei ist gewiß zu berücksichtigen, daß wir es bei unserer Fallstudie eben mit spezifischen Kommunikationsverhältnissen zu tun haben: Auf dem Pressemarkt der untersuchten Stadt gibt es den seltenen Fall der Konkurrenz von drei das politische Spektrum abdeckenden Lokalzeitungen. Dies kann also ein zentraler Grund dafür sein, daß sich unseren Befunden zufolge die Kommunikationsabsichten der Journalisten insgesamt ziemlich genau mit den Kommunikationserwartungen der Leser decken. Das Ausmaß der Kommunikationsdistanz zwischen Kommunikator und Rezipient ist also offenbar abhängig von den konkreten Bedingungen, unter denen Medienaussagen produziert und rezipiert werden. Die Befunde der Studie „Journalismus in Deutschland" zeigen aber, daß das Publikumsbild der deutschen Journalisten positiver ist, als immer behauptet wurde (vgl. WEISCHENBERG et al. 1994)

4.4. Exkurs: Journalisten in den USA

Dimensionen des journalistischen Rollenselbstverständnisses standen auch im Zentrum der ersten repräsentativen Untersuchung über die Journalisten in den nordamerikanischen Nachrichtenmedien. Bei ihrer Befragung von knapp 1400 Journalisten im Herbst 1971 - kurz nach Veröffentlichung der Pentagon Papers und vor der Watergate-Affäre - fanden die drei Soziologen Johnstone, Slawski und Bowman heraus, daß sich die beruflichen Einstellungen der Journalisten um die Pole "neutral" auf der einen Seite und "engagiert" auf der anderen Seite gruppieren lassen.

Journalisten mit einer neutralen Einstellung sehen die Medien als unparteiische, unvoreingenommene Transportmittel von Informationen. Journalisten mit einem engagierten Rollenselbstverständnis gehen davon aus, daß sie aktiv in den Prozeß der Sammlung und Verarbeitung von Informationen eingreifen sollen; sie fühlen sich für Interpretationen der Umwelt persönlich verantwortlich.

Johnstone und seine Mitarbeiter stellten freilich fest, daß nicht einmal 10 Prozent der Befragten den Polen auf einer 5-Stufen-Skala zwischen extrem neutral und extrem engagiert zuzurechnen waren. Die weitaus meisten Befragten ließen sich nur mäßig, und zwar etwa gleich verteilt, einem der beiden Pole zuordnen. 36 Prozent der Befragten waren sogar absolut ausgeglichener Meinung hinsichtlich dieser beiden Muster der journalistischen Rollenselbstdeutung. Im ganzen allerdings interpretierte damals ein größerer Prozentsatz der amerikanischen Journalisten seine Rolle eher vom engagierten als vom neutralen Standpunkt aus.

Aus den Ergebnissen ließ sich folgern, daß das neutrale Berufsverständnis eher einer administrativen Karriere hilft, wo man die Interessen der Medienorganisationen und die schnelle Nachrichtenbeförderung an die Öffentlichkeit in den Vordergrund stellt. Dagegen korreliert das engagierte Rollenselbstverständnis eher mit einer Karriere als Solo-Fachmann, mit einer Tätigkeit, bei der die berufliche Anerkennung durch die Art der Berichterstattung erworben wird (Reporter). Wichtig ist insbesondere der hier erstmals auf breiter Grundlage geführte Nachweis, daß es eine klare Differenzierung des Rollenselbstverständnisses von Journalisten aufgrund unterschiedlicher Ausbildung und Berufslaufbahnen gibt (vgl. JOHNSTONE et al. 1976).

Die Studie von Johnstone, Slawski und Bowman ist seither zweimal, und zwar etwa im Zehnjahresrhythmus, von David H. Weaver und G. Cleveland Wilhoit repliziert worden: 1982/83 mit einem Sample von 1001 und dann erneut 1992 mit einem Sample von 1156 Befragten.

Die Journalisten-Studien von Weaver und Wilhoit, die auf repräsentativen Zufallsstichproben basieren, erlauben nun, berufsstrukturelle Entwicklungen im nordamerikanischen Journalismus und Einstellungsänderungen der Journalisten in einer Zeitreihe von rund 20 Jahren empirisch zu dokumentieren. Zu den wichtigsten Ergebnissen gehört dabei (vgl. WEAVER/WILHOIT 1986, 1992):
- Die Größe der journalistischen Berufsgruppe wuchs zwischen 1971 und 1982/83 erheblich, nämlich um 61 Prozent; seither ist nur noch ein leichter Anstieg festzustellen: um rund 10.000 (weniger als 9 Prozent) auf rund 122.000 Personen.
- Die amerikanischen Journalisten haben 1992 mit 36 Jahren fast dasselbe Durchschnittsalter wie 1971 (36,5). 1982/83 - nach dem erheblichen Anwachsen der Berufsgruppe - hatte das Durchschnittsalter bei nur 32,4 Jahren gelegen; besonders jung waren dabei im Durchschnitt die Rundfunkjournalisten im Vergleich zu den Pressejournalisten.
- Der Anteil der Frauen im Journalismus hatte sich 1982/83 gegenüber 1971 fast verdoppelt: von 20,3% auf 33,8 Prozent; eine besonders große Steigerung des Frauenanteils gab es damals bei den Wochenzeitungen (von rund 27 Prozent auf rund 42 Prozent) und beim Fernsehen (von knapp 11 Prozent auf rund 33 Prozent). Diese Entwicklung schien sich - angesichts eines Frauenanteils von etwa 60 Prozent unter den Studierenden der amerikanischen journalism schools - geradezu zwangsläufig fortzusetzen. Doch überraschenderweise stagniert der Frauenanteil inzwischen; 1992 lag er bei gerade 34 Prozent. Unter den Journalisten mit weniger als fünf Jahren Berufspraxis liegt der Frauenanteil freilich bei ungefähr 45%.
- Nach wie vor rekrutieren sich die meisten US-Journalisten aus den etablierten und dominierenden ethnischen, rassischen und religiösen Gruppen in der Gesellschaft. War der Anteil der Schwarzen, Hispanier und Juden, also der Minderheiten, 1982/83 gegenüber 1971 sogar zurückgegangen, so hat er sich in den letzten zehn Jahren aber immerhin mehr als verdoppelt: auf 8,2%.
- Der Anteil der Journalistinnen und Journalisten mit einem Hochschulabschluß (mindestens B.A.) ist inzwischen auf mehr als 80% gestiegen; den höchsten An-

teil an Hochschulabsolventen haben mit rund 95 % Nachrichtenmagazine und Nachrichtendienste, den geringsten der Hörfunk mit knapp 60%. Doch nach wie vor stellen die Absolventen der journalism schools nicht die Mehrheit unter den Journalisten; der Anteil lag 1992 bei 39,4%, noch etwas niedriger als 1982/83 (1971: 34,2%). Nur bei den Tageszeitungen sind die Journalistik-Absolventen mit 48,8% deutlicher stärker vertreten.

- Die Arbeitszufriedenheit („job satisfaction") ist seit 1971 kontinuierlich gesunken: Als „sehr zufrieden" bezeichneten sich damals 49% der Befragten; 1982/83 waren es 40% und 1992 nur noch 27,3%. Immerhin knapp 78% sind aber zumindest „ziemlich zufrieden".
- Insgesamt ist „der typische amerikanische Journalist" 1992 ein 36jähriger weißer männlicher Protestant, der einen „Bachelor"-Abschluß hat, verheiratet ist und ungefähr 36.000 Dollar im Jahr verdient. Als Journalist arbeitet er seit ungefähr 12 Jahren; er gehört keiner Journalisten-Organisation an und arbeitet für eine Tageszeitung mittlerer Größe (42 Journalisten), die zu einer Zeitungskette gehört. Mit einer solchen Generalisierung des Berufs werden aber wesentliche „Minderheiten" unterschlagen, denn gerade in den USA zeigt sich die beträchtliche Ausdifferenzierung des Journalismus und seiner Akteure.

„Journalist" heißt dabei in den Studien von Weaver und Wilhoit: festangestellter Redakteur oder Reporter bei einem typischen Nachrichtenmedium. Denn - im Unterschied zur Studie „Journalismus in Deutschland" (vgl. WEISCHENBERG/LÖFFELHOLZ/SCHOLL 1993) - nahmen die beiden amerikanischen Kommunikationswissenschaftler nur journalistisch Tätige folgender Medien in ihr Sample auf: Tages- und Wochenzeitungen, Nachrichtenmagazine, Nachrichtendienste, Fernsehen, Hörfunk. Gemeint sind also „news people" - wie die Vorläuferstudie von Johnstone, Slawski und Bowman zutreffenderweise hieß.

Von besonderem Interesse ist natürlich die Entwicklung der beruflichen und allgemeinen politischen Einstellungen im nordamerikanischen Journalismus, soweit die Studien dazu Aussagen zulassen. Zwischen den beiden ersten Befragungen lag „Watergate", aber auch „Jimmygate": der Fall einer gefälschten Sozialreportage in der *Washington Post*, der zu einer intensiven berufsethischen Debatte führte. Seit Anfang der 80er Jahre, also seit der zweiten Befragung, wird nun die Rolle, die Journalisten in der amerikanischen Gesellschaft spielen, zunehmend kritischer diskutiert.

Das Nachrichtenmagazin *Time* präsentierte den Medien im Dezember 1983 ein ganzes Sündenregister. Begleitet von Befragungsergebnissen, die rapide nachlassendes Vertrauen in die Medien nachwiesen, wurde den Journalisten vorgeworfen, sie seien zynisch, unpatriotisch, arrogant und selbstgefällig, verletzten die Privatsphäre und hätten das Rollenselbstverständnis von Widersachern des politischen und wirtschaftlichen Systems in den USA. (Vgl. *TIME*, 12.12.1983)

Viel beachtet wurde auch eine Studie der beiden Sozialwissenschaftler Lichter und Rothman über die Eliten im Bereich der Wirtschaft und der Medien. Die Wissenschaftler hatten dazu 240 Journalisten aus den prominentesten und einflußreichsten Medien (wie z.B. *New York Times, Newsweek, Washington Post, ABC, CBS* und *NBC*) befragt. Sie fühlten danach ihre Hypothese bestätigt, daß seit den sechziger Jahren eine neue Klasse in den Medien entstanden sei, die sich von anderen Eliten unterscheide. Diese Medienelite favorisiere spätbürgerliche Werte wie Partizipation, Verbesserung der menschlichen Gesellschaft, schönere Städte und „Ideen sind wichtiger als Geld". Der Einfluß solcher Elitepersonen könne dazu führen, daß das Selbstvertrauen der Wirtschaftselite nachlasse und daß die „neue Moral" dieser neuen Elite das Vertrauen in das politische und wirtschaftliche System erschüttere. Die beiden Wissenschaftler stellten die Prognose auf, daß die nächste Generation der Journalisten wahrscheinlich noch mehr nach links tendieren werde als die gegenwärtige (vgl. LICHTER/ROTHMAN 1981, ROTHMAN/LICHTER 1983; LICHTER et al. 1986).

Für solche weithin beachteten Thesen hatten Weaver und Wilhoit bei ihrer Untersuchung im Jahre 1982/83 keine Anhaltspunkte gefunden. Was die politischen Einstellungen angeht, so plazierten sich bei der Befragung 1982/83 erheblich mehr Journalistinnen und Journalisten in der Mitte der Skala als 1971. Fast 60 Prozent der Befragten bezeichneten sich als der politischen Mitte zugehörig; 19 Prozent hielten sich für „halb-links", 17 Prozent für „halb-rechts". Allerdings deuten die Daten aus dem Jahre 1992 auf einen um etwa fünf Prozent gewachsenen Anteil von Anhängern der Demokraten und auf einen ganz leichten Rückgang bei den Anhängern der Republikaner. Die Journalisten sind damit um 5 bis 10 Prozent stärker im Lager der Demokraten vertreten als der Bevölkerungsdurchschnitt; bei den Republikanern liegt der Anteil um 10 bis 15 Prozent unter dem Bevölkerungsdurchschnitt.

Die Befunde zum journalistischen Rollenselbstverständnis zeigen im Laufe der zwei erfaßten Jahrzehnte keine dramatischen Veränderungen. Viele der befragten Journalisten wehrten sich 1982/83 regelrecht gegen das Image, der Gesellschaft feindseilig, als Widersacher gegenüberzustehen - also gegen das Image, das damals von der Medienkritik konstruiert wurde. Weaver und Wilhoit fanden vielmehr heraus, daß drei Typen kennzeichnend waren für das Rollenselbstverständnis der nordamerikanischen Journalisten:
- die Rolle des Interpretierers und Ermittlers („interpreter-investigator");
- die Rolle des Verbreiters von Informationen („disseminator");
- die Rolle des Widersachers („adversary").

Interpretierer und Ermittler sind nach der Definition der Forscher Journalisten, die die Behauptungen der Regierung hinterfragen, die komplexe Probleme analysieren und die die Diskussion über nationale Politik für sehr wichtig halten. Verbreiter von Informationen sind solche Journalisten, die es für besonders wichtig halten, Informationen möglichst schnell an die Öffentlichkeit zu bringen und dabei an einem möglichst großen Rezipientenkreis interessiert sind. Widersacher schließlich sind solche Journalisten, die es für wichtig halten, sich prinzipiell in einer Position des Gegners gegenüber der Regierung oder den Mächtigen zu befinden.

Die Mehrheit der Journalisten hielt 1982/83 die Rolle des Interpretierers für besonders wichtig. Aber, wie 1971, gab es hier kaum „reine Typen". Ungefähr die Hälfte derjenigen, die sich als „Interpretierer" sahen, sagten, daß sie die Rolle des Informations-Verbreiters ebenfalls für sehr wichtig hielten. Aber nur 20% der „Interpretierer" sagten, daß die Widersacher-Rolle wichtig sei für den Journalismus. Also, so schlossen die Forscher, war die Interpretierer-Rolle die dominierende professionelle Rolle im nordamerikanischen Journalismus.

Ebenfalls für etwa die Hälfte der Journalisten war die Rolle des Verbreiters von Informationen von großer Bedeutung; „Interpretierer" und „Informationsverbreiter" traten häufig als kombiniertes Rollenselbstverständnis auf. Nur etwa ein Fünftel der Journalisten war aber der Gruppe der Widersacher zuzurechnen.

Die medialen Differenzierungen zeigten, daß die Rolle des Interpretierers besondere Bedeutung im Bereich des Pressejournalismus besaß. Auf der anderen Seite war aber auch das Widersacher-Rollenselbstverständnis unter den Tageszeitungs-Journalisten eher zu finden als unter den Rundfunk-Journalisten.

Keine grundlegenden Unterschiede gab es zwischen Reportern und Redakteuren bei der Einschätzung der Widersacher-Rolle. Allerdings lehnten leitende Redakteure ein solches Rollenselbstverständnis eher ab. Schließlich gab es eine positive Korrelation zwischen eher liberaler politischer Einstellung und einer Favorisierung der Widersacher-Rolle; eher konservative Journalisten tendierten weniger zu einem solchen Rollenselbstverständnis (vgl. WILHOIT/WEAVER 1986).

Solche Differenzierungen liegen für die Situation im Jahre 1992 bisher nicht vor. Die Gesamtbefunde zeigen aber eine stabile Situation: In der letzten Befragung ergaben sich zur Selbstbeschreibung der journalistischen Rolle im wesentlichen dieselben Ergebnisse wie ein Jahrzehnt zuvor. Dabei zeigte sich erneut, daß es keineswegs einen klaren Trend zum Rollenselbstverständnis des aggressiven Widersachers im amerikanischen Journalismus gibt, wie in der Nach-Watergate-Ära immer wieder behauptet wurde.

Eine noch größere Anzahl von Journalisten als zuvor gab dabei an, daß es besonders wichtig sei, Informationen schnell zum Publikum zu bringen (1982/83: 60%, 1992: 68,6%). Zwei Drittel der Journalisten halten es nach wie vor für sehr wichtig, daß sie die Behauptungen der Regierung kritisch hinterfragen („investigating government claims"), und knapp die Hälfte hält die Analyse komplexer Probleme wie schon in der Studie aus dem Jahre 1982/83 für eine besonders wichtige journalistische Aufgabe. Nur eine Minderheit hält dagegen jeweils das folgende Rollenselbstverständnis für besonders wichtig: Gegner der Regierung (21,3%), Gegner der Wirtschaft (14,4%) oder Unterhalter (14%) zu sein. Auch hierbei gibt es allenfalls einen größeren Unterschied zur Untersuchung aus dem Jahre 1982/83: die Zahl der Unterhalter ging um 6% zurück.

Eine neu in die Studie aufgenommene Frage betraf die politische Agenda-Setting-Funktion der Journalisten. Für sehr wichtig halten dies nur 4% der Befragten; 41% wiesen diese Funktionszuweisung sogar entschieden zurück.

Der gravierendste Unterschied der letzten Untersuchung im Vergleich zu den beiden früheren Studien betrifft - abgesehen von Recherchepraktiken und anderen beruflichen Standards - die Frage, ob es für Journalisten besonders wichtig ist, so viele Leute wie möglich zu erreichen. Hier stimmten 1992 nur noch 20,2% der Befragten zu, während 1971 sogar 39% und zehn Jahre später noch 36% zugestimmt hatten. Die Journalisten haben also, wie dieses Ergebnis zeigt, realisiert, daß die neuen Informationsangebote, die zu einer Segmentierung des Publikums führen, Presse und Rundfunk ihre alte Funktion nehmen, „Massen-Medien" zu sein.

Alle diese Befunde der aktuellen, auf einer repräsentativen Zufallsstichprobe beruhenden Untersuchung von Weaver und Wilhoit werden sich demnächst im einzelnen mit den Ergebnissen der Studie „Journalismus in Deutschland" vergleichen lassen, die im Hinblick auf die Stichprobenbildung und einzelne Fragenkomplexe

Konzepte und Ergebnisse der Kommunikatorforschung 249

ähnlich angelegt ist. Bereits jetzt aber zeigen sich deutliche Übereinstimmungen zwischen den Merkmalen und Einstellungen der nordamerikanischen und den deutschen Journalisten.

Selbstkontrollfrage 4:
Nennen Sie Belege für die Auffassung in der neueren Kommunikatorforschung, daß sich das journalistische Rollenselbstverständnis nicht auf „Entweder-oder"-Kategorien reduzieren läßt.

5. Professionalisierung und Sozialisation

5.1. Das Verberuflichungs-Konzept

Die beruflichen Einstellungen und Verhaltensweisen von Journalisten werden durch Prozesse beeinflußt, die in der Kommunikatorforschung *Professionalisierung* und *Sozialisation* genannt werden. Professionalisierung gilt berufsstrukturellen Entwicklungen insgesamt; Sozialisation bezieht sich auf den *Verberuflichungsprozeß*, der den Einzelnen betrifft. Dabei werden die Normen gelernt und verinnerlicht, die in den Medieninstitutionen jeweils Gültigkeit besitzen. Durch Sozialisation werden Journalisten Mitglieder dieser Institutionen.

Das Konzept der Professionalisierung, das der Einordnung und Bewertung von Berufen vor allem unter dem Aspekt der Qualifikationsvoraussetzungen, des Prestiges und der beruflichen Bedingungen dient, stammt aus der Berufssoziologie. Es besitzt - neben dem Gatekeeper-Ansatz - auch für die empirische Kommunikatorforschung herausragende Bedeutung. Der Begriff ist freilich nicht eindeutig; mit *Professionalisierung* werden im wesentlichen drei verschiedene Perspektiven erfaßt:
- die Untersuchung allgemeiner berufsstruktureller Prozesse in einer Gesellschaft;
- die Untersuchung spezifischer Abschnitte beruflicher Sozialisation;
- die Untersuchung von qualitativen Veränderungsprozessen einzelner Berufe bzw. Berufssparten (*Verberuflichung*).

Diese Professionalisierung als Erfassung der *Verberuflichung* unterscheidet auf einer gleitenden Skala Tätigkeiten unverbindlicherer und anspruchsloserer Art von den sogenannten *Professionen*. Als solche professionalisierten Berufe, als die *klassischen Professionen*, haben sich seit dem Ende des Mittelalters insbesondere die Juristen, die Wissenschaftler und die Mediziner etablieren können (vgl. z.B. WILENSKY 1972).

Professionen beanspruchen vor allem zweierlei: Autonomie und Kompetenz. Berufliche Kompetenz beruht auf spezifischen, in einer systematischen Ausbildung erworbenen Kenntnissen, Wertvorstellungen, Normen und Verhaltensstandards eines Berufs (vgl. WEISCHENBERG 1990). Berufliche Autonomie bedeutet die weitgehend selbständige Regelung von Problemen der Berufsgruppe im Rahmen dieser Kompetenz, also eine relativ geringe Kontrolle durch Laien.

Professionen sind darüber hinaus durch besondere berufliche Einstellungen der Berufsvertreter gekennzeichnet: eine spezifische altruistische Orientierung und, damit verbunden, eine Befriedigung durch Belohnungen, die eher ideeller Natur sind (wie Freude an der Arbeit, Ansehen, Lob usw.). Die Faktoren *Kompetenz* (expertise), *Autonomie* (autonomy), *altruistische Orientierung* (responsibility) und *idealistische Belohnungen* wegen besonderen Engagements (commitment) sind aber selbst bei den „klassischen" Professionen nur in unterschiedlich starker Ausprägung auszumachen.

Der Journalismus ist davon gewiß ein gutes Stück entfernt. Dennoch hat sich der Ansatz für die Journalismusforschung als fruchtbar erwiesen, seitdem - bescheidener - nach Professionalisierungstendenzen anhand bestimmter Kriterien gefragt worden ist (vgl. KOSZYK 1974). Für solche Untersuchungen gibt es in der neueren Literatur, insbesondere auch innerhalb der deutschsprachigen Kommunikatorforschung, verschiedene Beispiele (vgl. z. B. NAYMAN 1973, JANOWITZ 1975, LANGENBUCHER 1974).

Während die Gatekeeper-Forschung als zentrales Thema Kommunikationsprozesse im Rahmen der Aussagenentstehung betrachtet (vgl. WEISCHENBERG 1992a: 304 ff), also faktisches Verhalten in den Institutionen der Massenkommunikation (insbesondere die Einflußfaktoren auf Nachrichtenselektion und Nachrichtenbearbeitung), wird über die deskriptiven Kriterien der Konstruktion *Professionalisierung* versucht, generellere Aussagen über die Berufsrolle des Kommunikators und seine Sozialisation machen zu können. Unterstellt wird dabei, daß bestimmte berufliche Handlungsdispositionen Einfluß haben auf das faktische Verhalten von Kommunikatoren. Dahinter steht die allgemeine Frage, wie eine verantwortungsvolle journalistische Arbeit sicherzustellen ist.

Für die Annahme, daß es einen Unterschied macht, welche professionelle Orientierung ein Journalist hat, gibt es eine Reihe von empirischen Belegen. So hatte schon in den fünfziger Jahren der amerikanische Soziologe Warren Breed herausgefunden, daß die Existenz bestimmter beruflicher Orientierungen mit entscheidend dafür sein kann, wie resistent ein Journalist gegenüber der Politik des Verlegers bzw. Herausgebers ist (vgl. BREED 1973: 376).

Empirische Befunde, die einen mehr oder weniger hohen Professionalisierungsgrad von Berufskommunikatoren zutage fördern, fordern stets aber auch Fragen nach negativen Aspekten der Professionalisierung von Kommunikatoren heraus. Gerade in der deutschsprachigen Kommunikatorforschung ist gefragt worden, ob überhaupt wünschenswert wäre, wenn der Journalismus zu einer „abgeschotteten" Profession würde (vgl. WEISCHENBERG 1977). Dabei spielt eine Rolle, daß sich Untersuchungsergebnissen zufolge die stärker professionell orientierten Journalisten in ihrem beruflichen Verhalten am weitesten von der Öffentlichkeit entfernt haben. Dies stünde im Widerspruch zu dem Postulat, die Bürgerinnen und Bürger stärker an der vermittelten Kommunikation partizipieren zu lassen und dazu neue Inhalte und Formen der Berichterstattung zu entwickeln. Deshalb wird das Professionalisierungskonzept - trotz seines forschungsleitenden Wertes - von verschiedenen Wissenschaftlern kritisiert.

Die Mainzer Kommunikationswissenschaftler KEPPLINGER und VOHL z. B. wandten gegen die Professionalisierung des journalistischen Berufs ein, daß eine solche Entwicklung nicht gleichsam „automatisch" funktional für den Journalismus sei. Die Eigenart des beruflichen Handelns von Journalisten lasse eine Professionalisierung (damit ist hier gemeint: umfassende Kompetenz) gar nicht zu. Die Begründung der Autoren:

Konzepte und Ergebnisse der Kommunikatorforschung 251

„Die Berufstechniken des Journalismus wie Recherchieren, Schreiben und Redigieren sind zu unspezifisch, um eine berufliche Kompetenz zu begründen. Sie können auch ohne theoretische Ausbildung von begabten Berufslaien erlernt werden." (KEPPLINGER/VOHL 1976: 335)

Auch wer solchen Thesen nicht folgt, wird fragen, ob sich der Journalismus überhaupt zum Vergleich mit den als „klassisch" bezeichneten Professionen eignet. Er ist ein von kommerzieller Marktorientierung bestimmter, außerberuflichen Einflüssen stark unterworfener Beruf. Eine Freisetzung der Journalisten von Laienkritik erscheint zudem als kommunikationspolitisch nicht wünschenswert. Und schließlich gibt es wegen ungenauer Kriterien über den tatsächlichen Professionalisierungsgrad der Journalisten durchaus unterschiedliche Einschätzungen.

Besonders notwendig ist es hier aber, die strukturellen Besonderheiten der Medientätigkeit zu berücksichtigen. Beim Journalismus handelt es sich um ein heterogenes, segmentiertes, uneinheitliches Berufsfeld. Durchaus nicht falsch ist es, wenn die „professionelle Situation" der Journalisten, etwa im Vergleich zum Mediziner und Juristen, als „anormal" bezeichnet wird: Durch die Finger der Journalisten geht zwar ungeheuer viel Wissen, aber mit den Adressaten der Informationen, den Klienten, haben sie direkt kaum etwas zu tun. Sie steuern nicht die Kontroll-Prozesse, sondern sind ein Teil von ihnen. Sie sind abhängig Arbeitende; nur ein „Zeit-Status" verbindet sie mit den Elite-Personen.

5.2. Rollenlernen im Medienbetrieb

Alle Journalisten lernen ihren Beruf letztlich auf dieselbe Weise: am Arbeitsplatz. Dort werden sie durch *Sozialisation* an das *journalistische Milieu* angepaßt. Auf dabei ablaufende Mechanismen, denen sich kein Berufsangehöriger entziehen kann, hat zuerst Warren Breed aufmerksam gemacht. Breed entdeckte bei seiner Untersuchung von Zeitungsredakteuren, welch große Bedeutung das Normenlernen insbesondere für die Kontinuität redaktioneller Produktion besitzt.

Ausgangspunkt war seine Frage: „Wie wird Zeitungspolitik trotz der Tatsache durchgesetzt, daß sie häufig journalistischen Normen widerspricht, ihre Befolgung von den Vorgesetzten nicht gesetzlich befohlen werden kann und Redaktionsmitglieder persönlich oft anderer Meinung sind?" Antwort: Durch Anpassung der Redaktionsmitglieder an die redaktionellen Regeln. Dies geschieht zum einen dadurch, daß der Neuling vom Chefredakteur und anderen Kollegen, durch Redaktionskonferenzen und Hausbroschüren „auf Linie" gebracht wird. Zum anderen dadurch, daß er mehr oder weniger unbewußt durch Lektüre der eigenen Zeitung, durch Redaktionsklatsch und durch eigene Beobachtungen die in der Redaktion geltenden Normen übernimmt.

Breed unterschied drei Stufen des Anpassungsvorganges:
- Die *Kükenstufe*; in dieser Zeit - den ersten Monaten - wird der Neuling vorsichtig an kleinere Aufgaben herangeführt.
- Die *Einarbeitungs- und Kontaktphase*; in dieser Zeit erfolgt die Anpassung an die Redaktionsnormen und die Festigung der informellen Kontakte.
- Die *Star- oder Veteranen-Stufe*; schließlich ist der Mitarbeiter erfolgreich in die Gruppe der Redakteure integriert: „Man kann sich darauf verlassen, daß er die Zeitungslinie vertritt."

Aber warum funktioniert dieser soziale Mechanismus? Warren Breed machte dazu eine Beobachtung, die später immer wieder bestätigt worden ist: Der Journalist bezieht seine Anerkennung nicht in erster Linie von den Lesern, Hörern oder Zuschaurn, sondern von Arbeitskollegen und Vorgesetzten. Da Journalisten auf die Integration in die Redaktion angewiesen sind, besteht stets die Gefahr, daß sich auch ihre Wirklichkeitsentwürfe prinzipiell eher an den Werten ihrer Kollegen orientieren (vgl. BREED 1973).

Diese betriebliche Sozialisation, bei der die redaktionellen Normen gelernt und verinnerlicht werden, ist im Grunde aber niemals abgeschlossen. Wie dieser Anpassungsprozeß funktioniert, haben andere Kommunikationsforscher wie Bernd Groß mit einzelnen Beispielen belegt; Groß spricht in diesem Zusammenhang vom Lernen der „Hausordnung"(vgl. GROSS 1981).

Der redaktionelle Anpassungsprozeß stand auch im Zentrum des Aufsehen erregenden Tarnunternehmens von Günter Wallraff bei der *Bild*-Zeitung. Der „Mann der bei *Bild* Hans Esser war" beschrieb danach, wie sich bei Europas größter Tageszeitung gruppendynamische Prozesse zu einem „Betriebsklima" verdichten, wobei - hier, wie bei anderen Medien - die Arbeit im Großraumbüro eine besondere Rolle spielt:

„Mit dem Eintritt in die *Bild*-Redaktion nimmt man Abschied vom individuellen Entwicklungsprozeß. Der Mensch als soziales Wesen entwickelt sich nicht, wird im Gegenteil im *Bild*-Sinne gleichgeschaltet. Gleichgeschaltet ist nicht gleich, erst recht nicht gleichberechtigt. Ein feines, unnormiertes System der Ränge und Gewichte herrscht im Großraumbüro." (WALLRAFF 1977: 89)

Alle diese Beobachtungen und Befunde zeigen, in welch starker Weise die *subjektive* mit der *objektiven* Dimension im Journalismus verknüpft ist. Dies begrenzt den individuellen Spielraum für die Akteure. Doch sind der einzelne Journalist und die einzelne Journalistin bei ihrer Wirklichkeitskonstruktion deshalb keineswegs individueller Entscheidungen enthoben und vor berufsethisch schwierigen Situationen geschützt.

6. Die Zukunft des Journalismus

Im Rahmen einer Studie zur Zukunft des Journalismus und der Journalistenausbildung sind westdeutsche Medienexperten um Prognosen zur Entwicklung der journalistischen Funktionen, der Formen der Arbeitsorganisation in den Redaktionen und um differenzierte Einschätzungen zu den einzelnen Medien und den unterschiedlichen journalistischen Rollen gebeten worden (vgl. WEISCHENBERG et al. 1991). Generell weisen die Aussagen der Experten darauf hin, daß die Bedeutung der klassischen Medien als zentrale Instanzen zur Herstellung von (politischer) Öffentlichkeit im wesentlichen erhalten bleibt oder sogar zunimmt. Dies steht im Widerspruch zu Prognosen, wonach technisch verbesserte Möglichkeiten der Individualkommunikation mittel- oder langfristig die Funktion und Relevanz der Massenmedien und ihrer Journalisten einschränken werden (vgl. WEISCHENBERG 1985 b). Das Fernsehen wird nach Meinung der meisten Experten sogar noch wichtiger werden; Hörfunk, Nachrichtenagenturen und Tageszeitungen können ihre Position weitgehend behaupten.

Den Prognosen zufolge wird das System Journalismus künftig vor allem drei Funktionen zu erfüllen haben (Abbildung 1): Information, Unterhaltung und Lebenshilfe/Orientierung. Die Relevanz anderer Funktionen ist grundsätzlich umstritten oder wird allenfalls für Teilsysteme akzeptiert.

Da die Informationsfunktion nach Ansicht der Experten auch in den nächsten Jahren von den Medien im wesentlichen erfüllt wird, bleiben auch bestimmte Grundstrukturen des Mediensystems erhalten: makroperspektivisch die Gesamtgliederung (Agenturen, Zeitungen, Zeitschriften, elektronische Medien), mikroperspektivisch die Binnenorganisation bestimmter Medienteilsysteme sowie die wesentlichen Tätigkeitsfelder des Nachrichtenjournalismus.

Abbildung : Journalistische Kompetenz: Neue/modifizierte Anforderungen (Expertenprognosen)

(Quelle: WEISCHENBERG et al. 1991 : 141, Bd. 1)

Eine wachsende Bedeutung prognostizieren die Experten für die Unterhaltungsfunktion, die in funktionalen Definitionen des Journalismus bisher kaum berücksichtigt wurde. Eingeleitet durch den Versuch privat-kommerzieller Rundfunkveranstalter, sich von den traditionellen Nachrichtensendungen öffentlich-rechtlicher Rundfunkanstalten abzugrenzen und ihre Sendungen für ein großes Publikum attraktiver zu gestalten, verschmelzen Information und Unterhaltung zunehmend zum *Infotainment*. Gerade diese Entwicklung, die nach Ansicht einiger Experten auch auf weitere Medienteilsysteme übergreifen wird, könnte den Nachrichtenjournalismus vor neue Anforderungen stellen - mit weitreichenden Konsequenzen für das journalistische Selbstverständnis, die journalistischen Qualitätsmaßstäbe und die Standards der Berichterstattung.

Neben Unterhaltung und Information wird sich nach Auffassung der Experten eine zusätzliche Aufgabe als Funktion des Journalismus etablieren, die zwar schon seit einiger Zeit thematisiert wird, aber noch nicht hinreichend expliziert ist: das „Gebrauchsverstehen" (RÜHL 1990: 50), die Lebenshilfe und Orientierung; diese Funktion wird in Ostdeutschland für lange Zeit noch größere Bedeutung besitzen als in Westdeutschland. Um dieser neuen Funktion gerecht werden zu können, müßten die Journalisten mehr als bisher Orientierungswissen bereitstellen. Orientierungswissen als Medienangebot soll die Rezipienten befähigen, in individuellen oder sozialen Situationen adäquat handeln zu können.

Wenn sich diese Orientierungsfunktion etabliert, muß die Perspektive im künftigen Journalismus stärker auf die Vermittlung und weniger auf die Information gerichtet werden; Information wird stärker als Gebrauchs- und Handlungswissen definiert. Diese Leistung des Systems Journalismus erfordert modifizierte Strukturen der Arbeitsorganisation und veränderte Kompetenzanforderungen, die direkten Einfluß auf die oben beschriebenen Basisqualifikationen haben. Notwendig wird
- Sachkompetenz, die es ermöglicht, den inhaltlichen Zugang zu den Themen zu finden;
- Fachkompetenz, die insbesondere eine effektive Aneignung von Sachkompetenz und eine angemessene Vermittlung der Inhalte gewährleistet;
- Vermittlungskompetenz, die den differenzierten Publikumserwartungen und Berichterstattungsthemen gerecht wird;
- soziale Orientierung, die zu einem möglichst autonomen, reflektierten journalistischen Handeln in redaktionellen Zusammenhängen führt (vgl. WEISCHENBERG 1990).

Die bestehende Arbeitsteilung in den Redaktionen hat sich hingegen offenbar so weit bewährt, daß eine generelle Auflösung dieser Strukturen auch langfristig eher unwahrscheinlich ist. Deshalb kommt es nach Auffassung der Experten vor allem über eine schrittweise Aufweichung der klassischen Ressortaufteilung zu neuen oder modifizierten Formen der Arbeitsorganisation. Dies bedeutet, daß die Ressortgrenzen durchlässiger werden müssen; die Ressortaufteilung verändert sich oder könnte sogar ganz aufgehoben werden.

Innerhalb der bestehenden Arbeitsstrukturen wird die Teamarbeit wichtiger. Außerdem hält es ein Teil der Experten für wahrscheinlich, daß Projektredaktionen eingeführt werden, die komplexe Querschnittsthemen über Ressortgrenzen hinweg durch eine Gruppe von Journalisten, unterstützt durch Fachleute, bearbeiten könnten. Angesichts solcher Voraussagen wirken die gegenwärtigen quasi-industriellen, hierarchisch-arbeitsteiligen Strukturen der Medienbetriebe zunehmend dysfunktional. Diesen Erwartungen einer ganzheitlicheren Arbeitsorganisation steht die Einschätzung fast aller Experten gegenüber, daß die journalistische Produktion insgesamt arbeitsteiliger wird.

Wachsende Arbeitsteilung auf der einen, ganzheitlichere journalistische Tätigkeit auf der anderen Seite - mit diesen Prognosen begeben sich die Experten scheinbar in einen Widerspruch. Er kann aber aufgelöst werden, wenn arbeitsorganisatorische Veränderungen in ihrem Ursache- und Wirkungskontext betrachtet werden.

In dem Neben- und Miteinander von arbeitsteiliger und ganzheitlicher Medienproduktion bedeutet die technisch induzierte *neue Ganzheitlichkeit*, daß die Journalisten mehr Verantwortung für das Gesamtprodukt (Zeitungsseite, Sendeblock) erhalten. Dies kann aber unerwünschte Konsequenzen haben, denn die Übernahme ganzheitlicher Produktion führt zu einer erhöhten Arbeitsbelastung und möglicherweise zu verminderten Zeitbudgets. Da die Personalstellen keinesfalls aufgestockt, eher noch verringert werden, geht sie zu Lasten der zentralen journalistischen Tätigkeiten Selektieren, Redigieren und Recherchieren. Die notwendige Folge wäre dann doch ein ausdifferenziertes Rollensystem in der Redaktion, wie es zum Beispiel im nordamerikanischen Journalismus seit langem üblich ist.

Die Veränderung der Arbeitsorganisation kann zu einer allmählichen Gleichstellung von Frauen im Journalismus führen. Doch ebenso kann eine fortschreitende Segmentierung der Arbeitszusammenhänge, wie sie sich in der Entwicklung von Spartenprogrammen und im starken Bedarf nach mehr Spezialisten im Journalismus niederschlägt, auch dazu führen, daß neue Segmentierungslinien zwischen den Geschlechtern entstehen (vgl. NEVERLA 1983). Entwicklungen wie Projektredaktionen und eine Zunahme von archivarischen bzw. dokumentarisch-recherchierenden Tätigkeiten entsprechen möglicherweise zwar eher den Anforderungen, die Frauen an ihre berufliche Tätigkeit stellen. Werden die beruflichen Belastungen - etwa durch die zunehmende Informationsmenge und -qualität - aber höher, so ist zu erwarten, daß Frauen weiterhin Vermeidungsstrategien - vielleicht in noch stärkerem Ausmaß - anwenden, so daß der Frauenanteil vor allem in den journalistischen Kernressorts sinken würde.

Die Qualifikationsanforderungen werden zwar grundsätzlich in allen Bereichen des Journalismus erheblich höher werden. Doch gibt es dabei in den einzelnen Tätigkeitsfeldern erhebliche Unterschiede. In Einzelfällen werden - gemessen an allgemeinen journalistischen Berufsstandards - geringere Anforderungen erwartet. Dies gilt insbesondere für technische Redakteure, Dokumentationsjournalisten und Moderatoren. In allen drei Fällen handelt es sich um spezialisierte Tätigkeiten mit entsprechend geschnittenen Aufgabenfeldern. Im Gegensatz zu den übrigen Tätigkeitsfeldern sind die Qualifikationsanforderungen hier in der Breite nicht sehr groß, sondern weisen stark divergierende Werte auf. Moderatoren benötigen höchste Vermittlungsqualifikationen, aber kaum Sachkompetenz.

Bei technischen Redakteuren gilt dies einerseits für die technische Kompetenz und andererseits für die soziale Orientierung; die Fähigkeit und Bereitschaft zur Teamarbeit scheint hier ein wesentlicher Faktor der Qualifikation zu werden. Dokumentationsjournalisten sind Zuträger, welche die inhaltlich-journalistische Arbeit unterstützen und daher vor allem Sachkompetenz benötigen.

Einen Sonderfall im gesamten Bild der höchsten Qualifikationsanforderungen bildet der privat-kommerzielle Rundfunk. Nur bei der Vermittlungskompetenz werden dort arbeitende Journalisten künftig gleich hohe Anforderungen wie Journalisten in anderen Medien erfüllen müssen. Sachkompetenz wird vor allem bei den Printmedien gefordert werden; Fachkompetenz ist und bleibt ein wichtiger Faktor bei den elektronischen Medien und den Agenturen.

Erwartungsgemäß bündeln sich in den Tätigkeitsfeldern von leitenden Redakteuren - mit einer Ausnahme - mehrere Qualifikationsanforderungen mit hohen Werten, die über die Palette der Kompetenzen verteilt sind. Die Ausnahme ist auch hier der privat-kommerzielle Rundfunk. Vermittlungskompetenz wird in diesem Medienteilsystem zur überragend notwendigen Qualifikation für Journalisten, die dazu noch bestimmte persönliche Eigenschaften (z.B. angenehme „Radio-Stimme") vorweisen müssen. *Infotainment* bestimmt hier die Definition der Berufsrolle.

Leitende Journalisten erwartet insgesamt eine verstärkte Einbindung in Führung und Organisation von Medienbetrieb und Redaktion Programmabteilung/Ressort. Zunehmend müssen Managementqualifikationen erworben und eingebracht werden. Personalführung, Einsatz und effektive Nutzung des technischen Equipments, betriebswirtschaftliche Aspekte der Redaktion als Subsystem des Medienunternehmens gehören dazu.

Die Teil- und Gesamtleitungsrollen im Journalismus werden also zunehmend in betriebswirtschaftliche Aufgabenerfüllung eingebunden - womöglich zu Lasten journalistischer Tätigkeiten. Leitende Redakteure avancieren also nicht unbedingt zu „Managern der Kommunikation" (JACOBI et al. 1977), sondern agieren eher als Steuerungsinstanzen journalistischer Produktion.

Auf der medialen Ebene gibt es einen auffälligen, keineswegs neuen, aber wohl zukunftsweisenden Trend, der die Journalisten bei privat-kommerziellen Rundfunkveranstaltern betrifft: Daß diese Journalisten in besonderem Maße technische Kompetenz benötigen, ist insbesondere bei unserer Erhebung zur Produktionstechnik in den Medienbetrieben deutlich geworden (vgl. WEISCHENBERG et al. 1989). Diese Situation wird sich nach Meinung der Experten auf lange Sicht nicht ändern; die strukturellen Bedingungen der Redaktionsarbeit in privat-kommerziellen Rundfunksendern werden Bestand haben. Die typischen Merkmale der Arbeit - z. B. die Moderation im Selbstfahrerstudio, also die Gleichzeitigkeit journalistischer und technischer Tätigkeit; die symmetrische Verteilung aller Tätigkeiten von der journalistischen Produktion bis zur Werbeaquisition auf alle Mitarbeiter - unterscheiden diese Redaktionen ganz erheblich von der Arbeitsorganisation im öffentlich-rechtlichen Rundfunk. Konsequenterweise haben die Experten bei der Frage, für welche neuen Berufsfelder künftig eine besondere Ausbildung notwendig wird, den EB- und den Selbstfahrerjournalisten genannt.

Die meisten Experten stimmten der Einschätzung zu, daß nationale (bzw. sprachräumlich gegliederte) Mediensysteme auch im nächsten Jahrzehnt allein deshalb ihre zentrale Bedeutung behalten werden, weil gesamteuropäisch ausgerichtete Medien kaum rentabel arbeiten könnten. Unter den Bedingungen einer allmählichen *Europäisierung* der Medien werden die Journalisten aber auf jeden Fall bessere Fremdsprachenkenntnisse besitzen müssen. In diesem Prozeß, so erwarten die Experten, verändern sich die Qualifikationsanforderungen vor allem für Journalisten, die für eher international orientierte Medien (Fernsehanstalten, Nachrichtenagenturen, Fachzeitschriften) arbeiten. Tages-, Sonntags- und Wochenzeitungen sowie Publikumszeitschriften werden, so lautet die Prognose, ihre Qualifikationsmaßstäbe dagegen kaum „europäischer" ausrichten.

Bei der Beschreibung des künftigen Journalismus und seiner Qualifikationsanforderungen ist also von erheblichen medialen, redaktionellen, skalaren und funktionalen Differenzen auszugehen. Für alle Journalistinnen und Journalisten aber wird sich der Stellenwert einer guten Ausbildung und einer kontinuierlichen Fortbildung erhöhen.

> **Selbstkontrollfrage 5:**
> Welche Prozesse werden in der Kommunikatorforschung als *Sozialisation* und als *Professionalisierung* bezeichnet und welche berufsstrukturellen Entwicklungen lassen sich für die Zukunft des Journalismus prognostizieren?

7. Anhang

7.1. Zentrale im Text verwandte Begriffe

Journalismus

Schlägt man in den Handbüchern der Publizistikwissenschaft unter „Journalismus" nach, werden die Schwierigkeiten deutlich, diesen Begriff genau zu bestimmen. Als kleinster gemeinsamer Nenner ergibt sich aus den dort angebotenen Definitionsversuchen, daß der Journalismus eine berufliche Tätigkeit bei und für Massenmedien ist, wobei in höchst unterschiedlichen Tätigkeitsfeldern aktuelle Aussagen gestaltet werden. Dies entspricht im wesentlichen dem lange Zeit gültigen Forschungsstand. Diesem personenzentrierten Journalismusbegriff steht ein anderes - ein systemtheoretisches - Verständnis von Journalismus gegenüber: Journalismus wird als soziales System verstanden, als komplex strukturiertes und mit anderen gesellschaftlichen Systemen auf vielfältige Weise vernetztes soziales Gebilde. Wirklichkeitsentwürfe der Medien sind in diesem Verständnis nicht primär das Werk einzelner „publizistischer Persönlichkeiten", sondern vor allem das Ergebnis von Handlungen in einem systemischen Kontext.

Journalistische Kompetenz

Eine klare Vorstellung davon, was unter journalistischer Kompetenz zu verstehen ist, gibt es nicht. Für die einen ist Kompetenz mit Kenntnissen, Wertvorstellungen, Normen und Verhaltensstandards gleichzusetzen, die in einer systematischen Ausbildung vermittelt und erworben werden. Für andere ist alles dies nur eine mögliche Grundlage für die „eigentliche" journalistische Kompetenz: die Fähigkeit, sich Themen „zu eigen" zu machen und sie auf die Kommunikationsbedürfnisse und -interessen der Bevölkerung hin angemessen zu vermitteln. Wieder andere schließlich reduzieren journalistische Kompetenz darauf, daß die Journalisten moralisch und handwerklich in der Lage sein sollten, ihre „publizistische Aufgabe" zu erfüllen.

Kommunikator Kommunikator, korrespondierend mit dem angelsächsischen Terminus „communicator", hat sich eingebürgert für die - im weitesten Sinne - publizistische Institution der Aussagenentstehung. Der Vorteil dieses Begriffs liegt darin, daß damit eine Festlegung auf bestimmte Aspekte publizistischen Handelns vermieden wird. Erfaßt werden nicht nur Personen, die publizistisch tätig sind, also z.b. Journalisten; erfaßt werden auch journalistische Kollektive, Organisationen, also z.B. die Redaktionen. Erfaßt wird außerdem nicht nur der Sportredakteur X oder die Sportredaktion Y, sondern auch ganz allgemein das Typische der Rolle des Sportredakteurs oder der Sportredaktion. Alles dies wird durch den Terminus „Kommunikator" abgedeckt.

Kommunikatorforschung Als Kommunikatorforschung wird der Forschungszweig in der Kommunikationswissenschaft bezeichnet, der sich mit den Journalistinnen und Journalisten und - allgemeiner - den Bedingungen der Aussagenentstehung befaßt.

7.2. Literaturverzeichnis

7.2.1. Zitierte Literatur

BAERNS, Barbara (1985), Öffentlichkeitsarbeit oder Journalismus? Zum Einfluß im Mediensystem. Bochum: Verlag Wissenschaft und Politik.

BECKER, Barbara von (1980), Berufssituation der Journalistin. Eine Untersuchung der Arbeitsbedingungen und Handlungsorientierung von Redakteurinnen bei der Tageszeitung. München: Minerva

BERG, Klaus/Marie-Luise KIEFER (Hrsg.) (1987), Massenkommunikation III. Eine Langzeitstudie zur Mediennutzung und Medienbewertung 1964-1985. Baden-Baden: Nomos Verlag

BIENER, K. (1979), Streß bei Journalisten. In: Münchner medizinische Wochenschrift, 121, S. 449-452

BREED, Warren (1973), Soziale Kontrolle in der Redaktion: Eine funktionale Analyse. In: AUFERMANN, Jörg/Hans BOHRMANN/Rolf SÜLZER (Hrsg.), Gesellschaftliche Kommunikation und Information. Frankfurt a. M.: Athenäum Fischer Verlag, S. 356-378

DONSBACH, Wolfgang (1982), Legitimationsprobleme des Journalismus. Gesellschaftliche Rolle der Massenmedien und berufliche Einstellung von Journalisten. Freiburg/München: Alber

DONSBACH, Wolfgang (1987), Journalismusforschung in der Bundesrepublik. Offene Fragen trotz Forschungsboom. In: WILKE, Jürgen (Hrsg.), Zwischenbilanz der Journalistenausbildung. München: Ölschläger Verlag, S. 105-142

DYGUTSCH-LORENZ, Ilse (1971), Die Rundfunkanstalt als Organisationsproblem. Düsseldorf: Bertelsmann Universitätsverlag

FABRIS, Hans Heinz (1971), Das Selbstbild des Kommunikators bei Tageszeitungen. In: Publizistik, 16, S. 357-368

FISCHER, Heinz-Dietrich (1979), Kommunikationsberufe - undefinierter Sammelbegriff für heterogene publizistische Tätigkeitsbereiche. In: FISCHER, Heinz-Dietrich (Hrsg.), Spektrum der Kommunikationsberufe. Köln: Deutscher Ärzte Verlag, S. 9-53

FREISE, Heinrich/Jochen DRAHT (1977), Die Rundfunkjournalistin. Berlin: Spiess

GREENBERG, Breadley/Percy H. TANNENBAUM (1962), Communicator Performance under Cognitive Stress. In: Journalism Quarterly, 39, S. 169-177

GREIF, Siegfried/Eva BAMBERG/Norbert SEMMER (Hrsg.) (1991), Psychischer Streß am Arbeitsplatz. Göttingen/Toronto/Zürich: Hogrefe

GROSS, Bernd (1981), Journalisten - Freunde des Hauses? Zur Problematik von Autonomie und Anpassung im Bereich der Massenmedien. Saarbrücken: Verlag Die Mitte

HIENZSCH, Ulrich (1990), Journalismus als Restgröße. Redaktionelle Rationalisierung und publizistischer Leistungsverlust. Wiesbaden: Deutscher Universitäts-Verlag

JACOBI, Ursula/Günther NAHR/Wolfgang LANGENBUCHER/Otto B. ROEGELE/Marta SCHÖNHALS-ABRAHAMSOHN (1977), Manager der Kommunikation. Berlin: Verlag Volker Spiess

JANOWITZ, Morris (1975), Professional Models in Journalism: the Gatekeeper and the Advocate. In: Journalism Quarterly, 52, S. 618-626, 662

JOHNSTONE, John W. C./Edward J. SLAWSKI/William W. BOWMAN (1976), The News People. A Sociological Portrait of American Journalists and Their Work. Urbana/Chicago/London: University of Illinois Press

KAESBACH, Karl H./Kurt WORTIG (1967), Lexikon der publizistischen Berufe. Berufsbild, Ausbildung und Chancen bei Fernsehen, Film, Funk, Presse, Theater, Werbung, Verlag und Schallplatten. München/Wien: Günter Olzog Verlag

KEPPLINGER, Hans Mathias (Hrsg.) (1979), Angepaßte Außenseiter. Was Journalisten denken und wie sie arbeiten. Freiburg/München: Alber

KEPPLINGER, Hans Mathias/Inge VOHL (1976), Professionalisierung des Journalismus? Theoretische Probleme und empirische Befunde. In: Rundfunk und Fernsehen, 24, S. 309-345

KIESLICH, Günter (1970), Ein Beruf ohne Berufsbild. Gedanken zur Ausbildung von Journalisten. In: HUFEN, Fritz (Hrsg.), Politik und Massenmedien. Aktuelle Themen eines ungeklärten Verhältnisses. Mainz: Von Hase & Köhler Verlag, S. 303-322

KÖCHER, Renate (1985), Spürhund und Missionar. Eine vergleichende Untersuchung über Berufsethik und Aufgabenverständnis britischer und deutscher Journalisten. Allensbach (Dissertation)

KOSZYK, Kurt (1974), Professionalisierung durch Wissenschaft. Journalistenausbildung zwischen Berufung und Beruf. In: Aus Politik und Zeitgeschichte, B24, S. 27-37

KOSZYK, Kurt/Karl-Hugo PRUYS (Hrsg.) (1981), Handbuch der Massenkommunikation. München: dtv

KUTSCH, Arnulf (1988), Max Webers Anregung zur empirischen Journalismusforschung. Die "Zeitungs-Enquête" und eine Redakteurs-Umfrage. In: Publizistik, 33, S. 5-31

LANGENBUCHER, Wolfgang R. (1974), Kommunikation als Beruf. Ansätze kommunikationswissenschaftlicher Berufsforschung. In: Publizistik, 19, 20, S. 256-277

LANGENBUCHER, Wolfgang R./Otto B. ROEGELE/Frank SCHUMACHER (1976), Pressekonzentration und Journalistenfreiheit. Berlin: Spiess

LICHTER, S. Robert et al. (1986), The Media Elite. America's New Powerbrokers. Bethesda, Maryland: Adler & Adler

LICHTER, S. Robert/Stanley ROTHMAN (1981), Media and Business Elites. In: Public Opinion Quartery, 45, S. 42-60

MAHLE, Walter A. (Hrsg.) (1993), Journalisten in Deutschland. Nationale und internationale Vergleiche und Perspektiven. München: Ölschläger Verlag

MANNHEIMS, Reiner (1981), Trinkmuster und Trinkgewohnheiten am Beispiel einer Berufsgruppe als Reaktion auf strukturelle Bedingungen journalistischer Arbeit. Universität Dortmund (Unveröffentl. Dipl.-Arbeit)

MARTINI, Bernd-Jürgen (Hrsg.) (1984), journalisten jahrbuch '85. München: Ölschläger Verlag

MAST, Claudia (1984), Der Redakteur am Bildschirm. Auswirkungen moderner Technologien auf Arbeit und Berufsbild der Journalisten. Konstanz: Universitätsverlag Konstanz

MÜHLBERGER, Holger (1979), Stille Teilhaber. Zur gesellschaftlichen Integration von Lokaljournalisten. In: KEPPLINGER, Hans Mathias (Hrsg.), Angepaßte Außenseiter. Was Journalisten denken und wie sie arbeiten. Freiburg/München: Alber, S. 97-114

NAYMAN, Oguz B. (1973), Professional Orientations of Journalists: An Introduction to Communicator Analysis Studies. In: Gazette, XIX, S. 195-212

NEVERLA, Irene (1979), Arbeitszufriedenheit von Journalisten. München u.a.: Saur

NEVERLA, Irene (1983), Arbeitsmarktsegmentation im journalistischen Beruf. In: Publizistik, 28, S. 343-362

NEVERLA, Irene/Gerda KANZLEITER (1984), Journalistinnen. Frauen in einem Männerberuf. Frankfurt a.M./New York: Campus

NOELLE-NEUMANN, Elisabeth (1979), Kumulation, Konsonanz und Öffentlichkeit. Ein neuer Ansatz zur Analyse der Wirkung der Massenmedien. In: NOELLE-NEUMANN, Elisabeth (Hrsg.), Öffentlichkeit als Bedrohung. Beiträge zur empirischen Kommunikationsforschung. Freiburg/München: Alber, S. 127-168

PHARMATON SA (Hrsg.) (1973/1977), Streß und Journalisten. Eine Untersuchung in Zusammenarbeit mit Ringpress München. Lugano-Bioggio

PROTT, Jürgen (1976), Bewußtsein von Journalisten - Standesdenken oder gewerkschaftliche Solidarisierung? Frankfurt a.M./Köln: Europäische Verlagsanstalt

PROTT, Jürgen/Bernd BLÖBAUM/Helga GIESSELMANN/Enrico TRÖBST/Wolfgang VAHLE (1983), Berufsbild der Journalisten im Wandel? Zeitungsredakteure unter den Bedingungen der Bildschirmarbeit. Frankfurt a.M.: Fischer

RÖPER, Horst (1983), Elektronische Berichterstattung. Formen und Folgen der neuen Fernsehproduktion. Hamburg: Verlag Hans-Bredow-Institut

ROTHMAN, Stanley/S. Robert LICHTER (1983), Are Journalists a New Class? In: Business Forum, S. 12-17

RÜHL, Manfred (1973), Journalism and Journalism Education in the Two Germanies Today, In: Journalism Quarterly, 50, S. 767-771

RÜHL, Manfred (1979), Die Zeitungsredaktion als organisiertes soziales System. Fribourg: Universitäts-Verlag Freiburg (2. Aufl.)

RÜHL, Manfred (1980), Journalismus und Gesellschaft. Mainz: Von Hase & Köhler Verlag

RÜHL, Manfred (1990), Operation "Gebrauchsverstehen". Plädoyer für eine Funktionsverlagerung im Journalismus der Gegenwartsgesellschaft. In: SCHMITZ, Hermann-Josef/Hella TROMPERT (Hrsg.), Professionalität und Profil: Essentials eines engagierten Journalismus. Stuttgart: Akademie der Diözese Rottenburg-Stuttgart, S. 49-68

RUST, Holger (1986), Entfremdete Elite? Journalisten im Kreuzfeuer der Kritik. Wien: Literas

SCHÜTT, Bernd (1981), Vom Tagesschriftsteller zum technischen Redakteur? Versuch einer logisch-historischen und empirischen Analyse journalistischer Tätigkeit. Frankfurt a.M.: Haag & Herchen

SPINNER, Helmut F. (1988), Wissensorientierter Journalismus. Der Journalist als Agent der Gelegenheitsvernunft. In: ERBRING, Lutz/Stephan RUSS-MOHL/Berthold SEEWALD/Bernd SÖSEMANN (Hrsg.), Medien ohne Moral. Variationen über Journalimus und Ethik. Berlin: Argon, S. 238-266

STUDNITZ, Cecilia von (1983), Kritik des Journalisten. Ein Berufsbild in Fiktion und Realität. München/New York/London/Paris: Saur

UEKERMANN, Heinz (1978). Expertengespräch: Journalismus als Beruf. In: PRESSE- UND INFORMATIONSAMT DER BUNDESREGIERUNG, Kommunikationspolitische und kommunikationswissenschaftliche Forschungsprojekte der Bundesregierung (1974-1978). Bonn, S. 141-148

WALLRAFF, Günter (1977), Der Aufmacher. Der Mann der bei 'Bild' Hans Esser war. Köln: Kiepenheuer & Witsch

WEAVER, David H./G. Cleveland WILHOIT (1986), The American Journalist. A Portrait of U.S. News People and their Work. Bloomington: Indiana University Press

WEAVER, David H./G. Cleveland WILHOIT (1986), The American Journalist. A Portrait of U.S. News People and their Work. Bloomington: Indiana University Press (2. Aufl. 1991)

WEAVER, David H./G. Cleveland WILHOIT (1992), The American Journalist in 1990s. An Advance Report of Key Findings from a 1992 National Survey of U.S. Journalists. Arlington, Va.

WEISCHENBERG, Siegfried (1977), Berufliche Autonomie und journalistisches Selbstverständnis. In: Publizistik, 22, S. 150-158

WEISCHENBERG, Siegfried (1978), Die Außenseiter der Redaktion. Struktur, Funktion und Bedingungen des Sportjournalismus. Bochum: Brockmeyer (2. Aufl.)

WEISCHENBERG, Siegfried (1982), Journalismus in der Computergesellschaft. Informatisierung, Medientechnik und die Rolle der Berufskommunikatoren. München u.a.: Saur

WEISCHENBERG, Siegfried (1985a), Die Unberechenbarkeit des Gatekeepers. Zur Zukunft professioneller Informationsvermittlung im Prozeß technisch-ökonomischen Wandels. In: Rundfunk und Fernsehen, 33, S. 187-201

WEISCHENBERG, Siegfried (1985b), Marktplatz der Elektronen. Reuters auf dem Weg zurück in die Zukunft. Eine Fallstudie zum Profil zukünftiger "Massenkommunikation". In: Publizistik, 30, S. 485-508

WEISCHENBERG, Siegfried (1989), Der enttarnte Elefant. Journalismus in der Bundesrepublik - und die Forschung, die sich ihm widmet. In: Media Perspektiven, H. 4, S. 227-239

WEISCHENBERG, Siegfried (Hrsg.) (1990), Journalismus & Kompetenz. Qualifizierung und Rekrutierung für Medienberufe. Opladen: Westdeutscher Verlag

WEISCHENBERG, Siegfried (1992a), Journalistik, Bd. 1: Mediensysteme, Medienethik, Medieninstitutionen. Opladen: Westdeutscher Verlag

WEISCHENBERG, Siegfried (1992b), Der blinde Fleck des Kritikers. Zu den 'Wahrheiten' einer Konstruktivismus-Rezeption. In: Communicatio Socialis, 25, S. 168-177

WEISCHENBERG, Siegfried et al. (1989), Der fünfarmige Redakteur. In: Neue Medien, H. 3, S. 30-37

WEISCHENBERG, Siegfried/Armin SCHOLL (1989), Kommunikationserwartungen und Medieneffekte. Wie Publikumsvariablen Wirkungsabläufe beeinflussen können. In: Rundfunk und Fernsehen, 37, S. 421-434

WEISCHENBERG, Siegfried/Klaus-Dieter ALTMEPPEN/Martin LÖFFELHOLZ (1991), Kompetenz und Technik. Journalistenausbildung für die Informationsgesellschaft, 2 Bde. Münster (Unveröffentl. Manuskript)

WEISCHENBERG, Siegfried/Armin SCHOLL (1992), Dispositionen und Relationen im Medienwirkungsprozeß. Theoretische Exploration und empirische Evidenz für ein Interdependenzmodell zu den Folgen vermittelter Kommunikation. In: SCHULZ, Winfried (Hrsg.), Medienwirkungen. Weinheim/Basel: Beltz, S. 91-107

WEISCHENBERG, Siegfried/Martin LÖFFELHOLZ/Armin SCHOLL (1993/1994), Journalismus in Deutschland. In: Media Perspektiven (1993/1), S. 21-22 und (1994/3)

WEISS, Hans-Jürgen (1978), Journalismus als Beruf. Forschungssynopse. In: PRESSE- UND INFORMATIONSAMT DER BUNDESREGIERUNG, Kommunikationspolitische und kommunikationswissenschaftliche Forschungsprojekte der Bundesregierung (1974-1978). Bonn, S. 109-139

WEISS, Hans-Jürgen et al.(1977), Schlußbericht Synopse Journalismus als Beruf. München (Unveröffentl. Manuskript)

WIESAND, Andreas Joh. (1977), Journalisten-Bericht. Berufssituation - Mobilität - Publizistische 'Vielfalt'. Berlin: Verlag Volker Spiess

WILENSKY, Harold L. (1972). Jeder Beruf eine Profession? In: LUCKMANN, Thomas/Walter Michael SPRONDEL (Hrsg.), Berufssoziologie. Köln: Kiepenheuer & Witsch, S. 198-215

ZEISS, Michael (1981), Bewußtsein von Tageszeitungsredakteuren. Eine Studie über Bedingungen, Struktur und Folgen journalistischen Berufsverständnisses. Berlin: Spiess

7.2.2. Weiterführende Literatur

BENTELE, Günter (1988), Der Faktor Glaubwürdigkeit. Forschungsergebnisse und Fragen für die Sozialisationsperspektive. In: Publizistik, 33, S. 406-426

Deutscher Journalistenverband (Hrsg.) (1966), Berufsbild des Journalisten. Bonn

Deutscher Journalistenverband (Hrsg.) (1978). Berufsbild des Journalisten. Bonn

DONSBACH, Wolfgang (1979), Aus eigenem Recht. Legitimitätsbewußtsein und Legitimationsgründe von Journalisten. In: KEPPLINGER, Hans Mathias (Hrsg.), Angepaßte Außenseiter. Freiburg/München: Alber, S. 29-48

FABRIS, Hans Heinz/Benno SIGNITZER (1982), Informations- und Kommunikationsberufe in Österreich. In: Österreichisches Jahrbuch für Kommunikationswissenschaft 1982. Salzburg: S. 13-22

GRUBER, Thomas (1975), Die Übernahme der journalistischen Berufsrolle. Nürnberg: Verlag der Nürnberger Forschungsvereine e.V

HABERMAS, Jürgen (1969), Strukturwandel der Öffentlichkeit. Neuwied/Frankfurt a.M.: Luchterhand

KEPPLINGER, Hans Mathias (1980), Optische Kommentierung in der Fernsehberichterstattung über den Bundeswahlkampf 1976. In: ELLWEIN, Thomas (Hrsg.), Politikfeld-Analysen 1979. Opladen: Westdeutscher Verlag, S. 163-179

NEVERLA, Irene (1986), Balanceakt zwischen Angleichung und Abweichung im Journalismus. Aspekte beruflicher Sozialisation von Journalistinnen. In: Publizistik, 31, S. 129-137

NOELLE-NEUMANN, Elisabeth (1977), Das doppelte Meinungsklima. Der Einfluß des Fernsehens im Wahlkampf 1976. In: Politische Vierteljahresschrift, 18, S. 408-451

NOELLE-NEUMANN, Elisabeth (1979), Der getarnte Elefant. Über die Wirkung des Fernsehens. In: NOELLE-NEUMANN, Elisabeth, Öffentlichkeit als Bedrohung, Beiträge zur empirischen Kommunikationsforschung. Freiburg/München: Alber, S. 115-126

NOELLE-NEUMANN, Elisabeth (1980), Die Schweigespirale. Öffentliche Meinung - unsere soziale Haut. München: Piper

RONNEBERGER, Franz (1988), Sozialisation der Journalisten-Elite. In: Publizistik, 33, S. 395-405

SCHULZ, Rüdiger (1974), Entscheidungsstrukturen der Redaktionsarbeit. Eine vergleichende empirische Analyse des redaktionellen Entscheidungshandelns bei regionalen Abonnementzeitungen, rer. pol. Diss., Mainz

WEISCHENBERG, Siegfried (1981), Zwischen Taylorisierung und professioneller Orientierung. Perspektiven künftigen Kommunikatorhandelns. In: Rundfunk und Fernsehen, 29, S. 244-253

WEISCHENBERG, Siegfried/Susanne von BASSEWITZ/Armin SCHOLL (1989), Konstellationen der Aussagenentstehung. Zur Handlungs- und Wirkungsrelevanz journalistischer Kommunikationsabsichten. In: KAASE, Max/Winfried SCHULZ (Hrsg.), Massenkommunikation. Theorien, Methoden, Befunde. Opladen: Westdeutscher Verlag, S. 280-300

7.3. Antworten zu Selbstkontrollfragen

SKF 1:
In der Kommunikatorforschung gibt es kaum verbundene Richtungen, die sich von einem unterschiedlichen Verständnis von Journalismus leiten lassen. So konzentrierte sich die normativ-ontologische Publizistikwissenschaft auf journalistische Persönlichkeiten als geistige Gestalter von Medienbotschaften. Soziologisch inspirierte Ansätze wie die *Professionalisierungstheorie* beschäftigen sich mit Rollen- und Sozialisationsaspekten im Journalismus. Die Gatekeeperforschung wiederum stellt Selektions- und andere redaktionelle Verarbeitungsprozesse ins Zentrum der Analyse. Ein systemisches Journalismuskonzept umfaßt Normen, Strukturen, Funktionen und Rollen, die definieren, was Journalismus ist. Journalismus wird somit als komplex strukturiertes und mit anderen gesellschaftlichen Systemen auf vielfältige Weise vernetztes soziales Gebilde verstanden und nicht etwa als Addition von journalistischen Individuen. Dieses System erbringt innerhalb einer Gesellschaft bestimmte Leistungen, die sich folgendermaßen beschreiben lassen: Der Journalismus stellt Themen für die Medienkommunikation zur Verfügung, die Neuigkeitswert und Faktizität besitzen und an sozial verbindliche Wirklichkeitsmodelle gebunden sind.

SKF 2:
Das Modell unterscheidet vertikale und horizontale Rollen aufgrund ihres Formalisierungsgrades. Geringe Formalisierung weisen z. B. Positionen in der Chefredaktion auf, die insbesondere durch Führungs-, Organisations- und Repräsentationsmerkmale sowie durch hohe Verantwortung und Autonomie charakterisiert sind. Hohe Formalisierung weisen z. B. Redakteurrollen im Rahmen der Nachrichtenproduktion und -distribution auf, die vor allem durch die große Bedeutung von Nachrichtenverarbeitungsstandards charakterisiert sind. Mittlere bis hohe Formalisierung ist kennzeichnend für Redakteurrollen im Rahmen technikgebundener Tätigkeiten.

SKF 3:
In der von Hans-Jürgen Weiss und seinen Mitarbeitern in den siebziger Jahren erstellten Forschungssynopse „Journalismus als Beruf" ist versucht worden, die berufstypologischen Charakteristika der westdeutschen Journalisten einer hierarchischen und einer funktionalen Ebene zuzuordnen. Alter und Einkommen von Journalisten lassen sich danach der hierarchischen Differenzierung zuordnen: sie bilden also einen Zusammenhang mit der Position im Medienbetrieb. Geschlecht, Schul- bzw. Hochschulbildung lassen sich dagegen stärker der funktionalen Differenzierung zuordnen, also der Tätigkeit im Ressort. Gleichermaßen bestimmt von Funktion und Position werden die Tätigkeitsmerkmale von Journalisten. Dieses Schema kann freilich nur eine grobe Zuordnung verdeutlichen. Im Grunde legen die Ergebnisse nahe, daß es eine Interdependenz der Faktoren gibt. So besteht nicht nicht nur ein Zusammenhang zwischen Geschlecht und einem bestimmten Ressort; es gibt auch einen Zusammenhang zwischen Geschlecht und hierarchischer Differenzierung: Frauen haben wesentlich schlechtere Aufstiegschancen in den Medien als Männer.

SKF 4:
Bei der von Weaver und Wilhoit durchgeführten repräsentativen Studie über die Journalisten in Nordamerika, bei der mit aufwendigeren statistischer Auswertungsverfahren gerarbeitet wurde, zeigte sich erstmals, daß die beruflichen Selbstdefinitionen von Journalisten eine pluralistische Struktur mit jeweils unterschiedlichen Schwerpunktsetzungen haben. Ebenso zeigte sich bei der Fallstudie in einer nordrhein-westfälischen Großstadt, daß das journalistische Rollenselbstverständnis (hier: von Lokalredakteuren) aus verschiedenen Segmenten zusammengesetzt ist, die jeweils unterschiedlich starke Bedeutung haben.

SKF 5:
Als *Sozialisation* und *Professionalisierung* werden in der Kommunikatorforschung Prozesse bezeichnet, welche die beruflichen Einstellungen und Verhaltensweisen von Journalisten verändern. Sozialisation bezieht sich auf den *Verberuflichungsprozeß*, der den Einzelnen und die Einzelne betrifft; dabei werden die Normen gelernt und verinnerlicht, die in den Medieninstitutionen (Redaktionen) jeweils Gültigkeit besitzen. Der Begriff Professionalisierung bezieht sich auf berufsstrukturelle Entwicklungen insgesamt. Expertenprognosen zufolge ist bei der Beschreibung des künftigen Journalismus von erheblichen medialen, redaktionellen, skalaren und funktionalen Differenzen auszugehen. Dabei gibt es sowohl eine Tendenz der Professionalisierung

durch erhöhte Qualifikationsanforderungen als auch eine Tendenz der Deprofessionalisierung durch eine verstärkte Übernahme traditionell nichtjournalistischer Tätigkeiten.

Ulrich Müller-Schöll/Stephan Ruß-Mohl

Journalismus und Ethik

Inhalt

1. **Einführung** 268
1.1. Zur Begriffsdefinition 268
1.2. Was kann Wissenschaft leisten? 269

2. **Ethik als „Steuerungsressource" gesellschaftlicher Entwicklung** 270
2.1. Exkurs: „Alte" und „neue" Wertsysteme - von Weber zu Bell 271
2.2. Abnehmende Verbindlichkeit von Normen und Werten 272
2.3. Werte und Normen im Journalismus 272
2.4. Zusammenfassung 274

3. **Empirische Untersuchungen zum Berufsethos von Journalisten** 275
3.1. Journalistisches Selbstverständnis 276
3.2. Journalisten und der Pluralismus 277
3.3. Medienelite 278
3.4. Journalisten im internationalen Vergleich 279
3.5. Professionelle Berufsnormen 282
3.6. Systemische Gefährdung journalistischer Berufsnormen 284

4. **Fallstudien, Lösungsansätze, Entscheidungshilfen** 285
4.1. Drei Fallstudien 285
4.2. Entscheidungshilfe in ethischen Zwickmühlen: Die Potter-Box 288

5. **Anhang** 290
5.1. Zentrale im Text verwandte Begriffe 290
5.2. Literaturverzeichnis 292
5.2.1. Zitierte Literatur 292
5.2.2. Weiterführende Literatur 294
5.3. Antworten zu Selbstkontrollfragen 294

Autorennachweis:
Ulrich Müller-Schöll: Kapitel 3.
Stephan Ruß-Mohl: Kapitel 1., 2. und 4.

> Ich bin nicht sicher, ob der Kommunikationswissenschaftler
> Jürgen Wilke sich nicht irrt, wenn er glaubt, daß die
> Konsequenzen eines ethisch nicht verantworteten
> Wissenschaftsfortschritts weit über das hinausgingen, was der
> Journalismus „anrichten" könne.
>
> Hermann Boventer

1. Einführung

Auch in der Wissenschaft haben Themen ihre Konjunkturen. Vordergründig sind es aktuelle Anlässe wie die Hitler-Tagebücher, die Barschel/Pfeiffer-Affäre, das Geiseldrama von Gladbeck oder auch die Berichterstattung über den Golfkrieg, die Journalisten und auch Publizistikwissenschaftler zum Nachdenken über journalistische Ethik verleiten. Aber auch empirische Forschungsergebnisse, die etwa einen rapiden Vertrauensschwund in die Glaubwürdigkeit der Medien und damit des Journalismus belegen, haben solche Reflexion mitausgelöst. Es ist also gewiß kein Zufall, wenn journalistische Ethik heute wieder vermehrt ein Gegenstand wissenschaftlichen Räsonnements geworden ist.

Für lange Zeit stand dagegen Ethik als Thema in der kommmunikationswissenschaftlichen Zunft nicht gerade hoch im Kurs (vgl. WILKE 1987: 233ff; RUSSMOHL/SEEWALD 1992). Dies läßt sich wohl auch als eine verständliche Reaktion auf die einstmals in der von Emil Dovifat geprägten *normativen Publizistik* (vgl. DOVIFAT/WILKE 1976; DOVIFAT 1990) überbetonten Fragen der Gesinnung werten. Während die in Amerika erschienenen Beiträge zu Journalistenmoral und Medienethik sich bereits stapelten (vgl. WILKE 1987: 234f, Fn.4), hatte in Deutschland die Publizistikwissenschaft offenbar Wichtigeres im Sinn, als solchen Fragen nachzuspüren. Es schwand mit dem Vormarsch der empirischen Sozialforschung zeitweilig auch die Überzeugung, sich des Themas überhaupt „wissenschaftlich" annehmen zu können (vgl. WILKE 1987: 233f). Solche Positionen sind in den umfassenderen Kontext des Werturteils- und Positivismus-Streits eingebettet zu sehen, der die Soziologie seit Max Weber immer wieder beschäftigt hat.

1.1. Zur Begriffsdefinition

Moral und Ethik meinen nicht dasselbe; in Meyers Enzyklopädischem Lexikon wird vielmehr wie folgt unterschieden:

> „*Ethik* <gr.(zu Ethos)>, als philosoph. Disziplin die Lehre von den Normen des menschl. Handelns...."
> „*Moral* <lat.; zu mos (Genitiv: moris) = Sitte, Brauch, Gewohnheit, Charakter>,
> ...Sammelbez. für die der gesellschaftl. Praxis zugrundeliegenden, als. verbindl. akzeptierten und eingehaltenden eth.-sittl. Normen<systeme> des Handelns...einer bestimmten Gesellschaft, bestimmter gesellschaftl. Schichten und Gruppen und der ihnen integrierten Indidviduen bzw. einer bestimmten Epoche, die im Prozeß der Sozialisation und Enkulturation von den Einzelindividuen übernommen werden...."
> (MEYER 1973 und 1976: 219 u. 488).

Ethik fragt eher nach den Kriterien und Maßstäben einer guten Welt, Moral nach den Ansprüchen und Verhaltensnormen, die an den Einzelnen zu richten sind. Der Sprachgebrauch hat indessen die Trennlinien zwischen Moral und Ethik zusehends verwischt. Nicht nur in der Umgangssprache, auch in wissenschaftlichen Texten werden beide Begriffe so häufig synonym verwandt, daß es ziemlich beckmesserisch wäre, auf dem Bedeutungsunterschied, der sich nur in der Philosophie so eindeutig herauskristallisiert hat, beharren zu wollen.

Es gibt inzwischen auch Wissenschaftler, die beide Wörter meiden und lieber von *professionellen Normen* reden. Dieser Begriff ist sehr viel enger als der der Ethik oder der Moral; insofern bringt er genauer auf den Punkt, worum es im folgenden primär geht - um Berufs- oder Standesethik, also weder um die Moral des Kinderkriegens noch um das Fair Play im Sport, auch nicht um die Ethik der Wissenschaft, sondern um *Ethik des* und *Moral im* Journalismus.

1.2. Was kann Wissenschaft leisten?

Bevor wir uns dem offenbar auch modischen Thema näher zuwenden, sollten wir deshalb vielleicht erst einmal klären, was realistischerweise erwartet werden kann, wenn Wissenschaft mit dem Anspruch, praxisorientiert zu sein, sich auf ethische Fragen einläßt. Wissenschaftler können
(1) vorhandenes Wissen zur journalistischen Ethik ordnen und systematisieren;
(2) neues Wissen über professionelle Werte und Normen hinzugewinnen, etwa durch empirische Feldforschung (z.B. durch Experimente oder auch repräsentative Befragung, durchgeführt bei den Journalisten sowie bei deren Publika und/oder Quellen), aber auch durch Theorieentwicklung (also z.B. durch Reflexion über die gesellschaftlichen Funktionen von Ethik);
(3) unter dem Blickwinkel des Anwendungsbezugs vorhandenes und neues Wissen über Ethik selektiv erschließen.

Letzteres ist die Hauptabsicht der vorliegenden Studieneinheit. Damit sollen und können den Medienpraktikern ihre ethischen Entscheidungen allerdings nicht abgenommen werden - denn „wissenschaftlich" begründen oder rechtfertigen lassen sich solche Entscheidungen nicht. Vielleicht kann jedoch das vom tagesaktuellen Einzelfall losgelöste Nachdenken über Fragen der Ethik ein Stückweit dazu beitragen, die Notwendigkeit, Journalismus ethisch zu fundieren, bewußt zu machen. Womöglich kann es auch helfen, mit den ethischen Herausforderungen und mit den Dilemmata des journalistischen Alltags behutsamer umzugehen. Wir sagen bewußt: behutsamer, nicht: leichter oder besser. Denn mehr über Probleme nachdenken und wissen heißt nicht immer: sie leichter oder besser lösen zu können - oft ist das Gegenteil der Fall. Denn ein Hauptirrtum ethischer „Kodifizierungsversuche liegt darin, daß sie „die" journalistische Ethik formulieren wollen. Ethische Antworten haben jedoch vielfach heute ihre Eindeutigkeit verloren. In den komplexen Zusammenhängen journalistischen Handelns sind Schwarz-Weiß-Entscheidungen die Ausnahme. In dieser Situation kann es nicht um Patentrezepte gehen, sondern das Ziel ist die Schärfung des ethischen Urteils. Jeder braucht im Alltag seine Hinweisschilder, und solange sie als solche ausgewiesen werden, bleiben Freiheits- und Ermessensspielräume erhalten." (BOVENTER 1988: 6).

Die Studieneinheit gliedert sich in drei weitere Abschnitte. Teil 2 soll zunächst die Diskussion um journalistische Ethik in einem umfassenderen gesellschaftlichen Zusammenhang verorten. Vielleicht gelingt es auf diese Weise, deutlich zu machen, weshalb der Reflexion über Ethik ein zentraler Stellenwert gebührt - und zwar, jenseits aller modischen Bezüge, auch und gerade in einer multikulturellen Gesellschaft, in der es die *eine* allgemeinverbindliche Ethik nicht mehr geben kann.

Teil 3 stellt im Überblick Ergebnisse der empirischen Kommunikationsforschung zur journalistischen Ethik vor, insbesondere unter dem Blickwinkel des „Kulturvergleichs" zwischen deutschem und angelsächsischem Journalismus.

Sodann soll im vierten Teil exemplarisch anhand einiger Fallstudien aus der journalistischen Praxis gezeigt werden, wie sich bestimmte philosophische Positionen und Ansätze auf journalistisch-redaktionelles Alltagshandeln übertragen und damit auch „anwenden" lassen. Abschließend wird - in Anlehnung an den amerikanischen Medienethiker Clifford G. Christians - ein eher pragmatischer Vorschlag unterbreitet, wie mit ethischen Entscheidungen in der redaktionellen Praxis umgegangen werden kann.

2. Ethik als „Steuerungsressource" gesellschaftlicher Entwicklung

Jenseits von tagesaktuellen Ereignissen und Bezügen läßt sich die Hochkonjunktur, die ethische Fragen seit geraumer Zeit in der öffentlichen und auch in der wissenschaftlich-philosophischen Diskussion haben, wohl vor allem damit erklären, daß Ethik ein Medium zur Steuerung gesellschaftlicher Prozesse ist - und daß andere derartige Steuerungsmedien die Erwartungen, die in sie gesetzt wurden, nicht erfüllt haben. Die Rückbesinnung auf Ethik, so die Ausgangsthese, hat sehr viel damit zu tun, daß weder staatliche Bürokratien, die dazu neigen, alles gesetzlich zu normieren und damit überzureglementieren, noch ein ungezügeltes Marktgeschehen, bei dem jeder allein auf seinen Vorteil bedacht ist, ein gedeihliches Zusammenleben und damit ein erträgliches gesellschaftliches Klima ermöglichen.

Das heißt: Sowohl das *Recht* als auch der *Markt* sind in hochentwickelten Gesellschaften als Instrumente zur Steuerung der gesellschaftlichen Entwicklung zwar unverzichtbar und notwendig, aber eben nicht hinreichend - weder für sich allein, noch im wechselseitigen Zusammenspiel. Offenbar läßt sich menschliches Verhalten von außen, also durch Anreize (Markt) sowie durch Ge- und Verbote (Recht) nur unzureichend in Richtung auf *Sozialverträglichkeit* beeinflussen - Schlagworte wie Unregierbarkeit und Staatsversagen einerseits und Marktversagen andererseits, die in vergangenen Jahren die politische und sozialwissenschaftliche Diskussion geprägt haben, bringen dies zum Ausdruck (vgl. LEHNER 1979; LINDBLOM 1980: 134 ff; RECKTENWALD 1978: 178 ff; RUSS-MOHL 1980: 17 ff).

So erscheint es nur folgerichtig (allerdings nicht unbedingt erfolgversprechend), wenn inzwischen die Innensteuerung; des Menschen durch Werte und Normen wiederentdeckt wurde - und sich mit der neu aufflammenden Ethik-Diskussion auch der Versuch verbindet, der weitgehenden Individualisierung der Werte, die dem Pluralismus der Weltanschauungen entsprungen ist, entgegenzuwirken.

2.1. Exkurs: „Alte" und „neue" Wertsysteme - von Weber zu Bell

Welch mächtiges Steuerungsmedium Werte und Normen sein können, hat wie kein anderer zuvor der Soziologe Max Weber erkannt. Seine These von der protestantischen Ethik, die entscheidend die kapitalistische Entwicklungsdynamik mit ausgelöst habe, ist auch aus heutiger Sicht noch diskussionswürdig. Der Protestantismus, insbesondere der Calvinismus, habe die kapitalistische Erwerbstätigkeit „als Erfüllung einer gottgewollten Aufgabe" gewertet und damit „zunächst dem modernen Unternehmer ein fabelhaft gutes Gewissen und außerdem ebenso arbeitswillige Arbeiter geliefert, indem er der Arbeiterschaft als Lohn ihrer asketischen Hingabe an den Beruf und ihrer Zustimmung zu rücksichtsloser Verwertung durch den Kapitalismus die ewige Seeligkeit in Aussicht stellte, die in Zeiten, wo die kirchliche Disziplin das gesamte Leben in einem uns jetzt unfaßbaren Grade in ihre Zucht nahm, eine ganz andere Realität darstellte als heute" (WEBER 1969: 358).

Selbst wenn man Abstriche macht - Webers These läßt deutlich werden, in welch hohem Ausmaß *gesellschaftliche Integration* und auch *gesellschaftliche Entwicklungspfade* von bestimmten konsentierten Werten und Normen abhängen, im konkreten Fall: von Arbeitsethos und Bereitschaft zur Askese. Es ist also für die Entwicklung einer Gesellschaft, aber auch für die Entfaltungsmöglichkeiten eines jeden einzelnen, nicht gleichgültig, welche ethisch-moralischen Normen diese Gesellschaft prägen und inwieweit sie Verbindlichkeit beanspruchen können.

Bereits Weber hatte indes gesehen, daß die „religiöse Wurzel des modernen ökonomischen Menschentums...abgestorben" ist (vgl. WEBER 1969: 359). Ein anderer namhafter Soziologe, Daniel Bell, hat den Weberschen Gedankengang weiterentwickelt. Der Kapitalismus selbst habe, einhergehend mit den von ihm produzierten Warenbergen und Dienstleistungsofferten, den Konsum- und vor allem den Kreditoptionen, die Genuß auf Pump statt Askese und Verzicht verheißen, ein neues Werte- und Normensystem hervorgebracht: „Als die protestantische Ethik aus der bürgerlichen Gesellschaft verdrängt wurde, blieb nichts als der Hedonismus zurück, und so verlor das kapitalistische System seine transzendentale Ethik" (BELL 1976: 30; vgl. auch 49ff).

Die neuen Werte und Normen - so Bells These - lösen nicht nur sukzessive jenes alte Werte- und Normensystem ab, das den Kapitalismus hat entstehen lassen; sie untergraben damit regelrecht auch die Existenzgrundlage des Systems. Salopp formuliert: Der Kapitalismus sägt an dem Ast, auf dem er sitzt.

Auch dieser Denkfigur liegt Webers These von der prägenden Kraft des Normen- und Wertesystems für die gesellschaftliche Entwicklung zugrunde - nur unter umgekehrtem Vorzeichen: Während Weber den Aufstieg des Kapitalismus zu erklären suchte, deutet Bell Verfallserscheinungen.

In unserem Kontext kommt es nun nicht darauf an, sich mit Webers und Bells Theorien vom Aufstieg und Niedergang des Kapitalismus näher auseinanderzusetzen. Es sollte lediglich an diesen beiden Beispielen gezeigt werden, welches *Einflußpotential* namhafte Soziologen Werten und Normen zumessen. Das heißt, es sollte begründet und einsichtig gemacht werden, warum es überhaupt wichtig ist, sich mit Werten und Normen näher zu befassen.

2.2. Abnehmende Verbindlichkeit von Normen und Werten

Nun ist allerdings das genuin Neue in den fortgeschrittenen demokratisch-kapitalistischen Gesellschaften nicht der Wertewandel an sich oder gar der vielbeklagte Werteverfall. Die eigentliche Herausforderung an die Ethik dürfte vielmehr darin bestehen, daß die Gesellschaft sich immer weiter zu einer *multikulturellen* Gesellschaft differenziert.

Die wachsende Vielfalt kultureller und subkultureller Milieus bringt auch im Bereich der Normen und Werte mehr Heterogenität mit sich. Das heißt: Bestimmte Werte und Normen mögen zwar noch innerhalb einzelner Kulturen und Milieus Verbindlichkeit beanspruchen können, gesamtgesellschaftlich betrachtet nimmt deren Verbindlichkeit jedoch eher ab. Damit reduziert sich auch die Chance, den gesamtgesellschaftlichen Entwicklungsprozeß sozusagen über ethische „Vorgaben" zu steuern - zumal es auch keine gesellschaftliche Institution mehr gibt, die gleichsam monopolistisch als wert- und normsetzende Instanz tätig werden könnte.

Daß die Verbindlichkeit von Werten und Normen abnimmt, gilt auch für den Journalismus - ein gesellschaftliches Teilsystem, das ohnehin mehr als andere immer auch die Gesamtgesellschaft spiegelt. Damit wird aber Ethik noch lange nicht zur vernachlässigbaren Größe. Im Gegenteil: Die *Innensteuerung* eines jeden einzelnen von uns durch Werte und Normen ergänzt nicht nur die *Außensteuerung* durch gesellschaftliche Steuerungsmedien wie den Markt und das Recht. Sie ist und bleibt vielmehr deren notwendige Vorbedingung. Und natürlich bleibt jede - auch eine hochgradig differenzierte - Gesellschaft, um überhaupt fortbestehen zu können, darauf angewiesen, daß über bestimmte zentrale Werte (z.B. über den Grundrechts-Katalog der Verfassung) weithin Konsens herstellbar bleibt.

2.3. Werte und Normen im Journalismus

Die Medien und der Journalismus sind in unserer Gesellschaft gewichtige Machtfaktoren - einmal als Kontrollinstanzen des öffentlichen Lebens, zum anderen als „Schleusenwärter", die maßgeblich das *Agenda Setting* prägen, also mitbeeinflussen, welche Themen überhaupt in der öffentlichen Diskussion sind und damit politisch entscheidungsbedürftig werden und welche nicht.

Doch nicht nur weil die Medien ein Machtfaktor sind, und weil Macht ethisch kontrolliert ausgeübt werden sollte, erhalten professionelle, die journalistische Berufstätigkeit prägende Normen und Werte besonderes Gewicht. Ethische Maßstäbe können nicht als Schutzschild des Journalismus vor sich selbst, also vor dem Mißbrauch journalistischer Freiheit durch Journalisten, fungieren. Journalistische Ethik kann vielmehr auch helfen, Übergriffe von außen abzuwehren, die die journalistische Unabhängigkeit bedrohen.

Der Journalismus und die Medien sind ja keineswegs nur ein sich selbst überlassenes und damit auch sich selbst kontrollierendes System, wie das die oft in bezug auf Journalisten gestellte polemische Frage suggeriert: „Wer kontrolliert eigentlich die Kontrolleure?" Es gibt mindestens drei Kontrollinstanzen, die dem Journalismus Rahmenbedingungen setzen:

(1) das Recht;
(2) die Politik;
(3) der Markt.

Das *Recht* spielt als Steuerungsmedium im journalistischen Alltag eher eine untergeordnete Rolle, weil die Verfassung die Pressefreiheit garantiert - wenn auch nicht schrankenlos. Pressefreiheit ist eben nur eines von mehreren Grundrechten, die untereinander konfligieren können und die es deshalb auszutarieren gilt. Umfassende gesetzliche Regelungen, die auf eine Steuerung journalistischer Inhalte abzielen, sind jedoch mit dem Grundrecht des Artikel 5 Grundgesetz (GG) unvereinbar. Presse- und Meinungsfreiheit erlauben es, so resümiert der Verfassungsrechtler Hans Peter Bull, „einseitig zu berichten und zu kommentieren...das Grundgesetz erlaubt es, Unwahrheiten und Unsinn zu drucken und zu senden, solange nicht die allgemeinen Gesetze, der Persönlichkeits- und der Jugendschutz entgegenstehen, und das sind nach wie vor recht weit gezogene Grenzen" (BULL 1983: 337f).

Bull selbst bringt dann allerdings auch gleich auf den Punkt, welche Konsequenzen der große rechtliche Freiraum dem Journalismus idealiter abverlangt: „Aber ich habe eine zu hohe Meinung von der Funktion der Medien im demokratischen Staat, als daß ich diese rein rechtliche Bindung genügen lassen würde. Der Staat darf nicht mehr als Verfassung und Gesetz durchsetzen, die Medien selbst können und sollten strengere Maßstäbe anlegen" (BULL 1983: 337f). Gerade weil die rechtlichen Grenzen so weit gezogen sind, entsteht also Ethik-„Bedarf", muß sich der Journalismus selbst in die Pflicht nehmen.

Die *Politik* hat zumindest im Bereich der öffentlich-rechtlichen Anstalten über die Aufsichtsgremien und bei Personalentscheidungen Einfluß gewonnen, der Zweifel aufkommen läßt, ob die dort beschäftigten Journalisten ihren Kontrollauftrag gegenüber den Mächtigen noch im angemessenen Umfang wahrnehmen können. Da jedoch mittelfristig die öffentlich-rechtlichen Anstalten eher an Boden verlieren als gewinnen werden, sollten die direkten Steuerungsmöglichkeiten von Medieninhalten durch die journalistischen Statthalter politischer Parteien längerfristig nicht allzu hoch veranschlagt werden.

Für weitaus relevanter, wenn auch in der öffentlichen Diskussion bisher eher vernachlässigt, halte ich das *indirekte Steuerungspotential*, das politische Institutionen des öffentlichen Lebens (ebenso wie solche aus Wirtschaft, Verbänden und Kultur) mit Hilfe zunehmend professionalisierter Public Relations; gewonnen haben - und zwar gegenüber allen Massenmedien (vgl. BAERNS 1985).

Bereits an dieser Stelle wird zweierlei deutlich: Erstens ist Journalismus-Versagen nicht immer individuell zurechenbar, sondern mitunter institutionell bedingt und zu verantworten. Die von Kommunikationswissenschaftlern aufgeworfene und kontrovers diskutierte Frage, ob wir neben einer *Individualethik* auch eine *Organisationsethik* brauchen (vgl. RÜHL/SAXER 1981; BOVENTER 1984), ist also nicht rein akademischer Natur. Und zweitens gibt es natürlich Bedarf an Individual- und Organisationsethik nicht nur im Journalismus und in den Medienbetrieben, sondern auch in dem beiden vorgelagerten Bereich der *Public Relations*.

Das dritte Steuerungsmedium ist der *Markt*. Er spielt bereits in der derzeitigen von der Medienpolitik geschaffenen Konfiguration die dominierende Rolle und wird mehr noch die absehbare Zukunft bestimmen, in der sich die privaten Anbieter im Bereich des Hörfunks und Fernsehens weitere Marktanteile sichern werden.

Der Markt ist eine unerbittliche und zugleich auch „demokratische" Steuerungsinstanz: Die Märkte mögen vermachtet sein, und nur wenige Mediengiganten ein Gros des Angebots bestimmen; partiell mag es auch gelingen, entsprechende Nachfrage erst zu induzieren - insbesondere bei im Medienverbund präsentierten Angeboten. Dennoch lassen sich an den Präferenzen des Publikums vorbei Medienprodukte nicht verkaufen. „Die Abstimmung am Kiosk", auf die Axel Springer zu verweisen pflegte, findet in der Multi-Medien-Gesellschaft zwar längst nicht mehr nur am Kiosk statt; *Konsumenten-Souveränität* ist jedoch nicht nur ein leeres Schlagwort - die „Abwanderungs-Option", die der Rezipient nun einmal hat, sei es per Fernbedienungs-Knopf oder per Abo-Kündigung, ist ein Stück sehr realer und auch von der Produzentenseite gefürchteter „Gegenmacht". Eine Sondersituation haben wir allenfalls dort, wo ein Medium eine Monopolstellung innehat - also z.B. in Ein-Zeitungs-Kreisen.

Marktsteuerung, also: der Wettbewerb um Marktanteile und damit auch um persönlichen Gewinn, ist ein hochwirksames Steuerungsinstrument auch im Medienbereich. Marktgerechtes Verhalten wird vom Markt unmittelbar honoriert. Die Verlags- und Geschäftsleitungen der Medienbetriebe werden sich also bei wachsendem Konkurrenzdruck verstärkt um *marktkonformes Verhalten* bemühen. Was die von den Medien transportierten Inhalte anlangt, heißt das: Orientierung an Einschaltquoten, Marktforschung, Copytests, um „im Trend" zu liegen.

Gerade hier sind aber vielfältige ethische Konflikte vorprogrammiert: Was unter dem Blickwinkel der Marktsteuerung wünschenswert sein mag, ist oft (allerdings beileibe nicht immer!), an traditionellen Normen journalistischer Professionalität gemessen, moralisch verwerflich.

Vielleicht ist es deshalb gar nicht so abwegig, durch eine offensiv geführte Diskussion um Ethik und professionelle Normen im Journalismus die Autonomie des Journalismus stärken zu wollen. Gewiß, man sollte keine Wunder erwarten: Aber auch die zehn Gebote waren und sind nicht schon deshalb wirkungslos, weil sie - übrigens bereits lange vor dem Zeitalter der Säkularisierung - immer wieder nicht eingehalten wurden.

2.4. Zusammenfassung

Ethikbedarf im Journalismus haben wir also nicht deshalb, weil es keine anderen Steuerungsinstanzen gäbe, sondern gerade weil ein intaktes und von den Journalisten selbst weithin akzeptiertes System professioneller Normen am ehesten die Gewähr dafür bieten könnte, daß der Journalismus seine relative Autonomie wahren kann. Um dieses Ziel zu erreichen, wäre ein weitreichender Konsens innerhalb der Journalisten-Zunft über die Gültigkeit bestimmter professioneller Normen wünschenswert.

Andererseits dürfen realistischerweise die Erwartungen an die Verbindlichkeit journalistischer Ethik nicht allzu hoch geschraubt werden. Denn die Medien sind allemal auch eine Ausdrucksform und zugleich ein Vexierbild eben jener multikulturellen Gesellschaft, in der wir leben. In ihr kann es die *eine* Ethik nicht mehr geben. Deshalb bleiben die bereits eingangs artikulierten Zweifel, ob die Strategie, Ethik als „Steuerungsressource" zu aktivieren, wirklich erfolgversprechend sein kann.

> **Selbstkontrollfrage 1:**
> Warum läßt sich Ethik als gesellschaftliche Steuerungsressource verstehen?
> Welche anderen gesellschaftlichen Steuerungsmedien werden in Teil 1 genannt?
> Worin liegen die Stärken, wo die Grenzen gesellschaftlicher Steuerung durch Ethik?

3. Empirische Untersuchungen zum Berufsethos von Journalisten

Die journalistische Praxis wird freilich *immer* von gewissen Regeln des beruflichen Handelns geleitet - sie mögen den einzelnen Journalisten bewußt sein oder nicht. Hier tritt die empirische Journalismusforschung auf den Plan. Was für Regeln dies sind, versucht sie mit wissenschaftlichen Methoden zu erfassen. Ihr geht es nicht in erster Linie darum, wünschenswerte Regeln für den Journalismus aufzustellen, sondern zu ermitteln, wie Journalisten arbeiten und was sie über ihre Arbeit denken. Sie möchte zunächst wissen, was für eine Ethik, was für Werte, Meinungen und Vorstellungen handlungsleitend sind - kurz: welche *normativen* Vorstellungen die Arbeit von Journalisten *tatsächlich* bestimmen. Meistens sucht sie dies durch Befragungen der Journalisten zu klären.

Im folgenden werden einige Forschungsergebnisse vorgestellt, die für die journalistische Praxis besonders relevant sein dürften. Diese Ergebnisse erlauben auch einen Vergleich mit anderen Berufen und können so als Gradmesser der Professionalisierung des Journalismus dienen. Durch interkulturelle Untersuchungen wurde es ferner möglich, handlungsleitende Werte und Normen im deutschen Journalismus mit denen anderer Länder zu vergleichen.

Wenn man schließlich unterstellen könnte, daß es allgemein akzeptierte Rahmenbedingungen für die Massenkommunikation gibt (dies ist freilich in der Wissenschaft umstritten), dann ließe sich daraus womöglich auch ableiten, was für ein Rollenverständnis für Journalisten als „angemessen" bezeichnet werden könnte (vgl. DONSBACH 1982: 67). An solchen diesmal von der *Wissenschaft* in den Rang des Normativen erhobenen Vorgaben könnten dann die Ergebnisse empirischer Befragungen beurteilt und kritisiert werden.

Die bis heute vorliegenden empirischen Untersuchungen zum Journalistenethos basieren hauptsächlich auf Umfragen, die vom Institut für Demoskopie Allensbach gegen Ende der siebziger Jahre durchgeführt wurden. Journalisten aus Presse, Funk, Fernsehen und Agenturen wurden dafür in Stichprobenverfahren ausgewählt. Die umfassendsten und aussagekräftigsten Daten entstammen einer vergleichenden Studie unter deutschen und englischen Journalisten von 1981, sie wurde für Deutschland vom Institut für Demoskopie Allensbach durchgeführt (künftig zitiert als ALLENSBACHER STUDIE, ausgewertet in KÖCHER 1985; weitere Ergebnisse sind enthalten in NOELLE-NEUMANN/KEPPLINGER 1978; vgl. auch NOELLE-NEUMANN 1979: 276). Es handelt sich um eine Umfrage unter 81 Journalisten, davon 22 Tageszeitungs-, 15 Hörfunk- und 44 Fernsehjournalisten.

3.1. Journalistisches Selbstverständnis

Naheliegend ist es gewiß, sich erst einmal ein Bild davon zu machen, wie Journalisten selber ihren Beruf sehen und was sie von ihm erwarten. Nicht zuletzt davon hängt ab, was sie an ethischen Normen anerkennen (vgl. Tabelle 1)

Besonders hervorzuheben ist, daß in der Hierarchie der wichtigsten Rollen, in denen sich Journalisten nach eigener Auffassung sehen sollten, die Zuschreibungen „Kritiker von Mißständen" und „neutraler Berichterstatter" ganz oben stehen. Damit werden die zwei unterschiedlichen Rollentraditionen des neutralen Vermittlers und des engagierten Publizisten von der überwältigenden Mehrheit der Journalisten fast gleich stark angenommen; dieses Ergebnis ist so bemerkenswert, weil es im Widerspruch zu der von vielen Kommunikationswissenschaftlern geteilten These steht, diese beiden Rollenverständnisse stünden im Gegensatz zueinander oder schlössen sich gar aus. Erstaunlich ist auch, daß die Mehrheit der deutschen Journalisten die Rolle eines „Wächters der Demokratie" ebenso entschieden bejaht, wie sie andererseits die Rolle eines „Politikers mit anderen Mitteln" oder eines „Pädagogen" ablehnt.

Tabelle 1: Rollenverständnis deutscher Journalisten (Zustimmung in Prozent, Mehrfachnennungen möglich)

Kritiker von Mißständen	95
Neutraler Berichterstatter	81
Wächter der Demokratie	79
Vermittler neuer Ideen	72
Anwalt der Bevölkerung	70
Helfer und Berater der Leute	58
Unterhalter	54
Sprachrohr der Leute	47
Pädagoge	16
Politiker mit anderen Mitteln	12

(Quelle: KÖCHER 1985: 78f)

In der Befragung, was Journalisten an ihrem Beruf besonders anziehend finden und warum sie ihren Beruf gewählt haben, bestätigen sich diese Ergebnisse. Drei Grundmotive stehen an der Spitze: Neben den persönlichen Entfaltungsmöglichkeiten (Schreiben: 68%, die abwechslungsreiche Arbeit: 64%, Freiheit in der Themenwahl: 64%) lockt die Möglichkeit zu investigativen Aufgaben (Kritik zu üben und Mißstände aufzudecken: 70%) und Informationen zu vermitteln (das spannende Element des Berufs: 64%, anderen Wissen vermitteln und ihren Horizont erweitern: 46%). Eine untergeordnete Rolle spielen dagegen, so jedenfalls die Ergebnisse der Studie, die Verdienstmöglichkeiten, gesellschaftliches Ansehen und gute Zukunftschancen. In diesem letzten Punkt liegt allerdings der Verdacht auf der Hand, daß die befragten Journalisten ihre Motive beschönigt haben, was auf ein methodisches Problem genereller Art verweist. Befragungen müssen stets auf der Selbsteinschätzung von Journalisten aufbauen. Ausgeklammert werden muß dabei, daß es möglicherweise auch Handlungsregeln und -motive gibt, die in der gesellschaftlich eingeübten journalistischen Praxis eine bedeutsame Rolle spielen und in der Selbsteinschätzung der Journalisten trotzdem nicht vorkommen oder nur verzerrt reflektiert werden. Was den Journalisten unbewußt bleibt, kann nur in medientheoretisch angelegten Studien sinnvoll erörtert werden.

Vieles läßt sich freilich schon an Befragungen ablesen - so auch, daß Journalisten in ihrem Beruf überwiegend zufriedener sind als Angehörige anderer Berufsgruppen. Selbst die vielfach eher negativ bewertete Seite des Journalismus, daß die Arbeit meistens unter erheblichem Zeitdruck geleistet werden muß, wird noch von 20% der Journalisten als Vorzug gepriesen (Zahlen nach KÖCHER 1985: 78ff).

3.2. Journalisten und der Pluralismus

Auch wenn sich die Journalisten nach eigenem Bekunden einer objektiven Darstellung von Sachverhalten verpflichtet fühlen, ist nicht anzunehmen, daß sie diesem Anspruch je individuell, als Einzelpersonen, gerecht werden können (zum Objektivitätsbegriff vgl. BENTELE 1991) - erst recht nicht dann, wenn sie ihre zweite hoch bewertete Funktion als Kritiker von Mißständen wahrnehmen. Andererseits ist in mehreren Verfassungsgerichtsurteilen der Bundesrepublik Deutschland der Anspruch auf Objektivität dahingehend normiert worden, daß für die Medien im ganzen eine umfassende und vielfältige Versorgung mit Information gewährleistet sein muß. Darin enthalten ist insbesondere die Forderung, die Massenmedien müßten in ihrer Gesamtheit die Interessen aller Gruppen der Gesellschaft angemessen repräsentieren.

Wenn der Objektivitäts- und Neutralitätsanspruch nicht mehr dem einzelnen Journalisten „aufgebürdet" wird, so rückt umso dringlicher die Frage in den Vordergrund, ob die Gesamtheit der Journalisten dieser Forderung gerecht werden kann. Von hohem Interesse ist es dann, aus welchen politischen Schattierungen sich das Meinungsspektrum der Journalisten zusammensetzt: Umso mehr, wenn es zutreffen sollte, daß die Medien nicht nur politisch äußerst einflußreich, sondern sogar wahlentscheidend sein können - wie Elisabeth Noelle-Neumann 1976 in einer Wahlanalyse nahelegte (vgl. NOELLE-NEUMANN 1979). Dahinter steht die Überzeugung, daß eine Links- oder Rechtslastigkeit bei den Journalisten, gemessen am politischen Standort des Bevölkerungsdurchschnitts, zu einer manipulativen Deformation des Volkswillens führen könnte. Wäre festzustellen, daß Journalisten hier Einfluß auf politisches Engagement und auf Wahlentscheidungen der Rezipienten ausübten, wäre es, so legt die Studie nahe, ein Gebot journalistischer Ethik, Handlungsnormen zu finden und zum Handeln nach solchen Normen anzuhalten, die dies verhindern.

Untersuchungen haben über die Jahre hinweg (von 1969, 1973, 1976 und 1981) eine „ausgeprägte Dominanz von linksliberalen Anschauungen im deutschen Journalismus" ergeben: Die politischen Positionen der Journalisten bewegen sich zwar innerhalb des Spektrums der im Bundestag vertretenen Parteien. Innerhalb dieser Bandbreite jedoch verschiebt sich das Kräfteverhältnis nach links. Auf die sogenannte „Sonntagsfrage" („Wenn am nächsten Sonntag Bundestagswahlen wären...")

nannten 1980/81 nur 20% der Journalisten die CDU, 25% die FDP, 54% die SPD und 1% die Grünen, 18% nannten keine Partei. (Die Bundesregierung wurde damals von einer SPD/FDP-Koalition gebildet. - Neuere Untersuchungen fehlen, so daß über die Repräsentanz der „Grünen" nur in deren Gründungsphase Zahlen vorliegen.) Als die deutschen Journalisten in einer von 0 bis 100 reichenden Skala (0 = extrem links, 100 = extrem rechts, 50 = Mitte) sich selbst einordnen sollten, ergab sich ein Durchschnittswert von 43 (leicht links, d.h. 7 Punkte links von der Mitte), in der Bevölkerung ab 18 Jahren insgesamt dagegen ein Durchschnitt von 56 (6 Punkte rechts von der Mitte). Insgesamt orientierten sich die Journalisten also um 13 Skalenpunkte weiter nach links als die Gesamtbevölkerung.

Allerdings umfaßte die Studie noch eine weitere Frage, die den politischen Standort ihrer Organe betraf. Gefragt wurden die Journalisten, wo auf dieser Skala sie die Position ihrer Zeitung oder ihres Senders vermuteten. Diese orteten sie im Durchschnitt erheblich weiter rechts, als es ihrem persönlichen politischen Standort entsprochen hätte - ziemlich exakt dort, wo sich die Bevölkerung insgesamt einordnet (55, d.h. 5 Punkte rechts von der Mitte; vgl. KÖCHER 1985: 54 u. 56). Aus der Befragung der Journalisten gingen folglich zwei unterschiedliche Ergebnisse hervor: Wäre der Maßstab für eine insgesamt objektive oder „ausgewogene" Repräsentanz politischer Meinungen die politische Meinung der Journalisten, so ergäbe sich ein verzerrtes Bild. Legte man dagegen zugrunde, wie Journalisten ihre Medienorgane einschätzen, so deckte sich deren politischer Standort im Mittelwert recht genau mit dem Durchschnitt der Meinungen in der Bevölkerung - ein Aspekt, der in der Auswertung der Studie leider nicht berücksichtigt wird.

Beide Ergebnisse reichen freilich nicht aus, um Aussagen über die tatsächlichen politischen Positionen der Medien zu treffen. Hier stößt die Methode der Befragung an ihre Grenzen: Weder die politische Meinung der Journalisten noch der von ihnen vermutete Standort ihrer Organe lassen einen verläßlichen Rückschluß auf Positionen zu, die ihre Presseprodukte widerspiegeln.

3.3. Medienelite

Bedenkt man, daß für journalistische Genres wie Leitartikel und Kommentare, in denen Meinungen explizit gemacht werden, eher leitende Redakteure zuständig sind und auch die politische Ausrichtung der Presseprodukte stärker von ihnen als vom Gros der Journalisten bestimmt wird, bietet statt einer repräsentativen Stichprobe unter Journalisten die Analyse der journalistischen „Elite" einen weiteren Ansatzpunkt, um den politischen Standort der Medien zu ermitteln.

Eliten im soziologischen Sinn setzen sich zusammen aus den Personen, die in einem bestimmten Gebiet die führenden Positionen innehaben und dementsprechend einflußreich sind. Eine repräsentative Studie zu den Eliten in Wirtschaft, Verwaltung, Politik und Gewerkschaft von 1972 läßt eine Auswertung für die Medienelite zu und ermöglicht zudem den Vergleich mit anderen Eliten in der Gesellschaft (vgl. HOFFMANN-LANGE/SCHÖNBACH 1979: 49ff; neuere Zahlen gibt es nicht; das Untersuchungsjahr 1972 ist allerdings insofern wenig repräsentativ, als das Meinungsbarometer später nie mehr so weit nach links ausgeschlagen hat).

Befragt zur Parteienpräferenz, zeigte sich insbesondere bei der Elite von Funk und Fernsehen eine gewisse Affinität zur damaligen sozial-liberalen Regierungskoalition. Wurden jedoch die Werte bei den Funkmedien für *ARD* und *ZDF* gesondert berechnet, so tendierten in fast demselben Maße die *ARD*-Führungskräfte zur SPD wie die des *ZDF* zur CDU. Das Fazit der Forscher für die Medienelite lautete letztlich, die untersuchten Führungskräfte äußerten klare Präferenzen für Parteien, blieben aber zugleich zu ihnen auf Abstand (vgl. HOFFMANN-LANGE/SCHÖNBACH 1979: 59). Dies sei möglicherweise auf ihr Rollenverständnis als kritische Beobachter des politischen Geschehens zurückzuführen.

Gefragt wurde die Medienelite auch nach ihrer Haltung zu Grundwerten und zu konkreten politischen Zielvorstellungen. In kontroversen Fällen, insbesondere wo eine stärkere Demokratisierung der Gesellschaft gefordert wurde, nahmen die Medien eine „vermittelnde Position" zwischen den beiden Antipoden Wirtschaft und Gewerkschaften ein.

Letztlich ergab sich, daß die Medienelite wohl als Ausdruck professionellen Rollenverständnisses für breitgefächerte Meinungsfreiheit eintritt, selbst aber keineswegs vielfältiger zusammengesetzt ist als andere Eliten (vgl. HOFFMANN-LANGE/SCHÖNBACH 1979: 75).

Auch die Befragung der Medienelite kann letztlich keinen Aufschluß darüber geben, ob die Medien in der Bundesrepublik das Meinungsspektrum der Bevölkerung repräsentieren. Dies könnte nur aus einer breit angelegten, sehr viel aufwendigeren Inhaltsanalyse hervorgehen. Sie hätte die Medienprodukte zu analysieren und linke bis rechte Positionen zu gewichten nach Auflagenstärken und Einschaltquoten. In einem weiteren Schritt müßte eine als Langzeitstudie konzipierte „Rezipientenuntersuchung" bei Zuschauern, Hörern und Lesern zeigen, ob die ermittelten Ergebnisse auch bis zum Empfänger durchdringen und ihn in seiner Meinung beeinflussen. Eine solche Untersuchung liegt bisher nicht vor.

3.4. Journalisten im internationalen Vergleich

Einen weiteren Ansatz bietet der Vergleich journalistischen Selbstverständnisses in verschiedenen Ländern. Sofern es gelingt, unterschiedliche Berufsauffassungen, Motivationen und Handlungsnormen nachzuweisen, lassen sich unter Umständen daraus Kriterien zur Bewertung und Kritik der Vorstellungen im eigenen Kulturraum entwickeln.

Unterschiedliche kulturelle, geistige und wissenschaftliche Traditionen und Denkweisen lassen erwarten, daß sie auf das Bild vom Journalismus und auf die Arbeitsweise der Journalisten zurückwirken. Die schon zitierte Allensbacher Studie über deutsche und englische Journalisten bezieht sich hier mit der angelsächsisch-empiristisch geprägten und der eher idealistisch-theoretischen deutschen Denkungsart exemplarisch auf zwei Traditionen, die besonders stark kontrastieren. Von Immanuel Kant über Max Weber bis zu den Vertretern der Kritischen Theorie herrschten in Deutschland eher reflexive, nach Begründung suchende, in Großbritannien von David Hume über Jeremias Bentham bis hin zu Karl Popper dagegen eher deskriptive Denkweisen mit einem starken Bezug zum common sense und einer eher unhinterfragten Objektivitätsvorstellung vor.

In England wurde durch dieses geistige Klima ein Journalismus gefördert, der sich am Ideal der neutralen Vermittlung der „Wahrheit" orientierte. Dagegen legte der deutsche Journalismus traditionell eher den Akzent auf engagiert vorgetragene Meinungen, deren „Wahrheit" sich als Resultat eines Wettstreits am Ende offenbaren sollte.

Die Studie über den Journalismus in England und Deutschland von Renate Köcher bezieht für ihre Arbeitshypothesen in dieser Frage eindeutig Stellung. Daß die deutsche Presse geistige und politische Führerschaft, vorgetragen in engagiertparteilichem Journalismus, bis in dieses Jahrhundert als ihre „vornehmste Aufgabe" ansah, habe den Boden geebnet für einen durch die Nazis „verordete[n] und gelenkte[n] Gesinnungsjournalismus", dessen Ziel nicht Information, sondern Beeinflussung gewesen sei (vgl. KÖCHER 1985: 31).

Entsprechend kontrastiv fallen die Hypothesen aus, die der empirischen Untersuchung vorangestellt sind. Erwartet wurde zunächst eine „stärkere Konzentration auf die Recherche in Großbritannien, eine Höherbewertung der Analyse in der Bundesrepublik". Tradition, Geschichte und Kultur begünstigten „in Großbritannien die Betonung der Rolle des Vermittlers, in der Bundesrepublik die Sicht von Journalismus als einer Spielart der politischen Karriere" (KÖCHER 1985: 23). Unterstellt wurde „eine signifikant größere Bereitschaft des deutschen Journalismus zur entschiedenen Parteinahme sowie ein stärkerer Wille zur Beeinflussung", ein ausgeprägteres Sendungsbewußtsein und andererseits eine schwächere Orientierung an den Publikumsinteressen. (Köcher beruft sich bei diesem Titel auf Max Weber; zu Unrecht, denn Weber bezeichnete den Journalisten nicht als eine Spielart des Politikers, sondern er sah umgekehrt die Arbeit des Journalisten als die einzige Tätigkeit an, durch die ein Politiker - unabhängig von finanziellen Rücklagen - seinen Lebensunterhalt bestreiten konnte, vgl. WEBER 1988: 525 ff).

Diesen Nachteilen stünden in Großbritannien die eines übertrieben rechercheorientierten Journalismus gegenüber: Mangelnde Achtung des Persönlichkeitsschutzes und die Tendenz, unlautere Informationsbeschaffungsmethoden im Interesse von „the public's right to know" in Kauf zu nehmen.

Solch holzschnittartige Kontraste hat die vergleichende Erhebung unter deutschen und britischen Journalisten nicht bestätigt. Sie macht vielmehr - trotz Unterschieden im einzelnen - eine erstaunlich große Übereinstimmung deutlich. Auch angelsächsische Journalisten sehen ihre politische Position mehrheitlich „links" vom Durchschnitt der Bevölkerung. Der amerikanische Fernsehjournalist Walter Cronkite meinte denn auch, die Linkstendenz sei „etwas, das in der Natur der Arbeit eines Journalisten" liege (vgl. KÖCHER 1985: 46; Übersetzung d. Verf.). Auf der Skala von ganz links (0) bis ganz rechts (100) ordnen sich die britischen Journalisten beim Wert von 46 ein, 3 Punkte rechts von ihren deutschen Kollegen. Ihr Abstand zum Durchschnitt der Bevölkerung beträgt 11 Punkte (in Deutschland 13). Auch sie sehen die politische Linie ihrer Verlage bzw. Sender rechts von ihrem eigenen Standort (bei 56), und zwar ebenfalls beinahe exakt dort, wo im Durchschnitt die Bevölkerung steht (57).

Ihr Aufgabenverständnis gleicht im großen und ganzen dem deutschen. Lediglich im Grad der Zustimmung tendieren die britischen Journalisten stärker zur Rolle des neutralen Übermittlers (90% gegen 76% Zustimmung), die deutschen stärker zur Kritikerrolle (95% gegen 79%). Beide akzeptieren beide Rollen jedoch in hohem

Maße, „scheinbar mühelos", wie auch die Allensbacher Studie feststellt (vgl. KÖCHER 1985: 87).

Selbst in der als besonders kontrovers angesehenen Frage der Objektivität ergibt sich ein ähnliches Bild. Von britischen wie deutschen Journalisten wird die in der Objektivitätsnorm angestrebte Fähigkeit zu einer genauen, tatsachengetreuen Berichterstattung übereinstimmend als „sehr wichtig" bewertet (96% und 94%).

Der Untersuchung zufolge ergibt sich allerdings „ein völlig abweichendes Meinungsbild" (KÖCHER 1985: 109) bei englischen und deutschen Journalisten, sobald nach einer über die Tatsachenvermittlung hinausgehenden Wertung gefragt wird: 63% aller deutschen, aber nur 37% der britischen Journalisten hielten eine wertende Berichterstattung für ein Merkmal von gutem Journalismus.

Dieses Ergebnis verdient indes eine genauere Analyse: Vermutlich fällt es erst durch eine Differenz in der Fragestellung so deutlich aus. Wörtlich lautet die den britischen Journalisten zur Beurteilung vorgelegte Umschreibung der Fähigkeit folgendermaßen: „The ability to put a point of view in a report or story so that people will see how they should interpret the event" (KÖCHER 1985: 110). Es geht deutlich um einen Standpunkt, der in den Text eingearbeitet werden soll. Ebenso explizit ist für die Interpretation von einem die Sichtweise des Publikums bestimmenden „Sollen" (should) die Rede. Im Deutschen ist die Umschreibung dagegen mehrdeutig. „Die Fähigkeit, einen Beitrag so zu schreiben, daß die Leute sehen, wie ein Ereignis zu interpretieren ist" (KÖCHER 1985: 110) kann in einer von mehreren Auslegungsmöglichkeiten zwar dasselbe bedeuten wie in der englischen Version, nämlich eine subjektive, von der eigenen „Gesinnung" bestimmte Sicht der Dinge einem Bericht unterzumischen. Sie kann aber auch bedeuten, daß der Journalist den Beitrag verständlich und begründend schreiben soll - so, daß der Rezipient den Sinnzusammenhang eines Ereignisses verstehen kann, (etwa indem er die Auslandsverschuldung Polens statt in Sloty- in DM-Beträgen ausdrückt und mit vergleichbaren Zahlen in Beziehung setzt). Weiterhin ist in der deutschen Version allgemein von „Beitrag" die Rede, also von einem Oberbegriff für verschiedene journalistische Darstellungsformen, und nicht - wie im Englischen - von einem „report" (Bericht). Die Befragten konnten also annehmen, es gehe hier beispielsweise auch um die journalistische Befähigung, einen Kommentar zu schreiben. Was möglicherweise gemeint war, entschieden allein die Befragten; bei Verständnisschwierigkeiten wurden sie gebeten, von ihrer eigenen Situation aus zu urteilen. Die subjektivmeinungsbetonende Färbung im englischen Fragebogen und die mehrdeutige deutsche Version mußte ein Auseinanderdriften der Antworten im Sinne der Ausgangshypothese provozieren. Daß deutsche Journalisten stärker zur „engagierten Meinungspublizistik" neigen, sollte freilich durch die Untersuchung erst bewiesen werden. Deshalb hätte in dieser entscheidenden Fragestellung jedem möglichen vorschnellen Urteil vorgebeugt, ja sogar entgegengearbeitet werden müssen, zumal wenn die vermeintlich festgestellte Tendenz zuletzt sogar im Titel „Spürhund und Missionar" der Veröffentlichung vorangestellt wird (vgl. KÖCHER 1985: 23); ausserdem hätte sich die Auswertung mit der irritierenden Tatsache beschäftigen müssen, daß die Zustimmung hier bei den deutschen Journalisten doppelt so hoch ist wie bei den englischen, in der verwandten Frage nach der journalistischen Funktion des „Kritikers von Mißständen" die Zustimmung bei deutschen und englischen Journalisten jedoch nur um 14% differiert.

Insgesamt fallen die Unterschiede zwischen den beiden Ländern nicht so kraß aus, wie es die jeweiligen Traditionen und das politisch-kulturelle Umfeld vermuten lassen würden. In England genießt die Rolle des Kritikers, in Deutschland die des neutralen Vermittlers von Information jeweils ein sehr viel höheres Ansehen, als man aufgrund von Geschichte und Gepflogenheiten hätte vermuten können. Ob dies bedeutet, daß die jeweils traditionell überlieferten Rollen in England und Deutschland etwas von ihrer nicht oder wenig hinterfragten Selbstverständlichkeit verloren haben, ist eine Frage, die in weiterführenden Analysen aufgegriffen werden müßte.

3.5. Professionelle Berufsnormen

Bisher galten unsere Überlegungen zur empirischen Seite der journalistischen Ethik einem journalistischen Selbstverständnis, das die dahinter stehende ethische Haltung mehr „verrät", als daß sie sie explizit zum Thema macht. Vorstellungen etwa von Objektivität, Kritik oder der politischen Funktion des Journalismus drücken die ethische Einstellung eines Journalisten aus und sind handlungsleitend, auch wenn dieser sich über seine ethische Einstellung keine großen Gedanken gemacht hat.

Dagegen gibt es wohl in allen Berufszweigen spezifische Berufsnormen, d.h. Normen, die in konkreten Entscheidungssituationen handlungsorientierend wirken sollen. Diese Normen mögen innerhalb einer Zunft noch so lange umstritten sein; sind sie einmal festgelegt, so wacht über ihre Einhaltung der jeweilige Berufsverband.

Als Beruf weist der Journalismus ein zweideutiges Profil auf. Einerseits sind Journalisten in Berufsverbänden organisiert und teilen ein Gefühl beruflicher Identität. Andere typische Merkmale von „Professionen" sind aber nur schwach ausgebildet. So sprechen Journalisten keine Laien schwer zugängliche Expertensprache (nur wenige Spezialausdrücke wie Aufmacher, O-Ton, MAZ). Die fachliche Ausbildung wird zwar in jüngster Zeit systematisch betrieben; trotzdem gilt das berufliche Wissen für viele weiterhin als in der Praxis gleichsam en passant erlernbar. Sieht man von den eher „handwerklichen" Erfordernissen (schreiben, redigieren, Umbruch usw.) einmal ab, so fehlt den Journalisten jene „direkte Verantwortlichkeit für praktische Dinge" (SCHUMPETER 1950: 239), die beispielsweise von einem Ingenieur oder einem Naturwissenschaftler verlangt wird. Auf der anderen Seite steht der Journalismus in engem Zusammenhang mit „allgemeinen Werten, zum Beispiel der Menschenwürde, der politischen Freiheit" und vor allem der Meinungsfreiheit, für die „in liberalen Staaten" eine „berufliche Zuständigkeit" (KEPPLINGER 1979: 229) im Sinne professioneller Kompetenz abgelehnt wird.

Insgesamt weist der Journalismus also einen schwachen Professionalisierungsgrad auf. Als Kriterium dafür wird unter anderem angesehen, daß im Journalismus die geltenden Berufsnormen, die für die Normenkomplexe Sorgfaltspflicht, Persönlichkeitsschutz und Verantwortlichkeit untersucht worden sind, weniger wirksam sind als in klassischen Professionen, vor allem auch, weil oft Normenkonflikte vorlagen. (Resultate zusammengefaßt in: KEPPLINGER/VOHL 1979: 231ff). Bezüglich der journalistischen Sorgfaltspflicht ergab sich, daß die befragten Journalisten - 121 Journalisten des ZDF im Frühjahr 1974, die mit Hilfe eines Zufallsverfahrens ausgewählt wurden; die Studie ist damit nicht für den Journalismus insgesamt repräsentativ - „eine erstaunlich große Bereitschaft [zeigen], ... eine Meldung auch dann zu publizieren, wenn sie ihre Richtigkeit aus Zeitmangel nicht mehr überprüfen können" (KEPPLINGER 1979: 233). Allerdings waren sie zur Verletzung dieser an sich unstrittigen Norm nur deshalb bereit, weil im fraglichen Fall „Sorgfaltspflicht" mit der anderen journalistischen Norm der „Aktualität" im Widerstreit stand. Je (meßbar) höher das Publikumsinteresse an einem Fall war, desto eher waren sie zu einer schnellen Veröffentlichung bereit.

Ganz ähnlich verhielt es sich beim Persönlichkeitsschutz. Befragt, ob die Journalisten bereit waren, den Namen von Verdächtigen bzw. Verurteilten (in strafrechtlich unterschiedlich relevanten Fällen) zu nennen, nannte die Studie auch hier einen Normenkonflikt: zwischen dem Schutzrecht der Verdächtigen bzw. Verurteilten und dem Interesse der Rezipienten an konkreter und schneller Information, das sich wiederum in der journalistischen Norm der Aktualität spiegelt. Zwar wollten die Journalisten überwiegend die Namen von Verdächtigen nicht nennen, waren aber immer dann bereit, die Namen von Verurteilten preiszugeben, wenn ein besonderes Interesse auf Seiten der Rezipienten erwartbar war. Dieses Verhalten ist problematisch, weil es „alle Personen mit besonderen individuellen oder sozialen Merkmalen - z.B. Angehörige der Eliten und soziale Randgruppen - ... durch die Berichterstattung der Presse benachteiligt" (KEPPLINGER 1979: 239). Dabei sei entscheidend, daß die Journalisten, anstatt sich nach geltenden Berufsnormen zu richten, dem Publikumsinteresse nachgäben und sich von ihm die Themenwahl diktieren ließen. Der Journalismus richtet sich hier also nach Ansprüchen, die seiner Profession äußerlich sind. Er verfüge, so die Studie, daher „nur in sehr bedingtem Maße über eine professionelle Autonomie" (KEPPLINGER 1979: 240).

In einem dritten Fragekomplex hielten es alle befragten Journalisten für richtig, einen Kollegen, der aufgrund schlechter Recherche unabsichtlich etwas Unwahres behauptet, zur Verantwortung zu ziehen. Weiterhin waren sie der Ansicht, Journalisten machten sich durch Berichte mit positiven Folgen moralisch verdient (zu 70 bis 95%, z.B. wenn ein Bericht über unzumutbare Bedingungen im Altersheim zu neuen Zuschüssen führt). Für unbeabsichtigte negative Folgen ihrer Berichterstattung sprachen sich die Journalisten dagegen (zu 63 bis 70%) von der moralischen Verantwortung frei. Die Autoren schlossen daraus, die moralische Beurteilung positiver und negativer Folgen von journalistischen Berichten sei asymmetrisch: dem Anspruch auf moralische Verdienste entspreche keine vergleichbare Bereitschaft zur Übernahme moralischer Verantwortung (vgl. KEPPLINGER 1979: 244. Allerdings haben die Autoren in ihrer Bewertung nicht berücksichtigt, daß schon in der Fragestellung keine Symmetrie herrschte. Das moralische Verdienst beanspruchen die Journalisten für doch wohl *beabsichtigte* positive Folgen, dagegen waren die negativen Folgen *unbeabsichtigt*.)

Trotzdem handelten die Journalisten nicht generell unverantwortlich. Ihre Verantwortlichkeit beschränkte sich allerdings „auf die Verantwortung für die Richtigkeit und ... nicht auf die Verantwortung für die unbeabsichtigten negativen Folgen" (KEPPLINGER 1979: 246). Die Autoren fordern deshalb journalistische Berufsnormen, die verhindern, daß Personen oder Personenkategorien sozial isoliert werden (z.B. Ausländer), die „inadäquate Realitätsvorstellungen" und „unangemessene Reaktionen auf die übertriebene Darstellung sozialer Sachverhalte" (z.B. Umweltgefährdung durch Chloraldehyd) unterbinden und die der „individuellen und kollektiven Imitation [un]sozialer Verhaltensweisen" (KEPPLINGER 1979: 247) (z.B. Ausschreitungen unter Fußballfans) entgegenwirken. Zur Vorbeugung gegen mögliche Negativwirkungen genüge das moralische Bewußtsein der einzelnen Journalisten nicht. Die Autoren fordern in diesem Zusammenhang, Journalisten sollten stärker verantwortungsethisch und weniger gesinnungsethisch handeln (vgl. den Textauszug von Max Weber in 4.1.).

Wirkte sich allerdings ein Normenkatalog in allen angeführten Fällen regulierend aus, so könnte die Freiheit des Journalismus womöglich in einem nicht zu rechtfertigenden Maße eingeschränkt werden. Andere Stimmen betrachten es denn auch als ein berufstypisches Merkmal des Journalismus, frei zu sein von ähnlich einschränkenden Standesnormen, wie sie die Arbeit in anderen Professionen - z.B. von Ärzten, Anwälten - bestimme. Denkbar und notwendig wäre es freilich auch, das Problem bereits in der Vorbereitungsphase auf den Beruf aufzugreifen. Eine für alle Journalisten obligatorische „Mindestausbildung", die zu einer „Normierung subjektiver Berufsvoraussetzungen" (HERRMANN 1988: 87) führte, würde statt auf die Normierung des Handelns auf eine Normierung der Handlungsvoraussetzungen bauen. Die publizistischen Grundsätze des deutschen Pressekodex reichten dafür durchaus hin - wenn sie denn bloß beachtet würden.

3.6. Systemische Gefährdung journalistischer Berufsnormen

Abschließend muß erwähnt werden, daß es nicht immer nur dem individuellen Verhalten der Journalisten zuzuschreiben ist, wenn die geltenden und anerkannten Berufsnormen nicht eingehalten werden. Daß die Presse in der Gesellschaft eine kontrollierend-kritische Aufgabe zu erfüllen hat - ein Presserecht-Kommentar (vgl. LÖFFLER 1969: 9ff) zum Artikel 5 GG spricht sogar von einer „vierten Gewalt" neben Legislative, Exekutive und Jurisdiktion (vgl. DONSBACH 1982: 24 f) - ist, wie oben dargestellt, eine unter Journalisten unumstrittene Norm.

Eine Züricher Forschungsgruppe ermittelte, daß die Medien dieser Aufgabe unter heutigen Bedingungen in angemessener Form kaum nachkommen können, wo doch vielfach nicht mehr eigene Recherchen oder Primärquellen, sondern vorgefertigte Meldungen und Berichte von Pressestellen und -agenturen, die nahezu ungefilterte Grundlage für journalistische Produkte bilden. (Quelle: Forschungsteam des Seminars für Publizistikwissenschaft der Universität Zürich, veröffentlicht in Media Perspektiven 11/84; die Untersuchung betraf den deutschen Sprachraum in der Schweiz.) Dies dürfte in erster Linie auf den gewachsenen Zeit- und Leistungsdruck und auf höhere Anforderungen an Spezialwissen zurückzuführen sein. Daß hier die Presse ihre Kontroll- und Kritikfunktion nicht mehr in angemessener Weise wahrnehmen kann, ist vor allem ein Problem verantwortlicher Organisation der journalistischen Arbeitsbedingungen. (Zur Überforderung des „Systems Journalismus" in einer komplizierteren Welt, die die Verarbeitung von ständig zunehmender Umweltkomplexität abfordert, vgl. auch: RUSS-MOHL 1988). Dieses Problem weist über ethische Forderungen hinaus. Nachzudenken wäre hier über neue Konzepte des redaktionellen Informationsmanagements, die an die Stelle gut gemeinter, aber nicht realisierbarer Normen treten könnten.

> **Selbstkontrollfrage 2:**
> Fassen Sie die wichtigsten Ergebnisse empirischer Studien zum Verantwortungsbewußtsein von Journalisten zusammen.

4. Fallstudien, Lösungsansätze, Entscheidungshilfen

Nach den Überlegungen zum Steuerungspotential journalistischer Ethik und der Präsentation einiger Ergebnisse der empirischen Journalismus-Forschung stellen sich zwei Fragen:
(1) Wie lassen sich Alltagsprobleme des Journalismus in Verbindung bringen zur Ethik-Reflexion der Philosophie, sprich: Lassen sich Brücken schlagen zwischen den beiden Welten?
(2) Und wie läßt sich in der beruflichen Praxis bewußter mit ethischen Fragen umgehen?

Zunächst soll im folgenden anhand einiger Fallstudien deutlich gemacht werden, wie solch ein Brückenschlag aussehen und damit Philosophie „praktisch" werden könnte (vgl. RUSS-MOHL 1988). Sodann wird abschließend die „Potter-Box" vorgestellt - ein sehr pragmatischer, aus den USA importierter Vorschlag zur Bewältigung ethischer Dilemmata im journalistischen Alltag.

4.1. Drei Fallstudien

Ethisches Handeln hat Entscheidungsfreiheit zur Voraussetzung. Wer keine Entscheidungsfreiheit hat, hat auch nichts zu verantworten. Im redaktionellen Alltag hat der Journalist durchaus beträchtliche Ermessensspielräume.

Fall 1: Ein Recherche-Dilemma

Beginnen wir mit einem Recherche-Dilemma. Der Presserat hat den *Spiegel* wegen seines Titels vom 14.9.1987 gerügt, mit dem er den Barschel-Skandal ins Rollen brachte. Der Titel lautete: „Watergate in Kiel: Barschels schmutzige Tricks." Bei der Rüge ging es allerdings „nur" um die Frage, ob die Aufmachung durch die Story im Blatt hinreichend gedeckt war - und diese Story war bekanntlich zunächst ziemlich dünn. Die erste - in der öffentlichen Diskussion seinerzeit breitgewalzte - Frage dieser Fallstudie müßte indes lauten: Durfte der Spiegel, noch dazu am Tag vor der Wahl, nach dem Motto „Go with what you've got" verfahren? Stand nicht so viel auf dem Spiel, daß es gründlicherer Recherchen bedurft hätte, statt sich nur auf das Geständnis eines windigen Zeugen, des Barschel-Beraters Pfeiffer, zu verlassen?

Schon dies ist - und dabei sind wir erneut bei Max Weber - nicht nur eine Frage der *Gesinnungsethik*, sondern durchaus auch eine der *Verantwortungsethik*: Sollte der *Spiegel* tatsächlich am 14.9.87 nicht mehr gewußt haben, als er der Öffentlichkeit preisgab, so hätte er ziemlich leichtfertig nicht nur den guten Leumund und die Karrieren der Beschuldigten, sondern auch seine eigene Glaubwürdigkeit, seinen geschäftlichen Erfolg aufs Spiel gesetzt - mit allen Sekundär- und Tertiärfolgen, die so etwas bis hin zur Gefährdung von Arbeitsplätzen im eigenen Haus haben kann.

> **Textauszug:** *Max Weber über Gesinnungs- und Verantwortungsethik*
>
> „Da liegt der entscheidende Punkt. Wir müssen uns klar machen, daß alles ethisch orientierte Handeln unter zwei voneinander grundverschiedenen, unaustragbar gegensätzlichen Maximen stehen kann: es kann 'gesinnungsethisch' oder 'verantwortungsethisch' orientiert sein. (...) Es ist ein abgrundtiefer Gegensatz, ob man unter der gesinnungsethischen Maxime handelt - religiös geredet -: 'der Christ tut recht und stellt den Erfolg Gott anheim', oder unter der verantwortungsethischen: daß man für die (voraussehbaren) Folgen seines Handelns aufzukommen hat. Sie mögen einem überzeugten Syndikalisten noch so überzeugend darlegen: daß die Folgen seines Tuns die Steigerung der Chancen der Reaktion, gesteigerte Bedrückung seiner Klasse, Hemmung ihres Aufstiegs sein werden, - und es wird auf ihn gar keinen Eindruck machen. (...) Der Verantwortungsethik; er dagegen (...) wird sagen: diese Folgen werden, einem Tun zugerechnet. 'Verantwortlich' fühlt sich der Gesinnungsethik;er nur dafür, daß die Flamme der reinen Gesinnung, die Flamme z.B. des Protestes gegen die Ungerechtigkeit der sozialen Ordnung, nicht erlischt. Sie stets neu anzufachen, ist der Zweck seiner, vom möglichen Erfolg her beurteilt, ganz irrationalen Taten, die nur exemplarischen Wert haben können und sollen."
>
> (WEBER 1988: 551)

Fall 2: Die Redaktionsumwelt als Problem

Das zweite Problem, die Redaktionsumwelt als Falle, erwächst aus Verhaltenserwartungen der Kollegen und der Redaktion, die nicht immer deckungsgleich sind mit denen journalistischer Ethik-Kodizes. Als illustratives Fallbeispiel können hier die Ereignisse in Barschels Genfer Hotelzimmer herhalten. Erstaunlich unterbelichtet geblieben in der ganzen Debatte um die Recherchepraktiken des *stern*-Reporters Sebastian Knauer ist ein Aspekt, auf den wir bereits in anderem Kontext gestoßen sind - die Problematik einer Organisationsethik.

Der Politologe Theodor Eschenburg hat die entscheidende Frage immerhin angeschnitten: „Natürlich", so schreibt er, „hat die professionelle Versuchung den Rechercheur bestimmt, so zu handeln, wie er es getan hat; vielleicht auch die Angst vor der Hamburger Redaktion für den Fall der Unterlassung" (ESCHENBURG 1987). Die Frage, die sich im Zusammenhang mit der Genfer Fotografier-Aktion stellte, lautet zwar sicherlich auch: Durfte Sebastian Knauer, was er tat? Aber wenn man die Frage nur so formuliert, greift sie zu kurz. Sie muß auch lauten: Konnte ein *stern*-Reporter überhaupt anders handeln, als Sebastian Knauer das tat?

Erneut können wir, vom konkreten Fall ausgehend, vordringen zu den grundsätzlichen Fragen - etwa, ob eine Individualethik, die nur den einzelnen Journalisten in die Pflicht nimmt, noch ausreicht angesichts des Drucks, den Organisationen auf ihre Mitglieder auszuüben imstande sind. Brauchen wir nicht eine *Organisationsethik*, einen Verhaltenskodex, der auf die Redaktionen und die Medienbetriebe als Systeme zielt?

Während in anderen Bereichen unseres Wirtschaftssystems unter Stichworten wie der *Social Responsibility of the Firm*, der *Unternehmenskultur* oder auch der *Corporate Identity* solche Fragestellungen auch in die Praxis durchgesickert sind und dort recht intensiv diskutiert werden, sind sie bisher zu wenig in die Medienbetriebe und Redaktionen vorgedrungen. Dabei ist aus der empirischen Forschung bekannt, daß unter Journalisten die „Kollegenorientierung" sehr stark ausgeprägt ist. Mithin kann der Gruppendruck beträchtlich sein, und damit ist auch die Wahrscheinlichkeit groß, daß einzelne zu „Victims of Groupthink", zu Gefangenen des Gruppendrucks und damit des Gruppendenkens, werden (JANIS 1972).

Andererseits darf die Forderung nach einem Verhaltenskodex für Organisationen natürlich den einzelnen Journalisten nicht von individuell zurechenbarer Verantwortung entlasten. Gerade diese heikle Problematik sollte nicht nur anhand zunehmend „entrückter" Fälle aus dem Dritten Reich - etwa am Beispiel der *Frankfurter Zeitung* (GILLESSEN 1986) oder Werner Höfers - diskutiert werden; sie bleibt brandaktuell. Weiterhelfen dürfte an dieser Stelle der Gedanke einer gestuften Verantwortung, den Spaemann - allerdings in anderem Kontext - in die Ethikdiskussion einführt (SPAEMANN 1982). In der heutigen Zeit falle es den Menschen z.B. erstmals zu, für die Welt als Ganze Verantwortung zu übernehmen und sie ohne irreversible Schäden an künftige Generationen zu übergeben. Dagegen sei es evident, daß heute die Menschen keine Verantwortung dafür übernehmen können, wie künftige Generationen ihr Leben einrichten. Aus den Menschenrechten folgende sogenannte Unterlassungspflichten, etwa das Verbot der Folter, sei *immer* Pflicht. Dagegen müsse bei aktiven Handlungspflichten wie etwa der sozialen Fürsorge abgewogen werden, wie es um die Mittel zur Realisierung und die Wirkungen auf andere Pflichten bestellt sei. Entsprechend wären Überlegungen zu einer „gestuften" Übernahme von Verantwortung bei den Journalisten anzustellen.

Fall 3: Die Fauzi el Khauki-Falle

Kommen wir zu einem eher alltäglichen Fall. Dem Nachrichtenredakteur M. flimmert aus einem exotischen Land eine Agenturmeldung auf den Bildschirm - sagen wir: aus Marokko, aus Oman oder Libyen. Sie ist nicht von weltpolitischer Brisanz, würde sich aber angesichts der flauen Nachrichtenlage ganz gut im Blatt machen. Andererseits kommt M. die Sache ziemlich dubios vor - eigentlich wären weitere Recherchen vonnöten. Aber dafür hat er weder Zeit noch Ressourcen. Schließlich fragt er den Nachrichtenchef. Der teilt M.'s Skrupel nicht, zitiert vielmehr salopp Rudolf Augstein: „Fauzi el Khauki aus Arabien dementiert sowieso nicht" (zit. n. BRAWAND 1987: 121).

Derlei Zynismus ist in der Branche weitverbreitet - wie auch anderswo in unserer Gesellschaft das sogenannte 11. Gebot: „Du sollst Dich nicht erwischen lassen." Um das zu lernen, bedarf es indes nicht der Reflexion über journalistische Ethik. Was gibt der Fall also in unserem Kontext her? Zum einen sicher die etwas triviale Erkenntnis, daß auch Ethik-Kodizes - ähnlich wie das Recht - auf ein *Sanktionspotential* angewiesen sind, mit dem die Nichtbefolgung geahndet werden kann. Der Presserat, der immer wieder vehement um den Abdruck der von ihm ausgesprochenen Rügen in den betroffenen Blättern kämpfen muß, kann davon ein Lied singen. (Zur

Arbeit des Presserats vgl. DEUTSCHER PRESSERAT, Jahrbuch 1992, sowie RÜHL/SAXER 1981).

Zum anderen läßt sich mit dem Beispiel an Gehlens Unterscheidung von Fern- und Nahethik anknüpfen. Denn eines ist klar: Eine Lokalredaktion würde in einem ähnlich gelagerten Fall die Sache sehr viel genauer zu nehmen haben, und vielleicht hat das nicht zuletzt damit zu tun, daß sich „unsere zuverlässigen Sozialregulationen...zunächst einmal innerhalb des Radius unserer Sinne" bewegen (GEHLEN 1986: 55).

Wer sich solche Zusammenhänge bewußt macht, der wird vielleicht gerade im Umgang mit Nachrichten aus Ländern jenseits unserer ethnozentrischen Aufmerksamkeits-Schwelle mehr Sorgfalt walten lassen (vgl. zur Problematik verzerrter Auslandsberichterstattung auch SCHNEIDER 1984: 146ff).

4.2. Entscheidungshilfe in ethischen Zwickmühlen: Die Potter-Box

Die skizzierten Fälle zeigen nicht zuletzt, daß Reflexion über Fragen der Ethik und Moral auch im beruflichen Alltag systematisch erfolgen sollte. Um wenigstens dies zu gewährleisten (und damit vielleicht zur Entscheidungsfindung anzuleiten, wenn die Wissenschaft einem schon nicht die ethischen Entscheidungen abnehmen kann), bringt Clifford G. Christians, ein amerikanischer Medienethik-Experte, die sogenannte „Potter-Box" ins Spiel. Die Potter-Box ist benannt nach Ralph Potter von der Harvard Divinity School (vgl. CHRISTIANS 1983). Ihr zufolge sind vier Ebenen der ethischen Reflexion zu unterscheiden, und dementsprechend hat ein Entscheidungsprozeß vier Stufen zu durchlaufen:

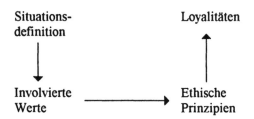

Wie der Entscheidungsprozeß idealtypisch vonstatten geht, sei - verkürzt und leicht modifiziert - an jenem weiteren Fall erläutert, den auch Christians anführt. Es ist kein für deutsche Verhältnisse typisches Beispiel; im Gegenteil, es illustriert, wie sehr ethische Probleme kulturell bedingte Probleme sind, also von Kultur zu Kultur variieren - und das ist ein Aspekt, der noch einmal ganz bewußt ins Blickfeld gerückt werden soll. Das Problem der namentlichen Nennung von Katastrophenopfern existiert im deutschen Journalismus (noch) kaum, zumindest nicht in der drastisch-zugespitzten Weise wie in den USA. Gleichwohl eignet sich das Fallbeispiel, um die einzelnen Abwägungsschritte beispielhaft nachzuvollziehen.

1) *Situationsdefinition*: Das „Cinema", ein stadtbekanntes Kino in X-Town für Homosexuellen-Filme, ist abgebrannt. Im Feuer sind 16 Menschen umgekommen, darunter ein Pfarrer, ein Politiker und ein Bankier. Beide Lokalblätter, der *Newsprint*

und der *Sentry Citizen*, berichten normalerweise unter Namens- und Anschriftennennung über die Opfer von Unglücksfällen. Diesmal hat jedoch nur der *Newsprint* die Namen veröffentlicht; der *Citizen* hat sich anders entschieden.

Damit ist die Situation definiert, die denkbaren Entscheidungsalternativen sind - rückblickend - umschrieben: Namensnennung oder Verzicht.

2) *Involvierte Werte*: Nach den Gründen der jeweiligen redaktionellen Entscheidung gefragt, berief sich der *Newsprint* auf legitime Leserinteressen: Der Brand war ein herausragendes Lokalereignis, und über solche Ereignisse hatte das Blatt schon immer möglichst vollständig berichtet - wozu in den USA eben auch die Namensnennung der Opfer gehört.

Der *Citizen* begründete seine Entscheidung in diesem Fall damit, daß er die Interessen und die Privatsphäre der Überlebenden und der Angehörigen schützen wollte: „Wir wissen nicht sicher, ob die Opfer homosexuell waren, und deshalb wollten wir diesen Eindruck auch nicht der Öffentlichkeit suggerieren."

So wichtig diese - im konkreten Fall handlungsleitenden - Begründungen sein mögen, eine systematische Analyse oder gar vollständige Liste der involvierten Werte ist das noch nicht: Eine inkonsistente Berichterstattung über die prominenten Betroffenen, also den Pfarrer, den Politiker und den Bankier, könnte zum Beispiel auch die Glaubwürdigkeit des Blattes beim Leser ankratzen. Dieses Risiko geht der *Newsprint* ein.

Aber auch beim *Citizen* ist die Glaubwürdigkeit tangiert: Er enthält seinen Lesern Information wissentlich vor - und befindet sich dabei obendrein in einer Situation, die in der Sozialwissenschaft als Gefangenen-Dilemma umschrieben wird: Die Redaktion weiß nicht, wie sich das Konkurrenzblatt verhalten wird. Der noble Zweck der selbstauferlegten Zurückhaltung ist nur zu erreichen, wenn die Konkurrenz ebenso entscheidet wie die eigene Redaktion. Druckt nur der *Newsprint* die Namen, werden womöglich manche der eigenen Leser mit Unverständnis reagieren - und damit sind, wie so oft bei moralischen Entscheidungen, auch geschäftliche Interessen tangiert.

Andererseits basiert die Position des *Citizen*, die Privatsphäre schützen zu wollen, auf fragwürdigen Annahmen: Jemand ist nicht schon deshalb homosexuell, weil er in einem Homosexuellen-Kino stirbt. Wer seiner Leserschaft unterstellt, daß sie über dieses Quentchen Differenzierungsvermögen nicht verfügt, fällt über sie und ihr moralisches Urteilsvermögen seinerseits ein zynisch-vernichtendes Urteil.

Im übrigen ist es selbst dann, wenn X-Town im konservativen amerikanischen „Corn and Bible Belt" liegen sollte, fraglich, ob es als öffentliche Bloßstellung zu werten ist, wenn jemand in einem Kino für Homosexuelle angetroffen wurde. Auch hinter solchen Annahmen verbergen sich jeweils Werte und Wertentscheidungen.

Ferner ließe sich zugunsten des *Newsprint* anführen, daß er womöglich gerade durch die namentliche Nennung von Prominenten einen Beitrag leisten wollte, um in X-Town Tabus aufzubrechen und der Diskriminierung und Stigmatisierung von Homosexuellen entgegenzuwirken.

3) *Ethische Prinzipien*: Hinter den involvierten Werten verbergen sich ethische Prinzipien; im konkreten Fall sind z.B. das Gebot der Wahrheits- und das der Nächstenliebe im Widerstreit, die es gegeneinander abzuwägen gilt.

4) *Loyalitäten*: Neben der Frage der konkurrierenden ethischen Prinzipien stellt sich auch die der konfligierenden Loyalitäten: Der *Newsprint* fühlt sich stärker sei-

ner Leserschaft, der *Citizen* vornehmlich den Katastrophen-Opfern und ihren Angehörigen verpflichtet.

Was hier nur knapp skizziert werden konnte, läßt sich sehr viel gründlicher und differenzierter handhaben: In jedem der vier Quadranten ließen sich zum konkreten Fallbeispiel mühelos weitere Aspekte anführen, die für die Entscheidungsfindung von Bedeutung sein können.

Besonders wichtig ist wohl beim vierten Quadranten, daß man sich bei der Frage nach Loyalitäten auch selbstkritisch Rechenschaft gibt über die Eigeninteressen, die bei der Entscheidung tangiert sein können - die Interessen des berichterstattenden Journalisten, aber auch die der Redaktion und der Zeitung. Ganz so unwahrscheinlich ist es ja wohl nicht, daß man sich beim *Citizen* zwar schöne Argumente zurechtgelegt hat, um die Entscheidung ethisch-moralisch zu rechtfertigen, daß es in Wirklichkeit aber eher darum ging, sich eine Menge Ärger vom Hals zu halten, die die Namensnennung des Pfarrers, des Politikers und des Bankiers der Redaktion oder dem Blatt hätte einbringen können...

Die Frage nach den Loyalitäten ist aber auch deshalb so wichtig, weil sie das zentrale Problem allen verantwortungsethischen Räsonnements in den Mittelpunkt rückt: das des *Folgenbewußtseins* und der *Folgenkontrolle* (vgl. MOTHS 1978: 851ff). Sich für und gegen bestimmte Loyalitäten entscheiden, heißt sich Rechenschaft geben über die möglichen Folgen des eigenen Tuns, heißt bestimmte absehbare Folgen billigend in Kauf nehmen und andere nicht. Gerade angesichts der wachsenden Versuchung, allein nach Kriterien der Marktgängigkeit redaktionelle Entscheidungen zu treffen, könnte es ein Ausweis journalistischer Professionalität im guten Sinne sein, auch die moralisch-ethischen Folgen des Handelns im Blick zu behalten.

Geschähe dies vermehrt, ließe sich vielleicht auch der letztlich für die Glaubwürdigkeit des Journalismus fatale Eindruck korrigieren, daß Ethik kaum noch als handlungsleitendes Regelsystem fungiert, sondern allenfalls zur nachträglichen Rechtfertigung marktorientierter Entscheidungen bemüht wird.

Selbstkontrollfrage 3:
Diskutieren Sie aus Ihrer eigenen journalistisch-redaktionellen Praxis ein ethisches Problem unter Zuhilfenahme der Potter-Box.

5. Anhang

5.1. Zentrale im Text verwandte Begriffe

Ethik   Der Begriff stammt vom griechischen „ta ethika", der Sittenlehre des Aristoteles. Sie ist praktische Philosophie, denn sie formuliert die Antwort auf die Frage „Was sollen wir tun?". Es verhält sich ethisch, wer sein Leben gemäß für gut erachteter Werte einrichten will.

Gesinnungs- und Verantwortungsethik

Unter diesem Titel stellt Max Weber idealtypisch zwei Formen des moralischen Handelns gegenüber: Ein Gesinnungsethiker stellt Grundsätze in den Vordergrund des Handelns, obwohl er um die Chancenlosigkeit einer ethischen Haltung gegenüber der Realität weiß. Ein Verantwortungsethiker beachtet nur die Folgen seines Handelns, auch wenn er dafür einen Pakt mit dem Teufel eingehen muß. Weber bewundert die Reinheit der Gesinnungsethik um ihrer Folgenlosigkeit willen, schlägt sich aber desillusioniert auf die Seite der Verantwortungsethik.

Moral

Die ethische Frage nach dem guten Leben ist noch nicht unbedingt gleichbedeutend mit der universalistischen Frage nach einem guten Leben aus der Sicht aller. Dafür hat die Philosophie die lateinische Übersetzung von Ethik *Moral*(philosophie) reserviert. Zur Handlungsanleitung fragt sie nach Grundsätzen, denen jeder zustimmen kann. Sie sollen sich als allgemeines, d.h. für alle gültiges Gesetz eignen. Ethik fragt also konkret nach richtigem Handeln, Moral dagegen nach den allgemeinen Voraussetzungen oder Regeln des richtigen Handelns.

Normen

Eine *Norm* ist eine Richtschnur, die in einer Moral *beansprucht*, aber auch im *Recht* durch den Gesetzgeber *gesetzt* werden kann. Im Gegensatz zu Gesetzen, die allgemein aussagen, was ist, und Regeln, die befolgt werden können, bringen Normen zum Ausdruck, was in jedem Fall getan werden soll.

Protestantische Ethik

Wenn dagegen Max Weber von *protestantischer Ethik* spricht, so versteht er darunter Handlungsmotive historischer Art. Die protestantische Ethik hat ihm zufolge das Handeln in der westlichen Hemisphäre dahingehend beeinflußt, daß sich nicht in China oder Indien, sondern in Europa die kapitalistische Gesellschaftsordnung herausbildete. Hier geht es also um den Einfluß einer historisch gewachsenen Ethik und um die Frage, warum sie und keine andere im Abendland die Vorstellung vom richtigen Leben geprägt hat.

Werte

Auch von *Werten*, die in der Gesellschaft als allgemein anerkannt gelten, heißt es oft, es gehe von ihnen eine normative Wirkung aus. Nach einer für gültig erachteten

Norm soll sich die Wirklichkeit einrichten lassen, was sich zuweilen als faktisch undurchführbar erweist. Hier ist dann paradoxerweise oft von der *normativen Kraft des Faktischen* die Rede.

5.2. Literaturverzeichnis

5.2.1. Zitierte Literatur

BAERNS, Barbara (1985), Öffentlichkeitsarbeit oder Journalismus. Köln: Verlag Wissenschaft und Politik

BELL, Daniel (1976), Die Zukunft der westlichen Welt. Kultur und Technologie im Widerstreit. Frankfurt a.M.: Fischer

BOVENTER, Hermann (1984), Ethik und System im Journalismus. Der Steuerungsbedarf moderner Medienprozesse. In: Publizistik, 29, S. 34-48.

BOVENTER, Hermann (1988), Macht der Medien. Zum aktuellen Stand der Ethik-Debatte in Journalismus und Wissenschaft. In: Aus Politik und Zeitgeschichte, B46-B47, S. 3-13

BRAWAND, Leo (1987), Die Spiegel-Story. Wie alles anfing. Düsseldorf/Wien/New York: Econ

BULL, Hans Peter (1983), Zur Arbeitsweise der Medien - Erfahrungen eines Amtsträgers. In: Rundfunk und Fernsehen, 31, S. 337-348

CHRISTIANS, Clifford G. (1983), Introduction: Ethical Foundations and Perspectives. Cases and Moral Reasoning. New York/London.

DONSBACH, Wolfgang (1982), Legitimationsprobleme des Journalismus. Freiburg/München: Alber

DOVIFAT, Emil/Jürgen WILKE (1976), Zeitungslehre I und II. Berlin/New York: Walter de Gruyter (Neuaufl.)

DOVIFAT, Emil (1990), Die publizistische Persönlichkeit, hrsg. von Dorothee von DADELSEN. Berlin/New York: Walter de Gruyter

ESCHENBURG, Theodor (1987), Die Anmaßung der Medien. In: Die Zeit v. 23.10.1987

GEHLEN, Arnold (1986), Moral und Hypermoral. Eine pluralistische Ethik. Wiesbaden: Aula-Verlag (5.Aufl.).

GILLESSEN, Günther (1986), Auf verlorenem Posten. Die Frankfurter Zeitung im Dritten Reich. Berlin: Siedler Verlag

HERRMANN, Günther (1988), Juristische Normen und journalistische Unabhängigkeit. In: ERBRING, Lutz/Stephan RUSS-MOHL/Berthold SEEWALD/Bernd SÖSEMANN (Hrsg.), Medien ohne Moral. Variationen über Journalismus und Ethik. Berlin: Argon, S. 162-173

HOFFMANN-LANGE, Ursula/Klaus SCHÖNBACH, Geschlossene Gesellschaft. In: KEPPLINGER, Hans Mathias (Hrsg.), Angepaßte Außenseiter. Was Journalisten denken und wie sie arbeiten. Freiburg/München: Alber, S. 49-75

JANIS, Irving L. (1972), Victims of Groupthink, Boston: Houghton Mifflin

KEPPLINGER, Hans Mathias (Hrsg.) (1979), Angepaßte Außenseiter. Was Journalisten denken und wie sie arbeiten. Freiburg/München: Alber

KEPPLINGER, Hans Mathias/Inge VOHL (1979), Mit beschränkter Haftung. Zum Verantwortungsbewußtsein von Fernsehredakteuren. In: KEPPLINGER, Hans Mathias (Hrsg.), Angepaßte Außenseiter. Was Journalisten denken und wie sie arbeiten. Freiburg/München: Alber, S. 223-259

KÖCHER, Renate (1985), Spürhund und Missionar. Eine vergleichende Untersuchung über Berufsethik und Aufgabenverständnis britischer und deutscher Journalisten. Allensbach (Dissertation)

LEHNER, Franz (1979), Grenzen des Regierens. Königstein/Ts.: Athenäum

LINDBLOM, Charles E. (1980), Jenseits von Markt und Staat. Stuttgart

LÖFFLER, Martin (1969), Presserecht-Kommentar (2 Bde.), Bd. 1. München: Beck

MEYERS enzyklopädisches Lexikon Bd 8 u. Bd 16, Mannheim/Wien/Zürich 1973 u. 1976.

MOTHS, Eberhard (1978), Politische Folgenkontrolle. In: Merkur, 32, S. 851ff

NOELLE-NEUMANN, Elisabeth (1979), Die Entfremdung. Brief an die Zeitschrift 'Journalist'. In: KEPPLINGER, Hans Mathias (Hrsg.), Angepaßte Außenseiter. Was Journalisten denken und wie sie arbeiten. Freiburg/München: Alber, S. 261-280

RECKTENWALD, Horst Claus (1978), Unwirtschaftlichkeit im Staatssektor. Elemente einer Theorie des ökonomischen Staatsversagens. In: Hamburger Jahrbuch für Wirtschafts- und Gesellschaftspolitik, Bd.23.

RUSS-MOHL, Stephan (1980), Kann der Markt, was der Staat nicht kann? Anmerkungen zur ökonomischen Theorie des Staatsversagens. In: Aus Politik und Zeitgeschichte B14, S. 17ff.

RUSS-MOHL, Stephan (1988), Learning by doing?. In: ERBRING, Lutz et al. (Hrsg.), Medien ohne Moral. Variationen über Journalismus und Ethik. Berlin: Argon, S. 174-195

RUSS-MOHL, Stephan/Berthold SEEWALD (1992), Die Diskussion über journalistische Ethik in Deutschland - eine Zwischenbilanz In: HALLER, Michael/Helmut HOLZHEY (Hrsg.), Medien-Ethik. Beschreibungen, Analysen, Konzepte für den deutschsprachigen Journalismus. Opladen: Westdeutscher Verlag, S. 22-36

RÜHL, Manfred/Ulrich SAXER (1981), 25 Jahre Deutscher Presserat. Ein Anlaß für Überlegungen zu einer kommunikationswissenschaftlich fundierten Ethik des Journalismus und der Massenkommunikation. In: Publizistik, 26, S. 471-507.

SCHNEIDER, Wolf (Hrsg.) (1984), Unsere tägliche Desinformation. Hamburg: Gruner + Jahr

SCHUMPETER, J.A. (1950), Kapitalismus, Sozialismus und Demokratie. München: Francke.

SPAEMANN, Robert (1982), Wer hat wofür Verantwortung? Zum Streit um deontologische und teleologische Ethik. In: Herder Korrespondenz, 36, S. 403-408

WEBER, Max (1969), Die protestantische Ethik I. Eine Aufsatzsammlung. München/Hamburg: UTB.

WEBER, Max (1988), Gesammelte Politische Schriften. Tübingen: UTB (5. Aufl.)

WILKE, Jürgen (1987), Journalistische Berufsethik in der Journalistenausbildung, In: WILKE, Jürgen (Hrsg.), Zwischenbilanz der Journalistenausbildung. München: Ölschläger Verlag, S. 233-236

5.2.2. Weiterführende Literatur

BOVENTER, Hermann (1989), Pressefreiheit ist nicht grenzenlos. Einführung in die Medienethik. Bonn: Bouvier

COHEN, Bernhard C.(1963), The Press and Foreign Policy. Princeton: University Press.

ERBRING, Lutz et al. (Hrsg.) (1988), Medien ohne Moral. Variationen über Journalismus und Ethik. Berlin: Argon

HALLER, Michael/Helmut HOLZHEY (Hrsg.) (1992), Medien-Ethik. Beschreibungen, Analysen, Konzepte für den deutschsprachigen Journalismus. Opladen: Westdeutscher Verlag

VOHL, Inge (1975), Journalistische Normen. Analyse auf der Grundlage einer Repräsentativumfrage bei Fernsehjournalisten. Mainz (Magisterarbeit).

5.3. Antworten zu Selbstkontrollfragen

SKF 1:
Siehe Kapitel 2. bis 2.4.

SKF 2:
Siehe Kapitel 3. bis 3.6.

Günter Bentele

Objektivitätsanspruch und Glaubwürdigkeit

Inhalt

1. **Journalistische Ethik, Vertrauen und Medienglaubwürdigkeit** 296
2. **Glaubwürdigkeit und Medien** 297
3. **Medienglaubwürdigkeit in der Bundesrepublik Deutschland** 299
4. **Journalistischer Objektivitätsanspruch** 303
4.1. Das Objektivitätsproblem und die naive Objektivitätsauffassung 303
4.2. Gültigkeitsbereiche der Objektivitätsnorm 305
4.3. Journalistische Textgattungen 305
4.4. Medienobjektivität 306
4.5. Journalistische Objektivität 307
5. **Grundlagen eines kritischen Objektivitätsbegriffs** 308
6. **Anhang** 310
6.1. Zentrale im Text verwandte Begriffe 310
6.2. Literaturverzeichnis 310
6.2.1. Zitierte Literatur 310
6.2.2. Weiterführende Literatur 312
6.3. Antworten zu Selbstkontrollfragen 312

1. Journalistische Ethik, Vertrauen und Medienglaubwürdigkeit

Das Verhältnis vieler Journalisten zur journalistischen Ethik ist ein zwiespältiges: Auf der einen Seite wird oft großes Selbstbewußtsein demonstriert, was die Kritik- und Kontrollfunktion des Journalismus anbelangt. Dies setzt seriöse Formen der Information voraus. Auf der anderen Seite wird der Pressekodex des Deutschen Presserates ebensohäufig als praxisfern und unrealistisch abgetan. Noch zwiespältiger wird die journalistische Objektivitätsnorm betrachtet, die weltweit innerhalb vieler Journalistenkodizes, häufig auch in Rundfunkgesetzen, Staatsverträgen oder Programmrichtlinien schriftlich fixiert ist (vgl. BENTELE/RUOFF 1982).

In diesem Kapitel soll gezeigt werden, daß die journalistische Wahrheits- und Objektivitätsnorm - differenziert und richtig verstanden - für die Berichterstattung in demokratisch verfaßten Gesellschaften eminent wichtig ist. Es soll weiterhin gezeigt werden, warum dies so ist: um für die Leser, Hörer und Zuschauer in Zeiten wachsenden Vertrauensverlustes ein Mindestmaß an glaubwürdiger Information über öffentliche Angelegenheiten zu sichern.

Nicht erst durch die Barschel-Affäre wurde deutlich, daß der Faktor „Vertrauen" in der Politik zentral wichtig ist. An solchen Ereignissen wird aber durch den damit verbundenen Vertrauensverlust der jeweiligen Politiker oder politischen Institutionen deutlich, welche wichtige Funktion Vertrauen innerhalb von modernen politischen Systemen hat.

Auch in der Wirtschaft wird der Faktor Vertrauen immer wichtiger. Falsche oder auch nur kritische Pressemeldungen über gesundheits- oder umweltschädliche Produkte können für die Betriebe zu Millionenverlusten führen; die Wirtschaft reagiert mit verstärktem Einsatz von PR-Maßnahmen, die allerdings nur dann erfolgreich sein können, wenn sie glaubwürdig sind.

Wie steht es um das Vertrauen in die Medien, wie steht es um die Glaubwürdigkeit der Medien, der wichtigsten Informationsvermittler in der Gesellschaft?

Glaubwürdigkeit ist ein wichtiger *Imagefaktor* der Medien. Er spielt bei der Informationssuche, also bei den Entscheidungen, welche Zeitung gekauft und gelesen wird, welches politische Magazin im Fernsehen ausgewählt wird etc., eine wichtige Rolle.

Amerikanische Leser haben im Jahr 1984 neben dem Faktor „Aktualität" Glaubwürdigkeitsgründe an vorderster Stelle und zu hohen Prozentsätzen angegeben, als sie gefragt wurden, welche Gründe für sie bei der Wahl einer Zeitung eine Rolle spielen. Die Forderung, daß Medien glaubwürdig berichten, ist auch in der Bevölkerung generell stark verbreitet: 1984 und 1985 antworteten jeweils über 90 Prozent der erwachsenen Bevölkerung von Berlin (West), daß sie es für „wichtig" oder „sehr wichtig" halten, wenn man von den Medien fordere, daß sie wahrheitsgemäß berichten und die Realität so darstellen, wie sie ist (vgl. BENTELE 1988 b).

In entwickelten Informationsgesellschaften stellt sich das Problem „Medienglaubwürdigkeit" als besonders brisant dar, weil zum einen der größte Teil der gesellschaftlich relevanten Informationen über Medien vermittelt wird, und weil uns zweitens die Alltagserfahrung sagt, daß Informationen *über* Ereignisse nicht immer mit den Ereignissen übereinstimmen müssen. Anders ausgedrückt: Es gibt die Alltagserfahrung, daß die Darstellung von Wirklichkeit verzerrt sein kann, daß Menschen lügen, übertreiben können oder etwas darstellen, was sie nicht sind - und warum sollte es sich mit Politikern oder mit Medien prinzipiell anders verhalten? Für funktionierende demokratisch-politische Systeme ist jedoch nicht nur konstitutiv, *daß* informiert wird, um adäquate Meinungsbildung zu ermöglichen, sondern auch, daß *richtig und umfassend* informiert wird. Genau diese beiden Kriterien sind es aber, die die Essenz der journalistischen Objektivitätsnorm darstellen.

2. Glaubwürdigkeit und Medien

Glaubwürdigkeit ist eine Eigenschaft, die Menschen, Institutionen oder deren kommunikativen Produkten (mündliche oder schriftliche Texte, audiovisuelle Produkte) von jemandem (Rezipienten) in Bezug auf etwas (Ereignisse, Sachverhalte, etc.) zugeschrieben wird (vgl. BENTELE 1988 b: 408). Die Glaubwürdigkeit der Information, die durch Medien vermittelt wird, stellt sich durch oftmalige positive Erfahrungen her und wird durch Merkmale wie Sachverständigkeit, Unabhängigkeit von Partialinteressen, seriöse Aufmachung konstituiert und unterstützt.

Glaubwürdigkeit der Medien fungiert als eine Art *Filter* im Prozeß der gesellschaftlichen Information, als Filter, der diesen Prozeß gleichzeitig steuert. In der Bundesrepublik genießen das Fernsehen und vor allem die Presse im Vergleich mit anderen öffentlichen Institutionen nur eingeschränktes Vertrauen: 1986 bekam das Fernsehen auf einer Vertrauensskala von -5 bis +5 nur einen Wert von 1,0, die Presse einen Wert von nur 0,6.

Nachdem die Gruppe um Carl I. Hovland, einem wichtigen amerikanischen Psychologen und „Gründervater" der amerikanischen Kommunikationswissenschaft, schon Ende der vierziger und Anfang der fünfziger Jahre den Faktor „Glaubwürdigkeit" zu erforschen begann, wurde vom Meinungsforschungsinstitut Roper seit 1959 kontinuierlich die Frage an die amerikanische Bevölkerung gestellt: „Wenn Ihnen Fernsehen, Radio, die Tageszeitung oder Zeitschriften über dasselbe Ereignis widersprüchliche Berichte bringen würden, welcher Version würden sie am ehesten glauben?"

In den Jahren nach 1961 konnte das Fernsehen seinen „Glaubwürdigkeitswert" kontinuierlich bis auf den heutigen Stand von deutlich über 50 Prozent steigern, während sich der Glaubwürdigkeitswert für die Tageszeitungen nur zwischen 20 und 24 Prozent bewegte. Der Hörfunk ging nach 1963 von 12 auf acht Prozentpunkte zurück und bewegte sich in der Folgezeit bis *heute* um diesen Wert herum.

Seit den sechziger Jahren existiert in den USA eine kontinuierliche Glaubwürdigkeitsforschung, in der dieser Faktor untersucht wurde und vielfältige Abhängigkeiten entdeckt werden konnten. Jüngere glauben den Medien im allgemeinen weniger als Ältere, besser Gebildete glauben den Medien weniger als schlechter Gebildete. Auch die Nutzung bestimmter Zeitungen oder des Fernsehens als primärer Informationsquelle hat sich als wichtiger Faktor für die Glaubwürdigkeitseinschätzung herausgestellt.

Abbildung 1: Glaubwürdigkeit amerikanischer Medien im Vergleich (1959 bis 1984)

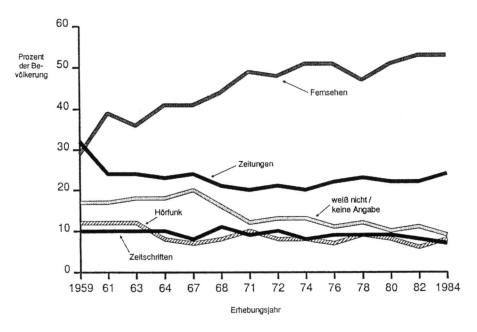

(Quelle: ROPER 1985: 5)

Als generelles Muster ergab sich immer wieder die im Vergleich größere Glaubwürdigkeit des Fernsehens gegenüber der Presse. Etwas eingeschränkt konnte dieser Vorsprung auch für lokale Fernsehnachrichten nachgewiesen werden. Der Hörfunk bekommt in den USA meist relativ niedrige Glaubwürdigkeitswerte - wohl deshalb, weil dort Radio deutlich stärker als hierzulande als Unterhaltungsmedium fungiert und nicht so sehr als Informationsmedium. Von daher ist - je mehr diese Entwicklung auch bei uns nachvollzogen wird - mit einem Absinken der Glaubwürdigkeitswerte des Hörfunks zu rechnen.

Innerhalb der letzten Jahre sind eine Reihe neuer, umfangreicher Studien durchgeführt worden, initiiert vor allem von Seiten der amerikanischen Presse, um dem drängenden „Glaubwürdigkeitsproblem", der Glaubwürdigkeitskluft zwischen dem Fernsehen und der Presse einerseits, zwischen den Lesern und den Journalisten andererseits, auf die Spur zu kommen und nach Mitteln zur Lösung des Problems zu suchen (vgl. dazu ausführlich BENTELE 1988 und BENTELE 1988 b).

3. Medienglaubwürdigkeit in der Bundesrepublik Deutschland

In der Bundesrepublik wurde - nach einigen Meinungsumfragen der Amerikaner direkt nach dem 2. Weltkrieg - zum ersten Mal 1962 von *EMNID* nach der Glaubwürdigkeit der Medien gefragt. Muster waren die *ROPER*-Umfragen. 17 Prozent der Befragten meinten damals, daß die Zeitung das glaubwürdigste Medium sei, 30 Prozent sahen den Hörfunk und 23 Prozent das Fernsehen als das glaubwürdigste Medium vorn. Während also in einer Zeit, in der nur etwa die Hälfte der Haushalte ein Fernsehgerät, dagegen über 90 Prozent der Haushalte zumindest ein Radiogerät besaß, der Hörfunk noch die Nase vorn hatte, war dies 1966 und 1968 schon umgekehrt: die meisten der Befragten gaben zu diesem Zeitpunkt schon dem Fernsehen die größte Glaubwürdigkeit. Die *Gründe* für die Dominanz des Fernsehens liegen - dies wurde oft bestätigt - vor allem an der *Visualität* des Fernsehens sowie am quasi offiziösen Charakter öffentlich-rechtlicher Fernsehnachrichten.

In der bekannten Langzeitstudie „Massenkommunikation" von Berg/Kiefer (1984) werden seit 1964 auch Daten zur Glaubwürdigkeit der Medien erhoben. Die wichtigsten Ergebnisse dieser Studie:
- Im Vergleich der drei Medien wird dem Fernsehen durchweg die höchste Objektivität bzw. Glaubwürdigkeit zugesprochen. Der Hörfunk nimmt eine Mittelstellung ein und die Tageszeitung steht am Ende der Skala.
- Seit 1970 konnte ein kontinuierlicher *Rückgang* der Glaubwürdigkeit aller drei Medien festgestellt werden, der zuletzt fast dramatische Formen angenommen hat. Der Glaubwürdigkeitsverlust der Tageszeitung fällt allerdings - verglichen mit dem des Fernsehens oder des Hörfunks - kaum ins Gewicht: er beträgt nur wenige Prozentpunkte.
- Der Glaubwürdigkeits- bzw. Vertrauensverlust des Fernsehens ist nicht nur auf die jüngeren Altersschichten zurückzuführen, sondern durchgehend festzustellen.

Die Daten aus der 1990 durchgeführten Erhebung (KIEFER 1991) weisen keine erheblichen Unterschiede gegenüber den Ergebnissen von 1985 auf. Sollte dieser festgestellte Glaubwürdigkeitsverlust primär auf die Medienberichterstattung selbst zurückzuführen sein, müßte es als ein Alarmzeichen hinsichtlich des Informationsauftrags der Medien im demokratischen System aufgefaßt werden. Möglicherweise spielt aber auch eine Rolle, daß mehr Leser, Zuhörer und vor allem Zuschauer kritischer geworden sind, was eher positiv interpretiert werden könnte.

Verschiedene Studien haben auch in der Bundesrepublik festgestellt, daß die Glaubwürdigkeit der Medien von einer Reihe von Faktoren abhängig ist, so z.B. vom Medientyp, von soziodemographischen Eigenschaften der Leser, Hörer und Zuschauer, aber auch vom Ereignistyp. Lokale Ereignisse sind in der Regel von den Rezipienten selbst oder über andere Personen nachprüfbar. Bei nationalen und internationalen Ereignissen aber, die wir nicht selbst nachprüfen können, die uns aber stark betreffen (z.B. Tschernobyl) wird der Faktor Glaubwürdigkeit sehr wichtig.

*Abbildung 2: Objektivitätseinschätzung von Presse, Hörfunk und Fernsehen
von 1964 bis 1990 (Angaben in Prozent)*

a) Berichtet wahrheitsgetreu und gibt die Dinge immer so wieder wie sie in Wirklichkeit sind:

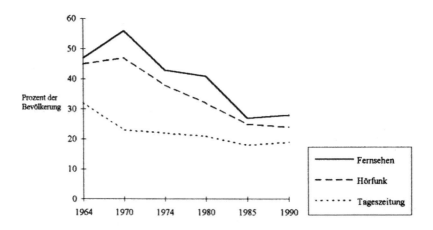

b) Skalenpunkte 9 und 10 (besonders objektiv) anhand der Objektivitätsskala:

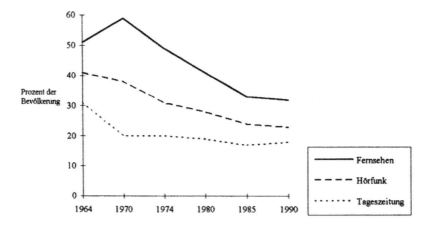

c) gibt einen vollständigen Überblick über alle wichtigen Entwicklungen in Politik und Zeitgeschehen:

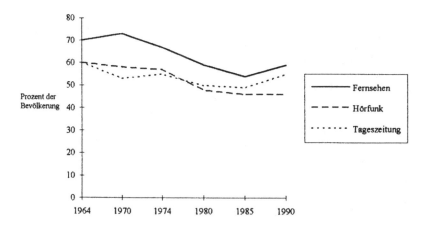

(Nach: KIEFER 1992: 242 und 370)

Neue und differenzierte Ergebnisse zur Glaubwürdigkeit von Medien waren das Resultat mehrerer Berliner Repräsentativbefragungen, die vom Autor dieses Beitrags in den Jahren 1984 und 1985 durchgeführt worden sind (vgl. BENTELE 1988). Dabei stellte sich folgendes heraus:
- Wenn direkt nach der Glaubwürdigkeit einzelner Zeitungen oder einzelner Nachrichtensendungen im Hörfunk und im Fernsehen gefragt wird und nicht nur - wie in der Studie von Berg/Kiefer - nach der Glaubwürdigkeit *der* Presse, *des* Hörfunks und *des* Fernsehens insgesamt, so bleibt zwar die bekannte Abstufung Fernsehen, Hörfunk, Presse im Grundsatz erhalten. Allerdings werden die *Abstände* zwischen den Medien deutlich kleiner. Vor allem der Abstand zwischen den Nachrichtensendungen im westlichen Fernsehen (*Tagesschau/Tagesthemen, heute/heute-journal*) und im Hörfunk (*SFB, RIAS*) schrumpft sichtlich. Qualitätszeitungen (wie der Berliner *Tagesspiegel*) kommen in ihrem Image fast an die Glaubwürdigkeit von Informationssendungen der elektronischen Medien heran. Der Pressebereich wird insgesamt sehr differenziert beurteilt, d.h. es existieren große Unterschiede in der Glaubwürdigkeitseinschätzung für die einzelnen Tageszeitungen.
- Glaubwürdigkeitsdifferenzen *innerhalb* des Fernseh-, Hörfunk- und Pressebereichs spielen eine offenbar ebenso wichtige Rolle wie die bisher vor allem bekannten *intermedialen Differenzen*. *Ursache* und *Erklärung* für solche Differenzen in der Glaubwürdigkeit ist offenbar die Tatsache, daß nicht nur die Verfaßtheit bzw. die technische Struktur der Medien, sondern - teilweise stärker - die *politische Ausrichtung* der Medien, die *Art der Zeitung* (Kaufzeitung versus Abonnement-Zeitung) bei der Glaubwürdigkeitseinschätzung der Medien eine Rolle spielt.

Abbildung 3: Glaubwürdigkeitseinschätzungen von Berliner Einzelmedien

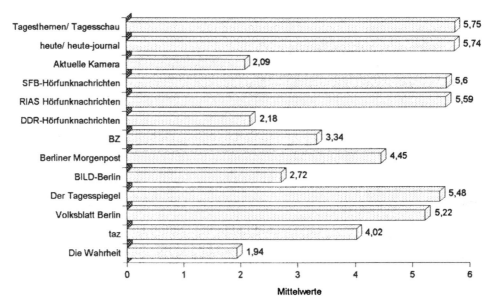

(Quelle: BENTELE 1988: 252)

Die große Diskrepanz zwischen Auflage, Reichweite und Glaubwürdigkeitseinschätzung bei den beiden Boulevardzeitungen *Bild* und *BZ* weist darauf hin, daß der Faktor Glaubwürdigkeit beim Kauf dieser Zeitungen eher eine untergeordnete Rolle spielt. Andere Faktoren wie „Kürze", „Unterhaltsamkeit" oder bei *Bild* der hochgeschätzte Sportteil dürften hier dominieren.
- Mit steigendem Alter wird den meisten Einzelmedien immer höhere Glaubwürdigkeit zugesprochen. Fast linear verlaufende Abhängigkeiten zwischen zunehmenden Alter und steigender Glaubwürdigkeit sind zumindest bei den über 25-jährigen bezüglich der westlichen Fernseh- und Hörfunknachrichten nachzuweisen. Bei den ehemaligen DDR-Medien, der SEW-Zeitung *Die Wahrheit* und der *taz* dominiert der Faktor „politische Position der Zeitung" über den Faktor „Alter".
- *Vielseher* schätzen die meisten Medien teilweise deutlich als glaubwürdiger ein als die Normalseher und die Wenigseher. In bezug auf diese Medien besteht fast durchweg eine eindeutig lineare Beziehung derart, daß formuliert werden kann: Je mehr die Befragten fernsehen, desto glaubwürdiger sind für sie die entsprechenden Medien, je weniger sie fernsehen, desto weniger glaubwürdig werden dieselben Medien eingeschätzt.
- Dem Qualitätsblatt *Tagesspiegel*, aber auch der *taz* wird von den jeweils eigenen Lesern sogar eine höhere Glaubwürdigkeit als den Fernsehnachrichten zugemessen. Völlig anders sieht dies bei den Lesern von *BZ* und *Bild* aus: sie messen dem Fernsehen und dem *Tagesspiegel* hohe Glaubwürdigkeit zu, ihrer eigenen Zeitung relativ geringe.

Es lassen sich also deutlich unterschiedliche *Imagemuster* bei den unterschiedlichen Lesergruppen feststellen: Während für die Lesergruppen des *Tagesspiegel* und des *Volksblatt* ebenso wie für die *taz*-Leser das Bild, das die „eigenen Zeitungen" vermitteln, als sehr glaubwürdig eingestuft wird und Unterschiede zwischen Hörfunk, Presse und Fernsehen unwichtig werden, geben die Leser von *Bild* und *BZ* an, zu wissen, daß sie dem politischen Informationsangebot ihrer eigenen Zeitungen nicht allzusehr trauen dürfen. Andere Zeitungen und vor allem die Fernsehinformation wird als deutlich glaubwürdiger als die eigene Zeitung eingeschätzt.

Medienimages sind im allgemeinen relativ stabil und spielen eine umso wichtigere Rolle sowohl für die Medien als auch für die Rezipienten, je größer das Medienangebot in einem Markt ist. Images helfen den Medien in Konkurrenzsituationen, Zielgruppen anzusprechen, sich auf dem Markt zu behaupten, neue Zielgruppen zu gewinnen. Glaubwürdigkeit als Imagedimension und *Wirkungsfilter* ist für alle Medien oder Mediensegmente, in denen Information vermittelt wird, wichtig, insbesondere aber im „harten" Informationsbereich (z.B. im Bereich der Nachrichtenvermittlung). Je größer die Konkurrenz im Informationssektor wird, desto größer wird vermutlich die Relevanz dieses Faktors. Im Bereich politischer Information können sinkende Glaubwürdigkeitswerte als Alarmzeichen für das demokratische System interpretiert werden; vermutlich darf eine kritische Schwelle nicht ohne dauerhafte negative Auswirkungen unterschritten werden. Darüber hinaus wird Glaubwürdigkeit vermutlich schneller verspielt, als sie wieder zurückgewonnen werden kann. Der *stern* hat sich nach der Veröffentlichung der (gefälschten) Hitler-Tagebücher lange mit Glaubwürdigkeitsproblemen (und damit auch mit sinkenden Verkaufszahlen) herumschlagen müssen.

Selbstkontrollfrage 1:
Fassen Sie zusammen: Welche Unterschiede in der Glaubwürdigkeitseinschätzung gibt es zwischen den unterschiedlichen Medien, und wie hat sich diese Einschätzung in der Bundesrepublik entwickelt?

---

4. Journalistischer Objektivitätsanspruch

4.1. Das Objektivitätsproblem und die naive Objektivitätsauffassung

Diskussionen um die journalistische Wahrheits- und Objektivitätsnorm sind nicht immer produktiv, oftmals werden nur altbekannte Positionen wiederholt. Dabei stellt man aber immer wieder auch fest, daß sich das Problem selbst sehr ambivalent darstellt.

Einerseits gibt es - wie eingangs festgestellt - innerhalb der Bevölkerung einen stark ausgeprägten Wunsch nach objektiver Berichterstattung. Andererseits wird der Objektivitätsnorm von journalistischer Seite häufig die Realisierbarkeit abgesprochen. Auf der einen Seite werden z.B. in Jubiläumsstellungnahmen der Medien sowie in verschiedenen normativen Erklärungen die Normen der wahrheitsgemäßen und der objektiven Berichterstattung immer wieder als unverzichtbare Regeln und Zielsetzungen journalistischen Arbeitens deklariert (vgl. z.B. den Deutschen Pressekodex sowie die Landesmediengesetze). Auf der anderen Seite sind diese Normen aber nur sehr schwer konkretisierbar. Im Einzelfall kann es unmöglich sein, zu entscheiden, ob ein bestimmter Artikel „objektiv" ist oder nicht.

Es sind vor allem Faktoren wie „begrenzter Raum/begrenzte Zeit", unterschiedliche Auffassungen zur Gewichtung und Plazierung von Meldungen, unterschiedliche Perspektiven, die Notwendigkeit, Sachverhalte der Berichterstattung mit (subjektiven) sprachlichen Formen zu beschreiben, die immer wieder ins Feld geführt werden, um zu „beweisen", daß objektive Berichterstattung nicht möglich sei. Es ist richtig: eine so verstandene Objektivität ist nicht möglich. Eine solche Form von Objektivität war aber unmöglich, seit Menschen existieren. Eine solche Auffassung von Objektivität ist naiv, weil zu einfach und inkonsistent. Dieser naive Objektivitätsbegriff, der im praktischen Journalismus *heute* weitverbreitet ist, kommt paradigmatisch in folgendem Zitat zum Ausdruck: „Da die öffentliche Kommunikation stets von Gefühlen und Haltungen des Berichtenden abhängt, ist Objektivität im Bereich der Publizistik ausgeschlossen." (KOSZYK/PRUYS 1976: 246).

Nicht nur öffentliche Kommunikation, sondern Kommunikation generell ist immer in irgendeiner Weise von Gefühlen, Haltungen, insbesondere aber von Selektionsprozessen und subjektiven Entscheidungen abhängig. Soweit Kommunikation und speziell die journalistische Berichterstattung von menschlichen Subjekten getätigt wird, geht es nicht ohne Subjektivität ab. Es ist also nicht sinnvoll, unter „objektiver Berichterstattung" das Gegenteil von „subjektiver Berichterstattung" zu verstehen. Welche Alternativen gibt es?

Wenn wir die Position eines erkenntnistheoretischen Relativismus einnehmen würden (etwa die Position: es gibt nur viele subjektive Wahrheiten, die eine Wahrheit und Objektivität gibt es nicht), dann müßten wir konsequenterweise die nationalsozialistische Propaganda neben der Berichterstattung in demokratischen Gesellschaften als subjektive Wahrheit akzeptieren, wir müßten die Berichterstattung der *Aktuellen Kamera* vor 1989 nur als eine bestimmte Wahrheit neben der Berichterstattung der *Tagesschau* akzeptieren, wir müßten Sensationsberichterstattung und stark personalisierte Darstellungen ebenso als „subjektive Wahrheiten" akzeptieren wie sachliche, wir müßten Halbwahrheiten und Lügen ebenso akzeptieren wie die Wahrheit. Dies scheint also keine Alternative zu sein.

Wenn wir zwar diesen radikalen Relativismus nicht wollen, aber den Objektivitätsbegriff ablehnen, was würde dann an Leitvorstellungen, an ethischen Normen für den Journalismus noch bleiben? Begriffe wie „Verantwortlichkeit" oder „Fairness", die beispielsweise immer wieder als „bessere" Begriffe in die Diskussion gebracht wurden, sind zum einen nicht unbedingt klarer als der Begriff „Objektivität", zum anderen ebenso schwer auf konkrete Situationen anwendbar wie der Objektivitätsbegriff. Wer bestimmt z.B., ob es noch *verantwortlich* ist oder schon nicht mehr journalistisch verantwortet werden kann, wenn wichtige Einzelheiten über einen Selbstmord, eine Entführung etc. noch veröffentlicht werden sollen oder nicht (weil die Gefahr der Nachahmung besteht). Wer soll darüber entscheiden, ob die Aufzeichnung und vor allem die Wiedergabe eines wichtigen Hintergrundgesprächs mit einem Politiker angesichts der Brisanz des Gesprächs noch *fair* ist oder nicht, wenn es um zentral wichtige Informationen für das Publikum geht?

Die von Rühl/Saxer (1981) betonte zentrale kommunikationsethische Kategorie „Achtung" ist sicher fundamental und unabdingbar. Aus dieser Kategorie kann jedoch die Wahrheits- und Objektivitätsnorm nicht abgeleitet werden. „Wahrheit" muß

Objektivitätsanspruch und Glaubwürdigkeit von Medien 305

als weitere Zentralkategorie einer journalistischen Ethik hinzukommen. Aus der Wahrheitsnorm ist dann auch die Objektivitätsnorm deduzierbar.

Ausgehend von diesen Überlegungen liegt die Position nahe, daß es im Grunde *keine Alternative* zum journalistischen Objektivitätspostulat gibt, vorausgesetzt, Objektivität wird - breit genug - als *Norm* verstanden, d.h. als Vorschrift, Ereignisse und allgemein Wirklichkeit „objektgemäß", so adäquat wie möglich darzustellen.

Ausgehend von dieser Position soll diese schwierige Norm im folgenden etwas präzisiert werden.

4.2. Gültigkeitsbereiche der Objektivitätsnorm

Zunächst ist festzustellen, daß das Objektivitätspostulat nicht für alle Bereiche der Medienrealität *gleichermaßen* gültig ist.

Im Gegensatz zur unterschiedlichen Glaubwürdigkeitseinschätzung der Medien Presse, Hörfunk und Fernsehen spricht kaum etwas dafür, daß Nachrichten und Berichte in der Presse generell weniger objektiv als im Hörfunk oder im Fernsehen sind. Die Darstellung von Realität über Töne und Bilder erhöht aber den *Authentizitäts- und Realitätseindruck* beim Publikum, da hier auch auditive und visuelle Sinnesmodalitäten (Kanäle) angesprochen werden.

Wenig Differenzen existieren vermutlich auch bezüglich der Objektivitätsanforderungen in den *einzelnen Genres*: Am ehesten ist man wohl geneigt, die Objektivitätsforderung für die politische Berichterstattung, die Wirtschafts- oder Wissenschaftsberichterstattung, die aktuelle lokale und regionale Berichterstattung zu akzeptieren. Etwas weniger deutlich ausgeprägt, im Prinzip aber doch vorhanden ist die Norm für die Kultur- oder die Sportberichterstattung. In der Sportberichterstattung ist zwar nicht in Nachrichten, aber in Berichten (z.B. Fußballübertragung) eine gewisse Emotionalität durchaus erwünscht.

Wichtiger aber sind zwei andere Differenzierungen: Zum einen können nicht alle *journalistischen Textgattungen* in gleicher Weise dem Objektivitätspostulat unterliegen. Zum anderen ist die Unterscheidung zwischen einer „Medienobjektivität" und einer „journalistischen Objektivität" sinnvoll.

4.3. Journalistische Textgattungen

Grundsätzlich ist festzustellen, daß die Objektivitätsforderung nur für die „darstellenden", nicht aber für die interpretierenden, bewertenden oder präskriptiven Textteile der Journalisten gelten kann. Journalistische Eigenwertungen, innerhalb von Kommentaren, Aufforderungen, Warnungen etc. können prinzipiell *nicht* der Objektivitätsforderung unterliegen. Präziser: sie unterliegen nur dann und soweit der Objektivitätsforderung, wenn sie deskriptive Elemente enthalten. Es läßt sich zwar über vollzogene Wertungen von anderen (Politiker X stellt bezüglich Politiker Y fest, daß die Politik der Partei Z, der Politiker Y angehört, schlecht sei) mehr oder weniger objektiv berichten, weil die Beschreibung einer Bewertung eine Beschreibung bleibt. Bewertende Stellungnahmen von Journalisten zu Äußerungen von Dritten können nicht dem Objektivitätspostulat unterliegen.

Die Objektivitätsnorm bezieht sich also vor allem auf die „informierenden" Darstellungsformen bzw. Textgattungen, auf die informationsbetonten Textgattungen wie Nachricht, Meldung, Bericht, Dokumentation, Statement, Reportage (vgl. LA ROCHE 1988).

4.4. Medienobjektivität

Die Unterscheidung zwischen Medienobjektivität und journalistischer Objektivität bezeichnet zwei unterschiedliche *Formen publizistischer Objektivität* und versucht, die von Rühl/Saxer (1981) betonte Trennung personaler und sozialer Systeme zu berücksichtigen.

Medienobjektivität kann mit der Forderung nach nicht-verzerrender Medien- und speziell Nachrichtenberichterstattung identifiziert werden. Journalistische Objektivität bezieht sich auf einzelne Journalisten und kann durch eine Reihe journalistischer Regeln konkretisiert werden.

Im Sinne der Herstellung eines adäquaten Bildes der Realität durch das Mediensystem insgesamt wird die Objektivitätsforderung zu einer Aufgabe für *alle* Medien. Das Mediensystem als Ganzes soll Realität adäquat wiedergeben. Die Norm muß in diesem Sinn relativ allgemein bleiben. Daß die Forderung dennoch auch hier nicht unsinnig ist, zeigt die Vielfalt der empirisch feststellbaren *Verzerrungen* der Medienrealität gegenüber der tatsächlich vorhandenen sozialen Realität.

Von einer objektiven Berichterstattung des Fernsehens, der Zeitung etc. müßte idealiter gefordert werden, daß *keine Verzerrungseffekte* gegenüber den in der Realität vorkommenden *Ereignissen und Bewertungen* auftreten dürfen. Als eine *schwächere Version der Medienobjektivität* wäre die Forderung aufzustellen, daß keine „Synchronisation von Nachricht und Meinung", d.h. keine unbewußte oder bewußte Verzerrung des Nachrichtenteils in Bezug auf Auswahl, Plazierung und sonstige Präsentation der Nachrichten durch die (politische) Perspektive der Redaktion, Zeitung etc. stattfinden soll (vgl. SCHÖNBACH 1977).

Bezüglich der Medienobjektivität kommt - auf den Rundfunk bezogen - auch der Ausgewogenheitsnorm sowie - auf die Presse bezogen - der Vielfaltsnorm eine bestimmte Bedeutung zu. Auch die *Programmausgewogenheit*, bezogen auf das *Gesamtprogramm*, kann als strukturelle *Voraussetzung* für die umfassende Information und den objektiven Überblick über die Geschehnisse interpretiert werden. Da in Bezug auf das Ausgewogenheitspostulat auch alle Formen von Meinungsbeiträgen angesprochen sind, kommt es - dies läßt sich demokratietheoretisch begründen - darauf an, eine Art von Ausgleichs- oder „Balance"-Mechanismus zu installieren, soll die Gefahr einseitiger Meinungsbeeinflussung (z.B. des Staates oder einzelner Parteien) ausgeschlossen werden. Im „Fernsehurteil" von 1961 heißt es dazu: „Die Veranstalter von Rundfunkdarbietungen müssen also so organisiert werden, daß alle in Betracht kommenden Kräfte in ihren Organen Einfluß haben und im Gesamtprogramm zu Wort kommen können, und daß für den Inhalt des Gesamtprogramms Leitgrundsätze verbindlich sind, die ein Mindestmaß an inhaltlicher Ausgewogenheit, Sachlichkeit und gegenseitiger Achtung gewährleisten."(vgl. ZEHNER 1965: 332).

Im Pressebereich soll der Ausgleich durch die *Vielfalt* der unterschiedlichen Produkte hergestellt werden, wobei davon ausgegangen wird, daß eine Vielzahl unterschiedlicher Verlage und Produkte quasi automatisch eine ausreichende Meinungsvielfalt herstellen werde.

Wichtig ist es aber festzuhalten, daß sowohl das Vielfalts- wie auch das Ausgewogenheitsprinzip allein nicht ausreichend für die Garantie von Medienobjektivität sind: es ist in jedem Fall eine Art *Adäquatheitsprinzip* notwendig (vgl. SCHRÖTER 1988). Anders ausgedrückt: die Struktur der Medienwirklichkeit, d.h. der Darstellung der Wirklichkeit in den Medien, sollte der Struktur der nicht-medialen Wirklichkeit so ähnlich wie möglich sein.

4.5. Journalistische Objektivität

Als Anforderung für den *einzelnen Journalisten* ist die Objektivitätsnorm etwas spezifischer zu fassen, denn hier kommen eine Reihe von journalistischen Verfahren in Betracht, deren Einhaltung nachprüfbar ist.

Lehrbuch-Regeln, die journalistische Objektivität konstituieren, sind u.a.:

a) Die Fakten müssen stimmen (*Wahrheitspostulat*).

b) Nachrichten/Berichte müssen vollständig sein in Bezug auf den beschriebenen Sachverhalt (*Vollständigkeitspostulat*).

c) Nachrichten (Deskriptionen von Sachverhalten/Ereignissen) müssen von Kommentaren (Bewertungen) getrennt werden (*Trennungspostulat*).

d) Angemessene Strukturierung, Gewichtung, Plazierung (*Struktuierungsostuat*).

e) Eigenbewertungen des Journalisten (z.B. in Berichten, Reportagen etc.) müssen kenntlich gemacht werden (*Transparenzpostulat*).

f) Quellen sollen angegeben werden (*Transparenzpostulat*).

g) Bei widersprüchlicher Quellenlage soll dies angegeben werden (*Transparenzpostulat*).

h) Nachrichten sollen sachlich und ohne Emotionen gehalten sein (*Postulat der Gefühlsvermeidung*).

i) In bezug auf umstrittene Bezeichnungen, die sich auf dieselben Sachverhalte beziehen, sollen neutrale Begriffe gewählt werden (*Neutralitätspostulat*).

j) In Nachrichten und Berichten soll der eigene (politische) Standpunkt für Selektion und Präsentation folgenlos bleiben (*Postulat der Vermeidung von Meinungsverzerrung*) (vgl. BENTELE 1988 a).

Diese - sicher nicht vollständige - Liste ist nicht so zu verstehen, daß alle diese Regeln gleichermaßen wichtig und ihr Gültigkeitsbereich identisch wäre. Sie rekonstruiert aber in etwa das gängige Verständnis dessen, was in der Praxis unter „journalistischer Objektivität" verstanden wird, ohne daß dort immer dieser Begriff benutzt würde.

Die paradigmatische Form der objektiven Berichterstattung verwirklicht sich in der *Nachricht*. Häufig ist Objektivität auch in journalistischen Lehrbüchern ein Definitionsmerkmal für dieses klassische Genre der journalistischen Berichterstattung. „Eine Nachricht ist also die objektive Mitteilung eines allgemein interessierenden, aktuellen Sachverhalts in einem bestimmten formalen Aufbau" (vgl. LA ROCHE 1988: 67).

Für Nachrichten, zumindest für die Kernform der „hard-news", gilt nicht nur die Norm der *Trennung* von Nachricht und (journalistischer) Bewertung, sondern auch das *Enthaltsamkeitsprinzip*: in diesem Genre sollen *kommunikatoreigene Bewertungen* überhaupt nicht auftreten. Berichtete Bewertungen (von Politikern beispielsweise) können und müssen natürlich vorkommen, weil es ja auch Informationen sind, über die (objektiv) berichtet werden kann. „Soft-news" genügen häufig nicht dieser Anforderung: sie enthalten oft eine deutlich erkennbare Bewertung (z.b. Süffisanz, Schadenfreude, Ironie etc.).

Die empirisch feststellbare Tatsache, daß in *Kaufzeitungen* das Prinzip „keine journalistische Bewertung in Nachrichten" zu einem großen Teil außer Kraft gesetzt ist, trägt vermutlich wesentlich dazu bei, daß die *Glaubwürdigkeit* dieser Zeitungen im Vergleich mit Qualitätszeitungen sehr gering ist (vgl. BENTELE 1988 b).

In einer Inhaltsanalyse der Berlin-Berichterstattung aller sieben Tageszeitungen in Berlin (West) zeigte sich, daß der *Tagesspiegel*, dem innerhalb des Kommunikationsraums Berlin auch mehrfach die höchste Glaubwürdigkeit aller Pressemedien zugebilligt wurde, nur in 3,4 Prozent seiner Nachrichtenartikel kommunikatoreigene Bewertungen aufweist. Die beiden Kaufzeitungen *Bild* und *BZ*, aber auch die politisch festgelegten Zeitungen *taz* und *Wahrheit* weisen zwischen 17 und 20 Prozent Eigenwertungen in ihren Nachrichtenartikeln auf (vgl. BENTELE/STORLL 1986: 97).

Vermutlich bildet sich die *Glaubwürdigkeit* von Zeitungen auch aufgrund der Wahrnehmung solcher Bewertungen in Nachrichtenartikeln. Die Fähigkeit, zwischen (nicht-wertender) Deskription und Bewertung eines Ereignisses zu unterscheiden und die Vermischung zwischen beiden wahrzunehmen, dürfte zur kommunikativen Alltagskompetenz jedes Rezipienten gehören.

5. Grundlagen eines kritischen Objektivitätsbegriffs

Wenn man einmal davon ausgeht, daß zumindest in der Nachrichtenberichterstattung, aber auch in weiteren informierenden Bereichen die Forderung der objektiven Berichterstattung an Mediensysteme und an einzelne Journalisten *sinnvoll* gestellt werden kann, so kann man auch davon ausgehen, daß es für den einzelnen Journalisten unter bestimmten Bedingungen *möglich* ist, die Welt *adäquat*, d.h. ausreichend genau zu *erkennen* und zu *beschreiben*. Beispielsweise ist es für Nachrichtenagenturen nicht nur möglich, sondern journalistische Pflicht, einen Bericht über einen Parteitag der Grünen oder der CDU so zu formulieren, daß man es ihm nicht ansieht, ob der entsprechende Journalist selbst politisch eher der CDU, der SPD, FDP oder den Grünen nahesteht. In der Bewertung und politischen Einschätzung des Parteitages mögen sich die Berichte deutlich unterscheiden, nicht aber in der Wiedergabe relevanter Tatsachen (vgl. dazu auch SCHWARZKOPF 1982).

Die Erkennbarkeit und Darstellbarkeit von Ereignissen *für Journalisten* ist zumindest in demselben Maß möglich, wie es uns als Einzelindividuen möglich ist, die uns umgebende Welt über unsere angeborene biologische Ausstattung (Wahrnehmungsorgane, Gehirn) zu erkennen und sie durch verschiedene Medien (Sprache, Bild) angemessen und adäquat zu beschreiben.

Ein „kritischer" Objektivitätsbegriff, der sich auf diese menschenmögliche Leistung berufen kann, Sachverhalte adäquat für andere wiederzugeben, kann wie folgt formuliert werden: Objektiv soll eine Berichterstattung dann heißen, wenn sie „objektgemäß" ist, d.h., wenn die Berichterstattung die zu berichtenden Sachverhalte so richtig, vollständig und präzise wie möglich darstellt. Objektive Berichterstattung vereinfacht (wie jede Beschreibung von Welt) die entsprechenden Sachverhalte teilweise extrem, ohne sie jedoch zu verfälschen.

Dieser kritische Objektivitätsbegriff unterscheidet sich zum einen von dem alten naiven Objektivitäts*glauben* (Nachrichten bilden die Welt objektiv ab), zum anderen aber von dem *naiven* Objektivitätsbegriff, wie er immer noch häufig gerade in der Negation vertreten wird, „Objektivität im Journalismus gibt es nicht".

Folgende Momente kennzeichnen diesen kritischen Objektivitätsbegriff:

1) „Objektiv" sollte nicht mehr, wie dies häufig in Lexikondefinitionen oder in der Alltagstheorie der Fall ist, als Gegenbegriff zu „subjektiv" verstanden werden; objektive Berichterstattung ist nur über eine Kette subjektiver Akte möglich.

2) Grundlegende Merkmale oder Prinzipien für den Objektivitätsgehalt von journalistischen Texten sind a) die *Richtigkeit* der verwendeten Aussagen und b) *Vollständigkeit* in Bezug auf den verwendeten Sachverhalt. Meßbare Indikatoren für den Objektivitätsgrad journalistischer Texte ist der Grad, in dem eine Reihe bestimmter Regeln erfüllt sind oder nicht. Metakriterium für diese beiden Hauptprinzipien ist die „Nachprüfbarkeit".

3) „Objektive Berichterstattung" wird - als Prozeß betrachtet - durch eine Reihe von *Regeln* definiert, deren Einhaltung nachprüfbar ist. „Objektivität eines Textes" wird als graduell erreichbarer Zustand aufgefaßt.

4) Durch das postulierte Metakriterium „Nachprüfbarkeit" kommt eine weiteres Postulat ins Spiel: Objektive Berichterstattung soll möglichst *transparent* sein. Dieses *Transparenzpostulat* soll den Prozeß der Berichterstattung für die Rezipienten möglichst durchsichtig und nachvollziehbar machen.

5) Objektive Berichterstattung ist nur unter bestimmten und insbesondere auf das Mediensystem bezogenen *Bedingungen* möglich gesellschaftlichen (z.B. Pressefreiheit; vgl. ausführlicher dazu BENTELE 1982 und BENTELE 1988).

Ein so skizziertes differenziertes Verständnis von objektiver Berichterstattung scheint mittel- und langfristig sowohl kommunikationswissenschaftlich weiterzuführen, als auch für die journalistische Praxis besser umsetzbar zu sein als die reine Negation von journalistischen Adäquatheitsnormen, wie sie jüngst wieder innerhalb von konstruktivistischen Ansätzen auflebt (vgl. SCHMIDT 1990: 67). Zum einen ist ein solches Objektivitätsverständnis an journalistischen Texten auch empirisch meßbar, zum anderen entspricht es den Anforderungen der praktischen Berichterstattung besser. Schließlich gibt es nur wenige Journalisten, die morgens aufstehen und sich sagen: „*Heute* werde ich wieder einen verlogenen, unvollständigen und ignoranten Bericht über ein Ereignis schreiben, der aus dem Zusammenhang gerissen ist" (vgl. McDONALD 1975: 70).

In der Tatsache, daß dies nicht der Fall ist, daß sich die meisten seriösen Journalisten und Medien bemühen, Sachverhalte richtig und vollständig darzustellen, Hintergründe aufzudecken, die Rezipienten nicht bewußt irrezuführen, kurz gesagt:

Realität „objektgemäß" zu beschreiben, in dieser Tatsache liegt der empirische Kern einer kritisch verstandenen Objektivitätsnorm begründet.

> **Selbstkontrollfrage 2:**
> Rekapitulieren Sie: Welche unterschiedlichen Objektivitätsverständnisse und welche unterschiedlichen Objektivitätstypen werden im Text unterschieden?

6. Anhang

6.1. Zentrale im Text verwandte Begriffe

Glaubwürdigkeit kann definiert werden als Eigenschaft, die Menschen, Institutionen oder deren kommunikativen Produkten (mündliche oder schriftliche Texte, audiovisuelle Produkte) von jemandem (Rezipienten) in bezug auf etwas (Ereignisse, Sachverhalte, etc.) zugeschrieben wird.

objektive Berichterstattung wird im Text definiert als journalistische Leistung, Sachverhalte und Ereignisse „objektgemäß" bzw. adäquat für andere wiederzugeben. „Objektiv" soll eine Berichterstattung dann heißen, wenn sie die zu berichtenden Sachverhalte und Ereignisse so richtig, vollständig und präzise wie möglich darstellt. Objektive Berichterstattung vereinfacht (wie jede Beschreibung von Welt) die entsprechenden Sachverhalte teilweise extrem, ohne sie jedoch zu verfälschen.

Objektivität ist sowohl als zentrale journalistische Norm wie auch als graduell vorhandene Eigenschaft von journalistischen Texten zu verstehen.

6.2. Literaturverzeichnis

6.2.1. Zitierte Literatur

BENTELE, Günter (1982), Objektivität in den Massenmedien - Versuch einer historischen und systematischen Begriffserklärung. In: BENTELE, Günter/Robert RUOFF (Hrsg.), Wie objektiv sind unsere Medien? Frankfurt a.M.: Fischer, S. 111-155

BENTELE, Günter (1988), Objektivität und Glaubwürdigkeit von Medien. Eine theoretische und empirische Studie zum Verhältnis von Realität und Medienrealität. Berlin (Unveröffentl. Habilitationsschrift).

BENTELE, Günter (1988a), Wie objektiv können Journalisten sein? In: ERBRING, Lutz/Stephan RUSS-MOHL/Berthold SEEWALD/Bernd SÖSEMANN (Hrsg.), Medien ohne Moral. Variationen über Journalismus und Ethik. Berlin: Argon, S. 196-225

BENTELE, Günter (1988b), Der Faktor Glaubwürdigkeit. Forschungsergebnisse und Fragen für die Sozialisationsperspektive. In: Publizistik, 33, S. 406-426

BENTELE, Günter/Dieter STORLL (1986), Berlin in Presse und Fernsehen. Eine Inhaltsanalyse zur Berlin-Berichterstattung Berliner Tageszeitungen und der Berliner Abendschau. Berlin: Vistas Verlag

BENTELE, Günter/Robert RUOFF (Hrsg.) (1982), Wie objektiv sind unsere Medien? Frankfurt a.M.: Fischer

KIEFER, Marie-Luise (1987), Massenkommunikation III. In: BERG, Klaus/Marie-Luise KIEFER (Hrsg.), Massenkommunikation III. Eine Langzeitstudie zur Mediennutzung und Medienbewertung 1964-1985. Frankfurt a.M.: Alfred Metzner Verlag

KIEFER, Marie-Luise (1991), Massenkommunikation 1990. In: Media Perspektiven, H. 4, S. 244-261

KOSZYK, Kurt/Karl H. PRUYS (1976), dtv Wörterbuch zur Publizistik. München: dtv (4. Aufl.)

LA ROCHE, Walther von (1982), Einführung in den praktischen Journalismus. Mit genauer Beschreibung der Ausbildungswege. München: List (6. Aufl.)

McDONALD, Donald (1975), Is Objectivity Possible? In: MERILL, John C./Ralph D. BARNEY (Hrsg.), Ethics and the Press. Readings in Mass Media Morality. New York: Hastings House

ROPER, Burns W. (1985), Public Attitudes Toward Television And Other Media In a Time of change. New York: Television Information Service

RÜHL, Manfred/Ulrich SAXER (1981), 25 Jahre Deutscher Presserat. In: Publizistik, 26, S. 471-507

SCHMIDT, Siegfried J. (1990), Wir verstehen uns doch? Von der Unwahrscheinlichkeit gelingender Kommunikation. In: DEUTSCHES INSTITUT FÜR FERNSTUDIEN (DIFF) (Hrsg.), Funkkolleg Medien und Kommunikation. Konstruktionen von Wirklichkeit. Weinheim/Basel: Beltz, S. 50-78

SCHÖNBACH, Klaus (1977), Trennung von Nachricht und Meinung. Empirische Untersuchung eines journalistischen Qualitätskriterium. Freiburg/München: Alber

SCHRÖTER, Detlev (1988), Mitteilungs-Adäquanz. Studien zum Fundament eines realitätsgerechten journalistischen Handelns. In: WAGNER, Hans (Hrsg.), Idee und Wirklichkeit des Journalismus. Festschrift für Heinz STARKULLA. München/Wien: Günter Olzog Verlag, S. 175-216

SCHWARZKOPF, Dietrich (1982), Zehn Hindernisse für die gebotene Objektivität. In: BENTELE, Günter/Robert RUOFF (Hrsg.), Wie objektiv sind unsere Medien? Frankfurt a.M.: Fischer, S. 200-204

ZEHNER, Günter (Hrsg.) (1965), Der Fernsehstreit vor dem Bundesverfassungsgericht, 2.Bd.. Karlsruhe: Müller

6.2.2. Weiterführende Literatur

SAXER, Ulrich (1974), Die Objektivität publizistischer Information. In: LANGENBUCHER, Wolfgang (Hrsg.), Zur Theorie der politischen Kommunikation. München: Piper, S. 206-235

TUCHMAN Gaye (1972), Objectivity as a Strategic Ritual: Newsmen's Notions on Objectivity. In: American Journal of Sociology, 77, S. 660-679

6.3. Antworten zu Selbstkontrollfragen

SKF 1:
Fast durchweg wird dem Fernsehen die höchste Glaubwürdigkeit eingeräumt, Presse und Hörfunk werden meist als deutlich weniger glaubwürdig eingeschätzt. Bei einer differenzierten Fragestellung zeigen sich erhebliche Unterschiede zwischen einzelnen Zeitungen bzw. einzelnen Rundfunkprogrammen. Das Vertrauen in die Information der Medien hat seit den sechziger Jahren deutlich abgenommen.

SKF 2:
Es werden ein „naives" und ein „kritisches" Objektivitätsverständnis unterschieden. Das naive Objektivitätsverständnis zeigt sich *positiv* in einem Objektivitäts*glauben*, *negativ* in der Position: „Objektivität ist nicht möglich". Auf Basis des kritischen Objektivitätsbegriffs wird weiterhin zwischen einer „Medienobjektivität" und einer „journalistischen Objektivität" unterschieden. Die Forderung nach Medienobjektivität bezieht sich auf das gesamte Mediensystem bzw. größere Medienteilsysteme (die Presse, das Fernsehen), die Forderung der journalistischen Objektivität auf die Berichterstattung der einzelnen Person.

Stephan Ruß-Mohl

Symbiose oder Konflikt:
Öffentlichkeitsarbeit und Journalismus

Inhalt

1. Einleitung 314
2. PR als Gegenstand systematischer Forschung 314
   2.1. Der methodische Ansatz von Baerns:
        Analyse der Einflußverteilung zwischen Journalismus und PR 315
   2.2. Die Forschungergebnisse: Themen und Timing sind PR-kontrolliert 316
   2.3. Kritik und Weiterentwicklung der PR-Forschung 318
3. Ausnahmezustand: Journalistische Leistungsfähigkeit und
   PR im Krisenfall 321
4. Zusammenfassung und Ausblick 322
5. Anhang 322
   5.1. Zentrale im Text verwandte Begriffe 322
   5.2. Literaturverzeichnis 324
   5.2.1. Zitierte Literatur 324
   5.2.2. Weiterführende Literatur 326
   5.3. Antworten zu Selbstkontrollfragen 327

1. Einleitung

„Desinformation wird von einem Kartell aus Politikern, Funktionären, Öffentlichkeitsarbeitern und Pressesprechern betrieben: Sie tun alle das ihnen Mögliche, die Presse in ihren Dienst zu nehmen und sie nur insoweit mit der Wahrheit zu bedienen, als sie dem jeweiligen Mitglied des Kartells nicht schädlich ist" (SCHNEIDER 1984: 9). Gewiß bringt dieses Statement des Leiters der Henri Nannen-Journalistenschule knapp und zielgenau auf den Punkt, was viele „kritische" Journalisten über Public Relations denken.

Daß Öffentlichkeitsarbeit Einfluß auf Medienberichterstattung nimmt, haben praxiserfahrene Publizistikwissenschaftler bereits früh erkannt. Emil Dovifat schrieb 1927, soeben von einem längeren Forschungsaufenthalt in den USA zurückgekehrt: „Der Preßagent (damit ist der PR-Mann gemeint, der Verf.) rühmt sich, der Presse die...klare und verständig abgefaßte, aus einem Wust von Nebensächlichkeiten herausgearbeitete Nachricht gegeben zu haben. Dabei verheimlicht der 'News agent' die Tatsache, daß er sich wie ein Sieb zwischen die Zeitung und die Nachrichtenquelle legt. Er hält den Reporter in seiner freien Arbeit auf. Er gibt ihm die voll vorbereitete Nachricht, an deren Veröffentlichung ihm und seinen Beauftragten gelegen ist. Die diensteifrige Geschäftigkeit und Hilfsbereitschaft des Preßagenten ist ein gefährlicher Anreiz für den Reporter, sich die Arbeit angenehm zu machen und die Dinge so zu sehen und darzustellen, wie der Interessent sie dargestellt sehen will"(DOVIFAT 1990: 209).

Ähnlich hat Mitte der sechziger Jahre Fritz Eberhard den Einfluß von Public Relations problematisiert: „Die Rolle der Massenkommunikationsmittel (wird) dadurch besonders kompliziert, daß alle Stellen und Personen, vom Kuratorium Unteilbares Deutschland und bis zur Grünen Front, mehr oder minder organisiert Öffentlichkeitsarbeit betreiben und sich nicht nur um die Gunst des Publikums bemühen, sondern auch um die Gunst der Massenkommunikationsmittel, weil sie um Raum und Zeit in ihnen konkurrieren"(EBERHARD o.J.: 514).

2. PR als Gegenstand systematischer Forschung

Gleichwohl begann die Kommunikationsforschung in Deutschland erst in den achtziger Jahren, *systematisch* nach den Funktionen, den Spielarten und dem Einfluß von Public Relations zu fragen (vgl. HAEDRICH/BARTHENHEIER/KLEINERT 1982; BAERNS 1985; als Theorieentwurf: RONNEBERGER/RÜHL 1992).

Die Fachdiskussion verlief zunächst eher zwiespältig: Einerseits hatte eine inzwischen an den Hochschulen etablierte, aber noch in den Kinderschuhen steckende Journalistik die journalistische Praxis mit zum Teil überzogenen Erwartungen in puncto Rechercheleistungen traktiert und einen sich auf die Transportarbeit beschränkenden Journalismus harsch kritisiert. Damit einhergehend wurden oft auch dessen wichtigste Zulieferer, die Öffentlichkeitsarbeiter, pauschal verdächtigt, sie „manipulierten" den Journalismus und die öffentliche Meinung. All dies veranlaßte Petra Dorsch (1982) dazu, schließlich daran zu erinnern, daß Verlautbarungsjournalismus „eine notwendige Medienfunktion" sei.

Andererseits konzentrierte sich die empirische Kommunikationsforschung auf die Rolle, die die Journalisten selbst bei der Nachrichtenauswahl spielten (vgl. SCHULZ 1975; KEPPLINGER 1979; DONSBACH 1982). Dies geschah eher unter Vernachlässigung des Faktums, daß Medieninhalte bereits im Vorfeld des Journalismus durch Public Relations kreiert und konstruiert werden. Grossenbacher (1989) stellte deshalb rückblickend fest, bei Public Relations handle es sich um „ein übersehenes Phänomen" der empirischen Kommunikationsforschung.

2.1. Der methodische Ansatz von Baerns: Analyse der Einflußverteilung zwischen Journalismus und PR

Es ist das Verdienst von Barbara Baerns, die Frage nach dem Einfluß von Öffentlichkeitsarbeit auf die Medienberichterstattung aufgegriffen und ihre Klärung *empirisch* ein großes Stück vorangetrieben zu haben (vgl. BAERNS 1991, 2. Aufl.).

Ihr Anliegen war es zu beschreiben, wie Informationen in Agenturdienste, Hörfunk- und Fernsehsendungen sowie Tageszeitungen hineingelangen, also zu Nachrichten werden. Zugleich wollte sie herausfinden, auf welche Art und Weise diese Informationen in den Medien verarbeitet und präsentiert werden. Die Analyse sollte dem Prozeß der Informationsverarbeitung chronologisch über mehrere Etappen hinweg folgen - von der „Quelle" bis hin zum Rezipienten. Dabei wurde nicht mehr nur der Tätigkeitsbereich des Journalismus, sondern auch das vorgelagerte Feld der Öffentlichkeitsarbeit berücksichtigt. Denn beide Tätigkeiten, die des Journalisten und die des Öffentlichkeitsarbeiters, zielen letztlich auf Medienpublika und schlagen sich im Mediensystem als Berichterstattung nieder. Ihr Zweck ist es, Information zu vermitteln - was Baerns als „Erschließung von Wirklichkeit durch Selektion" umschreibt (vgl. BAERNS 1991: 1).

Demzufolge wird Information in einem funktional differenzierten Prozeß verarbeitet. Öffentlichkeitsarbeit wird als „Selbstdarstellung partikularer Interessen und speziellen Wissens durch Information" definiert, Journalismus demgegenüber als „Fremddarstellung" sowie als „Funktion des Gesamtinteresses und des allgemeinen Wissens" gesehen (vgl. BAERNS 1991: 1).

Die Beziehungen zwischen Öffentlichkeitsarbeit und Journalismus beim Entstehen und Zustandekommen von Medieninhalten beschreibt Baerns als *Einfluß*. Damit wurde angeknüpft an die Machtdefinition von Max Weber und an Ansätze, mit denen Politikwissenschaftler die Machtverteilung im Gesellschaftssystem empirisch zu ermitteln versuchten. Einfluß meint dort jeweils eine Beziehung zwischen Akteuren, bei der einer den anderen veranlaßt, in einer Weise zu handeln, in der er sonst nicht handeln würde. Die Termini „Macht" und „Einfluß" werden im folgenden synonym verwendet. Die klassische Definition von Macht bei Weber lautet: „Macht bedeutet jede Chance, innerhalb einer sozialen Beziehung den eigenen Willen auch gegen Widerstreben durchzusetzen, gleichviel worauf diese Chance beruht." (vgl. WEBER 1972 NA: 28). Am Ausgangspunkt der erwähnten politikwissenschaftlichen Forschungen zur Machtverteilung in demokratischen Gesellschaftssystemen standen insbesondere Arbeiten von C. Wright Mills (1956), Robert A. Dahl (1961) und Peter Bachrach/Morton S. Baratz (1977).

Auf die Frage nach den Einflußchancen von Journalisten und Öffentlichkeitsarbeitern hin konkretisiert, postulierte Baerns: „Öffentlichkeitsarbeit hat erfolgreich Einfluß geübt, wenn das Ergebnis der Medienberichterstattung ohne diese Einflußnahme anders ausgefallen wäre. Ebenso hat Journalismus Einfluß genommen, wenn das Berichterstattungsergebnis ohne journalistisches Zutun anders ausgesehen hätte." *Ceteris paribus* - also unter der Voraussetzung, andere Einflußfaktoren existierten nicht - konstatierte Baerns eine gegenseitige Abhängigkeit: *Je mehr Einfluß Öffentlichkeitsarbeit ausübt, um so weniger Einfluß kommt Journalismus zu und umgekehrt.*

Soweit der Forschungsansatz. Im folgendem sollen gerafft die wichtigsten Forschungsresultate präsentiert werden, die sich aus dieser Fragestellung ergeben haben.

2.2. Die Forschungergebnisse: Themen und Timing sind PR-kontrolliert

Die Arbeit von Baerns war als Fallstudie angelegt. Die Untersuchungsergebnisse bezogen sich zunächst nur auf die Berichterstattung zur Landespolitik in Nordrhein-Westfalen. Inzwischen gelten sie aber auch durch eine Reihe weiterer Untersuchungen als im Kern bestätigt. Dabei richteten sich diese ersten Analysen auf den öffentlich-politischen Raum, der journalistischer Recherche prinzipiell zugänglich ist - etwa durch Auskunftspflicht der Behörden, wie sie in der Bundesrepublik oder auch, wohl noch weitergehend, im *Freedom of Information Act* in den USA gesetzlich verankert ist.

Das fraglos wichtigste Forschungsresultat lautete: Öffentlichkeitsarbeit hat *Themen* und *Timing* der Medienberichterstattung weitgehend unter Kontrolle (vgl. BAERNS 1991: 7 f, Fn. 6 und S. 98). Die einzelnen Medien präsentierten durchgängig hohe Anteile von Beiträgen, die auf Öffentlichkeitsarbeit zurückgehen: 59 Prozent aller Agenturmeldungen, 64 Prozent der Beiträge in Zeitungen, 61 Prozent der Hörfunk- und 63 Prozent der Fernsehbeiträge basierten letztlich auf Zulieferungen durch die Öffentlichkeitsarbeit (vgl. BAERNS 1991: 87).

Die von den Nachrichtenagenturen weitergereichten Meldungen gingen außerdem zu rund 85 Prozent auf nur eine einzige Quelle zurück (vgl. BAERNS 1985: 56) - und diese wiederum wird von den Medien, wenn sie aus dem Bereich Öffentlichkeitsarbeit stammt, in den seltensten Fällen offengelegt. Selbst Zeitungen, deren redaktioneller „Platz" dies am ehesten erlauben würde, verschweigen bei 75 Prozent ihrer Nachrichten, auf welche PR-Quellen sie sich letztlich stützen (vgl. BAERNS 1991: 73).

Journalistische Recherche fällt dagegen, quantitativ betrachtet, so gut wie nicht ins Gewicht. Auch journalistische Nach- und Zusatzrecherchen sowie journalistische Leistungen der Stoffintegration waren im Berichterstattungsalltag der untersuchten Massenmedien - es handelte sich im wesentlichen um Tageszeitungen sowie den öffentlich-rechtlichen Rundfunk und um Nachrichtenagenturen - zu vernachlässigende Größen. (vgl. BAERNS 1991: S. 88).

Inzwischen liegen auch Fallstudien vor, die vergleichend Felder mitberücksichtigen, in denen Recherchemöglichkeiten stärker restringiert sind als im politisch-öffentlichen Raum, z.B. zur Wirtschafts-, Wissenschafts- und zur Lokalberichterstattung. Auch dabei haben sich keine wesentlichen Abweichungen ergeben (vgl.

BAERNS 1991: 7 f, Fn. 6-10). Und auch ein Blick über die Grenzen, etwa in die Vereinigten Staaten, bestätigt die Befunde (vgl. RUSS-MOHL 1992 a: 123 ff).

Baerns bringt schließlich die Forschungsergebnisse mit den verschiedenen Organisationsformen der Massenmedien in Verbindung, und sie artikuliert Zweifel an der journalistischen Effektivität nicht nur der privatwirtschaftlichen, sondern auch der öffentlich-rechtlichen Medien. Nahezu unabhängig von der medienbetrieblichen Organisationsform werde Öffentlichkeitsarbeit als Quelle von den bundesdeutschen Massenmedien in der redaktionellen Arbeit nahezu gleichmäßig genutzt (vgl. BAERNS 1991: 3). Je mehr Beiträge zu einem bestimmten Thema ein Medium verbreitete, um so häufiger würden Pressemitteilungen und Pressekonferenzen reproduziert. Der Einfluß der Öffentlichkeitsarbeit dominiert Baerns zufolge das *gesamte Mediensystem* - also nicht nur einzelne Agenturdienste oder die Nachrichtenagenturen, einzelne Tageszeitungen oder die Tagespresse, einzelne Hörfunk- und Fernsehsendungen oder den Rundfunk.

Die Recherchekosten verlagern sich offensichtlich zusehends auf Träger der Öffentlichkeitsarbeit. Der amerikanische PR-Forscher Oscar H. Gandy Jr. (1982) spricht denn auch von *information subsidies*, von subventionierter Information, die die PR-Stäbe bereitstellten - ein Begriff, der nur deshalb ein wenig schief ist, weil hier nur partiell die öffentliche Hand der Geldgeber ist und auch keine notleidende Branche zum Nutznießer der Transfers wird.

Als Gefahr zeichnet sich ein spiralförmiger Auf- und Abrüstungsprozeß ab. Er könnte durch den weiteren Ausbau der Öffentlichkeitsarbeit in unserem politischen, wirtschaftlichen und kulturellen Institutionensystem in Gang kommen, wenn gleichzeitig die journalistischen Kapazitäten in den Redaktionen abgebaut würden. Bei hohem Konkurrenzdruck wird in einem kommerzialisierten Mediensystem allemal die Versuchung für Medienmanager groß sein, in dem Maße Reporter- und Redakteursstellen einzusparen, wie das System Öffentlichkeitsarbeit die Redaktionen mit immer mehr mediengerecht aufbereitetem Gratismaterial versorgt (vgl. RUSS-MOHL 1990).

Die starken Abhängigkeiten der täglichen Medienberichterstattung von PR-Quellen sind für den Rezipienten aus der Berichterstattung hinreichend erschließbar. Sie werden normalerweise weder vom Zeitungsleser noch vom Hörfunk oder Fernsehteilnehmer durchschaut. Soweit Forschung die verborgenen Beziehungen zwischen Öffentlichkeitsarbeit, Journalismus und Medien entfaltet hat, sollten solche Ergebnisse freilich zunächst einmal in der journalistischen Praxis selbst zur Kenntnis genommen werden.

Selbstkontrollfrage 1:
Welche Ergebnisse hat die PR-Forschung zum Einfluß von Öffentlichkeitsarbeit auf Journalismus zutage gefördert, und wie sieht das Forschungs-Design aus, dem diese Ergebnisse zu danken sind?

2.3. Kritik und Weiterentwicklung der PR-Forschung

An der Grundaussage, daß Öffentlichkeitsarbeit in den westlichen Industrie- und Informationsgesellschaften Themen und Timing der Medienberichterstattung weithin zu steuern vermag, ist kaum mehr zu rütteln. Es erscheinen jedoch einige Anmerkungen nötig, die einen Teil der skizzierten bisherigen Ergebnisse relativieren, andere dagegen womöglich in ihrer Bedeutung noch akzentuieren und damit in ihren Folgen für den öffentlichen Diskurs noch dramatischer erscheinen lassen. Es handelt sich um Argumente, die - an mehreren Stellen verstreut - bereits vorgetragen wurden; im folgenden sei der Versuch unternommen, sie zusammenzuführen.

(1) Neuere Studien erhärten Vermutungen, daß auch umgekehrt Medienstrukturen und -routinen insoweit starken Einfluß ausüben, als sie ihrerseits das Verhalten der PR-Zulieferer prägen (vgl. BAERNS 1991: 5; FRÖHLICH 1992: 38). Gerade im Alltagsgeschäft ist Öffentlichkeitsarbeit ja, gemessen an herkömmlichen Indikatoren wie dem erzielten Medienecho, ganz offensichtlich dann besonders „erfolgreich", wenn sich ihre Informationspolitik und auch die von ihr inszenierten Ereignisse an den herrschenden Nachrichtenwerten orientieren. Diese wiederum verkörpern Spielregeln, die eher vom Mediensystem und vom Journalismus gesetzt und beeinflußt werden können als von der Öffentlichkeitsarbeit. Dabei sind freilich auch hier dem einzelnen Journalisten bzw. Medienunternehmen enge Grenzen gesetzt, weil diese Spielregeln letztlich von der „unsichtbaren Hand" des Marktes, also vom Wettbewerb, aber auch von der zunftinternen Diskussion, die innerhalb des Journalismus um Normen und Maßstäbe journalistischer Professionalität geführt wird, mit geprägt werden. Der Hinweis auf Medientechnik, -dramaturgie und -logik als Bestimmungsfaktoren der Öffentlichkeitsarbeit ist also ein Erkenntnisfortschritt, mit dem inzwischen auch Baerns selbst ihre bisherigen prononcierten Thesen zur Steuerungsleistung von Public Relations relativiert (vgl. BAERNS 1991: 4 f).

(2) Womöglich ist es an der Zeit, die Frage zu stellen, ob sich Journalismus überhaupt noch, wie Baerns das tut, als „Funktion des Gesamtinteresses und des allgemeinen Wissens" definieren läßt.

Ich meine damit nicht, daß wir eines *Leitbilds* vom Journalisten als Hüter des Gemeinwohls nicht mehr bedürften. Die realen Gegebenheiten dürfen jedoch nicht mit normativen Zielen, also Soll-Zuständen, verwechselt werden. Immer mehr Journalisten arbeiten in privatkapitalistischen Unternehmen und sind damit Teil des Marktsystems; sie erbringen eine Dienstleistung für ihre Publika, die zu Marktpreisen entlohnt wird. Der öffentlich-rechtliche Rundfunk ist nicht minder interessengesteuert - er ist zur Beute der Parteien degeneriert.

Unter solchen Bedingungen scheint zumindest ein Fragezeichen angebracht, ob Journalisten bzw. Redaktionen sich noch als Vertreter des Gesamtinteresses den Öffentlichkeitsarbeitern als Verfechter von Partikularinteressen entgegensetzen lassen (vgl. RUSS-MOHL 1992 b). Realistischer ist es da wohl, Öffentlichkeitsarbeitern die Journalisten als Vertreter *anderer* Partikularinteressen gegenüberzustellen. Im günstigsten Fall sind sie Anwälte ihrer Leser, Hörer und Zuschauer, aber auch deren Interessen dürften sich kaum zum Gemeinwohl aufaddieren - in einem zunehmend fragmentierten Mediensystem, in dem es kein catch all-Medium mehr gibt, übrigens weniger denn je. Auch unter dieser veränderten Prämisse machen Analysen zur

Einflußverteilung zwischen Öffentlichkeitsarbeitern und Journalisten allerdings durchaus Sinn.

(3) Problematisch ist wohl auch die *Nullsummen-These* von Baerns: Je mehr Macht ein Öffentlichkeitsarbeiter bei der „Definition" von Nachrichten habe, desto weniger habe der Journalist - und umgekehrt (vgl. BAERNS 1985: 17 und 1991: 2). Der Gedankengang ist bestechend, dürfte jedoch zu sehr den Konfliktfall als Normalfall unterstellen. Die „Umwelt" wird dabei außer acht gelassen. Die Aussage ist von Baerns explizit mit der ceteris paribus-Klausel versehen: „*Unter der Voraussetzung, andere Faktoren existierten nicht,* war schließlich eine gegenseitige Abhängigkeit zu konstatieren." (BAERNS 1991: 2 u. 17) Doch geht es ja im Prozeß öffentlicher Kommunikation gerade nicht um die gegenseitige Beeinflussung von Journalisten und Öffentlichkeitsarbeitern, sondern um die Information und um die mögliche Beeinflussung bzw. Nicht-Beeinflussung Dritter, sprich: der Publika. Denkbar ist ja eben auch, daß beide Seiten kooperieren. Journalisten und Öffentlichkeitsarbeiter könnten so ihr Machtpotential und auch ihren Einfluß auf die „Definition" von Nachrichten immer mehr durch *Symbiose*, also durch wechselseitige Unterstützung, erweitern (vgl. FRÖHLICH 1992: 46 f).

Ebenso könnte eine fortdauernd konflikthafte Beziehung die Glaubwürdigkeit - und damit auch die Macht - beider Seiten unterminieren. So wurde bezeichnenderweise in jenen Jahren nach Watergate, als die Journalisten in den USA besonders hartnäckig politische Skandale aufspürten, nicht nur das Ansehen der Politik, sondern auch die Glaubwürdigkeit der Medien kräftig ramponiert.

Es lohnte sich vielleicht, einmal spieltheoretisch mit der Denkfigur des *Gefangenendilemmas* (vgl. MATZNER 1982: 79 ff) an das Beziehungsgeflecht zwischen Öffentlichkeitsarbeiter und Journalist heranzugehen: Lassen sich Bedingungen spezifizieren, unter denen sich Konflikt- oder Symbiose-Strategien für einen der Beteiligten oder sogar für beide auszahlen - und werden möglicherweise die „Kosten" solcher Strategien als *externe Effekte* der Gesellschaft aufgebürdet? Wie unterbelichtet gerade dieser Problemkomplex externer Effekte bisher in der Kommunikationsforschung geblieben ist, darauf hat Marlene Posner-Landsch jüngst hingewiesen (vgl. POSNER-LANDSCH 1991).

(4) Die These, Symbiose sei sozusagen der Normalfall, wird unter journalistischen Berufspraktikern auf heftigen Widerspruch stoßen. Sie ist mit ihrem Selbstverständnis und Selbstwertgefühl nicht in Einklang zu bringen, aber gleichwohl weithin ein Faktum - so bestätigen es ja, wenn schon nicht der Untersuchungs*ansatz*, so doch die Untersuchungs*ergebnisse* von Baerns. Längst wird der überwiegende Teil genuiner Informationsbeschaffung und -aufbereitung von Pressestellen und PR-Apparaten geleistet. Alle Redaktionen sind *strukturell* von deren Zulieferungen abhängig. Die gesellschaftlichen Verhältnisse sind so kompliziert geworden, daß Journalisten zumindest dort, wo sie als „Transportarbeiter" des Informationsgewerbes (vgl. NOELLE-NEUMANN 1990: 23) fungieren, ohne die *Lotsenfunktionen* tüchtiger und hochspezialisierter PR-Leute längst nicht mehr in der Qualität berichterstatten könnten, in der sie das tagtäglich tun.

Dank der „neuen Unübersichtlichkeit" der Weltläufte - im Mikrokosmos des Lokalen fast ebenso wie in der „großen" Politik - ist der Öffentlichkeitsarbeiter zum unentbehrlichen Partner des Journalisten geworden, so sehr dieser ihn auch als Widerpart sehen mag (vgl. RUSS-MOHL 1992 a: 131). Qualitätssicherung in der Medienberichterstattung ist unter den sich verändernden Bedingungen kaum noch im Gegeneinander denkbar; sie läßt sich nicht mehr als schiere PR-Abwehrstrategie konzeptualisieren.

Denn auch dies trifft zu: Je professioneller die PR-Arbeit, desto präziser und umfangreicher die Information der Redaktionen. Ohne den Service der Öffentlichkeitsarbeiter wäre in einer komplizierter werdenden Welt journalistische Tätigkeit kaum noch möglich. Und seit die Zulieferung auf elektronischem Weg erfolgt, hängen die Redaktionen noch mehr als vordem am Tropf der PR-Abteilungen (vgl. NEUWIRTH 1988: 91 ff). Journalistische Tätigkeit wird in Zukunft ganz überwiegend zielgruppengerechtes Auswählen, Anreichern und Präsentieren von Nachrichten sein.

Man muß sich nur einmal vorstellen, ein Journalist sollte innerhalb von zwei, drei Stunden über einen 100-seitigen Geschäftsbericht oder gar eine Forschungs-Dokumentation von 500 Seiten Umfang berichten, ohne daß dieses Material vorher von einem journalistisch versierten Spezialisten, eben einem Pressereferenten, aufbereitet worden wäre. Das ist trotz aller beruflich erworbenen Routine kaum zu schaffen. Der Journalist sollte deshalb den Öffentlichkeitsarbeiter durchaus auch als *Partner* sehen. Er ist *Diener zweier Herren*, der zwar zu allererst seiner Organisationsspitze, aber auch dem Journalisten und der Öffentlichkeit dienstbar ist. Luhmann (1964) spricht deshalb von Presseabteilungen als *Grenzstellen* einer Organisation, und die amerikanischen PR-Forscher Grunig und Hunt betonen die Grenzgänger-Rolle des PR-Praktikers: „Sie haben einen Fuß in der Organisation und den anderen draußen." (Zit. n. SIGNITZER 1988: 98)

Auch im Bereich der Öffentlichkeitsarbeit selbst wird es allerdings wachsende Disparitäten geben. Denn auch auf den Nachrichtenmärkten verfügt nicht jeder Anbieter über die gleiche Marktmacht. Im Zweifelsfall haben Individuen und Organisationen, die über die nötigen geldlichen und geistigen Ressourcen verfügen, um professionelle Öffentlichkeitsarbeit zu betreiben, auch die besseren Zugangschancen zur Öffentlichkeit. Im Alltagsgeschäft dürfte die Beobachtung von Charles T. Salmon, einem PR-Experten an der *University of Wisconsin* zutreffen: „Als wir noch naiv und unschuldig waren, mochten wir geglaubt haben, daß sich Geschehnisse 'einfach ereignen' oder daß soziale Zustände, die wirklich gefährlich sind, automatisch ernsthafte Aufmerksamkeit und damit Abhilfe mobilisierten. Aber was inzwischen für die meisten Produkte und auch politischen Kandidaten gilt, gilt auch für politische Themen: Ohne starke Organisation als Promoter ist das Scheitern auf dem Markt absehbar - in diesem Fall auf dem Marktplatz für Ideen." (SALMON 1990: 24).

Selbstkontrollfrage 2:
Welche Einwände lassen sich gegen den Forschungsansatz von Baerns formulieren?

3. Ausnahmezustand: Journalistische Leistungsfähigkeit und PR im Krisenfall

Die Leistungsfähigkeit des Journalismus unter den veränderten Rahmenbedingungen hochdifferenzierter und hocharbeitsteiliger Gesellschaften ist indes nicht daran zu messen, daß seine Recherchekapazität auszureichen hätte, um *jede* von Pressestellen und PR-Abteilungen in Umlauf gebrachten Meldung durch Gegen- und Zusatzrecherchen zu überprüfen. Was Luhmann (1973) über den entlastenden Effekt von „Vertrauen" formuliert hat, gilt unter Normalbedingungen auch für das Zusammenspiel zwischen Öffentlichkeitsarbeitern und Journalisten.

Wichtig für die Funktionsfähigkeit von Demokratie ist indes, daß im *Bedarfsfall* genügend Recherchekapazität bereitsteht, um die Kritik- und Kontrollfunktion der Medien wahrnehmen und auch gutorganisierter, professionalisierter Öffentlichkeitsarbeit Paroli bieten zu können, die in Krisensituationen dazu tendiert, zur Öffentlichkeitsverhinderungsarbeit zu mutieren. Spektakuläre „Aufklärungserfolge" (z.B. Sandoz, Flick, Barschel), wie sie die Medien immer wieder - auch gegen Vertuschungsmanöver von seiten der Öffentlichkeitsarbeit - erzielt haben, belegen, daß dies noch immer der Fall ist. Eine Studie zur „Aktivität und Passivität von Journalisten gegenüber Public Relations" belegt am Beispiel von Umweltthemen eindrucksvoll, daß Journalisten in der Routineberichterstattung häufig den Verlautbarungen der Pressestellen folgen, dagegen im Krisenfall deutlich seltener die „zentrale Botschaft" der Veranstalter von Pressekonferenzen, in diesem Fall von Unternehmen der chemischen Industrie, ungefiltert in den Medien wiedergeben (BARTH/DONSBACH 1992: 157).

Entscheidungsträger antizipieren im übrigen journalistische Recherchen und beziehen sie - ähnlich wie Ermittlungen des Rechnungshofes oder der Staatsanwaltschaft - als Möglichkeit in ihr Entscheidungskalkül mit ein. Auch dies ist dazu angetan, so manchen Fehltritt und Skandal zu verhindern.

Öffentlichkeitsarbeit dürfte somit eher in der von Kooperation geprägten Alltagsroutine als unter den Bedingungen des konflikthaften „Ausnahmezustands" ihren eigentlichen Einfluß geltend machen. In Krisensituationen tendiert PR dazu, zu „versagen" - oder auch zu „übersteuern". Erinnert sei etwa - als Beispiele für PR-Versagen - an das Informationswirrwarr nach dem Reaktorunfall von Tschernobyl, das nicht zuletzt Presse- und PR-Abteilungen mitverursacht haben, oder an die Informationspolitik von Großunternehmen wie Sandoz oder Exxon nach den von ihnen zu verantwortenden Umweltkatastrophen im Rhein bzw. in Alaska. Aber auch der Golf-Krieg ist anzuführen - als Beispiel für Übersteuerung. Die „Fernlenkung" der Medienberichterstattung durch PR dürfte hier zwar zunächst durchaus im Sinne der Konfliktparteien funktioniert haben, allerdings um den Preis, daß schließlich in einem bisher unbekannten Ausmaß die Berichterstattungs-Bedingungen selbst von den Journalisten thematisiert und damit auch für die Publika durchschaubar gemacht wurden.

Der vorherrschende Eindruck ist, daß es im Verhältnis zu den Medien für die Behörden ebenso wie für die Wirtschaft, den Wissenschaftsbetrieb und die Militärs noch viel zu tun und zu lernen gibt. Dabei steht gerade der Golfkrieg als Beispiel dafür, daß die Folgen von PR für den Journalismus und die Informationsfreiheit noch keineswegs „bewältigt" sind. Die ausufernde öffentliche Diskussion über die Berichterstattungsbedingungen während der Operation „Desert Storm" ist andererseits aber auch ein Indiz dafür, daß die Sensibilität im Journalismus für solche Lenkung wächst. Die kurzfristig „erfolgreiche" Einflußnahme könnte sich also in ihren langfristigen Auswirkungen durchaus als Pyrrhus-Sieg der Public Relations erweisen.

> **Selbstkontrollfrage 3:**
> Was läßt sich - aufgrund welcher Forschungen - über die Leistungsfähigkeit von PR unter „Normalbedingungen" und im Krisenfall sagen?

4. Zusammenfassung und Ausblick

Der tatsächliche Einfluß von PR bleibt trotz aller anerkennenswerter Forschungsanstrengungen nur schwer bestimmbar. Gewiß ist nur, daß Öffentlichkeitsarbeit im öffentlichen Diskurs allgegenwärtig geworden ist. Ihre Macht ist letztlich vielleicht auch daran zu messen, daß sie sich der Meßbarkeit partiell entzieht. Ein Indiz für ihren öffentlichen Einfluß könnte mithin gerade darin zu sehen sein, daß bisher eine öffentliche Diskussion über Public Relations kaum stattgefunden hat. Auch diese Denkfigur - die Macht der Nicht-Thematisierung und damit zum Nondecision-Making - ist der politikwissenschaftlichen Forschung entlehnt. (Vgl. die Diskussion um „Nicht-Entscheidungen" bei BACHRACH/BARATZ 1977).

Die Qualität künftigen Journalismus' wird sich vermutlich nicht mehr danach bemessen lassen, ob es ihm gelingt, den Einfluß von Öffentlichkeitsarbeit im Alltags-Nachrichtengeschäft zurückzudrängen. Wenigstens sollte er indes imstande sein, diesen alltäglichen Einfluß den Lesern, Hörern und Zuschauern gegenüber offenzulegen und deutlich zu machen, wie sehr Öffentlichkeitsarbeit zu einem *unverzichtbaren Systembestandteil moderner Massenkommunikation* geworden ist.

Diese Seite der Medaille vermißt man übrigens bei Wolf Schneider; Emil Dovifat hat sie dagegen bereits gesehen: „Oft ist die Arbeit des Preßagenten - z.B. bei Nachrichten von sachlich schwieriger Natur - auch unbedingt erforderlich, um eine autorisierte und vollständige Antwort zu geben. Er ist insofern eine natürliche Folge der Komplizierung des öffentlichen Lebens, das er durch seine standardisierte Bearbeitung der Nachricht wiederum vereinfacht." (DOVIFAT 1927: 209)

5. Anhang

5.1. Zentrale im Text verwandte Begriffe

externe Effekte — Als externe Effekte werden in den Wirtschaftswissenschaften Kosten oder Nutzen definiert, die sich aufgrund wirtschaftlicher Transaktionen, also bei der Produktion oder beim Konsum von Gütern oder Dienstleistungen,

„zufällig" - zugunsten oder zu Lasten von Dritten, die an der Transaktion unbeteiligt sind - ergeben.Beispiel: Ein Konzert auf dem Marktplatz wird von Anwohnern als Lärmbelästigung empfunden (externe Kosten); andererseits erfreuen sich Passanten vielleicht auch an der Veranstaltung, ohne einen Obulus zu entrichten (externer Nutzen).

Während wir inzwischen im Bereich des Umweltschutzes ein hochentwickeltes Sensorium insbesondere für negative externe Effekte entwickelt haben, fehlen vergleichbare Überlegungen bisher noch weithin für den Informationssektor - obschon gerade auch dort in hohem Maße „externe Effekte" anfallen (Stichworte: Informationsmüll; Auswirkungen von Gewaltdarstellung im Fernsehen; aber auch für die Rezipienten „kostenlose" bzw. nicht kostendeckende Bereitstellung von Information und Unterhaltung durch private Medienunternehmen, die sich voll oder überwiegend aus Werbe- und Anzeigeneinnahmen finanzieren).

Gefangenendilemma

Der Begriff entstammt der Theorie der strategischen Spiele. Es geht um das Entscheidungsdilemma zweier voneinander unabhängiger Akteure, die selbst eine Entscheidung treffen müssen, ohne vorher zu wissen, wie sich der Partner/Gegenspieler entscheiden wird.

Anschaulich wird das Dilemma am Beispiel zweier Gefangener, die gemeinsam etwas ausgefressen haben, nunmehr voneinander isoliert im Knast einsitzen und vor der Entscheidung stehen, ihre Aussichten auf Verurteilung, Strafminderung oder Freilassung durch ihr Aussageverhalten zu beeinflussen. Halten beide dicht, haben sie die Chance, mangels an Beweisen freigelassen zu werden. Dieses Verhalten ist jedoch für beide riskant, da sie nicht wissen, ob nicht der jeweils andere „auspacken" wird, um das drohende Strafmaß zu mindern - wobei nur derjenige, der zuerst auspackt und damit den anderen belastet, Strafminderung zu erwarten hat.

Durchspielen lassen sich also die verschiedenen Entscheidungsoptionen (Kooperation/Nichtkooperation) - jeweils auch in Abhängigkeit vom Entscheidungsverhalten des „Spielgegners bzw. -partners". Dabei kann man sowohl nach den Auswirkungen dieser Entscheidungen auf das individuelle Wohl der Beteiligten als auch das Allgemeinwohl fragen.

Nullsummen-These Von einem Nullsummen-Spiel ist in der Spieltheorie dann die Rede, wenn das, was die eine Seite hinzugewinnen kann, auf Kosten der anderen Seite geht. Ausgeschlossen sind damit der gemeinsame Gewinn auf Kosten Dritter (bzw. der Verlust zugunsten Dritter), aber auch Spielsituationen, bei denen alle gewinnen (Pareto-Optimum) und die die Wirtschaftswissenschaftler deshalb besonders schätzen. Im konkreten Fall besteht die Nullsummen-These von Baerns in der Annahme, daß ein Öffentlichkeitsarbeiter Macht bei der „Definition" von Nachrichten in dem Maß gewinnt, wie der am Definitionsprozeß beteiligte Journalist Macht einbüßt - und umgekehrt.

Symbiose Der Begriff entstammt ursprünglich der Biologie und bezeichnet das Zusammenleben verschiedener Lebewesen zu gegenseitigem Nutzen. Im Gegensatz zur Nullsummenthese unterstellt die These von der Symbiose zwischen Journalisten und Öffentlichkeitsarbeitern also, daß nicht die eine Seite auf Kosten der anderen an Einfluß gewinnt, sondern beide Seiten sich durch Zusammenarbeit besserstellen.

5.2. Literaturverzeichnis

5.2.1. Zitierte Literatur

BACHRACH, Peter/Morton S. BARATZ (1977), Macht und Armut. Eine theoretisch-empirische Untersuchung. Frankfurt a.M.: Suhrkamp

BAERNS, Barbara (1991) Öffentlichkeitsarbeit oder Journalismus? Köln: Verlag Wissenschaft und Politik (2. Aufl.)

BAERNS, Barbara (1990), Wissenschaftsjournalismus und Öffentlichkeitsarbeit: Zur Informationsleistung der Pressedienste und Agenturen, In: RUSS-MOHL, Stephan (Hrsg.), Wissenschaftsjournalismus und Öffentlichkeitsarbeit. Tagungsbericht zum 3. Colloquium Wissenschaftsjournalismus vom 4./5. November 1988 in Berlin. Gerlingen: Bleicher Verlag, S. 37-54

BARTH, Henrike/Wolfgang DONSBACH (1992), Aktivität und Passivität von Journalisten gegenüber Public Relations. Fallstudie am Beispiel von Pressekonferenzen zu Umweltthemen. In: Publizistik, 37, S. 151-165

DAHL, Robert A. (1961), Who Governs? Democracy and Power in an American City. New Haven: Yale University Press

DAVISON, W. Phillips (1983), The Third-Person Effect in Communication. In: Public Opinion Quarterly, 47, S. 1-15

DONSBACH, Wolfgang (1982), Legitimationsprobleme des Journalismus. Freiburg/München: Alber

DORSCH, Petra E. (1982), Verlautbarungsjournalismus - eine notwendige Medienfunktion. In: Publizistik, 27, S. 530-540

DOVIFAT, Emil (1990), Der amerikanische Journalismus. Stuttgart u.a.: Deutsch Verlagsanstalt 1927 (Neuaufl.: Berlin: Colloquium-Verlag 1990).

EBERHARD, Fritz (o.J.), Die Rolle der Massenkommunikationsmittel beim Zustandekommen politischer Entscheidungen. In: Interdependenzen zwischen Politik und Wirtschaft, Festgabe für Gert v. Eynern, Sonderdruck, Berlin, S. 507ff

FRÖHLICH, Romy (1992), Qualitativer Einfluß von Pressearbeit auf die Berichterstattung: Die „geheime Verführung" der Presse? In: Publizistik, 37, S. 37-49

GANDY, Oscar J. (1982), Beyond Agenda Setting: Information Subsidies and Public Policy. Norwood N.J.: Ablex

GROSSENBACHER, René (1989), Die Medienmacher. Eine empirische Untersuchung zur Beziehung zwischen Public Relations und Medien in der Schweiz. Solothurn: Vogt-Schild Verlag

HAEDRICH, Günther/Günther BARTHENHEIER/Horst KLEINERT Horst (Hrsg.) (1982), Öffentlichkeitsarbeit. Dialog zwischen Institutionen und Gesellschaft. Ein Handbuch. Berlin/New York: Walter de Gruyter

KEPPLINGER, Hans Mathias (Hrsg.) (1979), Angepaßte Außenseiter. Was Journalisten denken und wie sie arbeiten. Freiburg/München: Alber

LUHMANN, Niklas (1964), Funktionen und Folgen formaler Organisation. Berlin: Duncker & Humblot

LUHMANN, Niklas (1973), Vertrauen. Ein Mechanismus der Reduktion sozialer Komplexität. Stuttgart: F. Enke Verlag

MATZNER, Egon (1982), Der Wohlfahrtsstaat von morgen. Entwurf eines zeitgemäßen Musters staatlicher Interventionen. Frankfurt a.M./New York: Campus

MILLS, C. Wright (1956), The Power Elite. London u.a.: Oxford University Press

NEUWIRTH, Kurt et al. (1988), The effect of 'Electronic' News Sources On Selection and Editing of News. In: Journalism Quarterly, 65, S. 85-94

NOELLE-NEUMANN, Elisabeth (1990), Die öffentliche Meinung und die Wirkung der Massenmedien. Vortrag am 26.10.1989 auf der Wissenschaftlichen Veranstaltung des Instituts für Publizistik „Fortschritte der Publizistikwissenschaft" - 25 Jahre Publizistik Mainz. In: WILKE, Jürgen (Hrsg.), Fortschritte der Publizistikwissenschaft. Freiburg/München: Alber

PETERS, Hans Peter (1984), Entstehung, Verarbeitung und Verbreitung von Wissenschaftsnachrichten am Beispiel von 20 Forschungseinrichtungen. Bochum (Dissertation)

POSNER-LANDSCH, Marlene (1991), Prozesse der Sprachbildung bei der Bewußtseinsschaffung für externe Effekte. In: PROGNOS AG (Hrsg.), Externe Effekte der Energieversorgung. Versuch einer Identifizierung. Baden-Baden, S. 98-121

RONNEBERGER, Franz/Manfred RÜHL (1992), Theorie der Public Relations. Opladen: Westdeutscher Verlag

RUSS-MOHL, Stephan (1990), Öffentlichkeitsarbeit ante portas. Wissenschaftsjournalismus und Journalistenausbildung vor neuen Herausforderungen. In: RUSS-MOHL, Stephan (Hrsg.), Wissenschaftsjournalismus und Öffentlichkeitsarbeit. Tagungsbericht zum 3. Colloquium Wissenschaftsjournalismus vom 4./5. November 1988 in Berlin. Gerlingen: Bleicher Verlag, S. 11-22

RUSS-MOHL, Stephan (1992a), Zeitungs-Umbruch. Wie sich Amerikas Presse revolutioniert. Berlin: Argon

RUSS-MOHL, Stephan (1992b), Am eigenen Schopfe...Qualitätssicherung im Journalismus - Grundfragen, Ansätze, Näherungsversuche. In: Publizistik, 37, S. 83-96

SALMON, Charles T. (1990), God Understands When the Cause Is Noble. In: Gannett Center Journal, Themenheft „Publicity", S. 23-34

SCHNEIDER, Wolf (Hrsg.) (1984), Unsere tägliche Desinformation. Hamburg: Gruner + Jahr

SCHULZ, Winfried (1976), Die Konstruktion von Realität in den Nachrichtenmedien. Freiburg/München: Alber

SIGNITZER, Benno (1988), Public Relations-Forschung im Überblick. Systematisierungsversuche auf der Basis neuerer amerikanischer Studien. In: Publizistik, 33, S. 92-116

WEBER, Max (1972), Wirtschaft und Gesellschaft. Tübingen: J.C.B. Mohr (Paul Siebeck) (5. rev. Aufl.)

5.2.2. Weiterführende Literatur

DORER, Johanna/Klaus LOJKA (Hrsg.) (1991), Öffentlichkeitsarbeit. Theoretische Ansätze, empirische Befunde und Berufspraxis der Public Relations. Wien: W. Braunmüller

FAULSTICH, Werner (1992), Grundwissen Öffentlichkeitsarbeit. Kritische Einführung in Problemfelder der Public Relations. Bardowick: Wissenschaftler-Verlag

GRUNIG, James E./T. HUNT (1984), Managing public relations. New York: Holt, Rinehart & Winston

PAVLIK, John V. (1987), Public Relations. What Research Tells Us. Newbury Park/London/New Delhi: Sage Publications

5.3. Antworten zu Selbstkontrollfragen

SKF 1:
Das ursprüngliche Forschungs-Design von Barbara Baerns geht davon aus, daß Öffentlichkeitsarbeiter und Journalisten um Einfluß auf Medieninhalte ringen - wobei ein Zuwachs an Einfluß der einen Seite auf Kosten des Einflusses der anderen Seite geht.
Legt man diesen Ansatz zugrunde, so ergeben Studien, die den Prozeß der Nachrichtenentstehung empirisch zurückverfolgen, einen hohen Einfluß von Öffentlichkeitsarbeit auf die Nachrichtengebung: Vergleichende Studien, die unterschiedliche Berichterstattungsfelder und auch unterschiedliche Medien analysieren, kommen übereinstimmend zu dem Ergebnis, daß die Öffentlichkeitsarbeit über Pressemitteilungen, Pressekonferenzen und andere inszenierte Ereignisse weitgehend Themen und Timing der Berichterstattung zu kontrollieren vermag, während der von Journalisten eigenrecherchierte Anteil am Nachrichtenaufkommen sehr klein ist.

SKF 2:
Schon die Prämisse - Öffentlichkeitsarbeit als Artikulation und Vertretung von Partikularinteressen, Journalismus als quasi „unabhängige", dem Gesamtinteresse und damit dem Gemeinwohl verpflichtete Instanz - ist kaum noch haltbar, auch wenn sie noch weithin unser Denken über Journalismus und PR prägen dürfte.

Ansonsten gilt es zu sehen, daß sich Öffentlichkeitsarbeiter - wenn sie mit Erfolgsaussicht ihre Botschaften in den Medien plazieren wollen - an den Vorgaben, sprich: Nachrichtenwerten des Journalismus zu orientieren haben. Insoweit ist also auch umgekehrt Einfluß von Journalismus auf Öffentlichkeitsarbeit zu konstatieren - wenngleich dieser Einfluß weniger leicht meßbar sein dürfte.

Außerdem ist das Modell, das das Ringen um Einfluß zwischen Journalisten und Öffentlichkeitsarbeitern zum Nullsummenspiel erklärt, erweiterungsbedürftig. Da das Alltagsgeschäft eher von Zusammenarbeit als von Konflikt bestimmt sein dürfte, lohnt es sich vermutlich, als Forschungsfrage weiterzufolgen, inwieweit durch eine symbiotische Beziehung beide Seiten die Chance haben, ihren Einfluß auf die Nachrichtengebung und damit auch auf das gesellschaftliche Agenda Setting zu steigern.

SKF 3:
Insbesondere Barth/Donsbach (1992) belegen mit ihrer Studie zur „Aktivität und Passivität von Journalisten gegenüber Public Relations" am Beispiel von Umweltthemen, daß Journalisten in der Routineberichterstattung häufig den Verlautbarungen der Pressestellen folgen. Dagegen haben im Krisenfall die Veranstalter von Pressekonferenzen, im konkreten Fall Unternehmen der chemischen Industrie, deutlich seltener die Chance, ihre „zentrale Botschaft" ungefiltert in den Medien wiederzugeben.

Autorenverzeichnis

BECK, Klaus, M.A., Jg. 1963; Studium der Publizistik und Theaterwissenschaften an der FU Berlin. Seit 1989 wissenschaftlicher Mitarbeiter am Institut für Publizistik und Kommunikationspolitik der FU; Lehrtätigkeit in den Bereichen Kommunikationspolitik, Medienökonomie und -technik, Kommunikationstheorie. Forschungsschwerpunkte und Veröffentlichungen zu den Themen Soziologie der Telefonkommunikation, Medien und die soziale Konstruktion von Zeit. Lehraufträge an der Hochschule für Film und Fernsehen, Potsdam, Journalistenweiterbildung der FU sowie bei privaten Trägern der beruflichen Bildung.

BENTELE, Günter, Prof., Dr. phil., Jg. 1948; Studium der Germanistik/Linguistik, Soziologie, Publizistikwissenschaft, Philosophie in München und Berlin. 1974 Staatsexamen für das höhere Lehramt an Gymnasien; 1975 Assistent für Publizistikwissenschaft; 1980-84 Wiss. Mitarbeiter im Modellversuch Journalisten-Weiterbildung; Promotion 1984. Hochschulassistent im Studiengang Publizistik, Berlin. Lehrtätigkeit in München, Münster, Berlin und Bamberg. Seit 1980 Tätigkeit als Freier Journalist und PR-Experte. 1989 Habilitation an der FU Berlin (Habilitationsschrift: Objektivität und Glaubwürdigkeit von Medien - eine theoretische und empirische Studie). 1990-1994 Professor für Kommunikationswissenschaft/Journalistik in Bamberg; seit 1994 Professor für PR/Öffentlichkeitsarbeit am Fachbereich Medienwissenschaft der Universität Leipzig.

JARREN, Otfried, Prof., Dr., Jg. 1953, ist seit dem 1.10.1989 Professor für Journalistik mit dem Schwerpunkt Kommunikations- und Medienwissenschaft am Institut für Journalistik sowie Professor für Politikwissenschaft am Institut für Politische Wissenschaft der Universität Hamburg.

KÖRBER, Esther-Beate, Privatdozentin, Dr., Jg. 1957; Studium 1976 bis 1982 in Geschichte und Germanistik in Tübingen; 1982 Staatsexamen; 1986 Promotion in Geschichte; 1985 bis 1990 wissenschaftliche Mitarbeiterin am Lehrstuhl Geschichte der öffentlichen Kommunikation (Institut für Publizistik der Freien Universität Berlin); 1993 Habilitation in Neuerer Geschichte.

LUDWIG, Johannes, Jg. 1949; Musikstudium von 1968 bis 1972. Danach ein Jahr lang Rechercheur in einer Handelsauskunftei. 1974-1980 Studium der Wirtschaftswissenschaften. 1981-1985 wissenschaftlicher Mitarbeiter an der TU Berlin (Finanzwissenschaft). Von 1986 bis 1992 freier Journalist und Autor (*stern, Zeit, Wirtschaftswoche*, Hörfunk, Fernsehen). Buchveröffentlichungen über Bankenmacht, Wohnungsbau, Steuern und Staatsfinanzen, Arisierungen im Dritten Reich, Wirtschaftskriminalität. Seit 1992 wissenschaftlicher Mitarbeiter am Institut für Publizistik der FU Berlin, Studiengang Journalisten-Weiterbildung. Betreut dort die Fächer Wirtschaft, Politik, Medienökonomie.

MÜLLER-SCHÖLL, Ulrich, Jg. 1955, ist wissenschaftlicher Mitarbeiter am Institut für Publizistik und Kommunikationspolitik an der Freien Universität Berlin.

RUSS-MOHL, Stephan, Prof. Dr., Jg. 1950; wissenschaftlicher Leiter des Studiengangs Journalisten-Weiterbildung und Professor am Institut für Publizistik und Kommunikationspolitik der Freien Universität Berlin. Absolvent der Deutschen Journalistenschule, München. Studium der Sozial- und Verwaltungswissenschaften in München, Konstanz und Princeton/USA.

STÖBER, Rudolf, Dr., M.A., Jg. 1959; Studium der Geschichte und Kommunikationswissenschaft in Göttingen; seit 1985 wissenschaftlicher Mitarbeiter am Institut für Publizistik der Freien Universität Berlin; 1990 Promotion, 1991 ausgezeichnet mit dem "Heinz Maier-Leibnitz-Preis" der DFG und des Bundesministeriums fnr Bildung und Wissenschaft; seit 1993 Dozent an der Universität Lüneburg.

WEISCHENBERG, Siegfried, Dr., Jg. 1948; Studium der Sozial- und Kommunikationswissenschaft; Volontariat und Redakteur bei einer Tageszeitung; langjährige Tätigkeit in der Journalistenaus- und weiterbildung; 1979-1982 Professor an der Universität Dortmund; seit 1982 Professor für Journalistik an der Universität Münster.

Medien und Kommunikation

Udo Branahl
Medienrecht
Eine Einführung
1992. 294 S. (Fachwissen für Journalisten; hrsg. von Stephan Ruß-Mohl und Gerhard Vowe) Kart.
ISBN 3-531-12319-X

Der Band gibt einen umfassenden, allgemein verständlichen Überblick über die Rechte und Pflichten des Journalisten. Er beschreibt Inhalt und Grenzen des journalistischen Auskunftsanspruchs und Zeugnisverweigerungsrechts sowie die Grenzen, die der Berichterstattung durch den Persönlichkeits- und Ehrenschutz, das Recht am eigenen Bild und das Wettbewerbsrecht gezogen sind. Der Leser erhält Informationen über die Rechte und Pflichten, die sich für den Journalisten aus dem Urheberrecht und dem Arbeitsrecht ergeben, sowie eine Übersicht über die möglichen Folgen von Rechtsverletzungen.

Ulrich von Alemann/Kay Loss/Gerhard Vowe (Hrsg.)
Politik
Eine Einführung
1994. 376 S. (Fachwissen für Journalisten; hrsg. v. Stephan Ruß-Mohl und Gerhard Vowe) Kart.
ISBN 3-531-12634-2

Mit dieser Einführung wird Journalistinnen und Journalisten politisches Fachwissen vermittelt: Sechs Beiträge namhafter Experten decken exemplarisch das Spektrum der Politikwissenschaft in thematischer und methodischer Hinsicht ab. Ob es um umweltpolitische Spielräume von Kommunalverwaltungen, um den Stellenwert formaler Entscheidungsprozeduren oder um Macht und Ohnmacht internationaler Organisationen geht – es wird in den Beiträgen immer wieder deutlich, daß die täglich in den Medien gebotenen Beschreibungen, Erklärungen und Bewertungen nur selten der Komplexität politischer Zusammenhänge gerecht werden. Dieser Band lädt deshalb dazu ein, die überkommenen journalistischen Denkmuster mit Hilfe politikwissenschaftlicher Befunde und Vorgehensweisen zu überprüfen.

Klaus Merten/Siegfried J. Schmidt/Siegfried Weischenberg (Hrsg.)
Die Wirklichkeit der Medien
Eine Einführung in die Kommunikationswissenschaft
1994. XIV, 690 S. Kart.
ISBN 3-531-12327-0

In diesem einführenden Lehrbuch werden die Bedingungen, Formen und Leistungen von Medienkommunikation beschrieben und analysiert. Ausgehend von einer grundlegenden Darstellung kommunikativer Prozesse werden in 20 Beiträgen aktuelle kommunikationswissenschaftliche Modelle, Methoden und Ergebnisse vorgestellt. Themen sind u. a. die individuellen und sozialen Voraussetzungen der Kommunikation, die Wirklichkeitskonstruktion durch Medien, die Entwicklung, Organisation und Ökonomie der Medien, die Medientechnik, der Journalismus und die Perspektiven der „Informationsgesellschaft".

WESTDEUTSCHER VERLAG
OPLADEN · WIESBADEN

Medien und Kommunikation

Siegfried Weischenberg
Journalistik
Theorie und Praxis aktueller Medienkommunikation Bd. 1: Mediensysteme, Medienethik, Medieninstitutionen
1992. 362 S. Kart.
ISBN 3-531-11907-9

„Journalistik" hat sich als Adresse für die hochschulgebundene Journalistenausbildung etabliert. In diesem zweibändigen Lehrbuch wird erstmals der Versuch gemacht, das Fach als (kommunikations-)wissenschaftlichen Lehr- und Forschungsbereich zu identifizieren. Im Zentrum des ersten Bandes stehen dann Bedingungen, die Mediensysteme für journalistisches Handeln schaffen, Probleme und Perspektiven einer Medienethik sowie ökonomische und organisatorische Zwänge in Medieninstitutionen. Kommunikationstheorie wird dabei – u.a. durch Wiedergabe und Diskussion relevanter Texte – auf Kommunikationspraxis bezogen.

Franz Ronneberger/Manfred Rühl
Theorie der Public Relations
Ein Entwurf
1992. 358 S. Kart.
ISBN 3-531-12118-9

Public Relations hat als Kommunikationsform in modernen Gesellschaften eine kaum zu überschätzende Bedeutung. Um so erstaunlicher ist, daß es bisher an fundierten Analysen und vor allem an einer theoretischen Grundlegung der PR mangelt. Die Autoren untersuchen zunächst die interdisziplinär-methodische Herkunft der Terminologie. Sie überprüfen die relevanten Forschungsergebnisse im Rahmen der verschiedenen Kommunikations-, Handlungs-, Organisations- und Entscheidungstheorien. Zusammenfassend wird sodann PR als theoretische Einheit konzipiert, wobei die Akzente auf der gesamtgesellschaftlichen Funktion, den Leistungen in Teilsystemen und den organisatorischen Aufgaben der PR liegen.

Siegfried J. Schmidt/Brigitte Spieß
Die Geburt der schönen Bilder
Fernsehwerbung aus der Sicht der Kreativen
1994. 168 S. Kart.
ISBN 3-531-12567-2

Abweichend von der bisherigen Forschung haben sich die Autoren zum Ziel gesetzt, nicht primär Produktanalysen und Wirkungsweisen der Fernsehwerbung, sondern die Macher selbst, ihre Vorstellungen, Motivationen, Denk- und Vorgehensweisen bei der Kreation von Werbekampagnen zum Gegenstand ihrer Untersuchung zu machen. Das Buch wird damit auch zu einem Spiegel der ökonomischen, gesellschaftlichen und ästhetischen Entwicklung der deutschen Fernsehwerbung, insbesondere der 80er Jahre, und bettet diese in einen internationalen Vergleich ein. Ausführlich diskutiert werden außerdem öffentlichkeitsrelevante Themen, wie z.B. Werbeethik, Werbewirksamkeit, Psychologie und Marktforschung, Werbung und Kunst, Fernsehwerbung und Medienkultur etc.

WESTDEUTSCHER VERLAG
OPLADEN · WIESBADEN